《宁可文集》编委会名单

主　编：郝春文　宁　欣

副主编：张天虹

编　委（以姓氏汉语拼音为序）：

郝春文　李华瑞　刘玉峰　刘　屹　鲁　静

宁　欣　任士英　魏明孔　杨仁毅　张天虹

宁可文集

（第四卷）

宁可 著

郝春文 宁欣 主编

人民出版社

前　言

　　宁可先生，原名黎先智，湖南浏阳人，中国当代著名历史学家。

　　黎先智先生于1928年12月5日生于上海。1932年至1934年，他随父亲至马来西亚的港口城市巴生侨居，其间入读巴生中华女校。1935年回国后，先后在南京的三条巷小学（1935）、山西路小学（1935）和鼓楼小学（1935—1937）就读。抗战爆发后，他在颠沛流离中完成小学和中学的学业。先后就读于长沙楚怡小学（1937）、长沙黄花市小学（1937）、长沙沙坪县立第四高级小学（1938）、贵阳正谊小学（1939春）、贵阳尚节堂小学（1939年秋）、贵阳中央大学实验中学（1939—1941）、洛阳私立明德中学（1941）、省立洛阳中学（1942—1943）和重庆私立南开中学（1943—1946）。1946年考入北大史学系的先修班，次年正式就读于该系。1948年11月从北平进入解放区，接受中共华北局城市工作部城市干部培训班的培训，因革命工作需要，改名宁可。北平和平解放后，于1949年2月5日进城，任北平市人民政府第三区公所科长。1950年改任北京市人民政府第三区文教科副科长。1952年调任北京市教育局《教师月报》编辑和中学组组长。1953年进入教师进修学院任教学研究员。1954年9月受命参与筹建北京师范学院历史科，以后长期在北京师范学院（1992年更名为首都师范大学）工作，历任讲师、副教授、教授、博士生导师，并曾兼任校图书馆副主任、历史系副系主任、系总支第一副书记、代理系主任、《北京师范学院学报》副总编辑等党政领导工作。主要学术兼职有北京市史学会副会长，中国史学会理事，中国敦煌吐鲁番学会副会长兼秘书长，北京大学、兰州大学等高校的兼职教授。2014年2月18日逝世于北京，享年86岁。

宁可先生天资聪颖，自幼酷爱读书。他兴趣广泛，博闻强记，有着渊博的知识积累。在大学期间，他开始接触马克思主义。进入史学研究领域以后，他研读过大量的马克思主义经典作家的著作。如马克思《资本论》第一卷，他就分别研读过侯外庐与王思华、王亚南与郭大力、郭沫若等三种不同的译本。长期的阅读和思考使他具有了深厚的理论素养。马克思主义的基本原理和方法，也成为他认识历史问题、解析历史现象的最重要的科学理论。他对马克思主义理论的运用，从来不是仅仅停留在征引经典作家论述的层面，而是主张融会贯通，即在真正透彻理解马克思主义唯物论和辩证法的前提下，运用马克思主义的历史观、认识论和方法论，对中国历史问题进行深入的具体分析与诠释，力图从理论的视角把握历史现象和本质，以宏观的视野分析历史事物的因果关系。这使得他的研究成果往往具有很强的理论性和思辨性，这一特色贯穿于他在史学理论、中国古代经济史和文化史、敦煌学和隋唐五代史等诸多领域长期的历史研究实践中。以下试从几个方面对宁可先生论著的理论性和思辨性略作说明。

第一，他多次直接参与了史学界很多重要热点理论问题的讨论，都提出了独到的看法，有些最后成为学界的共识。

早在二十世纪五六十年代，他参与了中国史学界关于农民战争和历史主义与阶级观点等相关问题的讨论，发表了多篇重要论文。他先后就农民战争是否可能建立"农民政权"、农民战争是否带有"皇权主义"的性质、农民战争的自发性与觉悟性、农民战争的历史作用，以及该如何恰当地理解和评价地主阶级对农民的"让步政策"等存在不同认识的热点问题发表了自己的看法。他的意见，有理论依据，又有事实佐证，高屋建瓴，客观而允当，以极大的说服力平息了学术界有关以上问题的争论。六十年代，他参与了历史主义与阶级观点的讨论，针对当时史学界和理论界对马克思主义阶级观点的理解存在片面性和绝对性的情况，他指出历史主义与阶级观点这两个概念的侧重点是不同的。历史主义侧重的是从发展的角度看问题，阶级观点则侧重根据阶级划分和阶级斗争的规律对所研究的对象作出科学的解释。二者的统一是有条件的。历史主义和阶级观点是从不同角度认识统一的历史过程的两个原则或方法。他的这些看法作为当时有代表性的观点，得到史学界和理论界的高度关注和认可。改革开放以后，针对学术界对历史科学理论认识存在的分歧，他提出应把历史科学理论与历史理论区分开来。这一观点廓清了史学理论学科建设中的根本性概念问题，已成为史学界的共识。

宁可先生还在一些重要理论问题上发表了对以后研究具有指导性的论述。例如有关地理环境对人类社会发展的作用问题，不仅是人类社会历史发展究竟由哪些因素决定的理论问题，也对当代中国的经济、政治、军事乃至文化的发展和决策具有重要意义。宁可先生认为应该辩证地认识地理环境对人类社会发展的作用，指出地理环境是社会物质生活和社会发展的经常的必要的条件之一，但它不是起决定作用的条件，起决定作用的是生产方式。地理环境决定论和否定地理环境对社会发展的作用等认识都是片面的。他对这一理论问题的思考，始于将地理环境决定论作为资产阶级理论批判的二十世纪五十年代，前后历经三十年、五易其稿才拿出来发表。显示了他对一个学术问题严谨的思索和执着的追求。他还对二十世纪八九十年代以来社会上流行的"文化热"提出自己的看法，认为种种"文化决定论"、"文化至上论"等都是非科学的，都忽视了社会政治、经济因素与文化之间的相互作用，不值得提倡。在当时的社会环境下，提出这样的看法也是需要学术的勇气的。

第二，在具体研究工作中，宁可先生也注意利用唯物辩证法观察具体历史现象。注重史实之间的相互联系及深层关系，注重阐释历史发展的特点。如关于中国封建社会经济结构以及体制特征的问题，他认为人们常说中国封建经济是一种农业经济、自然经济，这话不错，但不完整。因为很早就有了社会分工，主要是农业和手工业的分工，这是封建经济的两大部门。这两大部门的产品要交换，这种交换终归会发展到以商品交换为其重要的形式，这就有了第三个部门——商业，而且越来越重要。所以，中国历史上的封建经济并非是一个绝对封闭静止的系统，而是具有相当的开放性和活动性，商品经济就是促成封建经济系统开放性和活动性的因素。又如关于中国封建经济结构的诸要素的运转，宁可先生做出了"小循环"和"大循环"的理论概括。从农村开始，农产品大部分自行消费，然后再进行再生产，这是一个小循环。其剩余产品和一部分必要产品循两条路线运行，一条是经过封建国家赋役而注入其他地区和部门，这是非商品性的活动，或基本上是非商品性的活动；另一条是经过市场，进入城市手工业领域，然后再回到市场，而又再进入农村，最终完成消费，这是一个大循环。小循环以中国的气候及农作物生长周期即一年为运转周期。小循环的损耗是小的，效率是高的，但经济效益却不算高。至于那个大循环，运转周期难以一年为率，循环过程很缓慢，损耗也不小，经济效益也不算高，但还是有的。再如对所谓"李约瑟难题"的解释，即中国封建社会原先比较先进，近代为什么会落后于西方？阻力是什么？学术界提出了诸多原因加以解释，或执其一端，或综合言之。宁可先生认为，从中国特殊的国情出发来探寻中国封建社会原先发展后来停滞的原因，固然应该考虑到各种因素的交互作用，但尤其应该注重内部因素的作用，特别是更具决定性意义的经济因素的作用，长时性而非一时性（如政策）因素的作用。以上几个问题的论述，都是综合考虑了与之相关的各种因素，从各种因素的相互联系、互动中，辩证地分析问题。对问题的分析，则是由此及彼，由表及里，层层深入，直至问题的核心。

第三，宁可先生的具体研究，从不满足于对历史事物表象的考察，往往具有贯通的特征，力图对中国历史的发展具有贯通性认识。如对中国古代"社邑"的研究，所涉及的材料上至先秦，下迄明清，不仅几乎穷尽了传世文献中的相关记载，而且还充分利用了石刻材料和敦煌资料，展示了中国古代民间团体发生、发展和演变的轨迹，为我们观察中国古代基层民众的活动和民间组织提供了重要窗口。又如他对中国古代人口的考察。考察的时段也是自战国至明清，并总结出古代人口的发展规律是台阶式的跃迁。战国中期的人口大约为二千五百万到三千万，这是第一级台阶；从汉到唐，人口似乎没有超过六七千万，这是第二级台阶；从北宋后期起，人口大约增长到一亿左右，这是第三级台阶；从清代乾隆初年开始，短短100年间人口从一亿多猛增到四亿，这是第四级台阶。这样的研究成果，不仅对认识整个中国古代历史具有重要价值，对当今社会制定人口发展政策也有借鉴意义。再如对中国王朝兴亡周期率的探讨，所涉及时段也是从秦到清十几个王朝。他总结出历史上新王朝取代旧王朝有三种途径：一是战争；二是用非暴力的手段，即所谓"禅让"；三是北方游牧民族借机起兵南下，征服半个乃至全部中国。总结两千年王朝兴亡，宁可先生总结了三点经验教训：一、中国是农业社会，农业是基础，农民占全国人口的绝大多数，一个统治者如何对待农民，成为一个王朝成败的关键。二、专制主义中央集权国家各级官僚机构和各级官吏的吏治问题非常重要，历来的统治者都非常重视。王朝兴起时往往重视整饬吏治，而一个王朝之所以衰亡，重要的原因是吏治的腐败。三、历代王朝兴亡，乍看起来似周而复始的循环，但并非单纯的回归，像螺旋形一样，在循环之中不断上升，不断发展。到宋以后，发展势头受到阻碍，以致19世纪中期以后，欧洲资本主义势力侵入，中国成为半封建半殖民地社会。以上所列举的问题，都是上下数千年，纵横越万里，从长时段的具体历史进程中，揭示其发展变化的特点和规律，发前人所未发。

宁可先生的论著思路缜密，论证周到，表述清晰，结论自然令人心悦诚服。由于具有深厚的理论素养和敏锐的学术眼光，他的学术研究往往具有前瞻性和引领性。如他对汉代农业生产数字的研究、对中国古代人口的研究，以及对汉唐社邑的研究，都是开风气之先，启发后继者继续从事相关课题的研究。他的研究成果同时受到国际学术界的重视，其学术观点经常被当作具有代表性的看法介绍到国外。他是当之无愧的当代史学大家！

宁可先生热爱教学工作，常以"教书匠"自称。他自26岁开始给学生上课，陆续开设过《中国通史》（先秦到宋辽夏金元）、《隋唐五代史》、《中国历史要籍介绍及选读》、《隋唐五代社会经济史》、《资本论选读》、《中国古代社会经济史专题》、《历史科学概论》等课程。直到70多岁时，还坚持给研究生上课，每次上课前都要在头天下午或晚上把第二天要讲的内容再过一遍才放心。他从1981年开始招收硕士研究生，先后指导了40多名博士、硕士研究生和博士后研究人员，为史学界培养了一大批专门人才。他的学生分别在不同的学术领域作出了重要贡献，其中很多人成为各领域的学术中坚。他是一位杰出的教育工作者。

以上介绍表明，宁可先生的学术论著在当时曾是一个时代具有代表性的成果，现在已经成为当代史学遗产的重要组成部分。他的一系列精辟观点，至今仍闪耀着理论的光辉和智慧的火花，具有"卓然不可磨灭"的品质。为了进一步总结、研究、发扬宁可先生留给我们的珍贵史学遗产，人民出版社拟出版10卷本的《宁可文集》，即：一、《宁可史学论集》；二、《宁可史学论集续编》；三、《史学理论研讨讲义》；四、《中国封建社会的历史道路》；五、《敦煌社邑文书辑校》；六、《敦煌的历史和文化》；七、《流年碎忆》；八、《地理环境与历史发展》；九、《散论》；十、《讲义》。本次出版按照第一卷、第二卷……的顺序依次排列，共计十卷，其中一至七卷为已刊论著，八至十卷为未刊稿。

《宁可文集》的编辑工作，总的原则是尽可能保持宁可先生著述的原貌，以求全面真实地反映宁可先生的学术成就。其中第一至七卷，以前均曾由国家级出版社正式出版过，内容多数经过宁可先生审定。所以，此次编辑以上七卷，原则上不做改动，仅纠正个别文字错误，并以"编者补注"形式，完善文稿中不规范、不完整的注释内容。第八至十卷为首次出版，编者根据需要做了必要的技术处理。

为保证出版质量，编委会组织人力对文集的全部引文都做了核对。其中马恩列斯等经典著作的引文，虽然近年已有新的译本，但考虑到作者的解释和论证都是以老版本为依据的，如果根据新的版本修改引文，会造成解释和论证与引文不协调。所以，此次核对马恩列斯等经典著作的引文，我们仍以宁可先生当时所用的老版本为依据。关于古籍引文的核对，尽量使用标点本和新的整理本，但不使用宁可先生去世以后的新版本。

《宁可文集》的编辑出版，自始至终得到了首都师范大学历史学院和人民出版社的支持。首都师范大学历史学院院长刘屹教授、人民出版社鲁静编审、刘松弢副编审都给予了大力支持，历史学院校友郭岭松编审则承担了繁杂的编辑工作。谨此一并致以诚挚的感谢！

《宁可文集》编辑委员会
郝春文执笔
2022 年 6 月 2 日

目　录

序

这是我五十年来教学与研究工作的结集,一部分是未发表的文章和手稿,一部分是由讲稿整理的文章。

我从1953年开始踏上高校历史课的讲台,当时年轻,一没有学历(大学肄业),二没有资历(教学经历),给我分配的课是一年制历史专修班中国通史的隋唐五代部分。当时真是诚惶诚恐,兢兢业业,唯恐被轰下来。好在得到一位先辈成庆华先生的支持(由他当时是副教授),我才得以完成任务。由于没有经验,又兼有细微口吃,所以上课时必写讲稿,把课堂上要讲的每一句话,都写下来,上课时基本照念,一句不落。上课前一晚,须把讲稿温习一遍,核对一下史料,由于文字素养不高,要把看不懂的字记下来,查字典注上,以免到时念错写错。这样,讲课必写讲稿,把要讲的每一个字都写下来,成了我的习惯。以后,经历了五年,从一年制专修班、二年制专修科,到四年制本科,最后到开始发表第一篇学术论文,从教学到科研算是走了一轮,也算是站住了讲台。

到了1956年,讲课中想起应该给学生补充一些地理知识,于是课外添了一次辅导——中国历史发展的地理环境,主要介绍地理,也掺杂一些古代历史。以后,每年一次,每次两小时,成为惯例。自然也有讲稿,修改就成一篇文章了。

辅导和讲课一样,首先是学习的过程。我先从什么是地理环境学起,再看地理环境对历史起什么作用。斯大林的《联共(布)党史简明教程》第四章第二节读了很多遍,对他的基本论点我是赞同的,但对他说的地理环境在任何条件下都不起决定作用,我认为虽有说服力,但似乎怀疑不能绝对化。我还找了几本翻译过来的苏联的书籍，大概是他们的副博士论文或博士论文，但除一本外，了无新意。这个问题一直到 20 世纪 80 年代，悉心读了马克思和普列汉诺夫的有关著作，我写了一篇长文，才算自己搞清楚了。

另一方面，是中国历史上的地理区划问题。我认真阅读了中国科学院 1956 年出版的《中国自然地理区划》（第二个区划发表于 1962 年）。另外，也读了一些书，记得有拉铁摩尔的《中国的边疆》（解放前老译本），算是弄清了中国北部沙漠草原和内地历史的差别。另外，也认识了所谓的"胡焕庸线"，弄清了中国东部和西部地形、气候、水文、经济、人口、资源、人文环境的差别及关系，这帮助了我把古代中国分成六个历史地理区划，以后就以这两方面的认识为框架，组织我的教学辅导课。如此反复多次，"文化大革命"以后，已是到了伸缩自如的地步，多则可以作为专题，讲十几个小时，少则可以浓缩到一个课时。"文化大革命"以后的那几年，我多次到一些大学去讲课，即以此为题。

1958 年，"大跃进"运动来了，解放思想，破除迷信，超英赶美，提前进入共产主义，全国上下一片沸沸扬扬。高等学校也不落后，由北大历史系发起开展史学革命，拔白旗，插红旗，厚今薄古，打破王朝体系，学生自编教材，上山下乡，三结合写三史（村史、厂史、社史），同时开设了史学概论课程，各校纷起效尤。北京师范学院也开设了这门课。由于要把它和历史唯物主义分开，所以上来开头只讲了什么是历史，历史科学的意义，批判资产阶级历史观之外，选择了十几个当时历史领域的热门话题，如亚细亚生产方式，中国古代史分期，农民战争，资本主义萌芽之类的进行介绍，很热闹了一番。

没有多久，史学革命退潮了，高校又回到原来的程序上去，各校的史学概论也纷纷停开了。北京师范学院因为该课还保留了一点自己的特点，因此一直开下去，直到"文化大革命"结束。

"文化大革命"结束，大学恢复考试入学，各项工作步入正常，其他院校停开的史学概论，也纷纷恢复了。这时的史学概论课，也由于认识的变化，分成了两门，即两个专题讲座：一是史学理论研讨，一是中国古代史研讨，每门一学期，下边分设若干专题，每学期讲课，即分别选择其中的若干专题。后来，这两门课固定为研究生的必修课，其中又有增删调整，经过三十多年，终于成了今天这样。

这个系列中各章讲授的先后并不一样，有的是后来增设的，有的则是由其他各讲中掺入的，有的则是发表的专题论文，有的则是没有发表过，大约有三分之一的专题，即五个专题原是有的，又因各种原因删去了。还有一章是重新写过的。总之，几经周折，成了现在这个十二章，也就是十二个专题的模样。

但是问题来了，首先出在书名上。因为出现了封建社会的字样。"文化大革命"以后，思想解放，原先被奉为圭臬的观点遭到质疑，其中就包括了马克思所说的五种经济形态或生产方式。首先是传统的奴隶制社会被解构了，代之而起的是用古希腊一样的"城邦"制，或稍加改动的"族邦"，还有"酋邦"。更有从马克思、恩格斯古代东方的论述演绎而来的"亚细亚社会"或"东方社会"，百花齐放，新见迭出。继之而起的是对封建社会的质疑，从李慎之先生开始，认为秦以后的社会不能叫封建社会。封建社会是先秦三代的产物，先秦有过"封诸侯建同姓"，那才是真正的封建，与原来中国学者所讲的"封建社会"完全不同。那么，秦始皇统一六国"废封建，立郡县"，那已经不是那种先秦的封建了，只能称之为专制主义。有说那应该叫做"帝国时代"、"集权社会"、"家国同构"、"小农社会"，不一而足。其中尤以武汉的冯天瑜先生论点最为充分，支持者众，不仅出过专书，也开过大型的讨论会。他承袭了和发挥了李慎之先生的观点，认为先秦才是真正的封建，秦始皇统一六国，封建时代解体了，继之而起的是"专制主义"，不能再把它叫封建社会。此论一出，反应强烈，支持者众，反对者也不少，也专门开过讨论会，出了不少论文，双方各执一词，迄今未有结果。

但仔细一想，专制主义、集权主义、帝国时代更多地是从政治方面着眼，小农社会注意了经济，但何谓"小农"很成问题，"小农社会"似乎又不能包含这个社会形态的各个方面。"家国同构"迄今未见专门的论述，倒觉得沿用了几十年的"封建社会"，带有一种综合各方的性质，可以容纳的内涵似乎更宽一些，而且作为一种社会经济形态，它的核心特征是生产资料所有制。大多认为封建地主土地所有制和个体小生产农业以及在此基础上形成的租佃制，形成了地主和农民两大阶级（或两大集团），是它的基本特色。这一点，似乎专制主义等学说也有认同。

因此，在没有找到更新更好的说法之前，还因袭了旧的提法，把延续了战国秦汉直到 20 世纪之初的两千多年，仍称之为封建社会。

历史上的中国带有序论性质。上小学时，老师老说中国地大物博，人民为了什么什么老受人欺侮。20 世纪 80 年代中，忽然想起，这虽是常识性的问题，却可以引发出很多内涵，促使人去思考。于是，在原来的专题中再加上这样一个专题，举出历史上中国的几个基本事实，兼对这些常识性的情况作一个鸟瞰式的思考。即，中国是一个国土辽阔的大国；中国是一个人口众多的大国；中国是一个多民族的大国；中国是一个资源丰富但不丰足的大国；中国是一个历史悠久绵延不绝的大国。同时也讲了这些方面不足之处和弱点，并且提出若干问题，促使深入思考。

中国历史发展的地理环境原来是作为补充学生地理知识的不足而作的辅导，后来逐渐向理论方面转移，着重从人和自然的关系看地理环境在人类历史发展中的地位和作用，着重点是自然地理。此后时间允许，还想写一本地理环境和中国历史，着重的是历史。自然地理之外也着重地理环境在中国的经济史、政治史、文化史、民族史、军事史等方面打的烙印。这书成稿已有四分之三，但年老体衰，眼力衰退，找书、看书、写字困难，何时能成书，那只好看老天爷的了。

中国封建社会的农业生产讲到中国封建社会，必然会涉及农业问题。我在这里试图用量化的方法探讨一下中国古代农业生产问题。这里所说农业生产，已经略去了农业生产的其他因素，如生产关系——土地所有制形式——只注重于农业生产力。在农业生产力的方面排除了生产力的其他要素，如耕作制度、农业工具、农业技术等等，只着重于每个农业劳动者的每年农业劳动生产率，对于农业生产率可以简化为一个公式，即农业劳动生产率＝每个农业劳动者耕种的地 × 每年单位面积产量。如果需要计算其再生产能力，还要减去每个农民家庭的口粮数。由于文献材料有限及其不甚准确，计算起来不无困难。只能概略言之，属于估算。为了将历史上的度量衡换算成今天的标准，我对于有关的文献及考古实物也作了一番梳理。最后计算结果是：每个农业劳动力每年产粮 2000 市斤左右，从战国秦汉传统农业形成直到改革开放前，这个数字虽有出入，但基本未变。由此可旁推全国耕地亩数、每人每年口粮数等等。那是越来越不准确了。20世纪 80 年代，曾以《汉代农业生产漫谈》为题写文章发表在《光明日报》上。文章一出，赞成者有之，反对者也大有人在，并且撰文反驳。我又继续写了《有关汉代农业生产的几个数字》一文，遍搜有关汉代农业生产的文献记录（当然还有大石小石、大亩小亩之分）以作回答。总之，我的这种说法只是一种尝试，姑备一说，距离问题的解决，还是有很大差距的。

中国封建社会的人口问题是关于中国古代农业生产问题的延续。中国封建社会历来重视人口，也采取了一系列的繁衍人口的政策，以致中国独有的几次大波动——迅速增长，随后停滞，又大幅度缩减，我们称之为台阶式"跃迁"。从中国封建生产方式的基本矛盾和人口再生产的特点基础上出发，将中国封建社会的人口规律，归结为：个体小生产农业和封建土地所有制对人口大量增长的要求受到个体小生产农业特别是封建土地所有制本身的抑制形成的人口缓慢增长，而封建生产方式的周期性危机加上民族动乱因素又造成了中国人口周期性大波动。从宋以后，总的趋势是人口增长的速度、耕地面积和粮食单位面积产量虽有所增长，但人均占有耕地面积却大大减少，人口增长已从加速农业发展的因素变为阻碍农业生产发展的因素了。除去封建生产关系对农业生产发展的束缚越来越严重这个主要原因外，这也就是中国农业劳动生产率和口粮数长期在汉代已达到的水平线上徘徊的原因。

在中国历史发展的地理环境与中国封建结构及其运转两部分之间，原来还有五个专题，这些专题都讲过多次，最后成书时都把它删除了。

第一个是马克思恩格斯关于古代东方的论述，原来意思是凑合亚细亚生产方式的讨论，把马克思恩格斯关于古代东方的论述逐一摘录下来，分别与讨论中遇到的各种观点相对照，以期找出马克思恩格斯的本意是什么，与中国的历史实际是否符合。这其实是一篇读书笔记，除了从公有制到私有制的转化之外，对于众说纷纭的中国古代社会的了解，实际还太空泛，因此放弃。

第二个是中国奴隶制的特点和第三个是中国奴隶制向封建制的转化。这两个题目太大了，涉及面也太宽了，又遇到许多争论的难题，自己缺乏这方面的足够的历史文化素养底蕴（如古文献和古文字）和足够的研究，完全是力有未逮，虽然有一点自己的看法，却有不成熟和片面之嫌，因此也删去了。

第四个是中国古代的手工业和商业。其与中国封建经济部分相重复，又没有着重商品经济的地位和作用，所以也删去了。

第五个是中国封建土地所有制形式，篇幅比较大，多所铺陈，宋以后因土地所有制形式的变化又没有涉及，所以也删去了。

中国封建经济结构及其运转是一个专题分上下篇，它们从中国封建经济的整体的角度全面介绍了中国封建经济结构的各个部分和它内在的相互关系和相互作用。着重于商品经济的出现和发展。前一篇主要从静态上来分析，后一篇主要从商品形式、交换、流通乃至商品经济的形成，市场的发育等方面，作动态的剖析。讲述农民—地主—封建国家之间的互助与反馈。并试图回答所谓的"李约瑟难题"——即中国经济原先发展超过西方，从宋以后发展停滞以致被西方超了过去的问题。本章开头所制的大表，正是有助于逐段解析各部门的产品劳动的交换，并逐渐出现商品的因素及走向商品化。

中国历史上的皇权和忠君思想开始涉及政治方面。这一章主要讲中国历史上皇权的形成和特点以及随之未来的忠君观念的作用及其内在矛盾，原是20世纪80年代《红旗》杂志的约稿。初稿写出，感觉篇幅太长，不好压缩，结尾部分又遇到窒碍，难以完稿，因此搁了下来。90年代，原来的窒碍消除，得以完篇，送到《历史研究》上发表。

中国封建社会的专制主义中央集权的内容给学生讲过，也在国家图书馆文津讲坛讲座课上讲过。这里主要说明在中国的分散的个体小生产农业在地主租佃制基础上何以形成了中央集权专制主义，专制主义中央集权制度的历史过程中出现了两大矛盾——皇权与相权的矛盾和中央集权与地方分权的矛盾。还有专制主义中央集权制度，何以随历史的演进为何从推动封建社会发展转而成了社会发展的桎梏。

中国古代吏治的得失与借鉴是在国家图书馆部级干部学术文化讲座上的一次讲述，题目是听众出的，可以说是奉命作文。讲述的效果尚佳。

中国封建社会的农民战争是鉴于近些年来农民战争研究的冷落与忽视，我又重新拾起这根"鸡肋"。因为中国封建社会的地主和农民两个阶级是客观存在，两个阶级之间有过尖锐的矛盾、对立乃至杀戮，也是历史的客观存在。还是拾起这根"鸡肋"，作了一些论述。

中国封建王朝兴亡周期律是有感于 1945 年黄炎培访问延安，与毛泽东所作的"窑洞对"，而给部级干部学术文化讲座组织者出的题目。不料，几经周折，讲述的任务仍然落在我的头上，好在原先有过一些想法，也就敷衍下来。黄炎培《延安归来》，原文是"中国王朝兴亡周期率"，我未及深思，一直因袭下来。前些年，《咬文嚼字》杂志加以纠正，说"率"应作"律"，于是一律改了回来。

6—14 世纪的中国社会讲中国封建社会的发展，还有其他一些方面可讲，例如，民族问题，中外关系问题，宗教和民间信仰问题，宗族和民间社会组织问题，社会风习、群众心理状况，意识形态问题，等等。那都不在我的考虑范围之内。就一并放弃了，最后留下第十二章"6—14 世纪的中国社会"，算是全书的结束。

这一章着眼于中国封建社会后期社会变化。因为中国封建社会节奏缓慢，又形成的比较早，各种变化的因素可能早在孕育之中，时间段也长一点，原来以此为题在国家图书馆文津讲坛讲座上讲过，题目是"6—13 世纪的中国社会生活"，现在把时间下拉一百年，涉及元朝，篇幅也加到了6 万字，最后专门具体说明了哪些因素引向中国走向资本主义，又有哪些窒碍了中国走向资本主义，算是对"李约瑟难题"的一个实际的回答。

写到这里，不禁又回想起马克思在《政治经济批判序言》所说的那段有名的话："社会的物质生产力发展到一定阶段时，便和他们向来的在其中的发展的那些现存的生产关系，或不过是现存生产关系在法律上的表现的财产关系发生矛盾，于是这些关系便由生产力发展的形式变成了束缚生产力发展的桎梏。那时社会变革的时代就到来了。"①

　　纵观两千年来中国封建社会兴起、确立、发展、僵化、灭亡的历史，不禁又一次感悟马克思的这个观点的正确。

宁　可

2013 年 12 月

---

① 马克思：《政治经济学批判》，人民出版社 1959 年版，序言第 2、3 页。因习惯这里引文仍用老版本。

第一章 历史上的中国

建设具有中国特色的社会主义，实现现代化，需要了解中国的国情。中国的国情，不仅是中国的现状，也包括由现状所发展而来的历史，因此需要了解历史上的中国。

了解历史上的中国，有许多途径，其中之一，是从整体上，从历史发展的全过程的角度，看看中国在历史上有些什么值得注意的、属于中国所特有的现象。或者说，与其他国家的历史相比较，历史上的中国有些什么样的特色。这些现象或特色有时往往是很普通的、常识性的，时常挂在口头上而成为人们的共识，如"地大物博""人口众多""历史悠久"之类。但却不能因其普通或属于常识就认为不重要。很可能，正是因为它们为人熟知，成为常识，而更反映出了中国的一些基本特色。了解这些重大现象或特色的形成，探寻它们之所由来，也就更有助于了解今天的中国。

描述某些重大的历史现象或特色并不困难，但了解它们何以形成，其深层的内涵是什么，经历了什么样的发展途径形成了今天的现实，它们又给我们今天的发展带来什么样的基础、优势、困难和问题，则需要深入的探索。本章只是描述一些重要的、普通的、常识性的历史现象或者特色，提出一点思考、发掘和探索的线索。

一、中国是一个国土辽阔的大国

从国土面积看，中国是当今世界上的第三大国。大陆及岛屿面积960

万平方公里（另有37万平方公里的领海和内水，主权海域约有300万平方公里），以大陆和岛屿计，次于俄罗斯(1708万平方公里)、加拿大(997万平方公里)，超过美国（937万平方公里）、巴西（855万平方公里）、澳大利亚（768万平方公里），是印度（297万平方公里）的三倍，同具有四十多个国家的欧洲（1016万平方公里）相差无几。

上述那些当今世界上国土广袤的国家，都是近代形成的①。中国则不同，从悠远的古代开始，中国在历史上始终是个大国，而且在很长的一段时间里，还是世界上最大的国家。其他一些历史上出现过的大国，几乎都是经过一段或长或短的时间就消逝了，只有中国一直延续下来。

关于中国历史上的疆域，我们以统一的中原王朝的版图作为依据②。当然，同世界历史上的许多国家一样，国界线不是很明确的，只能是一个政治权力管辖地区的大致的界限，而疆域内也还有些地区没有归附或没有完全归属于中央政府，其疆域也在不时变化。如果以各个王朝最大疆域与其他历史上的大国的最大疆域作比较，则如表1—1（疆域面积数为约计数）：

表1—1 中国历代王朝与同时期大国疆域对比表

面积单位：万平方公里

年代	中国		世界		
	王朝	面积	国家	面积	控制地区
前15世纪	商	80	埃及	100	埃及、东地中海边缘

---

① 也许印度例外，但印度在古代多数时期没有形成过统一的国家。只有16世纪兴起的莫卧儿王朝几乎控制了整个印度次大陆，但200年后完全沦为英国的殖民地，到1946年才获得独立。

② 这里没有涉及分裂时期的版图。其实，在分裂时期，如战国、三国两晋南北朝、五代、辽宋夏金，在世界历史上也还是把它们当成一个中国，两个或多个政权。即使分立时期人们的心态也区分正统和"异闰""僭伪"，从来没有把对立的王朝排除在中国之外。而且这终究是中国历史上的一个比较短的时期，总是复归于统一。

续表

年代	中国		世界		
	王朝	面积	国家	面积	控制地区
前 10 世纪	西周	150			
前 7 世纪			亚述	200	两河流域、小亚细亚一部、埃及
前 6 世纪			波斯（阿黑门尼德王朝）	600	伊朗、小亚细亚、印度河、两河流域、中亚一部分
前 4 世纪			马其顿帝国	700	巴尔干、埃及、两河流域、伊朗、印度半岛西北
公元前后	西汉	1100			
2 世纪			罗马	500	意大利半岛、北非、英格兰、法国、巴尔干、两河流域
4 世纪			波斯（萨珊王朝）	500	伊朗、阿富汗、两河流域、阿拉伯半岛一部分、中亚一部分、印度河流域
7 世纪			拜占庭（大食）	250 1000	巴尔干、小亚细亚、两河流域、北非、伊朗、中亚一部分
8 世纪	唐	1300			
13 世纪	元	2000（四大汗国不计）			
15 世纪	明	900（如加上鞑靼、亦力巴里的 600 万平方公里，则为 1500 万平方公里以上）	帖木儿帝国	500	伊朗、中亚、印度半岛西北
16 世纪			奥斯曼帝国 印度莫卧儿王朝	600 400	小亚细亚、巴尔干、埃及、两河流域、印巴次大陆、阿富汗
18 世纪	清	1300			

年代	中国		世界		
	王朝	面积	国家	面积	控制地区
20 世纪初			大英帝国（1909）	2914	
			沙皇俄国（20 世纪初）	2300	
			法国（1914）	1050	
			美国（20 世纪初）	937	
20 世纪中	中华人民共和国	960（大陆及岛屿）			

可见，在历史上的任何一个时期，中国都是世界上屈指可数的国家。而且在一段较长时期内，即从公元前后到 18 世纪，也就是中国的封建时期，中国是当时世界上最大的大国。而在中国封建时期前后，即公元前和 18 世纪近代资本主义兴起之后，中国也是大国，但疆域不是最大的国家。

这些近代以前的大国，都位于旧大陆中段的一条广阔的地带上。西起地中海沿岸，东延到中东，再东向到印度和东亚，长约 10000 公里，其宽度大致在地中海沿岸北纬 45 度到 30 度之间，中东为北纬 40 度到 20 度，印度为北纬 30 度到 10 度，东亚为北纬 40 度到 20 度，略呈一条中间向南弯曲的弧开地带。这条地带气候多属暖温带与亚热带，也有少部分地区属冷温带和热带。其北面是西起阿尔卑斯山和喀尔巴阡山经黑海北岸、高加索、中亚以迄蒙古高原的草原、干旱草原和沙漠戈壁；其西北则是气候湿润、植被发达、宜于农业的西欧、中欧、东欧，这里后来是工业发达的欧洲主要地区，但在古代，这里并不发达；这条地带以南，是西起撒哈拉、中经阿拉伯半岛、再到印度次大陆西部的沙漠和印度中部高原，然后再向东南延展到印度半岛的热带草原和东南亚的热带季风带。这条地带面积宽阔，从古代历史条件看，比南北两侧的自然条件好，人口稠密，农工商业和交通发达，民族的交往和迁徙也最多。其中尼罗河、两河流域、意大利半岛、巴尔干半岛南端和爱琴海诸岛屿、小亚细亚和外高加索、伊朗高原、印度河恒河流域、黄河长江流域都是古代文明的发源地。近代以前的大国，就都出现在这个地段上，可以称之为古文明带或古大国带。

在这个地段中部，即地中海东部、中东乃至印度半岛西北部，是所谓欧亚大陆桥，交往便利。唯独中国处于远东，与其他地域隔着广袤高寒的青藏高原和中亚沙漠，南边又有阻隔东西的横断山脉与热带丛林，与西方各地域的交往不那么便利，再加上中国的地势西高东低，面向太平洋，与其他各文明正好以背相向，造成了中国在这个古文明带中的特殊势态。也许这是中国文明的发展较之其他文明地区较少受到外来影响，更具独特性的一个原因。

如果分析一下中国以外的这个地带近代以前出现的世界大国，有四个具有共同性的情况值得注意。

第一，从自然条件看，这个地带可以分成相当多的地区，其中重要的是意大利半岛、埃及、巴尔干半岛、小亚细亚、两河流域、伊朗高原、印度河恒河流域等，每个地区都可以发展农业，繁育较多的人口，都可以形成一股强大的政治力量和军事力量。由于各地区之间地形阻隔不大，交往与民族迁徙便利，商业来往亦颇为频繁，因此，某一地区的力量强大起来以后，可以向相邻地区扩展，乃至延伸到西北面的西欧，中部的黑海以北乃至中亚南部。一个地区兴盛起来的力量一般扩展到两个以上的地区，即可以形成历史上的大国（见前表）。但是，这个地带中的任何一个地区对其他地区并不占有面积、人口、经济、政治、文化等方面的绝对优势，因而缺乏一种能长久维系不同地区的力量。

第二，这个地带民族众多、种属不一、变化多端、迁徙不已。这些不同的民族，有些是在这个地带各地区之间，如巴尔干、小亚细亚、两河流域、伊朗高原和印度半岛之间迁徙，进入新的地段。更多的是自这个地带北面的森林草原地带、干旱草原地带南下，经过法国、阿尔卑斯山、喀尔巴阡山、高加索、中亚南部进入这个古文明带。此外，这个地段以南的阿拉伯半岛上的游牧民族势力也常北上西进，更使这个地带充满了民族和文化的置换，呈现了多元化的混杂态势，就像一锅香味四溢且时刻沸腾着的什锦汤。而历史上出现过的众多民族，往往在这种复杂纷繁的交往中消失，而让位给新来的民族。这种情况，尤以地中海东岸、两河流域乃至波斯这一带为最。有的西方史学家认为16世纪以前世界历史的中心或枢纽在中东，这不是没有道理的。

第三，这个地带中各地文化迥异，一般说来文化都相当发达，彼此间的交流影响可以，一方完全被消灭也可以，但完全融合则很困难。最极端的如犹太民族和犹太文化，在中东地区历史久远，尽管一度被驱逐消灭，却扩展至全世界，最后终于又回到中东，顽强地生存下来。因此，很多地区虽在一段时期内同属一个大国，但其文化性格却是个别的，各具独立性，一旦大国统治削弱或者崩溃，这些不同文化地区就出现了分离的局面。

第四，这个地带各个地区经济上的差别也很大，而且具有独立性，把它们联系起来的是商业，商业交往的需要成了大国征服其他地区的一种因素，然而商业的交往并非必须有统一的大国，或者换句话说，统一的大国并非必须倚靠商业来维系，像古代希腊地瘠人少，它的繁荣、强大和文明的先进，相当大的程度上得益于希腊的葡萄酒和橄榄油与东地中海沿岸各地区的粮食的交易。但是希腊并没有去建立大的统一国家，至多是在东地中海和黑海建立一些殖民点。就连希腊半岛也是城邦林立，最大最强的也不过三四十万人。直到马其顿崛起时这种局面才一度改变。这个地带跨地区的大国的建立和维持，更多的是靠军事的征服与政治力量的统治，这类大国要维系一个很长时间是极为困难的。

因此，这个地带近代以前虽然出现过很多大国，但并不具有统一的趋势。相反，是分离的趋势占了上风。这些历史上出现过的跨地区大国，延续时间最长的是拜占庭，约一千年。然而拜占庭作为一个大国，它经历的时间并不长，公元11世纪后其国土日蹙，国势日衰，等到15世纪灭亡前夕，已经沦为一个无足轻重的小国，仅保有不断遭到围困的君士坦丁堡和希腊半岛东南一小块土地了。此外，波斯帝国、罗马帝国、奥斯曼帝国、莫卧儿王朝，延续的时间各有二三百年、四五百年不等，但真正形成跨地区的大国的时间却没有那么长。像罗马帝国，在公元2世纪达到了它的疆域最大期，但公元3世纪中叶就趋于衰落，东西边远行省分别遭到日耳曼蛮族和波斯帝国的侵犯，到公元3世纪末4世纪初，戴克里先和君士坦丁重振了罗马，但国土被一分为二，分区治理，帝国的重心逐渐移到巴尔干和小亚细亚交接处的君士坦丁堡，原来的核心区意大利即西罗马和都城罗马失去了往日的光辉，终于在不可克服的内部矛盾和日耳曼蛮族的长期侵扰下灭亡了。至于亚历山大帝国、大食、帖木儿帝国等，则纯粹是靠军事力量的征服在极短时间内建立起来的，完全没有稳固的基础，一旦首脑死亡或某些因素作用，就立刻分崩离析了。其兴也暂，其亡也速。

现在，这个地带的不具备统一趋势就更清楚了。除去印度，这个地带很难说有什么大国。反之，这里成了世界上大国争夺的地方，由于地区内的矛盾和大国的插手而纠纷不断，战火不息，成为世界上最不稳定的地带。

至于公元 16 世纪以后形成的大国，如西班牙、葡萄牙、英、法、俄等，是近代资本——帝国主义掠夺与分割殖民地的产物。这是一些靠分布在世界范围内的广大殖民地而形成的大国。从 18 世纪后半叶的北美开始，特别是在 19 世纪，南北美洲殖民地上的欧洲移民纷纷起事，争取脱离母国而独立，第二次世界大战以后，亚非的殖民地的民族解放运动风起云涌，出现了许许多多的新国家。失去殖民地的欧洲国家虽然仍有雄厚的实力，但已不再具有大国的规模。当今世界上几个疆域辽阔的大国，像美国、加拿大、巴西、澳大利亚，都是这种从殖民地转化过来的以欧非移民及其后裔为主体的国家，与近代以前的大国和近代西欧洲殖民大国都不一样了。

作为历史和现实的世界大国，中国与上述古代的大国和近代的大国都不一样，恐怕是唯一贯穿古今具有悠久历史的大国。

第一，与上述古代大国不同，中国在历史上始终只有一个核心地区。而且这个核心地区面积广大并不断扩展。最早是在黄河中下游，夏、商、西周就是凭借这个地区成为奴隶制时期的大国的。春秋战国时期这个核心区域开始扩展到长江流域，加上周边地区，形成了版图大大超过先秦的西汉王朝，此后又扩大到了东南沿海和珠江流域。这个核心区域是世界上仅有的几个大农业区，在古代，它是世界上最大的农业区，人口众多，民族主要是汉族，经济实力雄厚，文化高度发展，并且具有共同性。因此这个地区就像滚雪球一样越滚越大，扩大发展而兼统一和凝聚是它的主要历史走向。

第二，汉族以外的其他民族多数分布在这个大核心区的周边，其经济文化发展程度都不能同核心地区相比。中原的"花花世界"，"上国衣冠"，对周边民族有莫大的吸引力，形成一种向心的而不是分离的趋势。当在这个核心区所建立的中原王朝力量强大时，就控制了这些周边地区，使之纳入自己的版图，从而加强了周边与核心地区的联系。当周边地区的民族（主要是北方和东北方的民族）强大而适逢中原王朝衰微时，往往进入核心地区，并建立自己的王朝。这也同样加强了核心地区与周边地区的联系。而且周边民族一旦进入中原，他们原有的经济及生活方式，往往就在先进的汉族影响下改变为中原式的农耕与生活方式，经过一段时期，这些民族及其文化就融入汉族及其文化之中，成为汉族及其文化的一部分了。

第三，东亚大陆面积广阔又有一个大的核心地区，又是坐西朝东，背向亚欧非其他文化区域，比较遥远的距离和其间绵亘着的青藏高原、中亚沙漠、横断山脉和热带丛林的阻隔作用，使得东亚地区可以相对独立地发展，较少受其他地区影响。从西面来的军事压力很小，西来的民族运动也缺少规模。西方和西南方的文化可以渗入但不致倾泻而来，因而可以使之逐渐渗透融汇到原来文化之中，不致引起破坏或发生激烈的冲突，反而使得原有文化能从中吸收营养，得到消化，成为原有文化丰富和发展的因子。源于印度的佛教的传入及其逐渐中国化就是明显的一例。

第四，东亚大陆的核心地区经济发达，交通便利，形成一个大的经济区，周边地区的游牧经济、原始农业经济乃至采集渔猎经济与核心地区的农耕经济与手工业经济有互补作用。这个地区内部的经济具有很大的自给性质，而贸易则具互补性质，基本需求在地区内部都可以满足。而对西方、南方的长途贸易，输出的主要是丝绸以及后来的茶叶、瓷器，输入的则是珍宝香药，当时多半具有奢侈品的特点。这种贸易在历史上很著名，但是在东亚经济、贸易总体中所占的份额并不大，影响也有限。

总之，中国古代虽然也不断出现各种矛盾、战争、征服、分裂、朝代更替，但从总体上和历史全过程看，作为一个历史大国，中国社会具有稳定性、延续性和发展性，同前述世界历史上的其他古代大国是不同的。这个特点，不仅对中国历史，而且对今天的中国有很大的影响。

二、中国是一个人口众多的大国 ①

中国今天不仅是陆地国土居世界第三的大国，而且是人口居世界第一的大国。目前人口 13 亿多，约占世界人口 22%，大大超过其他大国。例如，面积居世界第一的俄罗斯人口为 1.481 亿，第四的美国人口为 2.5 亿，第五的巴西人口为 1.4 亿，人口数量为我国人口的 11.6% 到 28.3%，相去甚远。至于面积居世界第二的加拿大，人口 2300 万，第六的澳大利亚1600 万，那就更不能相比了。唯一例外的是印度，人口 11 亿，约当中国的 80%，而国土面积不到中国的 1/3（300 万平方公里），人口密度比中国大。至于另外一些国家，如巴基斯坦、孟加拉国、日本、印度尼西亚，人口在 1 亿—2 亿之间，居世界前列，也仅相当中国人口的 9% 到 16%，国土面积就更不能同中国相比了。

在历史上，中国一直比同期的其他大国的人口多，始终是世界上人口最多的国家，见表 1—2（人口为约计数）：

表 1—2　中国历代王朝与同时期其他大国人口对比表

人口单位：万人

年代	中国		世界	
	王朝	人口数	国家、地区	人口数
前 4 世纪	战国	2500—3000	马其顿帝国	2000（其中希腊 300，埃及 350，近东 1200，印度西北、中亚 150）
前 3 世纪			印度孔雀王朝	3000
公元初	西汉（公元 2 年）	6000	罗马（公元元年） 欧洲	700（意大利半岛） 3100

① 本节及下节所引用的中国和其他各国的人口数字，除注明者外，均据 1995—2000 年间公布的材料。

续表

年代	中国		世界	
	王朝	人口数	国家、地区	人口数
2 世纪			罗马帝国	4600（其中欧洲部分 2800，亚非 1800）
4 世纪			印度笈多王朝	4000
7 世纪			大食	3000
8 世纪	唐	7000		
13 世纪	宋	10000 以上		
14 世纪			欧洲	6000（黑死病流行后减为 4500）
			奥斯曼帝国	600
17 世纪			印度莫卧儿王朝	14500
17 世纪末			奥斯曼帝国	2800（北非 830，中近东 1200，巴尔干 750）
19 世纪	清	40000 以上		
20 世纪初			英帝国（1909）	32340（其中本土 1900 年为 4200）
			法国（1914） 俄罗斯（1914）	本土 4500，连属地近 10000 13500
20 世纪末	中华人民共和国	129533		

（本表 20 世纪末中国人口数出自中华人民共和国国家统计局编：《中国统计年鉴 2001》，中国统计出版社 2001 年版，第 92 页。世界其他国家地区历史人口数据出自科林·麦克伊韦迪、理查德·琼斯：《世界人口历史图集》中译本，东方出版社 1992 年版。）

从人口的分布来看，古代中国人口最密集的部分是长城以南、贺兰山、陇东川西山地、横断山脉以东的地区，明朝为南北十三布政使司和南北两直隶，清朝的本部十八省地区，即黄、淮、海、长江流域、东南沿海、珠江流域和云贵高原，这片地区面积大约是 412 万平方公里，占今天中国总面积 43%，不到一半，常住人口 110145 万（2000 年）[1]，占今天中

---

[1] 中华人民共和国国家统计局编：《中国统计年鉴 1996》，中国统计出版社 1996 年版，第 70 页。

国总人口的 87%。东北、内蒙古、新疆、青藏今天面积为 548.8 万平方公里，占今天中国总面积 57%，即一半还多，常住人口为 15736 万[①]，占全国总人口的 12%。历史上东北地区不属人口稠密区，近代以来，人口增加很快。在历史上，东北、内蒙古、新疆、青藏等边缘地区在全国总人口中比例更小，见表 1—3（人口为约计数）：

表 1—3　不同时期边疆人口数量

人口单位：万人

	东北、内蒙古	新疆、西藏、青海	外蒙古（今蒙古国）
公元元年	200	100	
10 世纪	400	200	80
19 世纪		300	
20 世纪末	13031	2705	262

（参考《世界人口历史图集》。本表 20 世纪末中国人口数据中华人民共和国国家统计局编：《中国统计年鉴 2001》，中国统计出版社 2001 年版，第 92 页表 4—3 计算得出。）

这就是说，在 10 世纪左右，表中的那些中国边沿地区人口总数约为 700 万，在全国人口数中不到 10%。

上述中国人口最集中的地区，今天人口密度平均为每平方公里 255 人，为全国平均人口密度 126 人的两倍多。这样大的地区有这样密集的人口，只有印度可以与之相比（平均每平方公里 267 人）。有些国家人口密度比中国、印度还高，但面积却不能与之相比（例如，孟加拉国 14.4 万平方公里，12043 万人，平均每平方公里 836 人，日本 37.8 万平方公里，12520 万人，平均每平方公里 331 人）[②]。不仅今天中国能在这样大的地域里容纳如此多的人口，而且在古代也是如此，因为这里是一个世界历史上独一无二的大农业区。在历史上，农业远比其他经济形式（畜牧、渔猎）能承载更多的人口，十余亩耕地可以养活一家人，而 40 亩草地才能养活

[①]　中华人民共和国国家统计局编：《中国统计年鉴 1996》，中国统计出版社 1996 年版，第 70 页。

[②]　本段数据见中华人民共和国国家统计局编：《中国统计年鉴 1997》，中国统计出版社 1997 年版，第 831 页。

一头羊。农业能容纳大量人口，也需要大量人口。但中国还不仅至此。中国古代的农业即传统农业有很突出的特点，可称之为大陆集约型农业，即在广大面积的土地上，把土地分成小块，以一家一户作为生产单位，进行精耕细作，投入高，产出也高。投入高，当时主要是投入更多的劳动，产出高，能养活更多的人口。这种类型的农业需要大量的劳动力，也可以容纳大量的人口，因此对人口的增长是一种刺激的因素，以致在古代，中国的人口一直超出其他的大国很多。今天就更为突出了。

人口多好不好，这要具体分析。对我国的发展有利也有弊。

人口多，劳动力也多，生产力要素中，人占重要的乃至决定性的地位。生产力的发展需要增加人口，人口反映了生产力发展的程度，这在古代手工操作、简单劳动为主的农业社会尤其如此。甚至在工业社会初期也是如此，欧洲从中世纪到近代，各地区人口增长曲线呈波浪状，增长最快的地区从意大利逐步推向西欧、英国，即是工业生产力在不同地区先后速度不同的发展结果。当然，到了现代，由于科学技术的高度发展，生产力中的人的因素中，人的素质的重要性大大超过了人的数量的重要性，这种人口增长与生产力发展有一种同步趋向的情况才发生了变化。

然而，即使在古代国家，人口数量也不能无限制地增长，在一定的历史时期，一定的国土面积、资源、生产力发展的水平等所能供养的人口是有一个限度的。在这个限度以内，人口的增长有利于生产力的发展，超出这个限度，会出现人口相对过剩。这种人口过剩又会阻滞生产力发展。中国古代国土面积广阔，但各地发展不平衡，发展次序有先后。因此在某些时候某些地区会发生局部性的人口过剩。但是中国国土广袤，交通便利，核心地区的自然条件各处相差不多，某一地区人口过剩的压力，可使多余的人口转移到地广人稀、开发不足的地方去。封建时期的农业的特点是农业劳动力与生产资料（土地）的紧密结合，而以一家一户为经济单位、从事农业生产全过程的家庭农业能使农民在最恶劣的条件下继续从事生产，以维持粗劣低下水平的生活。因此，一般来说，只要还能勉强生活下去，农民是不会迁徙流动的，即所谓"安土重迁"。然而一旦外来力量冲击过大，如天灾、战乱、苛政等，农民只好被迫与土地分离，或转死于沟壑，或流散于他乡，从而对一些地区的人口过剩的压力起了疏散缓解的作用。中国文明最早在黄河中下游产生，中国的传统农业也最早在这里形成，这里也就成为中国古代早期经济最发达、人口最繁密的地区。从汉代起，这里就开始出现了地少人多、人口过剩的情况，有所谓"十亩共桑之迫"①的说法。在灾荒、战乱、苛政的驱迫下，黄河中下游的人口一次又一次地如同浪潮般地向四外流散，主要的去向则是南方。先是到长江流域，然后是东南沿海、珠江流域、云贵高原。这种人口的迁徙，不仅缓解了黄河中下游的人口压力，也使人口流入地区得到开发，从而使人口的分布趋于适当，也在更广袤的地域里发展了生产力。所以，这种局部地区的人口压力如果从根本的、历史的全过程的角度来看，也并非全部是起消极作用。

人口多，古代有些需要大量人力的事就好办些。中国历史上兴建了很多巨大的工程，长城、运河、道路、水利工程，乃至宫室、陵寝，动辄征调数万、十数万、几十万甚至成百万人来兴建，而多在较短时间里完成，没有巨量人力，这些事是办不成的。战争，在古代双方技术、装备、战法差不多的情况下，往往也是人力数量的拼搏。战国时期，一场战争动员几万人，十几万人甚至几十万人是常事，秦赵长平之战，秦一次即坑杀赵降卒 40 万人。王翦攻赵，一个秦国就发兵 60 万。汉武帝马邑之谋，在代北一地即出动兵员 40 万。淝水之战，前秦兵力号称 87 万。隋炀帝第一次攻高丽，发兵 113 万人，支援的民夫达数百万。这样的例子不胜枚举，如此大规模的人力征发只有在中国才有可能。

人口多也有难处。人口多，消耗也多，需要的物资多，生产的很大一部分物资都需提供人们生存的需要，用于再生产和扩大再生产的就少了。在劳动生产率不高、产品不丰富的古代，能用于发展的物资积累就更少了。而人口多、劳动力多的古代，劳动生产率和剩余产品率的提高相对来说就更困难一些。像中国古代的精耕细作的传统农业，单产是较高的，据我估算，汉唐亩产在 140 斤原粮左右，宋代 200 斤，明清 250 斤，近代达到 300 斤，比起欧洲中世纪的粗放农业，汉唐亩产要超过一倍。但精耕细

---

① 杜佑：《通典》卷 1《食货典一·田制上》，中华书局 1988 年版。

作的农业每个劳动力平均垦种土地面积较少，人口越多每个劳动力平均垦种土地面积就越少，单产高的优势被人均耕地面积少所冲销，以"单产乘以每个农业劳动力平均占有土地面积"为标志的农业（粮食）劳动生产率就不算高了，只同欧洲中世纪时单产低、人均占有耕地面积较多的粗放农业的劳动生产率相当甚至有时还要低一些。从汉至近代，粮食亩产从140斤增到近300斤，提高到2.2倍，耕地面积从汉代的4.8亿市亩增加到新中国成立前的14亿余市亩，即增加到3倍，二者相乘，总增约6.7倍，而人口则由汉代的6千万人增到新中国成立前的5亿多，约达10倍。这样，尽管单产有提高，从汉到近代每个农业劳动力每年生产的粮食仍在2000斤上下徘徊，这种情况，甚至一直延续到改革开放以前。

在古代前期，因为中国是大国，人口多，地方也大，可耕地还多，人口增长与生产力发展水平还能适应。宋代以后，可供开发的地区少了，人口压力开始在全国范围内出现。到了近代与现代，这个问题就更加突出了。人口多了，剩余产品增加得少了，能用于发展的比例不大，社会进步受到影响，人口素质的提高也慢，而这又反过来影响了社会的进步。当前在生产发展中，科学技术的进步越来越重要，生产发展不再单纯靠劳动者的数量，而更多的是看其质量素质，人口多而素质不高的问题愈来愈突出了。

三、中国是一个多民族的大国

中国众多的人口，是由许多民族构成的。

今天中国有56个民族，历史上就更多了，这在世界上是少有的，当然也并不是最多的。苏联有130多个民族和部族，现在的俄罗斯也少不了多少。印度也不少，有十几个大民族和几十个小民族，美国也有一百多个民族（几乎全是移民及其后代）。中国是个多民族国家，这一点，对中国历史来说很重要。中国的历史是中国各个民族共同创造的。

中国这个多民族国家，与其他的多民族国家比较起来，有以下一些特点。

第一，汉族占全国人口 91.51%，122593 万人，少数民族占 8.49%，11379万人①。汉族集中居住的地区约占全国面积的一半，少数民族聚居地区约占全国面积 50%—60%。苏联是多民族大国，但俄罗斯人只占一半，即 52.4%，其他 130 多个民族部落，有的在边缘，有的在内地。苏联解体后，俄罗斯境内的俄罗斯人占总人口的 81%强，但境内各处仍有大量其他民族，有 16 个民族自治共和国，5 个自治州，10 个自治区。印度的大小几十个民族，区别颇大，印度斯坦人为主，占 46.3%，不到一半。美国也是多民族国家，居民绝大多数是外来移民及其后裔。从 16 世纪开始，欧洲人开始陆续移入，最早的来自英国、荷兰、法国、德国、爱尔兰，然后是非洲黑人、欧洲其他国家移民，还有日本人、华人等。以欧洲移民后裔为主体的白种人占全国总人口的 73.1%，黑人占 12%，拉美裔人占10.02%，亚裔 3.3%，这些民族散居各地，没有形成集中的民族聚居区。至于原住民印第安人，不到 100 万，只占总人口的 0.025%左右。这些多民族的大国的情况与中国都不一样。

第二，汉族人口不仅占了全国人口的绝大多数，而且集中居住在全国的核心地区——东部地区，包括东北平原、海河、黄河、淮河、长江、珠江流域、东南沿海地区和云贵高原（东北历史上不在核心区内）。这块地区约占全国总面积的一半，人口密度大，经济文化发达。少数民族在这里也有相当数量，但多为大杂居、小聚居的形式。边缘地区则为少数民族聚居区，如内蒙古、新疆、宁夏、青海、西藏、广西、云南。这些地方约占全国总面积一半，人口则只占全国人口数的十分之一，其中汉族占了相当的比重，有些地方超过了少数民族的数量。

全国有一个比较先进的主要的大的民族，又主要居住在一个较大的核心地区，这对多民族统一国家的形成与维系有重要的作用。这一点与苏联和印度都不同，英属印度后来分成了印度、巴基斯坦、孟加拉国 3 国。由15 个加盟共和国组成的苏联解体了。像南斯拉夫这样的多民族国家，在第一次世界大战后形成，经历了 70 年，结果很短期间就分解成了 7 个国家。

---

① 数据参见国家统计局：《第六次全国人口普查第一号公报》，2011 年 4 月 28 日。

俄美这样的多民族大国，主要是在近代形成的，而且是殖民主义或移民的产物。至于历史上的一些多民族大国，像埃及、罗马、波斯，直到奥斯曼帝国、莫卧儿王朝，都已在历史上消逝，这些国家中有些今天还存在，但已经不再具备大国的规模，其中有些国家如埃及，主体民族也与历史上的完全不同了。

中国古代民族发展大势是：汉族最早起源于黄河流域，逐渐四向拓展，其形式就像滚雪球，越滚越大。主要方向是朝南，先到长江流域、东南沿海，然后再向珠江流域、云贵高原。在这种滚雪球式的发展中，由于汉族经济文化发展程度高，融汇了当地许多少数民族，不仅使汉族活动地域越来越大，人口也越来越多。另一方面，北方游牧民族和东北方向的民族则波浪式地一波一波地向南推进，与汉族接触，其中相当大的一批，或定居塞下，即蒙古高原与华北的结合部，或再进入中原，建立政权。这批边缘民族终于或先或后地融汇于经济文化水平较高的汉族。这也使得汉族分布的地区越来越大，人数越来越多，以致形成了今天汉族占全国人口的绝大多数而地居重要的核心地区的局面。

这种民族的滚雪球式和波浪式的运动，再加上核心地区的经济的和政治的因素起作用的带周期性的内乱和农民大起义的结合交替，形成了中国历史上时间与空间结合的脉动现象。其直接的表征即为重要王朝的更迭。一个强大的中原王朝，四向扩展，顶住了北面（包括西北和东北）方向少数民族的南下浪潮，彼此进行交往、战争和融合，而把自己的版图扩展到边缘地区。中原王朝衰落时，内部矛盾严重，往往爆发农民大起义和统治阶级之间的内战。这时，北方民族往往乘机越过长城进入中原，形成少数民族统治黄河流域乃至中国全境的态势，使得少数民族与汉族的交往加强，融合加快。在这种情况下，边缘地区当然也属于这些少数民族政权的版图，这对边缘地区少数民族与汉族的交往与融合也有积极作用，在这样的政权更迭与动乱中，汉族则大规模地南徙，也形成一种波浪式的南下，而又与南方的少数民族融合，也使得中国版图向南和西南方扩展。这样就形成了中国历史上一种时间和空间结合的脉动现象——扩展、收缩、再扩展。但不论是收缩还是扩展，边缘地区与核心地区的联系都在加强，边缘地区也正是在这种脉动中逐渐进入中国的版图，而且其与核心地区的关系也越来越巩固。今天中国的疆域，是在 18 世纪的清代确定的，但在此之前的几千年中，这个版图已经在逐渐形成、逐渐巩固之中，并非简单地仅靠一时的战争或征服而来，实际上是各个民族多年交往、融汇的结果。这同那些古代多民族大国多靠军事征服不一样，同近代多民族大国的形成是靠对殖民地的征服、掠夺或移民的情况也不一样。中国悠久的历史是中国各民族共同创造的。中国这个多民族大国是各民族在长时间内共同缔造的。

四、中国是一个自然条件相对不算优越的大国

人们常说中国地大物博人口众多，这不全对。中国地则大矣，人则众矣，但物博却不见得。

中国山地多而平原少，山地约占国土的 33%，高原占 26%，丘陵占 10%，而平原只占 12%。耕地不到 20 亿亩，只占国土总面积的 14%，而沙漠、戈壁及沙漠化土地达 149.6 万平方公里，占国土总面积的 15.5%。

至于气候条件，处于东亚季风区的地方气候较好，但降水量分布不匀，只有长江流域及其以南地区水量较充裕，而且比较稳定，黄河流域年降水量少，偏旱，西北地区则是干旱区。黄、淮、海河流域及东北、西北地区占全国耕地面积 63.7%，人口占 46%，年径流量仅占 17%。东南、西南、华南耕地占全国的 36.3%，人口占 54%，年径流量则占 73%，很不平衡。而且，水资源与农业供需时间相差很大。黄河、海河每年各期水量大小之比常达 14—16 倍，而最小水量时又是农作物的需水期。春季农作物出苗初长的时候，水量小，加上这时华北气候易旱，干热风又使土壤中的水分迅速蒸发，因此易形成春旱。华北的雨量集中在七、八、九三个月，正是作物孕籽成熟期，这本对作物生长有利，但降水量各年不平衡，易形成水、旱灾。东北地区雨季正值作物收割期，遇雨倒伏，粒脱霉变，很影响产量。总之，中国东部虽有广大的连片的农业区，但发展农业的条件并不算特别好，尤其是天灾对农业的影响至大。

中国森林的覆被率为 20.36%（2010 年）①，为世界平均覆被率的
31%。

草原面积广大，四大草原中，内蒙古草原草质最好，北疆次之，青藏
高原高寒区草质最差，全国草原总的载畜率都不高。

森林覆被率不高，草原草质差，加上滥垦滥伐，大大影响水土保持，
影响了气候，影响了农业和牧业。

矿产品多种多样，有的蕴藏量居世界前列。煤藏丰富，但集中在内蒙
古、陕西、山西，距缺煤而又需煤的南方较远，运输是一大问题。铁矿多
数品位低，以致需从国外输入大量优质矿石。石油在新中国成立以后有重
大发现，但目前已探明储量尚不足以适应国民经济发展需要，已有产量也显
不足，需要进口，新发现的新疆油田，开发较难，也有个运输问题。水力蕴
藏量最大的地区是西南，而需电地区在东、北部，也有个电力输送问题。

总之，中国的自然资源总量尚称丰厚，但并非特别优越。

更大的问题在于众多的人口。再丰富的自然资源，分之于众多的人
口，也就失去了优势。以综合国力而论，中国已跻身世界三甲，但人均
国内生产总值却落到了世界 100 位以下，215 个国家和地区中我国排在
第 121 名（2010 年）②，人均 4430 美元③。20 亿亩耕地占世界耕地总数不
到 10%，却要养活占世界 22%的人口。印度国土约为中国的 1/3，人口
12 亿（2010 年），人口密度比中国大，但耕地面积为 26 亿亩。人均耕地
2.16 亩（中国现为 1.36 亩）④，都比中国多。其他自然资源如以人均计，均
为低于世界平均水平，而且分布不均匀，好些是在交通不便、开发困难的
地方。如水资源 3.1 万亿立方米，居世界第六，人均 2310 立方米⑤，排在
世界第 109 位（一说 84 位），为世界人均占有量的四分之一，美国的五分

---

① 中华人民共和国国家统计局编：《中国统计年鉴 2011》，中国统计出版社 2011 年版，
第 394 页。

② 《中国统计年鉴 2011》，第 1057 页。

③ 据《中国统计年鉴 2011》，第 44、1056 页数据折算。

④ 据《中国统计年鉴 2011》，第 96、394 页数据折算。

⑤ 《中国统计年鉴 2011》，第 405 页。

之一。

自然条件、自然资源对社会的作用，古代与今天是不一样的。第一，在古代，农业是主要的生产部门。第二，人口总量和密度比今天小，人均国土面积，人均耕地面积比今天大。然而，在核心地区一些人口众多密度较大的地方，人口的压力已经显现出来，先是黄河中下游，然后是长江中下游，到明清时期，人口的压力已遍及核心区各地。人口与耕地的比例在古代世界各国中仍是较突出的。第三，生态平衡问题比现在好一些，森林覆被率比现在高，水土流失情况没有现在严重，但黄河流域植被被破坏、水土流失至少从汉朝开始就是一个问题了，水旱灾之频仍，其严重程度在古代世界也是少见的。至于土壤、气候等，与今天基本上差不多。耕地相对不甚充裕，这使我国古代农业基本上面临着与今天同样的问题。

作为工业重要原料的矿藏，在古代需要量远比现在为少，能够基本自给。也许金银的产量有不足之处，这或许是中国古代不像其他地方一样，以贵金属金银作为铸币使用，而长期以铜钱作为主币的原因之一。

自然条件和自然资源的这种状况，对中国的历史究竟有什么样的影响，是一个值得探究的问题。应该说，有不利的一面，但同样的自然条件也可以成为对历史发展的有利的一面。

作为一个大国，自然条件在各地不一样，影响到历史，就会出现各地发展的不平衡性，有的地方自然条件较好，有利于发展，有的地方自然条件较差，发展便受到影响。在古代，社会的发展常以农业的发展程度为依归。气候、位置、地形、土壤、水文等往往会影响到农业的发展。山地、高原、沙漠、戈壁地带的发展当然不如平原，降水量少的地带不如降水量多的地带，交通不方便的地带也不如交通方便的地方，这就给中国各地的历史发展带来不平衡，发展有先后。一直到今天，东部、中部、西部，南方、北方的发展不平衡，仍旧可以看到。

各地自然条件、自然资源不一所带来的差别使各地发展进度不一，虽然有它影响整个社会发展速度的一面，但它也带来经济上的分工（如农、林、牧、渔、工、矿等），有利于各地物资的交流和整个社会的发展。古代中国是一个大国，各地自然条件、自然资源不同，产业有别，彼此分工交流，起着互补的作用，无需过多地依赖境外，也不好依赖境外，因为中国地理位置居于东亚，地形又与西方相背，与境外的经济交流，路途远、交通不便。而境内广大地区却有充分发展的余地，而又具备一个大的经济发达的核心区，并且充分地吸引着周边地区，形成古代一个具有极大的独立性和自给性而多少有些封闭性的经济大国。直到鸦片战争前夕，欧洲已经开始产业革命时，中国的国内生产总值仍居世界第一，在对外贸易上也一直居于出超地位。中国人之所以长期形成了"中土"、"中国"、"中朝"、"天朝"这类观念，似乎中国是世界上独一无二、处于中心、发展程度最高的国家，其中的一个原因，恐怕就是因为中国是一个独立发展而又略带封闭性的经济大国。乾隆要来华要求通使通商的英国使臣马戛尔尼交给英王的敕谕充分说明了这种观念："天朝物产丰盈，无所不有，原不借外夷货物，以通有无。特因天朝所产茶叶、瓷器、丝斤为西洋各国及尔国必需之物，是以加恩体恤，在澳门开设洋行，俾得日用有资，并沾余润。"[1]

自然条件不利与自然资源不够丰厚对社会发展起不利作用只是相对而言。自然条件极差如北极，确实不利发展；自然条件有利，自然资源丰富，但如果缺乏多样性，或交往不便，如热带的某些地区或某些中南太平洋岛屿，也会由于人们过分倚赖丰饶的自然界或缺少分工与交往而影响发展。相反，像中国这样处于温带的大国，多样化的自然条件与自然资源往往有利于促进分工和交往。自然条件中的不利因素和自然资源的不甚丰厚与分布不平均又往往能促使人们努力进取，刺激人们以自己的辛勤劳动和发挥自己的智慧，克服不利条件，征服自然，以创造较好的生存与发展条件。中国人民勤劳、勇敢、智慧的传统的形成，恐怕与这种不利的自然因素与克服这些不利因素的努力有相当关系。"艰难困苦，玉汝于成"。不利的自然条件与不甚丰厚的自然资源反而在这种情况下成了中国历史发展的一种起促进作用的因素。因水量不足与旱涝时生而大力发展水利、灌溉等工程，大规模地有组织地进行防灾救灾，就是一例。早在先秦，人们对于水利及水灾就有一套办法。"以潴畜水，以防止水，以沟荡水，以遂均水，以列舍水，以浍写

---

[1] 中国第一历史档案馆编：《乾隆朝上谕档》，中国档案出版社1998年版，第17册，第542页。

水……"① 以后各代更有越来越完善、越来越细致的做法。

传统农业则是另外一例，人多地少是中国古代核心地区的某些地带以及以后整个核心地区的现实。中国的传统农业的基本目标是在较少的土地上投入较多的劳动力以提高单产的办法来保持与提高劳动生产率。或者说，用高投入高产出的办法来容纳更多的人口并维持其供应。而具体做法则是精耕细作，或者说是走集约型农业的道路。在黄河流域的旱作农业技术是以抗旱保墒为主，并力争有条件的地方实施灌溉。长江流域的水稻区则以灌溉排水为主。各种技术包括深耕多耕、起垄培畦、平整土地、密植、移苗栽秧、中耕耨苗、除草、施有机肥、治虫病、灌溉、排水、细收细打、家庭圈养牲畜利用厩肥等，田地不但不休耕，反而用轮作、连作、间作等方法提高复种指数。在汉代，有的地方已是"四种而五获"②，即复种指数达125%。现今，全国范围内的复种指数在160%以上，即一亩地能当1.6亩地用。适应这种耕作方式的农具多是小型而专门化，分工很细。而适应这种耕作方式的经济单位则是以一家一户为单位，独立从事农业生产全过程的个体小生产农业。这种精耕细作为特征的个体小生产农业在中国延续了几千年，它以高的单产，较少的土地养活了大量人口，支持了中国历史的发展。这是中国人民利用自然、征服自然所取得的伟大成就。直到今天，我国仍以占世界不到10%的耕地养活占世界22%的人口，这是多少年积累下来的传统农业所带来的成就。当然，这种农业承受的压力是很大的，本身有其脆弱性，尤其经不起灾变。中国历史上的变乱往往与天灾相连，造成极大的破坏与苦难，就与这种传统农业的脆弱性有关。中国历来重农、重民食，"民以食为天"，"《洪范》八政，一曰食，二曰货"，③士农工商，农居第二，不是没有原因的。当然，传统农业的发展有其限度，一定技术水平下的农业所能供养的人口，也有其限度。今天的农业，必须改造，那也是毋庸置疑的。

---

① 《周礼·地官司徒·稻人》。

② 《管子·治国》。

③ 《汉书》卷24上《食货志上》。

五、中国是一个历史悠长的大国

中国是古人类发源地之一，目前可以追溯到约200万年前的巫山猿人（1985—1986年发现于重庆巫山县士庙区龙骨坡）化石。与东非发现的猿人化石年代相近。而且从同时发现的同一地质年代层的巨猿化石来看，此时正是处于猿人分化时期，可以说是人类起源地之一。以后各个时期的古人类化石和遗迹在中国各处都有发现（如河北原阳小长梁、云南元谋、陕西蓝田、北京周口店等），旧石器及新石器时期遗址几乎遍布全国。似乎可以推测，古代人类遗址从起源的西南地区逐渐辐射到全国各地。

中国古代国家的形成约在4000年前，虽比埃及、两河流域、印度的古代国家形成时间略晚（埃及、两河流域的苏美尔人、印度的达罗毗荼人的早期国家形成于5500—5000年前），但那些古代国家并没有延续下来，而后来形成的一些大国，像亚述、波斯、罗马、拜占庭、奥斯曼等，历史或者中断了，或者分崩离析，即使今天还存在，其民族构成、文化传统也改变了（如埃及），不再具备大国的规模（如伊朗、土耳其）。至于印度，印度河流域的早期文明在4000年前已达到鼎盛期，3600年前被来自伊朗的游牧民族雅利安人毁灭，这种早期文明在印度河流域消失了（遗存还保存在南部地区）。此后又迭经变乱，公元前3世纪的孔雀王朝和3世纪的笈多王朝在印度北部（印度河和恒河流域）建立统一国家，但为期短暂，此后又分裂。到16世纪莫卧儿王朝再度把印度次大陆纳入自己统治之下，但莫卧儿王朝势力来自西北边境以外，建立的则是伊斯兰帝国。随后印度成了英国的殖民地，最后又分成了印度、巴基斯坦、孟加拉国等几个国家。总之，印度并非长期处于统一状态，民族文化等变化极大，同中国历史的情况大不一样。至于今天世界上的一些大国，历史都不算长，大多是近代形成的。美国建国220多年，俄罗斯较长，从基辅罗斯（9世纪）算起是1000多年，从伊凡雷帝摆脱鞑靼人压迫后建立统一的俄罗斯集权国家算起（15世纪末）是500多年，加拿大、巴西、澳大利亚就更短了，可以说，世界上古老而又一直延续下来的大国，只有中国。

为什么中国是唯一的一个古老而又能延续下来的大国，值得探讨，下面所说的三点可能是应当考虑的。其中有些情况，在前面已经提到过了。

第一，中国有一个历史悠久、文化发达、人数众多的主要民族——汉族，和一个与汉族主要聚居区重合的大的核心地区。这个汉族聚居区与核心地区在不断扩大，大体是后来清朝本部十八省的地区，占全部国土面积的43%，人口的88%，是全国经济的中心地区。这一地区并且长期在经济政治文化诸方面比周边地区更为先进发达，而且在古代亚洲乃至世界都处在先进地位。在古代很长的时间内，那些世界历史上的大国，经济文化很难说都超过了中国，国力一般也没有超过中国的，内部凝聚力也没有超过中国的。

表1—4　世界古代大国核心统治区面积和人口对比表

	面积（万平方公里）			人口（万人）		
	核心地区		全国	核心地区		全国
	数字	百分比	数字	数字	百分比	数字
元朝（13世纪）	412	20	2000			
清朝（前期）	412	30	1300	38600	96	40000
中华人民共和国	412	43	960	110145	85	129533
波斯阿黑门尼德皇朝（前6世纪）	160	27	600			
波斯萨珊王朝（4世纪）	160	33	500			
罗马帝国（2世纪）	30	6	500	意大利半岛 700	15	4600
拜占庭帝国（7世纪）	80	32	250	小亚细亚、巴尔干半岛 1000		
奥斯曼帝国（17世纪）	80	13	600	小亚细亚西部、巴尔干半岛东部 800	28	2800

从表1—4中即可看出古代中国核心地区的面积与人口在全国的比重与世界其他古代大国相比所处的地位了。至于有些古代大国，如马其顿、

大食、帖木儿帝国，其核心地区及人口的比重都很小。如马其顿帝国，核心地区是希腊，面积 10 万—15 万平方公里，人口 300 万，只占马其顿帝国面积 700 万平方公里、人口 2000 万的 2% 和 5%。亚历山大死后，这个短促的帝国立即一分为四，分别控制了埃及、希腊、中东和波斯，恢复了亚历山大以前的政治态势。至于帖木儿帝国，很难说有什么核心地区，也是随帖木儿之死而消灭。这种大国纯属短期军事征服的产物，是一种极不稳定的军事政治集合，因而也就忽起忽灭，无法长久存在下去。

古代中国具有这样一个经济力量雄厚、政治文化先进而又人口众多的广大核心地区，对周边地区有很大的吸引力、向心力和凝聚力，而不是起发散、排拒的作用。这是古代中国周边的地区和民族能够逐渐地长期地参加到中国这个多民族国家里来，而且联系越来越紧密的原因。当然这中间也有军事的征服与民族的压迫的因素，但不是主要因素，仅靠征服和压迫是不能长久维系多民族统一国家的。

在古代，中国以外的大国带，其民族的和政治军事力量的迁徙、扩展和转移既有南北方向，也有东西方向，使得这些地区的民族关系、政治变化出现了错综复杂、形势多变的格局。

古代中国则有所不同，民族关系主要呈南北方向，东西方向的民族迁徙交往乃至战争规模相对较小，但更多的是经济、文化的关系，而非军事的、政治的征服、统治。中国处于古代大国带或文明带的最东端，与西方的文明世界与历史大国间阻隔了难于通行的青藏高原和辽阔的中亚沙漠、草原。直接处于中国西方的民族比较分散，而且不大可能形成一股强大的军事政治经济力量。东亚大陆北面由蒙古高原北部经阿尔泰山、萨彦岭以北的草原带及由准噶尔盆地向西是一条游牧民族大规模迁徙的通道，但它离欧亚非大国带或文明带距离颇远，而且历史上游牧民族大规模迁徙的走向多是自东而西，如匈奴、突厥、契丹、蒙古等，而绝少自西而东。对古代中国历史发生重大影响的天山以南的通道即丝绸之路较近古大国带，但只宜商队和少量人员往来。

大规模的军事征伐受地理因素限制难于进行，对东方，至多至到中亚而止。在历史上，中国与古代西方大国直接交战只有一次，那就是 751 年

(唐玄宗天宝十载) 唐与大食及中亚联军的战争——怛罗斯之战。此战唐军失败，唐的势力退出中亚。这并不是一次涉及国家存亡的大战，而只是争夺中亚的局部战争，双方军队并没有出动主力，大食更是大量利用了中亚一些小国和民族的武装力量，这次战争对以后唐和大食的关系也没有起到决定性的作用。另外还有一次战争没有打成，即 1407 年 (明成祖永乐五年)，兴起于中亚，征服了波斯、伊拉克及部分俄罗斯与印度的帖木儿，起兵 20 万拟从中亚进攻中国，途中病死未果，没有改变东西方这种政治大势的格局。

至于南北方向的民族关系与民族交往与斗争、融汇，如前所述，影响中国历史至巨，与东西方向的民族关系不能相比。但这是一种周边地区与核心地区之间的关系，或者说，它是这个历史上逐渐形成的统一的多民族国家内部的事情，这和东西方向的那条古大国带上的民族关系是不一样的。如前所述，古代中国的核心地区与周边地区正因为民族的关系、交往乃至斗争而加强了联系，而这种联系越来越密切。

近代欧洲殖民者的世界征服，造就了一些殖民大国，也消灭了和瓦解了一些地区的国家，包括一些历史上的大国，如莫卧儿王朝和奥斯曼帝国。近代以前建立的大国，唯一没有被征服或瓦解的就是中国。这原因，一是中国距欧洲较远，西方殖民者从欧洲由海路向东，先向非洲、中东、印度、东南亚，然后才到中国，所达也是中国沿海边境，如澳门、台湾，从沿海进向内地，已是 19 世纪下半叶的事了。另一个殖民者沙皇俄国从陆路来，其路线是越过乌拉尔山脉到西伯利亚贝加尔湖以北再东向到达鄂霍次克海，都在中国北部边境以外，然后再南下进入贝加尔湖以南及黑龙江，与中国接触，历时二三百年，向中国东北及蒙古国进入更是 19 世纪后半期的事了。二是中国很大，一时灭亡不了，列强瓜分又因利益冲突引发互相牵制。三是中国的抵抗虽然屡屡失败，但很强烈，而且越来越强烈，任何一个殖民国家，都难于一下子征服中国，这与印度的情况有些不同。19 世纪末以后，日本成为中国的最大侵略者，20 世纪 30 年代，向中国发动了最大的也是最后的一次侵略战争，不仅占领沿海，而且侵入腹地。中国人口最多、经济最发达的核心地区大部分沦陷了，中国损失之惨重是空前的，死伤 3500 万人，约占全国人口 7%，财产损失 5000 亿美元。即使如此，中国还是与世界反法西斯力量一起取得了反侵略战争的胜利。这和中国是一个具有汉族为主体的广大的核心地区而又与周边地区关系紧密，结为一体的世界大国的格局不无关系。

第二，中国不仅有一个面积很大、人口众多、力量雄厚的核心地区，而且这个核心地区一直呈现一种凝聚与扩大发散的趋势。凝聚与扩大发散看来似乎有矛盾，但在历史上这二者却很好地结合起来了。这种凝聚与扩大发散的趋势的结合，其具体表现，一是核心地区的逐渐扩大，二是与周边地区的关系日趋紧密，三是在古代中国统一的趋势长期占着上风。

地中海、中东地区历史上的大国，核心地区面积相对不大，要成为大国，需要保持两个以上的地区。各个地区经济、文化相当发达，但各区之间民族、政治、经济、社会的差异也比较大，不易融合，并不具备长久统一的趋势，而且北方一线宽广，草原游牧民族从各处均可南下，进入大国核心区，一旦进入某一地区，那里立刻会有很大改变。因此，从一个核心地区扩展到其他地区是形成一个大国的必要条件，但扩展开去，所控制的区域越大，原核心地区的影响及控制力就相对地减弱。在民族林立、政治经济文化各异的各地区间，原核心地区并不占优势，矛盾越来越多，从北方草原来的威胁也越大。在这个地区，各地凝聚力并不强，分散的趋势却很明显，统一往往只是军事征服的结果而不是经济文化交往的必然趋势。一旦形势有变，这些历史上统一的大国就会突然消失或者逐渐分崩离析，核心地区扩展的权力只能回到原来的地区，广大的统治地区也不再回归。换句话说，这些历史上的大国的统一，主要靠的是军事的、政治的力量，带有强加的性质，然后才是经济上的、文化上的联系。自然，有些时候，一个地区的文化借助军事政治的力量扩散到其他地方去，使那些地方深深打上它的烙印，像马其顿帝国带来了一个希腊化时期。希腊文化影响遍及东地中海、中近东、一直延伸到印度河流域。此后，阿拉伯人的扩展也使伊斯兰文化遍及北非、东非、西非、西班牙，一直到中亚、印度、东南亚。但这种文化的传布只是开始时借助大国的征服，大国消失衰落，文化反而更快速地深入地扩展，它借大国的兴起而扩展，但它的扩展并不只是倚赖大国。而且，这种文化的影响不管如何巨大深远，它也没能根本改变这些地区的政治、经济、社会乃至文化的基本格局，也没有促成过这些地区的再度统一。

历史上的这些大国，存在的时间有长有短，长的达几百年甚至上千年（如拜占庭），但始终都不能在其控制地区内建立一种稳定的社会秩序，也始终未能做到大规模的民族融合。换句话说，即没有一种强有力的可靠纽带把各地区结合起来，即使像罗马帝国那样一种世界性的帝国，其与边缘地区的联系很重要的一个内容是奴隶的掠夺，罗马帝国正是靠它而繁荣与运转的。这种征伐和掠夺奴隶的行为对各个地区的经济造成很大的破坏，并不是维系各地区的好手段，反而不时激起反抗，一旦奴隶来源趋于枯竭，各地分裂趋势加强，而意大利本土也出现危机，罗马帝国便走向衰落。至于那些不稳定的军事征服形成的大国，寿命就更短促了。直到今天，东地中海、巴尔干、中近东分散的民族与国家间的纠纷还是不少，延续时间也最长，仍是世界上纠纷的热点。这个地带的历史大势不是凝聚而是分散，不是统一而是分立。那些历史上的大国形成的或长或短的统一，并不反映这个地带历史发展的基本趋势。

中国的历史与此不同，具备着统一的趋势，这是凝聚和扩大发散两种作用结合的结果。这种统一的趋势，首先表现在经济和文化以及民族关系上，然后才形成在政治与军事上。

先看汉族聚居的核心地区，两千多年来，形成于黄河中下游的汉族不断扩展，从黄河、淮河到长江，再到东南沿海与珠江，并扩展至西北、西南和东北，不断地与当地民族融汇，在地区与人口上不断扩大，即属于滚雪球式的运动，而北方民族与东北民族不断南下，形成波浪式的运动，与中原汉族融汇，又促使汉族南下，二者结合，即出现中国历史上的脉动现象。发散的另一面是凝聚，汉族越来越多，本身的凝聚力也越来越强，对周边各族的吸引力也越来越多，扩大发散与凝聚的结果，就出现了以核心地区为中心的统一趋势。这种趋势不仅表现在汉族，也表现于周边各族特别是入主中原乃至全国的那些民族，他们不认为自己是异国异类，认为自己也是炎黄子孙，是中国人的一部分，他们的统治者也以"正统"自居，同样认为统治中国是"天命所归"。

这个地区也有分裂的时候，先秦不说，秦汉以来的 2200 多年，统一的时间约占 1400 多年，即 2/3。政治上分立的时期约占 1/3，不到 800 年（三国东晋南北朝、五代、宋辽夏金）。这种分立有核心地区内部的原因，也有民族斗争的原因，往往二者交织。但这种分裂只是政治上的分立，经济的联系始终不断，而文化上的割裂则从未有过。即使在这样的分立时期，人们的心态可能有正统和僭伪之别，但从来没有认为分裂是正常的，也从来没有自认为是处于中国之外。人们总是力求统一，最后也终归于统一。这种统一的趋势，越到后来越强烈，最后 600 年的元、明、清三朝，尽管改朝换代，统治者还换了民族，但中国从此再也没有出现过分立的局面了。

统一对中国历史的发展究竟有利还是不利，是一种起积极作用的因素还是一种起消极作用的因素，是一个可以讨论的问题。有一种看法，认为欧洲不统一，分成几十个国家，调动了各地的积极性，有利于社会经济文化的发展；中国春秋战国，出现了各国争雄、竞相发展、社会变革、百家争鸣的局面。但不管怎样，统一是中国历史发展的主流，是客观存在的事实。我们今天这个 960 万平方公里的国土就是继承自历史上统一中国的遗产，特别是元、明、清的遗产。

这种统一的趋势，可以在经济、文化和政治上反映出来。

先看经济。以海河、黄河、淮河、长江、珠江流域与东南沿海地区为主体的东亚大陆东部地区的经济有共同性，这里主要是平原、丘陵和部分山地，是个大农业区，地形不算险阻，交往方便，各地又有若干分工，逐渐形成一个大经济区，有时政治上南北分立，但经济上差别不大，往来也未断绝。这个经济区有巨大的实力，而在很长一段时间里，经济比较繁荣、先进。这个地区的发展不仅相对地比较稳定，而且有发展余地，不仅支撑了国家政权，也有条件向外扩展，并且也吸引了周边地区和民族。

再看文化。人口众多的汉族有共同的文化，源远流长，根基深厚。例如，祖先崇拜的家族制度与浓厚的家土乡国观念，使汉族在时间上与地域上维系起来。

汉字不同于西方拼音文字，单音独体，形、音、义有机结合，起源很早，一直延续使用下来，"书同文"对维系汉族的联系有巨大作用。西方拼音文字，看看就能拼读，这是它的优点，但也有问题，欧洲罗马以后的共同文字是拉丁文，与各地语言有别，各地语言用拉丁字母拼写出来，就成了各地各族的不同文字。结果跟中国差不多大小的欧洲有几十种文字，甚至一国之内，也使用几种文字，有的民族语言其实是方言，拼写出来就成了一种文字。像早期的斯拉夫文是一种文字，但将各地方言分别拼出来，就成了十几种文字，再加上或用拉丁字母，或用西里尔字母，或用希腊字母，就更加复杂。中国各地方言有时差别也不小，别处人听起来困难或者简直不懂，但写下来却全是一样的。成千成万的人语音虽然不一，但文字却完全能沟通，这对各地的联系与统一的趋势无疑起了积极的作用。

中国的意识形态中，儒家思想居于主流的地位，尤其是它的伦理道德观念和政治思想，形成了汉族主要的行为、关系的规范。儒家思想里当然也有排斥、独占的成分，但更多的是一种统一、宽容、和谐、启迪、协调的思想，而且用和平的、教化的手段来宣扬；儒家思想中也有消极、落后、反动的成分，历史上人们也往往是各取所需。统治者尤其如此。对儒家思想及其历史作用还须多作研究和深入分析，但是就其总的方面而言，这种思想是统一趋势的反映，也促进了统一趋势的发展。

政治上，中国长期实行的是专制主义中央集权制度，这种制度在历史上究竟起什么作用可以讨论。它当然有消极乃至反动的一面，但也要看到，它是统一趋势下的产物，而且在诸多场合下有利于统一的形成与维系，这是没有疑问的。

第三，有丰富深厚的历史传统和积淀，但又具有并非停滞的发展趋势。这个问题在这里只能简单地提一下。

长期的没有中断的历史，使中国的历史积淀非常沉厚。中国古代历史在这样沉厚的历史积淀中运转，量的积累较易实现，质的飞跃却比较困难。这使得中国历史发展呈现缓慢、凝滞甚至出现重复、循环等表征。历史中的各种因素，经济的、阶级关系的、民族的以及其他一些矛盾着的因素，都有一种循环式的表现，而且往往在交互作用下同步或近乎同步，结果就形成了前述的那种中国历史上的周期性的脉动现象，其集中而突出的表现，就是一些重要王朝如秦汉、隋唐、明清的兴替。

这种看似重复与循环的历史运动绝非是单纯的重复与循环，而是一种螺旋式的上升。表面上似乎回到原来的局面，实际上已经发展前进了。这里可从前面说过的情况中举几个例子。

人口：从汉朝的 6000 万经过多次反复，上升到清朝的 4 亿。

疆域：从汉朝的 700 万平方公里经过多次反复，到清朝的 1300 万平方公里。

核心地区：从黄河而长江而珠江、东南沿海以及西北、东北、西南。

粮食亩产：从汉朝的 140 斤左右上升到清朝的 250 斤左右。

商品经济：汉朝除了奢侈品外，只有少数日用品（如盐、铁）在大的地区范围内流通。政府对手工业和商业的控制极强。唐宋时，日用品大的地方性市场已经形成，政府对手工业和商业的控制已经放松。明清时，农产品商品化程度加深，全国性市场开始萌芽，政府对手工业商业的管制基本上松弛，江南一些经济发达地区已经出现了资本主义生产关系的因素。

民族：汉代主要是在边疆地区与匈奴的关系。两晋南北朝时北方、东北和西部少数民族进入黄河流域，先后建立了许多政权，但大多短暂而不稳定。两宋时，北方建立了相对稳定而为时较长的三个少数民族政权(辽、夏、金)，随后的少数民族建立的元、清，更统一了全国。

从总的趋势看，中国的历史是发展的，不间断的。这与其他一些历史上的大国不一样，它们有的已经消逝，有的变了样，如古埃及之于今埃及，古希腊之于今希腊，古罗马之于今意大利，古两河流域之于今中东阿拉伯国家，古拜占庭、奥斯曼之于今巴尔干、土耳其，等等。

这种历史的悠久传统、深厚积淀对中国历史的发展是好还是不好呢？好的是根基深厚，源远流长，发展有所依傍，能承受重大的打击。不好的可能是陈陈相因，垃圾太多，积重难返，变革不易。恩格斯说过，传统是一种巨大的保守力量 ①，不是没有道理的。像美国，建国才 220 多年，与

---

① 参见恩格斯：《路德维希·费尔巴哈和德国古典哲学的终结》，见《马克思恩格斯选集》第 4 卷，人民出版社 2012 年版，第 263 页。

中国相比，几乎没有历史，外来移民带来的是欧洲文化，凭借北美丰厚的自然条件，迅速发展，成了今天世界上的唯一的超级大国，历史的包袱小，也许是一个因素。

因此，我们应当为我国悠长的历史、古远的文化而骄傲，充分吸收其中优秀的精华，作为我们现代化的基础、出发点和材料，但又绝不应该全盘保留当成包袱背上，影响我们前进的步伐。

这里只说了对中国古代历史的一些感性的、常识性的认识，这种认识如果大体上能成立的话，我们还可以问：

这些现象是怎样形成的？为什么会形成？

这些现象之间有什么关系？如果有关系，这些关系的主从、层次、形式、交互作用又是怎样的？

这些现象及关系之下，还有没有更深层的东西，或者说，有没有规律性的东西？这里所说的现象和关系，是不是中国历史发展规律或历史普遍规律在中国的具体的或特殊的一种表现？

这些都是需要也值得进一步深入探究的。

第二章　中国历史发展的地理环境

一、地理环境及其对历史发展的作用

地理环境，或称自然环境、自然条件、自然基础，是社会物质生活和社会发展的必要条件之一。它包括在历史上形成的与人类社会活动相互起作用的自然条件，如地理位置、地形、气候、土壤、水文、矿藏、植物、动物等，而为上述诸方面及其交互作用下形成的复杂的综合体。自有人类以来，地理环境因自然本身的发展而引起的变化一般来说是缓慢的、不大的。而人类活动所引起的地理环境的变化却随社会的发展而不断扩大与加深。地理环境既是人类历史创造活动的舞台，又是人类历史创造活动的重要对象。因此马克思、恩格斯说："任何历史记载都应当从这些自然基础以及他们在历史进程中由于人们的活动而发生的变更出发。"[①]恩格斯写爱尔兰史，第一部分就是爱尔兰的自然条件；毛泽东的《中国革命和中国共产党》，第一章也是从中国的地理环境开始的。

社会发展的决定因素是生产力、生产方式，而作为生产方式的物质内容的生产力则是生产中最活跃、最革命的因素。生产力是指生产过程中人与自然的关系。在生产力的物的因素中，劳动对象包括没有经过劳动加工的自然物，以及经过劳动加工的原材料；而劳动资料中的生产工具，是经

---

① 马克思、恩格斯：《费尔巴哈》，见《马克思恩格斯选集》第 1 卷，人民出版社 2012 年版，第 147 页。

过劳动加工的自然物,此外还有在劳动过程中所必需的其他物质条件,如土地、生产建筑物、道路、河流等。可见,生产资料即劳动对象和劳动资料都是自然物或经过劳动加工的自然物。因此,地理环境(或自然条件)中参与生产过程或作为生产过程的必要条件的那一部分,是作为生产资料的因素而包括在生产力这一范畴之内的。在此之外的那些自然条件,有的或者作为生产力发展的潜在因素(如尚未开垦的荒地,尚未开发的矿藏等),或者通过对生产资料和劳动者的影响而间接作用于生产力(如气候影响农作物的品种和生长,影响生产工具和劳动者的工作效率,地形影响交通运输等)。正是在这个意义上恩格斯说:"在经济关系中还包括这些关系赖以发展的地理基础。"① 这里的"经济关系",是指"一定社会的人们用以生产生活资料和彼此交换产品(在有分工的条件下)的方式"。此外,除了经过生产力起作用外,地理环境也对生产关系和上层建筑以及其他社会因素如民族、语言等起着某些直接的作用。作为中国核心地区的东部地区地形平缓、交通便利,不能不说是中国统一集权的封建国家形成的一个有利条件。

与人类社会活动交互起作用的地理环境是一个历史的范畴。第一,地理环境因自然本身的发展而引起的变化虽然一般说来是缓慢的、不大的,但终究对人类社会发展有着相当的影响。中国五千年来气候的变迁对农业生产的影响及其一系列后果就是人们熟知的例子②。至于局部地区、短暂时间内的地理环境的剧烈变化如地震、火山喷发、雪崩、泥石流、海啸、大水、大旱等,往往对该地区人类活动产生重大的甚至有时是决定性的影响。第二,随着人类社会的发展,与人类活动交互起作用的地理环境不断扩大,如今已伸展到了外层空间、深海和地层深处。第三,自人类摆脱了动物状态,也就是说,从自然界分化出来以后,人类就通过劳动,从单纯依赖于自然界、利用现成的自然条件,逐渐走上了改造与支配自然界,以

---

① 恩格斯:《致瓦尔特·博尔吉乌斯》(1894年1月25日),见《马克思恩格斯选集》第4卷,人民出版社2012年版,第97页。

② 竺可桢:《中国近五千年来气候变迁的初步研究》,《考古学报》1972年第1期。

为自己所用的道路。随着人类的发展，这种改造的规模日益扩大，程度日益加深，以致今天的自然界遍布着人工驯化的动物和栽培的植物、建筑的堤坝、繁荣的城市、改道的河流等人类劳动的印记，和远古的面貌已经大不相同。而这种改变了的自然界又给人类的历史活动带来了巨大的影响和前所未有的问题，如能源、污染、生态平衡等。第四，在人类历史发展的不同阶段，同样的自然条件在不同的历史条件下起着完全不同的、有时甚至是相反的作用。在古代很长的一段时间里，大洋曾经隔绝了人们的交往，但是当帆船、轮船相继出现以后，它就成了人类最重要的交往途径之一。多少年来，外层空间与人类的社会生产与生活几乎毫不相关，而今天由于火箭及人造卫星的发明，它已经深深地进入了人类政治生活与社会生活，成为人们普遍关注的领域，大国争霸的场所。总之，地理环境的范围、深度，对人类社会的影响在社会发展的各个阶段各不相同。之所以如此，不仅是由于自然本身的发展，更主要的是取决于人类社会的物质生产水平和社会制度以及由此而形成的人类改变、利用和控制地理环境的能力。因此，我们说地理环境是一个历史的范畴。

也正因为如此，地理环境虽然是社会物质生活和社会发展的经常的必要的条件之一，但它不是起决定作用的条件，起决定作用的是生产方式，而生产方式中最活跃、最革命的因素——生产力的诸要素中，起决定作用的不是参与劳动过程或成为劳动过程的必要条件的那些自然条件，而是创造和使用工具改变自然条件使之适合人们需要的劳动者。因此，地理环境决定社会发展的论点是错误的。地形平缓、交通便利固然是中国统一集权的封建国家形成的一个有利条件，但类似的地形却并没有使中世纪的西欧形成统一集权的国家。仅靠爱奥尼亚明媚的天空决不能单独产生荷马，事实上，它也没有产生过其他的荷马。历史上不少学者，从古希腊的希波克拉底、柏拉图、亚里士多德、中国的司马迁到资产阶级启蒙学者孟德斯鸠和英国社会学家巴克尔、俄国地理学派的代表梅尼奇科夫等都在不同程度上提出了历史发展的整个进程可以用整个地理环境或其中的某些因素（气候、地理位置等）的决定性作用来加以说明。他们的论述中不乏精辟的观点，而且具有一定的唯物主义的色彩和历史进步作用，但从根本上来说是错误的。普列汉诺夫虽然反复论证了决定社会性质和发展的是生产、生产力，却又在不少著作中认为决定生产力的是自然环境（为人熟知的是《论一元论历史观之发展》①和《唯物主义史论丛》②，仍然陷入了地理环境决定论的泥潭）。一直到现代，美国马汉的"海权论"，欧洲地缘政治学派的"生存空间论"和"大陆中心说"乃至美国史学家中的"新边疆学派"等，仍在借着夸大地理环境的作用，为帝国主义的侵略和霸权主义乃至法西斯主义制造理论根据。

然而，否定或忽视地理环境对社会发展的作用也同样是不对的。斯大林在《论辩证唯物主义和历史唯物主义》③一书中尽管对地理环境对社会发展的作用作了正确的阐述，但他讲生产力时却又把劳动对象排除在生产力诸要素之外，实际上还是忽视了地理环境或自然条件对社会发展特别是对生产发展的重要作用。

地理环境对社会发展的作用究竟表现在哪些方面呢？

第一，它能加速或延缓社会的发展，促使（但不是决定）各个地区、各个民族、各个国家的社会发展产生不平衡性。越是人类发展的早期，人们支配自然的力量越弱，人类社会发展对自然界的依赖就越大。但这不等于说，自然条件最有利的地区，即人们花费最少劳动就能取得丰富生活资料的地区社会发展速度最快，因为这样优越的自然条件往往使人们过分依赖自然界，不易促使他们去发展生产工具和技术，也不易促使他们去发展社会分工。"不是土壤的绝对肥力，而是它的差异性和它的自然产品的多样性，形成社会分工的自然基础，并且通过人所处的自然环境的变化，促使他们自己的需要、能力、劳动资料和劳动方式趋于多样化。"④人类的历

---

① ［俄］普列汉诺夫：《普列汉诺夫哲学著作选集》第1卷，生活·读书·新知三联书店1959年版，第766页。

② ［俄］普列汉诺夫：《普列汉诺夫哲学著作选集》第2卷，生活·读书·新知三联书店1961年版，第169页。

③ 见中共中央马克思恩格斯列宁斯大林著作编译局编：《斯大林选集》，人民出版社1979年版，第424—454页。

④ 马克思：《资本论》第1卷，人民出版社2004年版，第587页。

史发展证明，对古代社会发展最有利的是富有差异性和自然产品多样性的地理环境，这样的地区多在温带，中国也包括在内。

第二，促使（但不是决定）主要条件相同的经济基础呈现出差异性。"相同的经济基础——按主要条件说来相同——可以由于无数不同的经验的情况，自然条件，种族关系，各种从外部发生作用的历史影响等，而在现象上显示出无穷无尽的变异和彩色差异。"[①]不同的地理环境使得处在同一发展阶段的各个地区、各个民族、各个国家的社会呈现出不同的发展水平、类型和特点。同是奴隶制社会，古代希腊、罗马的商业较中国发达，除了各自的社会特点外，希腊、罗马濒临地中海，也是一个重要的因素。

因此，在研究中国古代历史的发展时，应当注意中国历史发展的地理环境及其对中国社会发展的作用，特别是要注意人们的生产活动给地理环境带来的变化及其所造成的经济和社会后果。在研究中国古代历史时，要重视地理环境给中国古代社会发展带来的特点和社会发展的独特性，也要重视古代中国内部各个地区之间由于地理环境不同而产生的差异性和不平衡性。

二、"东亚大陆"及其内部的历史地理区域

我国各族人民的祖先劳动、生息、繁育的亚洲东部广袤土地，在历史上自成一个单位，可以称之为"东亚大陆"。

"东亚大陆"大致呈一个自西向东倾斜的大三角形。它以帕米尔高原为顶点，以向东北和东南延伸的两组山脉带为两边。向东北伸展的一组包括天山、阿尔泰山、萨彦岭、外兴安岭山脉一直到鄂霍次克海；向东南伸展的一组包括喀喇昆仑山、喜马拉雅山、横断山脉一直到南海岸。这个大三角形的底边则是太平洋沿岸。

"东亚大陆"外侧东北与北面是西伯利亚地区，西侧是哈萨克台地与

---

① 马克思：《资本论》第 3 卷，人民出版社 2004 年版，第 894 页。

图兰低地，西侧偏南是伊朗高原，南侧是印度半岛和印度支那半岛，东面是一系列向太平洋凸出的岛链，如千岛群岛、日本列岛、琉球群岛、菲律宾群岛等，它们围绕"东亚大陆"海岸，形成许多边缘海，如鄂霍次克海、日本海、黄海、东海、南海等。

这个地区和外界的交通，陆路通道主要有三条，即帕米尔一带的山口、天山与阿尔泰山之间的山口和阿尔泰山以北的通道，由此可以通向印度、中亚、中近东和欧洲。帕米尔和天山、阿尔泰山之间的山口是古代中国通向西方及印度的商路（即所谓"丝绸之路"）的孔道，而天山、阿尔泰山之间及阿尔泰山以北的通道则是本地区民族向西迁徙的主要道路。17世纪以后，沙俄侵略者也正是循着这几条通道向中国进行侵略的。

海路主要有两条，一是经大陆东部港口到朝鲜半岛和日本。19世纪末以后，它是日本帝国主义侵略中国的重要路线。二是经南海到南洋群岛、印度、阿拉伯、非洲和欧洲。宋以后，经过南海的海路的重要性逐渐超过了西北方向的陆路，它成了荷、葡、英、法等国的殖民主义者向中国侵略的主要路线。

这片大陆的内部，地形复杂，景观多样。平原、山地、高原、峡谷、丘陵、盆地、沙漠、湖泊、沼泽，应有尽有。海岸线长而曲折，岛屿罗布。河流多而且长，大部分东向流入太平洋，少数流入印度洋和北冰洋，西部和北部还有广大的内陆河流域。气候南北之间和东西之间差异很大，在南北方向上，从黑龙江流域的寒温带气候，经过冷温带、暖温带、亚热带、热带一直到南沙群岛的赤道带气候，呈层次排列；东西方向上，东部属东亚季风区，温暖湿润，西部属大陆性气候，干旱寒冷。复杂多样的地形、气候、土壤与水文使得植物和动物种类繁多，分布也带有很大的差异性。此外，地下资源也极丰富多样。"东亚大陆"地理环境的复杂性、多样性与差异性，使得农业、牧业、渔业、狩猎、林业、工矿业等都能因地制宜得到发展，纷然并存，竞相争胜。这就给我国各族人民祖先的经济发展与经济交流带来了有利的条件，也带来了各地区各民族经济生活与社会发展的差异性与不平衡性。

"东亚大陆"内部，从历史上看，大致可以分为六个地理区域，它们既是历史上的地理区域和经济区域，也是历史上的民族区域和政治区域。

（一）东部地区

这个地区北到长城一线和辽河中下游，东、南濒海，包括沿海岛屿，西到贺兰山，经四川盆地西侧的山脉到云贵高原东部，西北部凸出，即河西走廊。在本区中，秦岭和淮河是划分南北的天然界线，南船北马，南米北麦，反映了界线两边地理环境不同带来的经济生活的差异性，秦岭淮河以北，太行山和嵩山、伏牛山，是西部的黄土高原与东部的海河、黄河、淮河冲积平原的界线，在古代历史上通称为关东、关西。秦岭淮河以南，南岭则是一条次要的分界线，群山环绕的四川盆地也带有某些独特的地理格局。

这个地区除河西走廊处于冷温带、南沙群岛处于赤道带外，均处于暖温带、亚热带和热带，在东亚季风区内，气候温和，雨量适中，土地肥沃，物产丰富，交通便利，很早就有了农业，是"东亚大陆"主要的农业区。因此，是"东亚大陆"人口最密集、进入文明时期最早、经济文化发展最迅速与最发达的地区。秦岭淮河以北地区，降雨集中在夏季，每年雨量也不稳定，时有干旱威胁；海河、黄河、淮河冲积平原地势低平，黄河从黄土高原突然降到平原地区，挟带的大量泥沙迅速沉积，水道宣泄不畅，遇有大雨易于发生洪水或内涝，黄河古代分支入海，有所谓九河之称，现在的河北、鲁西北平原，正好处于九河之间，当时是巨大的沼泽地带，今天的白洋淀、黑龙港地区，还保留着这个巨大沼泽地带的遗迹。秦岭淮河以南，主要种植需要人工灌溉的水稻，而且水稻的栽培逐渐向丘陵地带发展，形成有名的梯田，过去认为梯田始于北宋，现在看来可能早到东汉。因此，在东部地区，无论是秦岭淮河以北还是以南，防洪、排水、灌溉等水利事业成了农业发展的重要条件。过去不少论者认为水利灌溉事业是中国古代社会属于所谓"亚细亚生产方式"的主要原因，但是这种论断并不确切，因为在中国最早进入阶级社会的黄河中下游，农业最早兴起于河谷两侧的台地，多为旱作，大多无需也不可能灌溉，至多只需防洪，不能说水利特别是灌溉在当时是农业的命脉。这个地区的大规模灌溉事业的发展是在战国之后，而那时中国进入阶级社会已经一千多年了。

东部地区中新石器时代的原始农业发展较早的还有长江中下游地带，浙江余姚河姆渡遗址的发掘，说明了长江下游进入农业社会可能比黄河流域的仰韶文化还要早些而且更发达些。但是历史发展的不平衡性，使得黄河中下游地区的发展超过了长江中下游，最早进入了阶级社会。这可能是当时黄河流域气候较今温暖湿润，低温和干旱的威胁较轻，黄土高原与黄土冲积平原土质疏松，透水性好，旱作农业技术又较简单，花费劳动较少，开垦较易，使以木、石、蚌、骨为材料制成的工具及原始农业技术较易生产出剩余产品来，也使人口能较快增长，从而使奴隶劳动成为可能并得到发展。相形之下，长江流域过于炎热潮湿，不如黄河流域宜于居人，不少地区覆盖着大片的热带原始森林，平原地区则湖泊沼泽四布，榛莽丛生，加上土质紧密，主要作物水稻，平整土地和引水灌溉技术要求高，劳动量大，在原始的生产工具与技术条件下，大量开垦困难，即使有一些比较发达的地方，由于河湖沼泽丛林榛莽的阻隔，也不易扩大交往，连成大片，形成强大的力量，人口发展也因此受到限制。因此，黄河中下游地区首先进入阶级社会，成为中国古代经济文化的中心地区应当说不是偶然的。

中国的三个奴隶制王朝——夏、商、西周，即分别在黄河中下游的不同地段建国。夏的主要活动地区在山西南部和河南西、中、北部，商是在山东以泰山为中心的地区加上河南东、中、北部，西周则是关中的渭水流域。至于河北，除在燕山、太行山麓的一条狭长地带外，由于黄河下游河道纵横、沼泽四布的地貌，直到北朝隋唐时才比较迅速地发展起来。春秋战国时，黄河中下游在夏、商、西周主要活动地域的基础上，逐渐形成了三个经济区，即关中地区、三河地区（河东、河南、河内，即河南西、北部、山西南部，也就是战国时的三晋地区）、山东地区（齐、鲁，包括河北南部）。春秋战国时最早兴盛的是齐鲁，继之而起的是三晋，最后以关中为基地的秦统一了六国，以关中为中心，黄河中下游为主要基地，建立了第一个统一集权的封建帝国——秦汉帝国。关中地区当时虽然很富，但比较狭小，需靠关东广大地区的发达的经济的支持，漕运山东之粟以济关中成了西汉政权的一大问题。东汉建都洛阳，距山东（包括淮北）较近，水运较通畅，不需经过险隘的三门峡，也是原因之一。隋唐以前，以函谷关为界的关东、关西地区的经济、政治与社会发展往往呈现了一些差别。隋唐以来，两地的差别已大体泯没。

春秋战国时期，由于楚、吴、越、巴、蜀的努力，长江流域逐渐开发，形成了三个经济区，即四川盆地、荆楚地区、下游三角洲(包括淮南)与钱塘江流域。四川盆地自成格局，战国秦汉时，它与关中的联系反而比荆楚及长江下游要密切一些，成了秦汉时关中的后院。岭南地区的开发在秦汉时也已开始。经过王莽末年的战乱，长江流域及其以南在全国的经济地位进一步上升。荆、扬、交、益四州，西汉末年户口占全国户口总数不到五分之一，东汉时，已经上升到三分之一以上。这就是三国的吴蜀和东晋南朝立国的经济基础。东晋南朝时，长江流域的发展大大加速，并被认为是"衣冠礼乐尽在此矣"①，南方和中原在文化上的差别很小。而黄河流域则因战乱，农业生产及人口大大下降，北朝后期至隋唐虽然得到恢复并有所发展，但发展速度不及南方，唐中叶以后，长江流域及其以南特别是长江下游的发展水平超过了黄河中下游，其范围也逐渐向南扩展，与较早开发的岭南连成一片。

长江流域及其以南经济发展超过黄河流域也不是偶然的。近两千年以来，中国气候的总趋势是逐渐变冷，长江流域及其以南的气候条件变得更适宜于人类的居住和农业的开发。随着人口的增长和农业技术的进步，原来开发长江流域及其以南的困难逐渐得到克服，垦田面积增加了，一旦得到开发，这带地区在降水量、温度、总热量等方面的优势就充分显示出来了。这个地区主要种植高产粮食作物——水稻，特别是双季稻的普及，更使它在全国经济中占了优势。反之，黄河流域气候渐趋寒冷后，水体大为减少，气候干燥。黄土高原经过长期开发，天然植被严重破坏，水土流失加剧，土壤肥力下降，水利灌溉日益困难。人口的压力又加剧了滥垦乱

---

① 《隋书》卷49《牛弘传》。

伐，由此又引起了水旱灾害的增加。过度开发带来了严重的后果。再加上北方地区是全国政治军事重心，阶级斗争与统治阶级内部的斗争比较激烈，战乱频仍，而周边地区经济文化比较落后的民族如契丹、党项、女真、蒙古等南下，常在一段时期里给社会带来破坏，影响了经济的发展。上述种种因素使得黄河流域经济的发展从唐宋以后陷于停滞、缓慢的状态，而长江流域及其以南则取代了黄河流域成为全国的经济重心，并随之而成为全国的文化重心。

但是，由于历史传统和民族关系方面的原因，全国的政治军事重心仍在黄河流域。五代北宋以后，中原王朝的主要威胁为契丹、女真、蒙古等，一般来自北方偏东，因此政治军事中心也就从黄土高原上的关中地区或其东方门户洛阳东移，与江淮交通方便，又以黄河为屏障面对深入燕山以南的契丹的开封就成了五代北宋时合适的建都地点了。金、元、清三朝都是少数民族入主中原，他们坐北朝南，背靠自己兴业之地，南向统治汉族地区，北京成了理想的建都地点，明朝面对蒙古威胁，也把都城从南京北迁。这样，北京代替了长安、洛阳、开封等城市，成为 12 世纪以后中国的国都，历八百多年而未替。由于政治军事重心与经济重心的分离，联系南方主要经济区与北方政治军事中心的大运河，自隋唐以后具有了很大的历史重要性。元代以后，除运河外，南北方向的沿海航运也具有一定的重要性。

由于经济类型相同（主要经济部门都是农业），交通便利，经济联系密切，"东亚大陆"的东部地区从秦汉以来的两千年间经常处于统一状态中，就是在南北分别处于统一状态或有一方处于统一状态的时期内（这样的情况共出现过两次，即三国两晋南北朝、五代宋辽夏金，共约八百年），本区内部各地的经济文化联系也始终没有中断过，而经济文化联系与交流的力量也总是促进着统一因素的增长，推动着统一局面的再度形成。

在"东亚大陆"的各个地区中，本地区的经济文化最发达，政治军事力量一般也最雄厚。在这个地区活动的主要民族——汉族的核心，春秋战国以前就在黄河下游形成，并且随着其经济文化的南向发展，迅速与淮河与长江流域许多古代部落民族融合，到春秋战国时期形成了汉族。此后，随着经济文化的进一步发展与民族融合的不断进行，汉族日益扩大和发展，成为"东亚大陆"最大与最重要的民族。汉族经济文化对"东亚大陆"其他地区产生了巨大深厚的影响，是"东亚大陆"各地区与各族人民在历史上形成一个统一体的主要力量。因此，东部地区是"东亚大陆"的核心地区，也是中国古代历史发展的中心地区。

（二）北部地区

这个地区北到萨彦岭、贝加尔湖，东到大兴安岭，南到长城燕山，西到阿尔泰山。

历史上在这个地区活动的民族主要有匈奴、东胡、鲜卑、柔然、突厥、回纥、契丹、女真、蒙古等。

这个地区是起伏不大的高原，中部的大戈壁自然地把这个地区分成漠南与漠北两部分。戈壁的西部与北部是从萨彦岭和阿尔泰山逶迤而下的森林草原地带，东北、东面和南面则是高原、草原地带。全区气候干燥寒冷，牧草丰盛，宜于大规模的游牧的经济生活，也宜于大规模的民族迁徙与军事行动。戈壁多为石床或石砾，其中不乏水草之处，不致成为交通与部落迁徙的重大障碍。因此，漠南、漠北交往并不困难，也便于漠南、漠北统一于一个政权之下。这个地区历史上的各民族，除匈奴在有历史记载时已经遍布大漠南北外，或兴起于西部与北部的森林草原地带，如丁零、突厥、回纥等，或兴起于东北方面的大兴安岭、呼伦贝尔及其以南的草原，如东胡、鲜卑、柔然、敕勒、契丹、蒙古等，然后南下到阴山之北的草原地带。从阴山山脉中的大青山、乌拉山、狼山以及贺兰山之间的各个山口，可以很方便地进入丰饶的河套地区。这个地区就成了向南发展的北方民族与向北发展的汉族活动的中间地带。南下的北方民族到达阴山一带并与汉族争夺河套地区之后，由于活动地区的扩大与接触了汉族比较先进的经济文化，经济力量与军事力量往往陡然增长，社会制度发展的速度也加快了，往往从原始社会末期迅速进入阶级社会。随着经济、军事力量的迅速加强与社会制度的急剧变化，这些民族统治者的野心也陡然增长，掠夺性增强。如果这时南面的汉族政权正处于内部矛盾尖锐或分裂时期，河套地区就常被北方民族完全控制，汉族力量则退守鄂尔多斯以南的陕北、晋北、燕山的防线。北方民族的势力再南向发展，控制了这一地带，通向黄土高原和华北平原的门户就打开了，这就往往出现了胡骑入主中原，与汉族政权形成对峙的南北朝局面，甚至像元朝那样，终于统一了全中国。而汉族力量如果强大，也是先守住燕山、晋北、陕北一线，然后挺进到河套地区，以阴山为防线，守住阴山的各个山口，再向北推进，控制漠南，进而进军漠北。汉武帝与匈奴作战，"匈奴失阴山之后，过之未尝不哭"，①说明了河套阴山地区丧失，给北方民族带来的打击。在这种形势下，处于下风的原北方民族除去一部分入款塞下，逐步与汉族融合外，往往沿阴山、贺兰山、祁连山北面的一线向西发展，活动于西北地区的准噶尔盆地，或者越过河西走廊南去青海一带。汉族势力如果强大，控制了河西走廊及准噶尔盆地，这些民族就再向西方移动，经由阿尔泰山以北及天山与阿尔泰山之间的通道进入中亚草原，甚至再西向至西亚、欧洲。

在北方民族南下与汉族的接触过程中，既有民族之间的战争，但更多的是经济文化的交流与民族的融合。而当北方民族南下时，漠北与东北方面往往仍保留了原来的经济文化发展水平与社会形态。这样，当南下的北方民族或与汉族融合，或者逐步向西迁徙之际，在漠北与东北方面往往又兴起了新的民族，继续着原有的路线南下，起了填补空隙的作用。而这种形势往往也是促使原北方民族加速与汉族融合或西迁的一个原因。历史上的匈奴、突厥、回纥、契丹等民族的西迁就是这样形成的。这就使得这个地区的发展与民族关系呈现了与东部地区不同的特点。如果说，东部地区的发展是以汉族为中心，以滚雪球的方式向四外发展，不断融合其他少数民族，不断扩大汉族的数量、活动地区及其经济文化影响的话，那么，北部地区的发展与民族关系则呈现为波浪式的运动，一个民族发展的浪潮自北而南，在与汉族融合或西向移动之时，又一个新的浪潮从北方兴起，正因为如此，在中国古代历史上的民族关系中，汉族与北方民族的关系，汉

---

① 《汉书》卷 94《匈奴传下》。

族与北方民族的斗争与融合最为突出也最为重要，而河套地区的得失则往往成为双方势力消长的标志。

（三）东北地区

这个地区北到外兴安岭，东到日本海，西到大兴安岭，南到辽河中下游与长城燕山。

这个地区历史上活动的主要民族有肃慎、东胡、秽貊、乌桓、鲜卑、靺鞨（女真）等。

这个地区西、北、东部及西南部都是山地丘陵，多半覆盖着茂密的原始森林，中部则是平坦的松花江与嫩江平原，这个平原与辽河中下游平原之间为一道低矮的丘陵，古代也为森林所覆盖。松花江、嫩江平原地处冷温带，气候寒冷湿润。河流纵横，沼泽四布，在古代并不宜于农业，东南侧则是长白山区。因此这个地区的经济生活主要是狩猎、捕鱼与小规模的畜牧。

这个地区与北部地区及东部地区之间地形变化平缓，没有很明显的分界线。它与北部地区的中间地带是大兴安岭西侧的草原，与东部地区的中间地带是辽河中下游平原，东北地区民族的发展大体是从山区移向草原或平原，或是从大兴安岭移向岭西的草原，或是从长白山区移向辽河中下游平原。这些移向草原或平原的部落，起先多半受北方地区的强大民族或汉族的压迫奴役，但往往由于活动区域的扩大及在与北方民族或汉族的交往中吸取了先进的经济文化而强大起来，经济生活发生急剧变化，从渔猎与小规模的畜牧迅速转向大规模的畜牧或农耕，并且经历了社会性质的飞速变化，进而向北部地区与东部地区发展。大兴安岭以西草原的得失往往关系到北方民族与东北地区民族实力的对比，控制了这带草原的东北地区的民族，往往不久就成了北部地区的主人。而辽河中下游平原的得失，则常常成为汉族与东北地区民族势力消长的标志，控制了辽河中下游的东北民族，距离驰骋热河山地，进窥燕山诸山口特别是山海关就只差一步了，这在明清之交看得最清楚。唐末以后，这个地区的民族与汉族的关系更多，斗争也较激烈，如金、清等，都是先后兴起于东北地区的民族。蒙古也是进入呼伦贝尔草原后强大起来的北方民族。这也正是全国的军事重心由关中地区逐渐向东北方面的北京转移的一个重要原因。

（四）西北地区

这个地区北到阿尔泰山，南到昆仑山，东到河西走廊，西到天山和帕米尔高原。这个地区以天山为界，自然地分为两区，即天山北路和天山南路，北路包括准噶尔盆地、阿尔泰山和巴尔喀什湖以东、以南地区，南路则是塔里木盆地和帕米尔高原。

在这个地区活动的古代民族有塞种、月氏、匈奴、乌孙、柔然、诸胡、突厥、回纥（维吾尔）、契丹等。

这个地区是山地、沙漠、草原。降水稀少，气候干燥，冬季严寒，夏季酷热。山地盛长林木，山坡是优良牧场，山地边缘是砾石的戈壁滩带。山区来的河流在戈壁滩因渗漏而消失，又从戈壁滩的边缘冒出来，形成水草丰盛、宜于农业的绿洲，而盆地的中心则为沙漠。天山北路四周山地不高，缺口又多，从北冰洋吹来的较湿润的风经过这些山口带来了水气，因此降雨量比天山南路略多，这就使得天山北路盆地中的草原发达，与山前的绿洲往往连成一片。盆地中的沙漠多有植物固定的沙丘或半沙丘，不致成为交通的大障碍。因此天山北路与北部地区相似，宜于大规模的畜牧经济和大规模的民族活动，在历史上常成为北部地区民族活动的西翼及向西迁徙的通道。塔里木盆地气候由于天山的阻隔，较天山北路更干燥，绿洲以外，就是几乎无法通行的茫茫大沙漠。绿洲也是分散的，形成彼此隔绝的小块富饶的农业区。历史上所谓狭义的"西域"即指天山南路，汉代初时分成三十六国，以后又稍分为五十余国，一个小国往往就是一块绿洲，主要从事农业生产，即所谓"居国"，人口不多，几万人就很了不起了。由于这样的条件，天山南路民族的经济活动很分散，难以集结成一股集中而又强大的政治军事力量。

这个地区经河西走廊与东部地区相联系。从河西走廊西向，东部天山两侧的哈密和吐鲁番盆地是本地区与东部地区的中间地带，而天山北路的准噶尔盆地则是本区与北部地区的中间地带，由于昆仑山山高难通，本区与西部地区的联系要经过昆仑山东西两侧的祁连山与帕米尔诸山口。这个地区民族众多，又是北部、中部和西部地区各民族发展、交往与斗争的交点。北部地区各族大体先控制天山北部，由北而南，夺取河西走廊和哈密、吐鲁番一线，然后南下天山南路或青海地区。汉族则自东而西，先掌握河西走廊，再延伸到哈密、吐鲁番，切断天山北路与南路的联系，经略南路，再与北方各族争夺天山北路，形成对北方各族的侧翼包围（如西汉时所谓"断匈奴右臂"），或迫使他们再向西迁移。西部地区的民族强大时，则控制帕米尔与河西走廊，由东西两侧向天山南路发展。因此，河西走廊的得失常常标志着汉族与北部或西部地区各民族势力的消长。

这个地区又是中国与印度、中亚、西亚各国、各族的交通线，是中国文化西传与印度、中亚、西亚文化东来的孔道。因此，这个地区是各种文化汇合交融的地方，呈现出绚烂多彩的面貌，而外来文化在这个地区停留时，往往与本地区文化融合，带上了本地区文化的特色，再向东传入内地，像印度、中亚、西亚的宗教、绘画、雕塑、音乐、舞蹈等的东传，都具有这样的特点。

（五）西部地区

这个地区北到昆仑山、祁连山，东到四川盆地西侧及其以南的横断山脉，西到帕米尔，南到喜马拉雅山。

在这个地区活动的古代民族主要有羌族（可能就是后来的藏族）、吐谷浑、藏族、蒙古族等。

这里是世界最高的高原——青藏高原，素有"世界屋脊"之称，平均海拔4000米。一系列高山奇峰大致呈东西向耸立，到本地区的东缘折而南向。山脉之间，辽阔的草原是天然的牧场，较低的河谷地带仍可发展农业。由于地势太高，气候干燥酷寒，空气稀薄，生活条件比较艰苦，因而人口稀少，农牧业也呈现了高寒地带的特点（如种植青稞，畜养牦牛）。

本地区交通不便，生活条件严酷，在其他地区活动的民族较难大量进入，在这个地区活动的民族也不易向外发展，但本区与其他地区的经济文化的交往仍是频繁的，相互之间的影响也不可低估。这个地区与东部地区大体上以青海东部和甘肃西部的湟河、洮河流域为中间地带，汉族的影响大多通过这里向青藏高原内部传输。青藏高原的古代民族也往往由此向东部地区发展。这个地区与北部地区和西北地区则以河西走廊为中间地带。北方民族如吐谷浑、蒙古族即曾从祁连山诸山口进入青海特别是柴达木盆地一带，而青藏高原的古代民族也经这些山口北出河西走廊，进而西进西北地区，东向陕西、关中。东汉的羌族的活动即是如此。而唐后期吐蕃最强盛时，就曾控制了天山南路、河西走廊、湟河、洮河流域和陇西，吐蕃骑兵曾多次威胁关中地区，并曾一度攻入长安，说明这个地区的民族力量的强大。此外，由于邻接，印度文化对这个地区也有一定的影响。

（六）西南地区

这个地区北到金沙江，西面是横断山脉，南面大体上相当于今天的国境线，东到云贵高原的东部。

在这个地区活动的历史上的民族有乌蛮、白蛮、苗、瑶、侗、彝，等等。

西南地区地形复杂，高山深谷把本区切割成许多零星的小块，在横断山脉地区，自然景观往往随高度的降低而垂直更替，从山顶积雪的高寒地带经山腰的温带气候直到河谷地带的亚热带和热带景观。而云贵高原的中部地形相对平缓，那里分布着许多小盆地，盆地里面有小块的冲积平原，称为坝子，适宜发展农业。由于地形分割零散，山高河急，交通不便，自然环境复杂，变化急剧，经济生活分散，复杂多样，民族众多，而每个民族的人数却不多，各民族的经济生活与社会发展也很不平衡，因此较难形成一个强大而集中的政治军事力量，历史上只有南诏较大较强，但也难以同其他地区的民族所建立的政权相比。本地区与四川盆地及湖南广东一带交通并不十分困难，与汉族交往较多，汉族力量逐步向西扩展，与这个地区的少数民族接触后，这些民族或与汉族融合，或者向山地或西南方向迁徙，逐渐形成了现在许多民族杂居的状态。此外，西部地区的藏族，通过横断山脉间的河谷南下，对这个地区特别是西北部的经济文化的发展也有一定的影响。唐朝中期，吐蕃甚至一度控制了南诏。

本地区邻接印度支那半岛，云贵高原西部和横断山脉的高山所挟的河谷又多是南北走向，因此这个地区与印度支那半岛各民族间经济文化也有交流，本地区是印度文化向中国传播的孔道之一。

三、地理环境对中国古代历史发展总进程的一些影响

地理环境对中国古代历史发展的影响是多方面的，主要是作为劳动对象对生产力的发展起作用，并通过生产力对社会生活的其他方面间接起作用，但也直接作用于社会生活的其他方面。这种作用在历史发展的各个时期和社会生活的各个领域各有不同，我们不可能在这章里一一论述。这里只是概括地说明一下地理环境对中国古代历史发展总进程的一些影响，远不深入，也非全部。

（一）使中国古代历史发展具有早熟性而又有延续性

"东亚大陆"的适宜的地理环境使它成为古人类的故乡之一。大陆中部与南部的暖温带和亚热带、热带气候与丛林草地交错的自然环境，有利于古猿生息繁育（现已发现的古猿化石有开远古猿和禄丰古猿。此外，湖北、广西等处还发现了古猿旁支——巨猿的化石）及其向猿人的发展。猿人的遗骸或遗物全国各地发现不少，像重庆巫山、河北阳原小长梁、云南元谋、陕西蓝田、北京周口店、山西芮城、贵州黔西观音洞、河南三门峡和湖北大冶等地均有发现，其中最早的旧石器时代遗物发现于243—255万年前的小长梁遗址，人类化石最早的是200万年前的巫山猿人和170万年前的元谋猿人。此后的旧石器时代与新石器时代的遗址则遍布我国各个

地区。到了母系氏族公社时期，黄河中下游农业发展迅速并推动了经济文化的加速发展，从而使得黄河中下游成为我国最早进入阶级社会的地区，与埃及、两河流域和印度并称为古代四大文明发源地（如果加上爱琴海地区和中美洲，则是六大文明发源地）。

世界古文化常依傍大河而发展，在这一点上，黄河中下游古代文化的发展与埃及、两河流域及印度有相似之处，但却也有不同。埃及、两河流域乃至印度的古代人类的活动往往集中在一两条河流的河谷与冲积平原上，河谷与冲积平原之外就是山地或沙漠，文化区域的扩展受到限制，例如埃及，古代文化的发展局限在被北非巨大沙漠地带所包围的尼罗河两侧的狭长地带上，两河流域与印度古代文化区域略为扩展些，但也受地形的限制。而中国东部地区古代文化主要兴盛于黄河支流及支流的两旁或支流入干流的河湾处（即所谓"汭"），如洮、渭、泾、洛（陕西）、汾、伊、洛（河南）、卫、漳等河及其支流。中国古代类遗迹多点，分布区域宽。水与水之间又多是平缓的黄土原峁或丘陵，人们不仅可以沿河谷交往及经河的汇流处通向另外的河流，而且越过这些河的分水岭也不困难。不仅如此，黄河中下游与淮河、长江中下游之间，长江中下游与东南沿海诸河流及珠江流域之间，也没有巨大的自然障碍，黄河流域与北部和东北部的山地、森林、草原、沙漠、戈壁地带的自然条件虽然不同，但景观呈层次分布，有中间过渡地带，并非突然变化，地形也不甚险阻，各地区之间的交往所受的限制不大，因此，古代中国的文化发展可以由点到线，由线到面，面与面之间互相联结，形成更大的面，有广阔的发展余地。

中国古代文化区域的广大与不断扩展，是几个古代文明发源地所仅见的，这就为古代中国文化的长期延续发展提供了有利的条件。另一方面，中国各地区的地形、气候、土壤等变化多端，植物、动物、矿藏等又丰富而多样，为此后我国历史发展的各个时期提供了丰富的物质基础。

中国文化起源早，绵延长，不断积累发展，较少停滞，力量雄厚，传统深远，并未由于外来因素而中断或根本改变面貌，有利的地理环境是因素之一（埃及、两河流域、印度、美洲等地都曾因外来民族或文化的进入，原来的民族、经济、语言、宗教、社会结构、文化传统等发生了根本性的变化。而且这种情况有时出现不止一次）。外国有些学者鼓吹的所谓"中国文化外来说"和"中国文化停滞论"，不仅于史无据，而且常是别有用心的。中国近代的历史发展，由于封建社会的长期延续和外国资本主义的侵略，一度受到阻滞，但从中国历史发展的全过程看，这不过是一个短暂的时期。而且，外国资本—帝国主义的侵略不仅促使中国人民更大的觉醒，激起中国人民更强烈的反抗，并且促使中国产生了无产阶级及其政党——中国共产党，从而大大加速了中国历史发展的进程，促使了社会主义革命在半封建半殖民地的中国国土上的胜利。

今天中国正在向四个现代化的宏伟目标前进。在我们前进的各种有利条件中，无疑也包括了优越的地理环境。

（二）使中国古代历史的发展带有很大的独立性而又没有孤立性

"东亚大陆"的地形由西向东倾斜，面对大海。与位于西面及西南面的其他古代文化中心距离较远，位置正好相背。与这些文化中心的海上交通要绕远道，而且相当艰险。因此，在古代，海洋在本区及其他文化中心的交往中障碍的作用大于联系的作用，这与古代地中海周围的情况正好相反。本区与其他古代文化中心的交往主要经过大陆，但陆路比较险阻，尤其是离西亚和印度较近的西部和西南部，高山、高原和沙漠地带可以通行商队，却不利于民族的大规模活动与迁徙。天山以北的绵亘草原地带是游牧民族活动的天然舞台，但距西亚和印度远，文化的传播交流，只是靠草原上的游牧民族间接进行。

与此相反，"东亚大陆"内部的地形使得大陆内部各地区间的交往多半较这些地区与大陆以外的地区交往为易，而且"东亚大陆"自身就有广阔的活动余地。这样，从进入阶级社会起，黄河中下游就成为本区经济文化的中心，并随历史的发展逐渐扩展到包括长江中下游，使得本大陆各个地区的经济文化交往具有向心性，逐渐形成了以汉族为中心的独立文化区。这一点与古代埃及有些相似，而不同于两河流域，后者由于北部的山地与南部沙漠地区的民族交替进入导致文化不断发生变化。但又与埃及不同，那就是"东亚大陆"的中心文化区远较埃及广阔并有充分的发展余地。

但是另一方面，本区与其他文化中心不是像非洲中南部和美洲那样几乎与世隔绝。本区与其他文化中心区的交往虽有若干困难，但交往仍是持久而又频繁的。我国北方的游牧民族与中亚草原直到黑海、巴尔干半岛的古代游牧民族，经过这条绵亘辽阔的北方草原带密切联系，中国文化对这些草原民族有相当深的影响，并经过这些草原民族传导到西亚、欧洲，而这些草原民族的传统文化如塞西安式铜器等也成为中国北方游牧民族与西方游牧民族文化的共同特征，并且这些游牧民族的共同生活习惯如胡服、胡床等也逐渐影响了汉族的习俗。至于阿尔泰山天山以南的商路，更是中国和其他地区文化交流的孔道。印度、西亚乃至欧洲的文化如佛教、伊斯兰教、绘画、雕塑、音乐、舞蹈、植棉、饮食等由此传入"东亚大陆"的西缘，经过当地民族的吸收、融合之后，再以原型或改变了的形态传入中国内地，深刻地影响了汉族文化，并融合于汉族文化之中。像佛教经过汉文化浸润，甚至得到更大的崭新的发展。汉族文化也是先被及周边地区的民族，然后再西向远远传播，如蚕桑、瓷器、造纸、火药等。唐宋以后，随着航海技术的发展，海路交通的重要性逐渐超过了陆路，形成中外交往的重要通道。

因此，中国古代文化的发展具有其独立性，但却没有孤立性，它向世界其他地区扩散其影响，对世界文化的发展具有重大的作用。同时外来文化在历史发展的长期过程中不断传入中国，并不断融合在中国固有文化之中，但它并没有也不可能改变中国文化的基本特征，而是使它更为绚烂辉煌、丰富多彩。

（三）使中国各族文化具有多样性而又带有共同性

"东亚大陆"内部地域辽阔，自然条件复杂多样，经济生活也因此各有不同，大体上可分为农区、牧区、林区、濒海渔区等，这就使得中国古代各个地区的各个民族乃至一个民族的各个地区（如汉族、女真族等）的经济文化的发展及社会生活呈现了不同的面貌、特色和速度，因而呈现了各地区各民族及一个民族内部经济文化发展的多样性。其中最突出地成为对照的是北部地区的古代民族的游牧经济与东部地区汉族的农耕经济。

但是如前所述，"东亚大陆"地区辽阔，经济文化的发展在历史上具有相当的独立性，内部各地区之间一般说来交通往来阻碍较少，民族之间的接触迁徙频繁，因此，各地区的多样性的经济文化并没有成为促成彼此阻绝与分离的因素，反而正好形成不同的社会分工，促进了各地区经济文化交流。特别是北部的牧区与东部的农业区之间，接触频繁，交往密切，而东部地区的先进发达的汉族经济文化，则使得"东亚大陆"的文化有一个中心，使边缘各区的发展具有向心性。随着这个中心地区在历史上的逐步扩大与力量的逐渐加强，周边地带各民族的文化逐步加入这个中心区来，并且融合在原来的汉族文化中，使它越来越丰富，越来越带有新的特色，所谓"胡服""胡床""胡坐""胡食""胡乐""胡舞"等都已经融入为今天汉族的风习。而这些倾注了新鲜血液的汉族文化又继续广被于更边远的地区和民族，对它们的影响也越来越大，终于使得整个"东亚大陆"的文化越来越具有共同性和统一性。

这种趋势，从原始社会后期已经开始。例如，新石器文化经过多年发展，西面的仰韶文化与东面的龙山文化，在黄河中下游一带汇合，龙山文化与东及东南面的吴越文化在苏皖地区汇合，仰韶、龙山、吴越三种文化又在江汉地区汇合，最后至春秋战国时终于形成了黄河中下游与长江中下游的统一的汉族文化。

秦汉以后，汉族文化继续向外扩展，南面逐渐到珠江流域，北方逐渐到蒙古高原以及东北地区、西北地区、西南地区的边缘。特别是周秦时，北部地区与东部地区的游牧民族与农业民族之间所进行的交往，这时更加扩大和深入了。这种交往给双方社会的发展和民族的融合带来了很大的好处，给中国文化的发展带来了有益的影响，但其间也羼杂了民族之间的战争、征服、奴役，带来了生产的破坏和人民的苦难，这是阶级社会不可避免的现象。这就出现了诸如长城、界壕一类的防御工事。但是，这种长城、界壕并不具备边界的意义。汉族的行政统辖权不止一次远出长城以西以北的广阔沙漠草原地带，直达巴尔喀什湖、萨彦岭、贝加尔湖和外兴安岭地区，西北方各民族也不止一次远远南下，一直到统治整个中国。不仅如此，长城一带往往就是汉族与北方各族经济文化与民族融合的边缘地带。西方的所谓新边疆学派、日本军国主义史学家和苏联霸权主义学者不顾历史事实，宣称长城是中国的北部边界，长城以北不是中国的领土，是对历史的别有用心的歪曲。

三国两晋南北朝以后，特别是隋唐以后，西部地区、云贵高原的西部、台湾与东部地区的交往也日趋频繁密切。6 世纪的隋代，中央政府正式在台湾行使统辖权。13 世纪的元朝，中央政府也正式对西藏和云南行使了统辖权。

这样，中国各个地区的经济文化在几千年的漫长时间里不断交往融合，终于形成了以东部地区为中心，以汉族为主干，具有强大向心力的统一性与共同性的多民族的统一国家。

同时也要看到，由于地理环境的差别及其他因素，中国各个地区各个民族在历史上的发展是不平衡的。旧石器时代和新石器时代几乎遍布中国全境的人类文化，在进入阶级社会后的差异性有所发展，不仅各具特点，发展速度也不一样。各个民族在同一历史时期内往往分别处于不同的社会发展阶段，人口数量与密度、经济文化生活也各个不同，从而使中国历史发展与历史上各民族的关系呈现了复杂的面貌。这种情况，一直延续到1949 年。但是各民族发展的共同性与统一性趋势仍是中国历史发展的主流。到了近代，中国各民族又共同面对着外国资本—帝国主义的侵略，因而更加强了在斗争中的团结。1949 年以后各民族的友好团结，又建立在建设社会主义、反对国内剥削阶级、反对侵略与霸权主义的斗争的新的共同的基础之上。各民族之间的政治、经济、文化关系是平等互助的关系，随着四个现代化事业的发展，各民族之间的经济、政治、文化发展的不平衡正在逐步缩小，终将最后消失。

中国古代历史发展的地理环境及地理环境对中国古代历史发展的影响是一个重大的问题，需要进行多方面的和长时期的探索，尤其需要把它与中国古代历史研究中的一些重大问题，如中国古代历史发展的特点和道路问题、社会结构问题、古史分期问题、中央集权专制主义制度问题、阶级斗争问题、民族问题、资本主义萌芽问题、中国封建社会长期延续问题、文化特点问题等联系起来探讨；也需要与中国古代各个地区、各个民族和社会生活的各个部门的研究结合起来探讨；还需要与世界其他地区、国家、民族历史的发展及其与中国交往的研究结合起来探讨。另外，我们祖先对地理环境的改造及其所带来的经济的社会的后果也是一个重大的问题，对我国当前的社会主义建设具有实际意义，也需要进行研究。

四、地理环境和中国文化

地理环境和中国文化有什么关系，中国文化如何受到中国的地理环境的影响，这是一个值得探讨的问题。我们以中国文化的主体汉族为限，看看地理环境是如何通过生产的类型和特点而间接影响到文化的内蕴的特点的。

古代汉族（及其前身）是一个农业民族，与其他古代农业民族不同的是，汉族的农业是一种大陆集约型农业。这在世界上可说是唯一的。古代汉族文化就是一种在大陆集约型农业基础上形成的文化。

所谓大陆型，首先指的是农业区域面积广阔，而且逐渐连成一片，即包括长城燕山以南、贺兰山、川西山地、云贵高原以东的黄河中下游、长江中下游、珠江及东南沿海诸河流域。这样大的农业区，在古代世界也是独一无二的。此外，也指下边将要说到的这片广袤地区的特有的地理条件。

所谓集约化，即以精耕细作为农业的主要特色。农业的发展更多的是靠投入大量劳动力和技术，而不纯属开垦荒地，扩大耕地面积。在早期是由于自然条件使然，后来则还由于人口众多的压力。

汉族古代农业的这种类型和特点的形成，地理环境有相当大的影响。

早在一万年到七八千年前，中国的原始农业就在黄河中下游和长江中下游发展起来。最早进入文明社会的是黄河中下游。当时，黄河流域气候较今温暖湿润，低温和干旱威胁较今为轻。这个地区是黄土高原和黄土冲积平原，土质疏松，大森林榛莽较少，旱作农业技术又较简单，花费劳动较少，开垦较易，使以木、石、骨、蚌为材料制成的工具及原始农业技术较易生产出剩余产品来，从而使奴隶劳动成为可能并得到发展。但是，这带地区在各年度和各季节雨量分布都不均匀，春夏之间盛行干热风，易于出现旱涝特别是旱灾。黄土土质不算肥沃，农业发展要和自然灾害作斗争，不是容易的。

长江流域气候比较稳定，水量较丰，但种植适宜于这种气候的水稻却需要对水量加以控制，平整土地，灌溉排水很重要。土壤特性同黄土地带又有差异，有大量红壤，而夏秋台风季节短期降水量很大，也易成灾。在早期，气候比今湿热，沼泽林莽多，开发反不如黄河流域容易。因此，进入文明时期反而晚于黄河中下游。

这两个地区逐步形成了在黄河中下游以防旱保墒为核心，在长江中下游以灌溉为核心的精耕细作的集约化耕作制度，如深耕细耨，施肥选种，平整土地，灌溉排水等。

这种精耕细作的集约化耕作制度，是在春秋战国时随着铁器用于农业生产而形成的，土地也因为适应集约化的需要分成小块，由一家一户分散经营。这就是习惯说的中国的传统农业或个体小生产农业。在此以前，由于生产力的不发达，农业生产是粗放的，经营方式是集体的，是由村社来组织进行的。

然而，精耕细作的耕作方法在春秋战国以前就有了端倪。

据一些学者研究，从甲骨文看，商代农业已经有了注重农时、土地整治、起垄耕作、播种前深耕、中耕耨草、施肥、治虫等一系列的农业知识和技术。西周文献中继续有这些方面的记载，又加上注意良种。至于水利，商周着重的是开沟排水，灌溉是少量的。这是黄河流域旱作农业的特点。

这时的农业工具大量的仍是木、石、骨、蚌器，青铜农具要有也是少量的。工具的水平决定了农业只能是粗放的。工具虽是农业水平的重要标志，但劳动力和技术也有重要作用。疏松的黄土和气候条件使得精耕细作的出现有了需要并且可能。当时粗放的农业虽然是采取集体的耕作形式，但家庭在农业生产中的作用逐渐重要起来，而纯由家庭经营的园圃则成为精耕细作的技术的一个重要发展来源。正因为这样，当春秋战国时铁器用于农业以后，工具的改进使得精耕细作制度及个体小生产农业很快形成，而村社也就在其内部家庭经营的发展下瓦解了。

在这样的地理环境及由此而形成的农业特点下，自然给予人的并不算丰厚而且不稳定，人与自然的关系是艰难的，不稳定的（尤其是黄河中下游地区），但是经过努力，人又可以减轻乃至克服自然条件所带来的不利因素，使自己的努力得到报偿。

这样形成的中国古代农业社会，具有两方面的特色：

一方面，是经济单位和生活单位的个体化。从商周的集体化的农村公社和大家族向小家族、小家庭转化，到春秋战国以后形成了几口之家为单位的个体小生产、小家庭。这种个体小生产、小家庭独立从事农业生产的全过程。生产的个体的、细小的、分散的特色非常明显。这种个体小生产农业，一个个的小家庭就其本身来说是脆弱的、不稳定的，天灾、战争、租徭、疾病、暴力、生死、债务等很容易使之破产、消亡。但就全社会而论，它又是稳定的、强固的，因为可以不断地重生再现，从而成为中国社会牢固的、长期不变的基础。

另一方面，这种个体的、分散的、细小的生产单位和生活单位要存在和发展，又需要一些它们无法独自承担的集体的集中的活动，如抗旱、防洪、灌溉，灾荒的救助，生老病死的互助，乃至公共事务，抵御盗匪、外敌等。这些活动需要集体的组织和管理，也需要权威乃至暴力。在春秋战国以前，生产是以农耕公社为单位集体进行的，生产力水平比较低，这种生产与公共事务的组织管理乃至权威和强力一般不需具有更大的范围或规模，在公社之上的国家的权力也是相对松散软弱的，因为公社已经承担了相当大的具体任务和具有相当大的权力。但是到了春秋战国以后，生产的个体性和分散性十分突出，千千万万个体小农就像一盘散沙，而上述的那些作为维持一个社会存在的生产和生活的组织、管理和权威反而需要在更大的范围、更大规模和更大的强度上来施行了。这也就是中国封建社会强大的专制主义中央集权制度与家族制度形成的原因。

这也就是说，汉族的农业社会，具有个体的脆弱性和不稳定性与集体的强固性和稳定性的特点。有越来越强的个体性，又有一种越来越强的群体性与协调性，这就使得在人际关系上有一种把个体性与群体性协调起来的要求，以使整个社会在大的方面能够有组织，处于稳定、和谐与协调的状态。

汉族的这种在大陆集约型农业基础上形成的社会，给中国传统文化带来了如下的特点：

第一，现世性。个体小农致力生产，守住土地，男耕女织，维持生活，安土重迁，要求的是自然界的风调雨顺和社会秩序安定即所谓国泰民安的生活。一般情况下只要能生活下去，不求改变环境。在他们之上的剥削者，一般所要求的则是稳定的剥削收入和优裕安全闲适的生活。以个体小生产农业为基础的社会不像航海那样具有冒险性质，也不像游牧民族那样迁徙不定，或具有掠夺性。自然灾害不可预见，但可预计提防。农业劳动者的理想是"耕三余一"，"三十亩地一头牛，老婆孩子热炕头"，丰年积谷，歉年防饥；剥削者要求仓廪充实，保证稳定的收入并有所增加。事先防备自然灾害努力减轻灾害损失。人们追求的是现世生活的安定、平衡和满足，不过多地寄希望于神秘的命运或偶然的机遇，也不过多地期望于来世或天国。

因此在远古，神话不是很发达的。自然力的代表如雷电、风雨、山川等神原先地位就不是很高，后来越来越低。例如，雷神，希腊神话里最高的神宙斯掌雷电，北欧神话里雷神索尔地位、威力都很高。但在中国，司雷的神不过是一头生在雷泽的人首兽身的"雷兽"，黄帝用它的骨击鼓，"声闻五百里，以威天下"①。纬书里说"黄帝以雷精起"②，"轩辕，主雷雨之神也"③，大约是由此铺衍而来，并非原始的说法。以后，雷神的形象，或为击鼓的力士或为兽形。雷公的数目增多，达到24或36神组成"雷部"，

---

① 《山海经·大荒东经》。

② 《河图帝纪通》，见欧阳询：《艺文类聚》卷2，上海古籍出版社1982年版。

③ 《春秋合成图》，见李昉等编：《太平御览》卷5《天部·星上》，中华书局1960年版。

或为行雨的龙王属下的小神，而在后来的传说中人们甚至可以把猴形的雷公击落。其神力和威严已经大大地降低了。又如土地神，原来作为农村公社的象征和保护神，地位是很高的。随着农村公社的瓦解，土地所有权的趋于分散，地位也大大地降低了，以致成为后来的土地公公这样的低级小神，甚至要受到妖鬼的狎侮。最高的神如天、帝等，往往成了一种抽象的概念，不大拟人化，也没有像宙斯、奥丁、耶和华那样多的神迹。与此相反，祖先和传说人物（往往也就是祖先）却受到很大尊敬。这些人物常常被认为是在人和自然的斗争或生产中作出了贡献的。如治水、农业、医疗药物、制作工具器物、制订历法，等等。像黄帝、伏羲、神农、大禹、后稷等就是如此。传说中的另一类人物如尧、舜，则突出了他们在树立人际关系的稳定、和谐及伦常道德方面的贡献。

同样，古代汉族的宗教观念，宗教情绪不甚浓烈。儒家在汉代从董仲舒到白虎观会议，曾经有结合阴阳五行谶纬之学使儒家宗教化的企图，但是失败了。儒家成为最现世化的思想并成为古代中国思想的主流。宣扬出世的佛教在汉代传入中国，经过400多年的传播演变，到隋唐终于完成了它的中国化的历程。唐代，佛教宣传的死后复生的西天极乐世界，实际上是人间最美好的物质生活的理想图画，而其前提是现世行善积德。佛教虽然鼓励信徒成佛，但这个境界并非人人都能达到，能做到的是通过轮回转世再生成为有福的富贵人。现世化的色彩是浓厚的。关于土生的道教，无论是修身养性还是炼丹求仙，所追求的都是摆脱人生苦难，享受人间一切美好事物的乐趣而且长生不老，永远享受，比佛教更为现世化。在古代汉族，神始终没有超过人，神权始终没有超过政权，宗教信条、规范、戒律没有成为人际关系的最高准则，却要服从或适应"三纲五伦"之类的世俗伦理道德规范和政治准则，才能存在和发展。

第二，实用性。随现世性而来的是古代汉族文化的实用性，往往着眼于现世最需要处理和解决的种种实际问题，而不大去设想或构造那些遥远的东西。古代汉族关于宇宙的本体、由来的思考是简单朴素的，对中国以外的世界的了解和记述是实在的。即使是《山海经》，也有相当多的现实依据，而且很快被人们当成了奇谈，没有激起人们去探索、发现的兴趣。

对于理想的社会，古代汉族是把文献可稽的三代特别是西周作为模式，很少像西方那样虚构出诸如柏拉图的理想国或文艺复兴时期的太阳城之类的地方以阐发自己的理想社会。尽管这种理想社会有其现实背景，但仍然是虚构的。古代汉族的理想不过就是现实社会秩序、关系、制度的完善，而非以理想社会来否定、取代现世社会，人们更大的注意力是集中在那些现世的具体问题上。即使是一些中国哲学的基本命题，如道、气、理等，也是很快地由哲学本体论下降到具体的政治、道德、伦理的意义上来，用以解释现世的实际问题。

在科学技术方面，最发展的是那些实用的科学技术，如农艺、水利、医药、工艺、军事技术、历法、建筑技术等。一些不能马上应用或一时看不出实际价值的创造往往被视为"奇技淫巧"，加以鄙视、摒弃。像天文学，古代中国观测记录之精确、丰富，延续时间之长，在古代世界是无与伦比的。然而，天文观测的主要作用是修订历法，也包括星占，而并未在此基础上形成像西方托勒密那样的宇宙体系。古代中国的宇宙论如盖天说、浑天说和宣夜说多少是直观和推测，即使有某些观测数据作为依据（宣夜说一点也没有），论证是很不完善和严密的，留下许多解释不了的问题和矛盾，远不如托勒密体系那样"完美"。其对天文观测的作用也是有限的。古代汉族对许多事物往往知其然而用之，不甚去探究其所以然，或者以简单的、经验的解释为满足。"大天而思之，孰与物畜而制之。从天而颂之，孰与制天命而用之。"① 似乎是中国人行事思考的习惯。

第三，经验性。随现世性与实用性而来的，是思维方式的经验性。不像印度、希腊那样重视逻辑思维，也没有中世纪神学那样纯然推理不靠实证的做法。像辩论一个指甲上可以站多少个天使，或者三位一体的圣父、圣灵、圣子是什么关系。虽有名家和墨经这样的逻辑著作，但古代汉族的逻辑学不能算是发达的。佛教虽然成为中国的主要宗教，但因明之学却没有在中国发生多大影响，远不如佛教对音韵之学的发展影响来得大，反而是反逻辑、主顿悟的中国式的禅宗最后大行于世。古代汉族的思维方式更

---

① 《荀子·天论篇》。

多的是经验的，实证的，是与实践、实际相结合，往往以对现实的有无用处为标准，而不大立一些抽象的标准，也不大运用逻辑的推理去论证一些事物的真伪或是非。在哲学本体论方面，不能说古代汉族的思维是发达的，即使是这个方面的命题、范畴，如阴阳、五行等，也往往没有脱离实在的事物，而且往往迅速地直接地运用于解释天道人事。数学的发展，侧重在实际计算的方法，因此算术代数发达，像欧几里得几何那样的公理，公设出发用逻辑推演来论证抽象的点、线、面、圆的图形的关系，在中国几乎是见不到的。

第四，重视人事。由上述几个特点而来的是，古代汉族特别重视人事，人际关系，即人的作用，道德，伦理关系，或者可以说是一种中国式的人文主义（人本主义）。

在探究人和自然（包括物质的和神秘的超自然力量），即"天人"关系上，重视与追求的往往是二者的一致、和谐、协调，而不是二者的对立，即所谓"天人合一"。着重的是人的这个方面，对于自然的或超自然的力量，并不作过深的探求，往往是采取回避的态度，象征性的敬奉，像孔子"不语怪力乱神"①，"未知生，焉知死"②，"未能事人，焉能事鬼"③，"祭神如神在"④，还有"天道远""人道迩"⑤等，就是如此。天道有不清楚的地方，但也不是完全没有规律可循。人要知道天命，顺应天命，但也非全受奴役或处于被动的地位。天的规律与意志反映到人事上，人要畏天命，顺天命，法天命，使自己的行事适合规律与一些规范，即所谓"天人交相用"，但也不妨"制天命而用之"，⑥甚至"胜之"。但是胜之、用之也还是要知道天的规律、规范。要使人间的规范、秩序适应"天"的规范、秩序。或是更确切地说，是使人间的规范秩序取得自然的天的规范秩序的

---

① 《论语·述而》。

② 《论语·先进》。

③ 《论语·先进》。

④ 《论语·八佾》。

⑤ 《左传·昭公十八年》。

⑥ 《荀子·强国篇》。

地位，以此来肯定现实人际关系的合理性。实际上是把人与"天"的关系纳入人际关系轨道，使"天"为人服务。

在人际关系上，人们追求的是从个人到家庭、宗族、乡里、国家之间的秩序，协调，和谐，而这种秩序，协调，和谐的准则，则是伦理的道德的政治的规范，即所谓正心，诚意，修身，齐家，治国，平天下。从个人修养开始到孝、信、义、忠，而且统一起来，事亲的孝道同样用于事君的"忠"。忠君就是孝亲，而君主则作为大家长，统治"子民"，各级官吏则被称为"父母官"，"爱民如子"是对他们的褒赞。整个社会被看成是一个大家族，这不是没有原因的。如前所述，中国的大陆集约农业需要经济和生产单位的个体化、分散化，但却又需要有一条强固的纽带把人们、把社会维系起来。然而这种群体意识却需要以承认个体的存在为前提。地主和农民的租佃关系往往是用契约的形式固定下来，致使双方有一种类似平等的关系，所谓"贫富相资"即是这种意识的表现。古代中国并不把劳动者当成异类，而是因穷而处在低层，不少地主思想家对劳动者往往有一种同情的思想。个人的地位和作用受到注意，然而却不很强调个性，强调个人意愿和发展，而是把个人作为群体的一分子，在群体中与他人协调，服从群体的利益，必要时要牺牲个体，成全群体。这是因为中国人认为需要有一种强有力的集中的力量来照顾保护一个个分散的个体，而个体也需把自己的权益让出来给集体，由集体行使权力，专制主义中央集权制度就是这样形成的。而从个人到家庭、宗族、乡里、国家的一致与协调的意识，也是这样形成的。中国的伦理、政治、道德规范与心理状态往往如此。而"民本""生民""亲民"思想与专制主义中央集权国家的协调也是由此而来的，这也可以说是中国的人本主义或人文主义的特色。

自然，除远古外中国古代是阶级社会，阶级对立与冲突是客观的历史事实，然而不等于上述的文化特色就不存在了，它往往与阶级的划分与矛盾斗争混在一起。如果说西方封建社会往往以等级划分掩盖了阶级的划分，而劳动者在等级的低层形成一些特殊的人群，那么在中国的封建社会，则是群体的意识掩盖了阶级的区分，使之穿上特殊色彩的外衣。

中国文化自然还有一些其他的特色，这里所说的只是由于地理环境给中国农业社会带来的特色，又在这样的基础上形成的古代汉族文化的内蕴的若干特征。地理环境对中国文化的影响也不止本文所述。它对中国传统文化的外型也有影响。像中国传统文化具有早熟性而又有延续性，具有独立性而又非孤立的，具有多样性而又有向心性等，都可以从地理环境的特点去探索其形成的部分原因，这里不可能多作说明了。

第三章　中国封建社会的农业生产

本章主要论述生产力的发展，特别是农业生产力的发展。对任何一个社会来说，农业都是基础，封建社会更是如此。至于手工业生产力发展的情况，有些与农业有联系的，我们放在本章，有些则放到手工业和商业的章节中去研讨。

在讲农业生产力发展之前，我们要先谈一下农业的概念。我们经常提及"农业"这个词，但什么是农业，它包括的范围有多大，这个概念及其范围在历史上有没有变化，为什么会发生变化，这些问题人们一般并不太清楚，所以想要给"农业"一个科学的界说。

根据历史唯物主义，农业劳动的产品是"天然产物"，即有生命的动、植物，最主要的是食物，此外也包括衣着、居住材料的原料及其他手工业、工业的有生命的动、植物原料。从历史上看，农业的涵义如下：

表 3—1　农业各部门分类表

种植业（植物栽培）		
粮食作物（真正的农业）	广义的农业 （农、牧、林、渔） 人工、再生产 （农业与畜牧业情况）	最广义的农业 这是原始社会的特点
经济作物（油料、棉麻等）		
园艺（蔬菜、花）		
植林（人工）		
养殖业		
动物的饲养、畜牧 （牧、渔、蚕）		
采掘农业	天然更新人工 不再生产	
林业（自然生长、砍伐）		
狩猎、捕鱼、采集		

种植业，特别是粮食生产最为重要，一方面是人的口粮，一方面是牲畜的饲料。农业的涵义，随历史的发展、生产力的发展、分工的发展而逐渐变化，即逐渐变窄，我们讲封建社会的农业，一般指狭义的农业，即和林业、畜牧业分开的种植业。主要是粮食生产，其次是经济作物和园艺及少量的植树。

关于中国封建社会农业生产力的发展，可以从三方面看：

1. 从数量上看，主要是四个数字，第一，农业劳动生产率；第二，与此相连的全国每个农业人口消费的口粮及其他产品数；第三，与此相连的全国每个人口占有的粮食及其他产品数；第四，农产品的单位面积产量。其中最主要的是第一和第四两项。

2. 中国封建社会特定历史条件下生产工具、作物品种、耕作制度、耕作技术等的发展，及其由此而来的中国传统农业发展的道路（特点）。

3. 这种农业发展道路的成就及其局限。

在论述这三个问题之前，我们先介绍一下中国古代度、量、衡、亩、里制的演变。因为谈到经济，必须要有量的规定，古代计量单位的演变及当今多少是很重要的基准。搞经济史同政治史、思想文化史不同，要有鲜明的数量的观念，不然很多新的问题弄不清楚。只有把这个数量问题弄清楚了，才能知道各个时期生产量、剥削量的绝对数字，人民实际的生活水平，也才能对各个时期的生产水平进行比较，过去与今天比较，中国与外国比较。才能了解古代农业的发展及问题所在。

因此，本章一共讲四个问题，即上述三个问题与古代计量单位。

本章许多问题是烦琐的，还在有些地方有意地烦琐一些，这是由于想通过对一些经济史史料的运用和分析，介绍一些研究的方法，特别是史料运用、分析的方法。

一、中国古代度、量、衡、亩、里制的演变

论述生产力发展概况之前先介绍一下中国古代度、量、衡、亩、里制的情况及其演变。研究各个时期生产力发展的概况时需要有个数量的

概念，这不仅是研究生产力水平的需要，研究剥削量也要用，看一般生活水平时也要用。下面提及各个时期亩产多少石，绢布多少尺，丝麻多少斤等，要折算成现在的市制单位，就以当时度、量、衡、亩、里制的实际数为准，以免发生歧义。计量单位，一共五种。度：即长度，如尺、里；量：即容积，如斗、升；衡：即重量，如斤、两。基本上是这三种，后二种从此分出，亩：面积即度的平方；里：度的一部分。但亩、里的尺度大，专门分出来讲一下。

中国古代度、量、衡、亩、里制的情况相当复杂，研究的人不少，但集中论述的专书迄今只有一本，即吴承洛的《中国度量衡史》①，这本书是必需参考的，但写作时间太早，有好多出土的实物及后来的研究成果没有反映，而其中计算度量衡的方法标准有些太深，及与今市制的比值又有一系列错误，所以尽管许多人还照用他的结论，但我认为要重新考虑，不能轻易遵从。在谈到中国古代度量衡制时，有五点是需要事先说明：

一是古代度量衡制的情况是非常复杂的。有些情况还不清楚，官制与各地的私制不同，有些出入很大，而且有各种标准。官制有时也有两三套，如大石、小石、大尺、小尺，营造尺和木工尺，各不相同。如古代官尺与律尺（用于核准音律的）不同，近代营造尺，布尺（裁缝用尺），木工尺也不一样，如新中国成立前各地各种尺度制一尺从 0.598 市尺到 3.741 市尺均有，量器各种升从 0.476 市升到 8.4 市升均有，衡器各种斤从 0.570 市斤到 4.921 市斤均有，亩制从 0.224 市亩到 4.829 市亩均有。我们这里只能介绍官定的度量衡制，这和古书具体记载的可能不全相合。

二是古代度量衡记载中度量衡的制定基本原则很烦琐，既不科学也不实用。例如：从《汉书·律历志》开始常把度量衡制定的基准调音律连到一起，这是有根据的，但实际使用的又与此不一。这个问题不详细说了。又如把它们的最小单位定为一粒黍（黄米），如一黍之长为尺度的最基本单位，一粒黍之长为度单位，多少粒黍为体积为量的单位，120 黍一爵，多少黍的重量为衡的单位。但黍本身的大小就难以绝对化，不仅品种不

_____

① 吴承洛：《中国度量衡史》，上海书店出版社 1984 年影印版。

同，就是同一品种也不尽一致，而一黍的摆法是竖、横，还是斜，也大有争论，所以根据文献材料界定是比较困难的。

三是出土文物和文献记载相印证，对我们搞清楚问题有决定作用。第一，传世的度量衡器不少，多数经过实测，这是比较可靠的；第二，有的器物虽非度量衡器，但上边有度量衡数量的记载（如多少寸、分，多少斤，多少斗等）可以参证；第三，有的实物或遗址，本身虽无记载，但它有一定的规格，或在古书上有记载，可以和文献材料与实地测量结果对照，从而了解古代度量衡制的情况。如秦汉简牍的长短，有严格规定，今有实物对照，即可知当时一尺之长。又如车轨宽度，当时亦有规定，今有车及遗迹可资印证。又如西汉、唐等都城边长多少里多少丈，古籍有记载，今天进行调查和发掘，经过实测，就可反过来知道当时的一里或一丈等于现在多少。由于实物发现的多，再与古代文献材料参证，当时的度量衡制的实际情况就可以搞得清楚一些。度、量、衡、里制均可采此办法解决，只有亩并无实物，实测也较难，但从度制可推算出来，问题也不大。

四是实物及实测只有相对的准确性。这是因为：第一，古器物出土后有残缺，或锈蚀，不能完全反映当时的实际度量衡状况。第二，古代制作的标准度量衡器总是相当精确的，但由于制作水平及测定办法不清楚，还是有误差，误差大约不过百分之几，因此各种计量器具不是绝对一致的，这样算出来的数量各家也有一些小出入，只能是大略的数字，只是这样的计量出入不算大，但要注意，数值越大误差就会越大。现代实测方法不一，尤其是量器、衡器体积法有用水的，有用小米的，有用尺寸算出体积的，且算法上也有一些出入。器物形状或不甚规则，或有锈蚀，更不易准确。故一般保留小数点约二位数。

五是中国古代度、量、衡、亩、里制的演变大体有两个趋势。

第一，从不统一到基本统一，或有一个全国统一的官定标准，这在战国后期特别是秦统一后基本形成了。封建统治者为了中央集权的需要及计算剥削量的方便，历来都很注意这个问题。国家通常设专门的机构及专官官吏，制定标准的度量衡器，加以推行使用，最有名的如秦权、秦量、新嘉量；有不照此标准的，要受处罚，乃至刑罚。

第二，历代度量衡制有逐渐增大的趋势。这是由于地主阶级及封建政权剥削农民主要是实物，增大计量单位可以在形式上不增加剥削率的情况下实际加大剥削量，大体上说，可分以下几段：

先秦时期各地情况不同；秦汉统一后，度量衡缓慢增长；魏晋南北朝时期增长较快，隋唐统一后又有一次较大增大，此后增长缓慢。

度量衡之中，增长最快的是量制，其次是衡制，再次是度制。大约量器从 1 斗 =2000 毫升 =0.2 市升，增到 10000 毫升，约增五倍。衡制从 1 斤约合 258 克增到 596 克，约增 130%。量制 1 尺从 23.1cm 增到 32cm，约增 40%。亩制则随长度（尺）的增加而增加，战国小亩：0.2733 市亩；秦汉小亩：0.2882 市亩，大亩：0.6915 市亩。秦汉时有一次改变，从 100 步为亩，改为 240 步为亩，此后未有大变，后则增到 1 市亩，即增 45%（小亩增 247%，1 市亩 =3.47 小亩）。里制从汉代的 417 米增到清的 576 米，即增 11%，是增量最小的。

其增幅之所以不平衡，有两个原因：

第一，统治阶级剥削农民实物中最主要的是粮食，粮食计量是用斗，因此升斗加大最快，其他实物如丝麻、草等用斤两，次之；再次是布帛，用尺寸，又次之。

第二，增大计量标准为避免人民觉察反抗，或由于人民的反抗，量制是算体积（容积），增加一些最不易发觉，斤两次之，尺度用手比甚至用眼看，长，短，最易发现，因此增幅较小。

最快是在魏晋，由于收调布，两晋南北朝增长较快，此时施行租庸调制，剥削量大。此时农业劳动生产率较两汉也有所增长。

下边我们就分别介绍秦汉以来各个时期的度、量、衡、亩、里制的变化，限于篇幅这里只是大略介绍，具体的考证有各家论著在，此处从略。

（甲）尺度

1. 基本单位是尺，十进制。

丈 $\xrightarrow{10}$ 尺 $\xrightarrow{10}$ 寸 $\xrightarrow{10}$ 分 $\xrightarrow{10}$ 毫 $\xrightarrow{10}$ 秒 $\xrightarrow{10}$ 忽

蚕吐丝为忽，宋以后称丝。

2. 布帛单位。

表 3—2　布帛计量单位换算表

幅：2—7 尺	墨：5 尺	端：2 丈 =20 尺
1 两：2 端 =40 尺	匹：4 丈 =40 尺	疋：2 两 =80 尺

3. 各代尺度长短变化大体如下：

表 3—3　古代尺度长短变化表

朝代	1 尺折合公制量
晚周	22.5cm[①]
秦汉	23.1cm[②]
魏、西晋	24.2cm
东晋	24.5cm
刘宋	24.6cm
萧梁	24.7cm
北魏（前）	27.9cm
北魏（中）	28 cm
北魏（后）	29.6cm
东魏、北齐	30.1cm
北周隋唐	29.6cm[③]
五代、宋	31 cm
辽金元	34.2—37.4cm[④]

---

① 先秦似有三种尺度并行，一种尺度单位为十尺一丈，十丈为引。另一种尺度单位为咫，一咫为0.8尺（一尺18cm），10咫为寻或仞，1 寻 =8 尺 =0.8 丈，这是小尺。10 小尺 =1 寻 =8 尺，也可算为一丈。古人常称丈夫，据说是身长一丈，实际当今22.5×8=180cm。如为十尺一丈，22.5×10=225cm，那就太高了。这种尺度，古文献中有记载，也有旁证，但实物未发现。日本人写过文章论先秦小大尺，提到战国铸币尺度为小尺，但不甚可信。

② 另一种算法，西汉 23.2cm，新莽 23.1cm。

③ 北周尺同北魏后尺。

④ 辽金元情况不明，一种可能是与宋尺相同，一是较大，辽、金尺可能为 34.2—34.6cm，元尺可能达 37.4cm。

续表

朝代	1 尺折合公制量
明清	
营造尺	32cm
量地尺	32.6—34cm
裁衣尺	34—35.55cm

但《隋书·律历志》又云刘宋民间所用的尺（24.6cm）齐、梁、陈尝用调律[1]，北周武帝正式采为法定律尺。但隋志又云：周太祖"即以调钟律，并用均田、度地"[2]，则度地尺同于调律尺，即24.6cm，与29.6cm有别，未知孰是。隋唐有大小二种尺度，小尺即北周律尺24.6cm，同于调钟律，测晷景，制冠冕，合成药。

此外用大尺，七尺当小尺一尺二寸，即29.6cm。

从这里看，先秦是一般22.5cm，秦汉23.1cm，到东汉末增到24cm，西晋进到24.2cm，东晋迄梁25cm，北朝增大北周达29.6cm，北齐达30.1cm，隋唐度尺循北周之制，29.6cm，中唐后微有延伸，到五代达31cm。宋因之，明清更进到32cm。其间以北朝延伸最快，这和收租庸调的调布有关。

除常用尺以外，还有乐律用尺，即专门度量乐管的尺。乐管长短、口径，与其发的音高低有关，管长音低，管短音高，故有专门度量音律的乐尺。从周到曹魏，制定律管所用尺度即常用尺，但常用尺不断变化，所以后代定的音高就与前代不同。发现后，律尺就与常用尺分开了，其变化的规律也与常用尺不同，这与本书主题无关不做赘述。至于古尺按市尺折算如下：

先秦 1 尺 =0.675 市尺

秦汉 1 尺 =0.693 市尺

东汉 1 尺 =0.72 市尺

西晋 1 尺 =0.726 市尺

东晋至梁 1 尺 =0.75 市尺或 0.738 市尺

北周、隋唐大尺 =0.88 市尺

---

[1]　参见《隋书》卷16《律历志上》。

[2]　《隋书》卷16《律历志上》。

五代、宋 1 尺 =0.93 市尺

明清营造尺 =0.96 市尺

（乙）量制

先秦量制是十进制，即十升一斗，十斗一斛。另一种量制也是升，四升一豆，四豆一瓯，四瓯一浮，十釜一钟。还有其他的好几种计量系统，秦汉以后均为升，十升一斗，十斗一斛。升以下为合，一升是十合。

这里要说明的是石（担），石本是重量单位的名称，等于一百二十斤，从秦开始，石亦作为容量单位，与斛、硕等，此后即成容量单位的通称。古代量制与现代比较：

秦（商鞅起）1 升 = 200 毫升

汉、新、后汉、魏晋：战国到秦汉另有小石，1 升 =120 毫升

南齐：1 升 = 297.2 毫升

梁陈：1 升 ≈200（198.1）毫升

北魏、北齐：1 升 ≈400（396.3）毫升

北周：1 升 =157.2（2）毫升

隋：1 升 ≈600（594.4）毫升

唐、五代：1 升 =600.4 毫升，唐有小石

宋：1 升 =664.1 毫升

元：1 升 =948.8 毫升

明：1 升 =1073.7 毫升

清：1 升 =1035.5 毫升

市升：1 升 =1000 毫升

可知，汉 1 升，当今 0.2 市升，北魏北齐增大 1 倍。即 1 升 = 汉 2 升，当今 0.4 升。

隋唐时又增大 1 次，1 升 = 汉 3 升，当今 0.6 市升。

宋又增大，1 升 = 汉 313 升，当今 0.66 市升。

明清，1 升约 = 汉 5 升，当今 1 市升。

（丙）衡制

衡制的单位秦汉以后基本确定为：

铢 $\xrightarrow{24\text{铢}}$ 两 $\xrightarrow{16\text{两}}$ 斤 $\xrightarrow{30\text{斤}}$ 钧 $\xrightarrow{4\text{钧}}$ 石

衡器的演变是：

天平（利用杠杆作用，中国式天平系统）战国即有，出土有天平、砝码（环制）。

不等臂秤战国即有，出土有铜衡及半圆单钮权（上注重量）。

摆索杆秤，秤砣适量，可直接从秤里读出称物重量。不需复杂计算，比较进步，大约是南北朝时期的。

衡制的演变：

先秦：（1斤）楚 260.795 克，齐 253 克，秦 256.6 克，约 256 克

秦：256 克左右，250—275 克左右

汉：250—259 克左右

新莽：245—250 克为一斤，略小，约略定为 247.9 克

后汉、魏晋：同新莽

南齐：370 克 新莽的 $1\frac{1}{2}$ 倍

梁、陈、北魏：247 克略同新莽

东魏、北齐：494 克，约为新莽的 2 倍

北周：277.9 克

隋：741 克（约）（约为新莽的 3 倍）

唐：596.82 克

唐前期：690 克，1.3 市斤

宋元：630 克左右

明：585 克左右

清：590 克左右

五代、北宋元明清：市斤 =500 克

秦到隋前期大体差不多，只南齐、东魏、北齐增加，到唐以后即相当现在 1 市斤 =10 两（10 两制），迄明清未变。

（丁）亩制

亩制的基本单位是步，实际也是尺，步即长度尺的平方。

先秦 6 尺为步，百步为亩（小亩），广 1 步长百步的一条地为 1 亩，即 100 平方步为亩。

秦 6 尺为步，240 步为亩（大亩），但六国仍用小亩。

汉初因之，汉武帝后期统一用大亩。

隋唐至明清，尺度变大，故改 5 尺为步，240 步为亩。

但 5 大尺 =6 小尺（刘宋旧制，0.246cm），故面积相同。

先秦（战国）：$(6 \times 0.225m)^2 \times 100 = 182.25m^2$。

秦汉小亩：$(6 \times 0.231m)^2 \times 100 = 192.10m^2$。

西汉：$(6 \times 0.231m)^2 \times 240 = 461m^2$。

刘宋、北周 a：$(6 \times 0.246m)^2 \times 240 = 522.86m^2$。

北周 b、隋唐：$(5 \times 0.296m)^2 \times 240 = 525.696m^2$。

清营造亩：$(5 \times 0.32m)^2 \times 240 = 614.4m^2$。

市亩：$666.67m^2 = 6.6667$ 公亩 $=1.0851$ 清营造亩。

先秦秦汉小亩合今市亩 0.2733736 亩（先秦），0.2881 市亩（秦汉）。

今市亩 =3.658 小亩（战国）

　　　　　　3.47 小亩（汉）

秦汉大亩合今市亩 0.6915。

刘宋亩合今市亩 0.7842。

隋唐亩合今市亩 0.7885。

清亩合今市亩 0.9216。

（戊）里制

秦至隋：6 尺为步，300 步为 1 里 =1800 尺。

唐以后：5 尺为步，360 步为 1 里 =1800 尺，大里（小里未见）。

元：5×240 步 =1200 元尺。

清：5×360 步 =1800 营造尺。

里长，从文献尺相对长度及实测来看，前述尺度长大概可信。各朝代里长大体如下。

西汉：417.53m 推算 0.232×6×300=417.60m。

魏晋晚期：0.242×6×300=435.60m。

北周：0.246×6×300=442.8m 0.296×6×300=532.80m。

唐小里：442.80m。

唐大里：531.00m，0.296×5×360 =532.80m。

元：378.00m。

清里：572.40m。

清营造里：576.00m。

今市里：500m。

里制变化不大，1 里折合今制西汉为 0.8 市里，唐为 1.06 市里，清为 1.15 市里。

以上所述度量衡制只是大约数字，而且系各家推算，彼此也有出入，如一尺之长，及重量单位等均如此，只能供大概的参考。

表 3—4　度量衡基本单位变化表

	一尺	一升	一斤	一亩	一里
先秦	0.675		0.5	0.29	
秦汉	0.693	0.2	0.27	0.69	0.8
东汉末	0.72				
西晋	0.726		宋 0.78		
东晋迄梁	0.75		南齐 0.75		
北魏		0.4			
北周隋唐	0.858	0.6	1.2	0.79 大尺	1.06 大尺
五代宋	0.93	0.66	0.96		
明清	0.96	1	0.96	1.15	

此后，我们讲到各个时期的计量单位，就不再一一注明，均系各时期的实际计算单位，若需换算，则说当其他时期多少，或当公制或市制多少。

二、有关中国封建社会农业生产力发展状况的几个数字

战国秦汉为一段，农业生产基本相似，因汉代材料多，量制亦较统一，故取汉代农业生产情况。

关于这时期农业生产水平及农民生活水平（小自耕农）及赋税剥削的——最典型的材料是《汉书·食货志》记战国李悝言（这也是西汉初年的情况）"今一夫挟五口，治田百亩，（平年）岁收亩一石半，为粟百五十石。除十一之税十五石，余百三十五石。食，人月一石半，五人终岁为粟九十石，余四十五石。石三十，为钱千三百五十，除社闾尝新春秋之祠，用钱三百，余千五十。衣，人率用钱三百，五人终岁用千五百，不足四百五十。不幸疾病死丧之费，及上赋敛，又未与此。此农夫所以常困，有不劝耕之心。"[①]

这里有几个基本数字：

（1）一家五口（两个劳动力）。

（2）共治田百亩（每个劳动力 50 亩。亩系小亩）。

（3）亩产粟 1.5 石（平年，石系大石）。

（4）其收粟 150 石，每个劳动力 75 石。

（5）大小口平均月食粟 1.5 石，五人共食年 90 石。

（6）十一之税 15 石。

（7）余 45 石，每石 30 钱，共 1350 钱。

社闾尝新春秋之祠，300 钱；

衣服人年 300 钱，共 1500 钱（衣可以买，但多半是自织），不足 450 钱，即，正常年景吃饭之外，穿衣不足 450 钱（合大约 9 石粟）。

疾病死丧及加重赋敛之数不在内。

可见，常年农民只能维持简单再生产，很难扩大再生产，生活水平极低。随时有破产的危险。

---

① 《汉书》卷 24 上《食货志上》。

对于这段话提供的数字，与其他材料参照，看看是否是秦汉通常情况。

第一，一家五口。战国中期，一家平均是七八口，《孟子·梁惠王上》云："八口之家，可以无饥矣。"这是小农经济初起的情况。但秦汉以后，小农经济进一步发展和巩固，加上政府的法令，如商鞅变法规定，"民有二男以上不分异者，倍其赋"①，家庭人口数有进一步缩小的趋势，一家五口是通常现象。《汉书·食货志》载晁错在文帝时言："今农夫五口之家，其服役者不下二人"②。《汉书·地理志》《后汉书·郡国志》等所载西汉末到东汉时有十一二个户口数字，户数与口数相比，平均每家亦在五口上下。

五口人，一般是两个劳动力。所谓"一夫"，经常通指一个农业生产单位，而非指一个劳动力，常常是两个劳动力，即一家。"一夫"就是户主、家长的代称。《周礼·小司徒》云："上地家七人，可任也者家三人；中地家六人，可任也者家五人；下地家五人，可任也者家二人。"从种田百亩来看（约当今 29 亩）也非两个劳动力不可，一个劳动力种地是困难的。

第二，治田百亩。李悝所云是六国亩制，即百步为亩的小亩。秦则为 240 步一亩的大亩，汉初二者并行，故六国地行小亩，秦地行大亩，一大亩合今 2.4 小亩 =0.6915 市亩。

这样，一个劳动力种地 50 小亩或 20.83 大亩，合今 14.40 市亩，每户占田小亩 100 亩，大亩 41.66 亩，每口占田小亩 20 亩，大亩 8.332 亩。这是不是通常情况呢，应当说是的，证明是：

《汉书·食货志》载晁错在文帝时言："今农夫五口之家，其服役者不下二人。其能耕者不过百亩，百亩之收不过百石。"③

《管子·治国篇》（据说是西汉文帝时著作）云："常山之东，河汝之间……四年而五获，中年亩二石，一夫为粟二百石。"则一家垦田也是

---

① 《史记》卷 68《商君列传》。

② 《汉书》卷 24 上《食货志上》。

③ 《汉书》卷 24 上《食货志上》。

百亩。

《汉书·赵充国传》记载武帝时屯田卒，每人每年负担耕地 20 亩（大亩）。即每个农业劳动力占耕地 50 小亩，或 20 大亩左右。

另外三个材料有些出入。

《淮南子·主术训》云："一人蹠耒而耕，不过十亩。"如这是大亩，则一人当 24 小亩，只当上述材料的一半。但这是较原始耕作法，也可能不代表汉代通常情况。这是占有耕地少的情况。

从产量上看，亩产 1 石，当是小亩，一人需 30 亩，五人则为 150 亩，合 62.5 大亩，或 43.23 市亩。据说，这篇是汉武帝时著作。（武帝时每人垦田面积有所增加，也许这是武帝时的情况）

《管子·八观篇》（这篇据说也是武帝时著作）云："凡田野，万家之众，可食之地方五十里，可以为足矣。"

方里而井，井九百亩，则五十方里为田，为：$50^2 \times 900 = 2500 \times 900 = 2\,250\,000$（225 万）。按汉朝规定，百里之内，去不可耕地 $\frac{1}{3}$[①]，则方五十里有可耕地 $1\,500\,000$ 亩（150 万）。万家，平均每家 150 亩（小亩），每口 30 亩，与《管子·禁藏篇》相合。

这两个材料数目较大，与前面的系列不合（大 1/2，即前面的 150%）。但是，与《汉书·郡国志》所载全国十一二个户口及六个垦田数字算出来的每户及每口占有耕地相接近。这些户口数及垦田数平均起来，大约人口 900 多万户，5000 万口左右，也是一家平均五口，垦田数则为 700 万顷，即七亿亩（大亩）左右（武帝时期全国统一用大亩）。则平均每户占有耕地 70 大亩上下（168 小亩），每口大亩十四亩（33.6 小亩）上下，即每户占田 48.6 市亩，每口 9.7 市亩。但这些统计全国人口，而非仅农业人口。如农业人口以 800 万户计，则每家农户占田 87.5 大亩（210 小亩），每口占田 17.5 大亩（42 小亩），分别合市亩 60.5（户）及 12.1 市亩（口）。此数比前述每人 100 小亩之数约大一倍（200%），不好解释。却与《管子·八

---

① 《汉书》卷 24 上《食货志上》。

观篇》及《禁藏篇》所记相近。看来，有两种可能，一是武帝以后垦田面积增加，特别是边疆地区增加较快，每户及每口垦田数有所增加；二是记载数字不实，地方官为了多收田税，故意把耕地多报了。这里有一条证据，即《后汉书·刘般传》云："郡国以牛疫、水旱，垦田多减……而吏举度田，欲令多前，至于不种之处，亦通为租。"①这在边疆，人少地多的情况下为了多收田税，多报耕地，或把抛荒地和休耕地也一起报入，是很可能的。看来，两者因素都有，后一种可能更大，因为耕地过大，不易种好，只能很粗放，而武帝时赵充国也明言，屯田卒垦田，也才一个劳动力大亩20亩(这是要榨取其最大劳力的)②，则武帝时每户垦田数增加恐不实。

所以，我们仍从前一种说法，而只把后一种作为参考，而没有用这个数字。

第三，亩产粟1.5石。先明确两点：

汉有大石小石两种量制，一小石当大石6斗，一大石当小石1.666石。一般用大石。

粟米不分，明指米没问题，但粟有时也指米，这里要分析。例如李悝所言即粟，因保存及交十一之税不可能为米。

米粟折合比例：

《居延汉简》记载为一石粟出米六斗③，《唐六典》亦如此。更细一些，则《云梦秦简》谈到，粟一石六斗半加工出粝米一石，参见《睡虎地秦墓竹简·仓律》，即出米率60%。

粝米一石，加工出粲米九斗④，出米率54%。

九斗粲米，加工出毇（音毁，细米）米八斗⑤，出米率48%。

---

① 《后汉书》卷39《刘般传》。

② 《汉书》卷69《赵充国传》。

③ 参见谢桂华、李均明、朱国炤编：《居延汉简释文合校》，文物出版社1987年版，第178页。

④ 《睡虎地秦墓竹简·仓律》，第29页。

⑤ 《睡虎地秦墓竹简·仓律》，第29页。

又《九章算术》^①：

一石粟	6 斗粝米	60%
	5 斗 4 升粺米	54%
	一石粟 4 斗 8 升糳米	48%
	4 斗 2 升御米（毇米）	42%

现在，小米加工损耗小，出米率可达 65%。

关于汉代粮食产量的材料有十几条，可分几类，现分别排列如下：

普通田或某些水利田，平年亩产在 1.2—1.5 石之间（大石）。关于这方面的材料有如下几条：

《汉书·食货志》载文帝时晁错言，小亩产一石（大石）。

《管子·禁藏篇》载，小亩收粮一石，人三十亩，具体说为：

粮	30 石
瓜果蔬菜折粮	10 石
畜产品折	8 石
桑麻未计	

共折粮 50 石。则加其他产品，亦可折粮为 50 石，合亩产 1.66 石。

《汉书·食货志》引李悝言，小亩 1.5 石。

《淮南子·主术训》言，蹠耒而耕不过十亩，十亩之收，不过四十石，则每亩四石。这里大约是大亩，大亩收四石，折小亩 1.666 石。

《史记·河渠书》载，武帝引河水溉汾阴，溉田五千顷，可得谷二百万石以上，亩收 4 石多，合小亩 1.7 石。

《管子·治国篇》载："常山之东，河汝之间……四年而五获，亩收二石，一夫为粟二百石"，一小亩收 2 石。

仲长统《昌言·损益篇》载，北方地区通肥饶之田，计每亩产三石，折成小亩，亩产 1.25 石^②。

以上 7 条材料，每小亩产粮在 1—2 石之间，合今一市亩产粟 94—

---

① 参见《汇校九章算术》卷 2，辽宁教育出版社 2004 年版。

② 《后汉书》卷 49《仲长统传》。

188 市斤，小麦 100—200 市斤，平均亩产 1.5 石，合今粟 140 市斤（粟一市石 135 市斤，小麦一市石 145 市斤，高粱一市石 142 市斤）。

《管子·山权数》（据研究是汉代著作）载："高田十石，间田五石，庸田三石。"以中田的间田为准，每大亩 5 石，合小亩 2.08 石。如系小亩，则过大，难于理解。

荀悦《汉纪》记晁错言百亩之收，亩为三石。与《汉书·食货志》不同，可能是错字，但未能核对，只好舍弃。

水利田：

战国末，郑国渠溉田 4 万顷，亩收一钟，即 6 斛 4 斗。秦行大亩，合小亩亩产 2.666 石以上。

《汉书·沟洫志》云，龙首渠成，引水灌故晋地，咸即得水，可每亩十石，合每小亩 4.166 石①。这是假设，可能高了。

则水利田，以小亩年产 2.7 石为宜，即合粟每市亩 253 市斤，或小麦 274 市斤以上。

特殊耕作法：

赵过代田法。

"常过缦田亩一斛以上，善者倍之"②。

如缦田，即不为甽者也，即不用代田法经营的一般的地。如以《淮南子·主术训》的地为代表，大亩 4 石，则代田可约大亩 5—6 石，合小亩 2 石或 2.5 石。如以李悝小亩 1.5 石相较，则大亩亩产 4.6—5.6 石，合小亩 1.9 石或 2.3 石，最高 6 石，合今一市亩产粟 233 市斤或小麦 250 市斤。

区种法：

区种法有两个数字。

一是美田大亩产 19 石，中田 13 石，薄田 10 石③。折合今制：美田，一市亩产粟 739 市斤，或小麦 793 市斤；中田，一市亩产粟 505 市斤，或

---

① 《汉书》卷 29《沟洫志》。

② 《汉书》卷 24 上《食货志上》。

③ 参见贾思勰著，缪启愉校释：《齐民要术校释》卷 1《种谷》，中国农业出版社 1998 年版。

小麦 542 市斤。

这是并未推广的小面积丰产试验的特例，当是有可能达到的，但无法推广。

另一个数字就不可信了。据说亩产 100 石，合粟 3898 市斤，小麦 4187 市斤，这是不可能的。恐不是实地试验的结果，而是计算的结果。后来历代都有人试验，但从未达到这样的高度。今天在试验田上试验，小面积如何不清楚，只要面积一样大，即无可能。这个数字是不可信的。

在这些材料中，我们取前 7 条（第 8、9 条有问题），作为汉代一般田地平年亩产水平，即每小亩 1 到 3 石，平均 1.5 石。第 10 条，小亩产 2.7 石以上为水利田，一般产量水平（第 11 条可能高了），特殊的代田法，（小亩 2—2.5 石）及区种法，则用 12、13 条（第 14 条肯定不可信，故舍弃）。

第四，农业劳动生产率。

治田百亩，亩产 1—2 石，则百亩之收从 100—200 石，一人合 50—100 石，平均 75 石，与李悝所云一致。

表 3—5　汉代单位劳动力年产量表

最低	50×27 斤 =1359 市斤粟
	50×29 斤 =1450 市斤麦
最高	100×27 斤 =2700 市斤粟
平均	75×27 斤 =2025 市斤粟

这就是汉代的农业劳动生产率，即每个劳动力一年的年产粮数。

第五，大小口平均月食粟 1.5 石。

这是口粮数，有 19 条材料，基本上是三种算法，即一是大石，二是小石，三是米。有些记载看似矛盾，均可由计算方法的不同得到说明。

大石制：

《周礼·司徒》载："食者，人四鬴（釜）上也，人三鬴中也，人二鬴下也"。郑注："六斗四升曰鬴"。二鬴为 1 斛 2 斗 8 升，三鬴为 1 石 9 斗 2 升。李悝所云人食一石五斗，比二鬴下等略高些。《周礼》的食量的上中下，恐怕是贫富的差别，或丰年、歉年的差别，这和下面各条讲男女大小口食量不同是有区别的。

战国学者宋钘（坚）尹文之徒说："请欲固置五升之饭足矣，先生恐不得饱，弟子虽饥，不忘天下。"[1] 则成年人日食 5 升，月 1 石 5 斗，是最低限度的生活。如果这里说的是米而不是粟，则 5 升米当 8 升多粟，则一月 2.5 石粟，与下边《云梦秦简》的说法一样。

李悝言：五口之家，男女大小口平均月食一石半[2]，与收成及交税相连接，则此处的一石半当为粟，非米。

《墨子·杂守篇》记秦汉之际士卒日食二餐，食量分五等。

半食，食五升；1 叄食，食三升少半（$3\frac{1}{3}$升）；四食，食二升半；五食，食二升；六食，食二升大半（$1\frac{2}{3}$），日再食。

一天的食量分别为一斗、六升大半（$6\frac{2}{3}$），五升，四升，三升少半（$3\frac{1}{3}$），折为一月食量为 3 石，2 石，1 石半，1 石 2 斗，1 石。

现在出土的秦代量器，有斗量，半斗量，$\frac{1}{3}$ 斗量，$\frac{1}{4}$ 斗量，升量等，且这与当时粮食分配有关，则《墨子》所载当是可信的。从量器看，可能是大石制而非小石制。是粟还是米，从下条可知，是粟而非米。

《云梦秦简》载：

从事徒役的隶臣，每月禾二石。

从事徒役的隶妾，每月禾一石半。

小城旦、小隶臣，每月禾一石半，不事作役者减为一石，舂米的小隶妾，每月禾一石二斗半，不舂米者减为一石。

隶臣从事农业生产多从二月到九月，每月禾二石半[3]。

与上述《墨子·杂守篇》士卒食量可参看。此明言禾，则非米，由此

---

① 《庄子·天下篇》。

② 《汉书》卷 24 上《食货志上》。

③ 《睡虎地秦墓竹简·仓律》，第 32 页。

可见《墨子》所云当也是粟而非米。

《氾胜之书》载：丁男长女年食 36 石①，共月食 3 石，丁男 1.8 石，长女 1.2 石（因记述中与产量连计，故也是粟而非米）。

《敦煌汉简》记，徒（犯罪服刑的人），月食 2.3 斛②，与戍卒一样，也是大石。

《汉书·赵充国传》载："凡万二百八十一人，用谷月二万七千三百六十斛"③，则每人月用谷 2.661 斛，日 8.7 升，这是较高的标准。与《云梦秦简》隶臣耕作时的食量相近。

《后汉书·南蛮传》载："军行三十里为程……计人廪五升"④。此五升如为粟，则人月 1 石 5 斗，既云行军，当无发粟之理，恐怕是米，则合 8.3 升，月为 2.5 斛。

《三国志·魏书·管宁传附胡昭传》注引《魏略》云："扈累……至嘉平中……县官以其年老，日给廪五升。"⑤不够吃，这五升大约是粟，如果是米，合粟一天有八升多，老年人就够吃了。

此外，还有魏晋的几条材料。

《流沙坠简》廪给类四十六，记出粮共千斛，廪兵若干人，其中第四起：

"□床五斛四斗廪高昌土兵梁秋等三人，日食六升，起九月一日尽卅日（泰始时）"⑥大约即为米，则一月 1 石 8 斗。

《流沙坠简》廪给类三十八：

"李卑?等五人。人日食八斗（斗为升之误，古人写斗字为升，斗为升，二者区别不大，常易弄混，沙畹释此简即作升）"⑦。即一人月食 2.4

① 《齐民要术校释》卷 1 《种谷》。

② 参见甘肃省文物考古研究所编：《敦煌汉简》下册，中华书局 1991 年版，第 301 页。

③ 《汉书》卷 69 《赵充国传》。

④ 《后汉书》卷 86 《南蛮传·序》。

⑤ 《三国志》卷 11 《管宁传附胡昭传》。

⑥ 罗振玉、王国维编著：《流沙坠简》，中华书局 1993 年版，第 169 页。

⑦ 罗振玉、王国维编著：《流沙坠简》，中华书局 1993 年版，第 163 页。

斛，与秦隶臣农忙时月廪二石半相近。则西晋时士卒廪给为日6升或8升。

《晋书·宣帝纪》载，诸葛亮食少事烦，日三四升（或不至数升，即一升多）。这是极少的食量，可见汉晋时成年人一般日食均在粟5升以上。

小石制——一小石当大石六斗，这在《居延汉简》中有明白的记载。

《盐铁论·散不足》载："十五斗粟，当丁男半月之食。"[1] 则一日1斗，一月3石。这应是小石制，合大石2石，与前述的成人食量标准一样。

《论衡·祀义篇》载："中人之体七八尺，身大四五围，食斗食，歠斗羹。"[2]

《居延汉简》中有多处记载屯田卒及其家属的口粮数，明显的是大石小石两种量制，有的且明记大石、小石若干[3]：

表3—6 《居延汉简》戍卒口粮数量表

戍卒	小石		大石	
	月	日	月	日
	3.33	0.11	2.00	0.6
家属				
大男	3.00	0.10	1.80	0.06
大女、使男	2.16	0.07	1.30	0.04
使女、未使男	1.66	0.05	1.00	0.03
未使女	1.16	0.03	0.7	0.02

吏，卒亦为每月3.33小石，即大石2石，与屯田卒同。

弛刑徒则为3小石，1.8大石，与大男同。又前引《敦煌汉简》，记徒月口粮2.3斛，与戍卒一样，这可能是大石，与前述日廪八升一致，比这里的数高。

《汉书·匈奴传》载严尤上王莽书："计一人三百日食，用糒十八斛"[4]，则百日600斗，一日6升，糒为干米，以出米率60%计，一日粟1斗。一月3斛，这也是小石。

---

[1]　桓宽著，王利器校注：《盐铁论校注》卷6《散不足》，中华书局1992年版。
[2]　王充著，黄晖校释：《论衡校释》卷25《祀义篇》，中华书局1990年版。
[3]　下面这些数字或散见于《居延汉简释文合校》，或可由已知数字推算得出。
[4]　《汉书》卷94下《匈奴传下》。

崔寔《政论》载："长吏一月之禄得粟二十斛……二人食粟月六斛"①。一人月 3 斛，日 1 斗。这多半也是小石。

《管子·国蓄》载："大男食四石……大女食三石……吾子食二石。"

这也没有明言大石小石，大石看来太高，也许是丰年的食量，恐怕是小石，那就相当于大石 2.4 石、1.8 石、1.2 石，比前述的一般标准要高些。相当于官廪的最高标准（一日 8 升）。

综上所述 19 条材料，除《管子·国蓄》条有些问题外，其他 18 条大体反映了如下情况：

成年人每日食量或口粮标准在 1.5 大石到 2.5 大石之间，大约官府廪给士卒最高可达 2.5 大石左右，甚至 3 石②。成年农民一般 2 石左右，最高或好年成亦可达 2.5 石，合 67.5 市斤，折米 40.5 市斤，其中军士等不吃饱是不行的，最高一天 8.7 升。一月 2.61 石，合 70.47 市斤，折米 42.28 斤，如以《墨子》记载，则为 1 斗，一月 3 石，合 81 斤，折米 48.6 市斤。

如以大小男女口统计，以居延戍卒一家五口为例，每家每人平均每月口粮在 1.2 大石到 1.54 大石之间（即最低为一戍卒 2 石，一大女 1.3 石，二使女或未使役共 2 石，一未使女 0.7 石，共 6 石，每人平均 1.2 石。最高为一戍卒 2 石，一大男 1.8 石，一大女 1.3 石，二使男共 2.6 石，共 7.7 石，每人平均 1.54 石）。

则李悝所说一家五口平均一人月食粮 1.5 石，合粟 40 市斤，折米 24.3 市斤，一年食粟 486 市斤，这是一个较低的标准。看来，平均月食 1.5 石，可以算做通常情况。大约主要男劳力月食 2 石，即 54 市斤，折米 32.4 市斤，农忙时多吃，农闲时少吃，从秦朝情况看，农忙时月食 2.5 石，即 67.5 市斤，平时则吃糠咽菜，丰年吃的多些，也许加一倍，则到管子所说的 4 石，荒年就不行了。

第六，十一之税 15 石。

第七，余 45 石，每石 30 钱，共 1350 钱。

---

① 《群书治要译注》卷 45《崔寔政论》，中国书店 2012 年版。

② 参见《墨子·杂守篇》。

　　这些部分也有许多复杂的问题，如汉代非十税一而是十五税一或三十税一，又加算赋，五口之家 30 钱，更赋还有 300 钱，此外藁税，这些折粮多少，因涉及当时物价（有相当多材料，因涨落幅度大，又很零碎，不好算），因此不去算它了。又如讲到穿衣，一人年用钱 300，其实，战国秦汉商品经济虽然有相当的发展，但也是农业与家庭手工业相结合的自给自足的自然经济占统治地位，衣料恐怕是靠自己种桑麻（主要是麻）来解决，而非用钱去购买，这里李悝的算法就成问题了，因此，我们不去仔细讨论它了，但其最终的结论已是反映了实际情况的，即农民在一般年景下生活基本费用是不足的，劳动生产率是低的，生活水平是低的。

　　这里讲的是一般自耕小农，至于佃农，或耕豪民之田，见税十五，即一家二劳动力平均一般年产 4000 斤粮食，要被剥削一半，剩 2000 斤，不够五口之家，平均口粮数（一人 486 斤，五人 2430 斤）那就只有侵夺必要劳动与降低生活水平，衣牛马之衣，食犬彘之食，挣扎在饥饿线上了。

　　因此，汉代农业生产水平并不算高，农业劳动生产率并不算高，农民只能在侵夺必要劳动的情况下维持简单再生产，不易扩大再生产，农民的生活水平是低的，包括自耕农在内，生活是相当悲惨的。

　　第八，最终一个数字，即全国每人占有粮食数。

　　据《汉书·地理志》与《后汉书·郡国志》等列举的十一二个全国户口数字。从西汉末到东汉后期，全国人口大致保持在 5000 万人，其中农业人口占 4000 万（如把地主、贵族、官僚、军队及为他们服务的，不直接从事生产的仆隶、吏役等以及工商业者及城市居民等算为占全国人口 20%），每家五口有两个劳动力，则农业劳动力为 1600 万，每个劳动力食粮平均 2000 市斤，则每年全国食粮总数为 320 亿市斤，全国每人平均占有粮食 640 市斤，这是一个约莫估算的数字。

　　以上这些材料，可以得出的结论性的数字是：

　　1. 每个农业劳动力年产粮 2000 市斤。

　　2. 每家农户占有耕地 29 市亩弱（或最大 50 市亩弱）。

　　3. 每市亩耕地平均年产 140 市斤（90—190 市斤）。

　　4. 每个农业人口每年口粮平均 486 市斤。

5. 全国每人每年平均占有粮食 640 市斤。

每个农业劳动力年产粮 2000 斤，每个农业人口每年口粮 486 斤，全国每人每年占有粮食 640 斤。这些数字反映了一个我们过去不大注意的情况，那就是：从汉以来的两千年，中国农业虽然有所发展，但农业劳动生产率，每个农业人口的口粮数和全国每人平均占有的粮食数，仍在汉代已经达到的水平上徘徊！

以上，就是汉代农业生产的几个基本数字。

三、中国传统农业的发展道路和特点

现在，我们的探讨还要再进一步，就是以这些基本数字为基础，来研究中国封建社会传统农业的道路、特点、成就和局限及其对封建社会发展的影响。

所谓中国封建社会传统农业，也就是个体小生产农业，这种个体小生产农业延续了两千年，自战国形成。汉代是封建社会第一个鼎盛时期，个体小生产农业有很大发展，传统农业的道路可以说从汉代开始形成，研究汉代农业有其代表性。这是个大问题，不可详述，只做略论。

（一）中国封建社会农业与欧洲封建社会农业的比较

同欧洲封建社会相比，中国传统农业有什么特点呢？不同可以说有两点：

1. 中国走的主要是精耕细作的道路，而欧洲主要走的是比较粗放的道路。

发展农业，主要是两个途径，一是扩大耕地面积，二是提高单位面积产量，那就要靠精耕细作。中国农业二者都有，但主要是后者。

欧洲与中国封建社会不同，表现在每户耕地面积大，但耕作粗放，单产较低。然而，农业劳动生产率，即每人占有的粮食数并不少于中国，这是由于耕地面积大的缘故。

欧洲封建社会的耕地面积。欧洲封建社会保留了农村公社，在领主家下农民一般分有份地，份地面积，在中世早期很不小，到后来逐步缩小。以英国为例，11 世纪时英国封建庄园制下的农业，多数农户一家五口，通常占有耕地 15 英亩（90 市亩），少数占有 30 英亩（180 市亩），为汉代每户占有耕地的近 2—6 倍（50 市亩与 29 市亩）。实行三田制，每年有三分之一土地种春播作物，三分之一种秋播作物，三分之一休耕（汉代农田一般不休耕，有的实行复种，四年五熟）。每英亩收获量一般年成在 8 蒲式耳左右，合每市亩 70 斤左右，仅当汉代平均亩产的一半，如果连休耕田通计，亩产量就更低了。这说明耕地面积大，农业耕作粗放。

如果从播种量看，欧洲封建社会农业的粗放程度就更惊人了，当时一般收获量最低为播种量的一倍半到两倍，一般是三四倍，最好的年成也不过六倍。而中国汉代从《氾胜之书》《齐民要术》等记载看，收获量为播种量的几十倍乃至百倍以上。欧洲农业再生产，所需种子数量是极大的。

这样的粗放农业，由于耕种面积大，劳动生产率并不低，三田制一般每户（15 英亩），两季可收麦 4500 磅到 5000 磅左右，合 4000 斤到 4500 斤。再加上在领主自领地上从事徭役劳动所产的粮食（中国一般是实物地租而非劳役地租，地租所缴粮食，需从农民自己耕种的土地所产粮食中扣除）和比较发达的畜牧业的产品，总算起来比中国汉代每户 4000 斤更高些。不过，由于种子和饲料占相当数量的粮食比汉代的多，所以每个农业劳动力能提供社会剩余产量和中国相比也相差不多了。

所以，不要有错觉，以为中国封建社会生产水平比欧洲高，就单产而论是如此，但就劳动生产率而论并不如此，不要自大。

2. 中国封建社会农业与欧洲同期相比的第二个不同，是欧洲农业与畜牧业结合，而中国则除北边的大草原牧区以外，畜牧业不发达，形成所谓跛足农业，这带来了不好的效果，后文再论。

为什么会有这种不同？我想有两个原因：

第一是人口多，耕地相对地少。

第二是农业的个体小生产的特点更加突出。封建社会农业的特点就是个体小生产，中国、欧洲都一样，但是欧洲封建社会还保留了村社制，而中国从战国起村社已经瓦解，农业生产的个体发展更为突出。

（二）中国传统农业的发展途径

农业劳动生产率徘徊了两千年，并不等于中国农业生产在这两千年里没有发展。为了适应人口较多、耕地较少的情况，中国农业的发展一方面靠扩大耕地面积，另一方面更重要的是走精耕细作，提高单位面积产量的途径。

这样的农业发展模式，在汉代已经形成了。

1. 西汉人口的增长是惊人的。战国时人口估计为 3500 万，经过战国的混战及秦末的战乱，汉初承战乱之后，全国人口约 600 万。时人估计人口三十年增一倍，从一些郡国人口的增长比较来看，这是可信的。经过王莽末年的战乱，人口又有减少，但东汉初又增长起来。从东汉中期以迄东汉末，人口大体稳定在 900 多万户，近 5000 万口，比汉初增加 8 倍左右。没有农业生产力的发展，维持这样高的人口增长速度是不可能的。而人口的增长在当时则加速了农业的进一步发展。

与人口的迅速增长相适应，汉代农业生产循着量的增长和质的提高这两个途径发展。

量的增长指荒地的开垦。汉初耕地数字不详，如以全国农业人口 500 万人，照李悝、晁错所说一家五口耕地 100 小亩计，则全国耕地总面积在 1 亿小亩左右，合大亩 4400 万亩左右。汉平帝元始二年（2），全国耕地增到 802700 余万大亩，东汉则长期稳定在近 7 亿大亩左右，约合今 48000 万市亩，比汉初增长约十五六倍，这个数字有夸大的成分，但耕地面积增长的速度超过了人口增长的速度是可以肯定的。

从前引李悝、晁错等议论来看，西汉初每家农户占有耕地 100 小亩，每个农业人口占有耕地 20 小亩，分别合今 29 市亩弱和 7.56 亩。《汉书·赵充国传》言西汉屯田卒每人治田 20 大亩，合 48 小亩，与李悝、晁错所说的耕地数字相近。加上非农业人口，全国每户及每口平均占有的耕地面积比这还要少些。西汉平帝元始二年及东汉共十余个全国户口数及六个垦田数通计，平均全国每户占有耕地大亩 70 亩上下，每口大亩 14 亩上下，即每户占用 48.6 市亩，每人 9.7 市亩。这个数字比西汉初多了约一倍，数字过高，也许是由于荒地大量开垦的缘故，更可能是垦田数字被夸大了（例如《后汉书·刘般传》就提到了这种情况）。

然而，汉代人口与耕地分布及农业发展是很不均衡的。据《汉书·地理志》和《后汉书·郡国志》的记载，全国十三州部中，司隶校尉部和豫、冀、兖、青、徐五州，即今天陕西中部迄黄河下游地区，面积仅约占全国 1/8，人口占全国 68% 以上。尽管这里耕地开垦较多，在土地总面积中所占比例远较其他各州为大，非农业人口所占比重也较大，又不断向外移民，但人多地少是肯定的。崔寔《政论》就说："今青、徐、兖、冀，人稠土狭，不足相供。"① 因此这一带作为全国经济、政治、文化中心地区，农业的发展必然依靠质的提高，即走精耕细作的道路，以大量劳动投入集约化经营以提高单位面积产量。并且随人口的迁徙而向边缘地区扩展。因此，在汉代农业生产发展的两个途径中，精耕细作占着主导地位，并且是农业发展的主要趋向。

在汉代农业精耕细作的技术水平下，粮食单位面积产量有多高呢？由于田有美恶，岁有丰歉，耕作技术有粗细，水田旱田有差别，种植作物有不同，所以记载中亩产相差很多。但从前引《汉书·食货志》及《管子·治国篇》可知，"中田""平年"一小亩产粟、麦在 1 石到 2 石之间。此外，《淮南子·主术训》言中田亩产四石，《后汉书·仲长统传》言北方地区通肥硗之田计亩产 3 石，那都是指的大亩，折成小亩，年产分别为 1.66 石和 1.25 石，仍在 1—2 石的范围之内。

因此，汉代正常年景一般田地一市亩产粟 94—188 市斤，平均约 140 市斤。小麦约 120 市斤，平均约为 150 市斤。

至于行"代田法"的旱地，每大亩年产可达 6 石，合一市亩产粟 233 市斤，小麦 250 市斤。水利田亩产可达小亩 2.7 石以上，合一市亩产粟

---

① 杜佑：《通典》卷 1《食货典一·田制上》。

253 市斤，小麦 272 市斤以上。这是少数高产田的产量。至于以耕作园艺化为特征的"区种法"，据说中田每大亩可达 13 石，美田可达 19 石，分别合一市亩产粟 505 市斤和 739 市斤，麦 542 市斤和 793 市斤。即使属实，那也是并未推广的小面积丰产试验的特例。

汉代农业生产发展的两个途径及其主要趋向，也是中国两千年封建社会农业发展的一个缩影。

不过汉代以后各个时期农业的发展，这里只能简单地说一说。

2. 魏晋南北朝时期，前半段（魏、晋）社会经过大变乱，人口——也就是农业劳动力大大减少。两汉是全国人口发展的第一个高峰，全国约 900 余万户，近 5000 万口。汉末黄巾起义后军阀混战，"出门无所见，白骨蔽平原"①，大量人口死亡和流散，不入户籍，到西晋太康（280 年左右）平吴以后，全国人口 245 万户，1610 余万口，户数仅当汉代四分之一，口数仅当三分之一，直到隋炀帝大业二年（606），才恢复到 890 多万户，46019900 多口，即经过 400 多年，人口才恢复到汉代水平。当然，这段时期，社会混乱的时间长，户籍不精确，门阀地主荫庇人口多，所谓三五十家才为一户，"百室合户"，"千丁共籍"②，实际人口数比官方统计要多些，但人口减少是事实。所以，在这 400 多年时间里，经常处于土旷人稀的情况，耕地问题不那么严重，每户占有耕地数多，而耕作则比较粗放，这是和两汉不同之处。

当时情况如下：

（1）每家农户垦田数，有 8 条材料，多的 80 亩，少的 40 亩、20 亩。一般情况下，魏、西晋约为 50 亩，南北朝时期 30—40 亩左右，魏、西晋、南朝亩略大于汉亩，北朝的亩略等于今市亩。总之，每户耕地面积比汉代多，实际数量同《汉书·地理志》《后汉书·郡国志》的记载接近。

（2）粮食产量，共 13 条材料，亩产比两汉低些，南北朝后期则达到西汉水平。这是农业粗放经营的结果。

---

① 王粲：《七哀诗》，见欧阳询：《艺文类聚》卷 34，上海古籍出版社 1982 年版。

② 《晋书》卷 127《慕容德载记》。

　　这里有一条常见的粮食产量的材料是错误的，要说明一下。西晋傅玄云："魏初课田，不务多其顷亩，但务修其功力，故白田（旱田）收至十余斛，水田收数十斛。"[1]西晋时，"日增田顷亩之课，而田兵益甚，功不能修理，至亩数斛以还，或不足以偿种。……其病正在于务多顷亩，而功不修耳。"[2]还有一条不那么为人熟悉的材料，即《华阳国志·蜀志》讲刘焉时提到，成都平原有的地方每亩收稻三十斛，有的到五十斛[3]。讲到魏晋占田时，经常引用这条材料。然而，这条材料问题很多，不一一讲，只提一点，即其中所说的亩产是不对的。魏和西晋亩略大于汉亩，相当0.759市亩，量制未变，一斛为0.2市石，如一亩产十斛，当一市亩355.3市斤，旱田普遍高于此数，达十数斛，不可信，水田数十斛，如为20斛，有700多市斤，是绝不可能的。

　　那么，为什么会有这样的记载呢？很大的可能，这里的斛是斗之误，当时斗字又写作豆斗，而斛则有写作百升者，"豆""百"形近，而"斗"字写为"升"，"升"写为"斗"，二者也形近，后世常常弄混，因而豆斗、百升二字形近致误，则上述各项记载中的斛，完全可能是斗之误，亩产减十倍，更接近实际。旱田亩产十数斛（斗），假定是十五斛（斗），则折一市亩产粟53市斤，这倒是偏低了些，不过当时地旷人稀，耕作粗放，如每家垦田50亩，则一个劳动力年产粮2000市斤；若75亩，即一个劳动力为3000市斤。这在两汉农业劳动生产率范围之内，参照其他记载，可以讲得通。

　　这里还有一个旁证，傅玄说西晋田兵占有耕地面积较曹魏为大，耕作更粗放，产量很低，亩产为数斛，即使是3斛，折合每亩100斤以上，在当时并不算低产，如斛为豆斗之误，则每亩产粮为数斗情况才是低产。况且还有收获不足以偿种的情况。当时下种数量按《氾胜之书》与《齐民要术》

---

[1] 《晋书》卷47《傅玄传》。

[2] 《晋书》卷47《傅玄传》。

[3] 参见常璩撰，任乃强校注：《华阳国志校补图注》卷3《蜀志》，上海古籍出版社1987年版。

记播种量每亩禾为 3 升到 5 升①，《氾胜之书》麦的播种量最大每亩 2 升②，可见傅玄的不足以偿种，即指每亩产量实际一斗多，由此也可推测，这里的斛，当为斗之误。何况当时播种是粟，更绝超不过一斗以上。因此说亩收数斛不足以偿种，那是无法解释的。

（3）口粮，与两汉差不多，士大夫吃得少，那是特殊情况。

（4）农业劳动生产率。

魏晋与两汉相近，一个农业劳动力平均 2000 斤左右，南北朝时期，高些的可达 3000 斤，差的只有 1000 斤。

总之，魏晋南北朝时期单产未增或稍低，农业劳动生产率维持两汉水平或稍高些，这是由于每人垦田亩数增加的缘故，然而人口减少，农业能提供的社会总剩余产量并不算多，总起来说，农业比两汉是衰退了。

到南北朝后期，单产恢复，垦田亩数增加较快，精耕细作的技术也有进步发展，这在《齐民要术》中反映出来。尽管当时大面积推广还有困难，但这是农业生产发展的积极的潜在因素，一旦条件具备，就会发挥作用。只要全国统一，社会安定，人口增加，农业粗放程度减少，精工细作增多，在一定时期内，农业就会发展上去。因此，魏晋南北朝农业情况的变化，应当是衰退，但衰退之中显示了进一步发展的因素。这一时期给隋唐时期的经济、文化各方面的发展奠定了基础。

3. 隋唐时期，这是中国封建社会第二个鼎盛时期，也是农业生产进一步发展时期。农业生产的发展为隋唐整个封建社会的发展打下了基础。

（1）每户农民垦田数。

有 20 余条材料，主要是唐前期，即安史之乱以前。综合这些材料看，大约一户平均 40 亩左右。

均田制规定一家受田百亩，但这是纸面上的东西，实际情况并非如此。均田制规定狭乡受田减半，即五十亩，但不论狭乡宽乡，农民有田大约不超此数。这个问题不多谈，我们列举几个例子。

---

① 《齐民要术校释》卷 1《种谷》。

② 《齐民要术校释》卷 2《大小麦》。

现有各条农民占有土地的具体记载中，还没有见到一条是受田足额的，更有不少是在五十亩以下。

《敦煌文书》户籍 45 户，平均每户 50.5 亩，而敦煌并非狭乡 ①。

唐代法律制度规定中，往往也是按每户五十亩来定的 ②。

可见这可能是当时的通常情况 ③。也要指出，有几条常用的材料是不可信的，这就是《通典·食货典·田制下》④ 中谈到隋唐垦田顷亩和每户占有耕地的数字。

"开皇九年，任垦田千九百四十万四千二百六十七顷"。原注：隋开皇中，户总八百九十万七千五百三十六，按定垦之数，每户合垦田二顷余也，即二百多亩。

"大业中，天下垦田五千五百八十五万四千四十顷"。原注：按其时有户八百九十万七千五百三十六，则每户合得垦田五顷余，恐本史非实。每户五百多亩，杜佑也表示怀疑。

"天宝中，应受田一千四百三十万三千八百六十二顷十三亩"。原注：按十四年有户八百九十万余，计定垦之数，每户合一顷六十余亩。即一户一百六十多亩。

这三个数字都不准确。

1949 年前，中国耕地面积有十几种估计，最高 1600 万顷，最低 1100 万顷，1946 年中国统计年鉴为 1400 多万顷 ⑤，1949 年后 1957 年为 1677.5 万顷 ⑥。大业之数显然过大，五千万顷之"五"当为衍文，即千五百八十余万顷，但一千五百万顷仍大，因为那时东北、云贵不在全国耕地面

---

① 参见韩国磐：《北朝隋唐的均田制度》，上海人民出版社 1984 年版，第 214—215 页。

② 参见长孙无忌等撰、刘俊文笺解：《唐律疏议笺解》卷 13《户婚律》，中华书局 1996 年版。

③ 唐代一亩合今 0.7885 市亩，则五十亩当今 39.425 市亩，即 40 市亩左右。

④ 杜佑：《通典》卷 2《食货典二·田制下》。

⑤ 参见许涤新、吴承明主编：《中国资本主义发展史》第 3 卷《新民主主义革命时期的中国资本主义》，人民出版社 2003 年版，第 272 页。

⑥ 据国家统计局国民经济综合统计司编：《新中国五十年统计资料汇编》，中国统计出版社 1999 年版，第 32 页，表 A.29 折算。

积中。江南、岭南今天占全国耕地20%，当时开发程度较低。大业时（605—618年），这一带只70万户，占全国户数不到8%，耕地自然不会多。因此，要说那时耕地可能达到1500万顷，当今1250万顷，不大可能。

同样，隋文帝时一千九百四十万顷，当今1530万顷，也是不可能的。

唐玄宗天宝年间垦田1430万顷，当今1127万顷也过大，而且比后来各代宋元明的全国垦田数大多了，因而这些数据均不可信。

为什么会出现这些数字呢？其实都是指应受田数，而非指实受田数，即根据应受田户数统计出来，以便征收租庸调的。因为隋唐租庸调按户征取，虽有均田制，但不管受田足额与否，均照此标准征取。

这些材料中的任垦田，定垦田，应受田等即此意。即受田占田的法定最高限额，而并不反映实际占有耕地的情况。

（2）亩产，通常为1石到2石，个别有达10石的，这方面也有不少材料，不一一列举了，唐代1石约合今0.6石。

这样折算，唐代亩可为0.7885÷0.6 = 0.76市石或1.52市石，即为102斤或204斤。平均150斤，大体仍维持汉代水平，但种稻比较多了，稻谷产量较高。

（3）劳动生产率。

每户40市亩 ×102÷2 = 2040斤，

40市亩 ×204÷2 = 4080斤，

40市亩 ×150÷2 = 3000斤。

则由于耕地面积增加，单位面积产量未增，劳动生产率较高。不过每户40市亩也许仍高了些，但可看出劳动生产率比两汉时高，但农业发展水平基本上与两汉时差不多。

4. 宋元明清，这个时期农业发展的特点是，单产有所增长，传统作物麦、粟等增长不明显，但水稻越来越重要，单位面积年产量较高。此外，明代以后引入的玉米、土豆、番薯越来越重要，这些都是高产作物，因此整个粮食作物单产提高了。

但另一方面，由于人口增加较快，每人占有耕地逐渐缩小，整个农业劳动生产率不但没有提高，反而有下降的趋势。人口规律与前一时期不同，前一时期耕地面积的增长速度超过或者接近人口的增长的速度。人口的增长一般而论，对农业生产的发展有促进作用，这一时期人口的增长超过了耕地面积的增长，北宋末年徽宗大观四年（1110）全国 2088 万多户，口 4673 万余，奇怪的是一户仅两口。问题在于如以一户五口计，当为 1 亿人左右。宋代人口增加到一亿左右，垦田只四五百万顷，隐漏甚多，数据并不可靠。宋代以后，人口迅速增长，而耕地增加不多。

在这样的情况下，农业更进一步向精耕细作提高单位面积产量的方面发展。然而到了明清以后，特别是清代以后，人口发展的速度超过了单位面积产量增长的速度，农业生产率即每个人所得口粮增长便趋于停滞，因为封建社会的个体小生产农业的发展有一个极限，其生产水平不可能再提高。人口的增长不再对农业生产起积极作用，而起延缓乃至阻碍的作用了。

宋代亩产的材料多达几十条，一般说来，亩产每年稳定在 2 石左右，好点的田有 3 石，而在以太湖流域为中心的地区，亩产最高有达六七石的。宋代一亩当今 0.86 市亩，一石当今 0.664 市石，亩产 2 石，当今 215 市斤，比唐代高了 1/3。其主要作物是稻米。金、元农业亩产无大进展，有的地方甚至又退到了 100 多斤。

明清两代，南方各地亩产平均一石半到两石，高的有达四五石的，但亩比宋大，石也比宋代大。实际亩产已达 200—300 市斤，又增 30%，最好的地方稻谷亩产达 400 斤，复种指数高。这时粮食作物稻谷所占比重最大，其次是玉米、白薯、土豆等国外传入的粮食作物，这些作物亩产量较高，对解决人口多、粮食总产量少的问题起了决定作用。

明清劳动生产率，江浙，1—3 石，每人种水稻 10 亩，年产量 2 石，一人各 20 石，合 3000 斤谷不到。北方地区亩产，有时不过六七斗，劳动生产率更低些，每个劳动力每年 2000 斤左右。

关于垦田数，宋元时增长不多，每人占有耕地数也有所减少。到了清代有一个大发展，超过 1000 万顷，折合今制 10 亿亩以上。两千年以来，中国的耕地面积从汉代 4.8 亿万市亩增长到 1949 年的 14 亿余市亩，增长了近 3 倍；单产从每亩约 140 斤增长到 300 斤多，增长达 2.2 倍，粮食总产量提高约 7 倍；而人口总量则从汉代的 5000 千万人左右增长到新中国成立前的 5 亿左右，约达 10 倍；每人占有的耕地面积则从汉代的 4.8 亩或 9.7 亩降低到约 2.8 市亩，从宋以后，总的趋势是人口增长的速度超过了农业生产增长的速度，耕地面积和单产虽有增长，每人占有耕地面积却大大减少，人口增长已从加速农业生产增长的因素转而为阻碍农业生产发展的因素了。除去封建生产关系对农业生产发展的束缚越来越严重的这个主要原因外，人口因素是中国劳动生产率和口粮数长期在汉代已达到的水平线上徘徊的一个重要原因。

5. 新中国成立前，中国农业已经处于停滞状态。国内虽然还有大片宜农荒地，但多处边疆，开垦条件艰苦，已非个体小生产的传统的农业经营方式与生产技术所能大量开垦。从 1873 年到 1933 年的 60 年间，中国耕地面积仅增加 1%①。在这前后，单产也基本未增，而人口则从 4 亿多增长到 5 亿左右，每人占有的耕地面积逐渐缩小，农民艰苦的生产条件和低下的生活水平丝毫未得到改善。可以这样说，不仅封建生产关系成了农业发展的重要桎梏，中国传统的个体小农生产 1949 年前主要粮食作物单产历史最高值与 1936 年单产对比表的农业本身在新中国成立前也基本走上了它的尽头。

表 3—7　1949 年前中国主要粮食作物单产最高值统计表

作物	1936 年单产（市斤）	最高（市斤）
水稻	355	366（1932）
小麦	151	152（1933）
高粱	209	
小米	176	
玉米	176	192（1932）
大豆	161	178（1933）
番薯	1117（1932）	

中国革命胜利后，农业经过土改，发生了根本的变化，封建剥削废

---

① 系 22 省的统计，东北、新疆、西藏等未计在内。

止了，农业生产有所发展。但人口增长太快，每人占有的耕地面积仍在减少。

新中国成立后农业亩产和总产量快速增加的情况下，农业劳动生产率及每人占有粮食量仍不高。

1949 年全国耕地面积约 16 亿亩，粮田 14 亿亩；1957 年耕地面积达到最高的 16.8 亿亩；目前耕地面积为 14 亿亩，粮田 12 亿亩。全国人口总量由 1949 年的 5.4 亿增加到 2013 年的 13.5 亿。全国人均占有耕地面积从 1949 年的 2.8 亩降到 1.4 亩（美国 14.5 亩，加拿大 28.4 亩，苏联 13.3 亩，罗马尼亚 6.9 亩，法国 4.9 亩，日本 0.8 亩）。全国粮食总产量由 1949 年的 11318 万吨增长到 2013 年的 60193.5 万吨，人均粮食产量由 1949 年的 209 斤增长到 2013 的 435 斤。粮食总产量增长近 6 倍，人均粮食产量只增长约 2 倍。中国农业劳动生产率约为世界平均值的 47%，约为高收入国家平均值的 2%，约为美国和日本的 1%。

四、中国传统农业生产的成就和局限

（一）中国传统农业的成就与局限

1. 中国传统农业的成就

在个体小生产基础上发展起来的，以精耕细作为主要特征的中国传统农业，其成就是巨大的。其最大的成就是供养了在中国广大国土上生活的越来越增加的人口。为了养活中国庞大的人口，中国亿万农民终年胝手胼足，在有限的土地上，辛勤劳作，忍受极其沉重的劳动，残酷的剥削，低下的生活，使自己以及自己的劳动成为中国封建社会的基础。在这基础之上，产生发展了中国封建社会的灿烂文化。

中国传统农业精耕细作水平之高，在世界上是少见的，这表现在：第一，凡是在封建社会生产技术水平下可以开垦的农田，基本开垦完毕，丘陵山地中的梯田、低洼地中的圩田、湖田，西北干旱地区的绿洲用坎儿井这种艰巨的水利工程来灌溉农田。到新中国成立前，只有东北、西北、内蒙古还有一些可开垦的荒地，其他地区都已基本开发完毕。

第二，土地利用率高，几乎没有轮作休耕制，至少一年一熟，二年三熟，在南方地区一年两熟，甚至三熟。在这种情况下，要使土地肥力不减退，主要靠施大量农家有机肥，改换种植作物品种，以此来恢复地力，另外也注意因地制宜，改良土壤。

第三，灌溉系统的完善。

第四，中耕除草等农业技术的发展。

第五，重视种子的培育。

比较弱的是植物保护（即防治病虫害）以及最重要的农业生产工具，这方面改进是不大的，再有就是农业区划（以最适宜的土地分区种植作物），这种封建社会生产力水平是个体小生产农业条件下难以达到的。

正是由于这样一些举措，中国的精耕细作在封建社会自然经济为主的个体小农生产的生产力水平下，几乎达到了它的最高限度。也正因为如此，才有可能供养这么多的人口（中国用不到世界总面积的 7% 的耕地，供养 20% 以上的人口，这是很大的成就），并使封建国家、经济文化得以发展。这是中国传统农业的最大成就。

2. 中国传统农业生产的局限

在个体小农基础上发展起来的，以精耕细作为主要特征的中国传统农业，其成就是巨大的，但也从一开始就呈现了它的局限。

关于自给自足的自然经济与人类的巨量耗费这些局限，已为人们熟知，这里不必再论，此处谈谈中国传统农业的另外两个局限。

其一，是单纯的发展种植业特别是粮食生产，忽视了畜牧业。

从包括人工生产与直接获取自然物的最广义的农业（包括种植业、林业、畜牧业、渔业等），转变为专事人工生产特别是种植业的狭义农业，是农业生产的一般规律，它能大大提高生产专门化的程度，有利于工具和技术的改进，使农业生产得到迅速的发展和相对的稳定，因而在历史上是进步的现象。中国大体上是在西周春秋期间实现了这一转变的。但在转变过程中畜牧业的发展却落后于农业。而欧洲中世纪走的是农牧并重，种植业与畜牧业相互结合的道路。这样，中国农业失掉了畜牧业的支持和补充，形成了所谓的"跛足农业"。这种情况在汉代已经开始出现了。

中国的传统农业并非完全排斥畜牧业。战国秦汉时的所谓"重农派"，虽然把粮食生产看得高于一切，但并没有走到片面强调粮食生产，抹杀其他一切的地步。战国秦汉时有关农业的著述中，还是在强调粮食生产为主的同时，把桑麻、六畜、园艺等放到了一定的辅助地位上。

然而，作为农业辅助的家畜饲养，与农牧并重、互相结合的意义是不一样的，前者畜牧是处于很次要的地位。"重农派"这种对畜牧业和农牧关系的认识，是当时农业和畜牧业的现实情况的反映。汉代除去边疆草原地带外，内地的畜牧业实际上多属于副业性的小规模的家庭圈养，像《孟子·尽心上》所说的"五母鸡、二母彘"之类，猪、羊等的大规模的饲养、放牧虽也见诸记载，实际上并没有发展起来。至于大牲畜如马、牛的饲养，则是为了役使、军需而非食用。即使是役使，数量也不足，以至汉代许多地方还不能推广牛耕，只能"蹠（意为踩、踏）耒（代表一种单杆尖头翻土农具）而耕"或用人力挽犁。这从汉代马、牛价格昂贵，盗牛盗马要重罚乃至处死，及禁止民间屠牛祷神等也得到证明。以后各朝也常严禁屠牛，特别是私宰。清末酷吏甚至有将私宰牛的人犯枷号至死的现象。总之，从汉代开始，除去饲养军马及西北与游牧民族接壤的草原地带外，在农业地区中与农业结合的大规模的畜牧业就没有得到发展。像《史记·货殖列传》所说的有五十匹马或百多头牛或二百多头猪、羊的牧主，当时已是少见的与占有良田千亩的地主或千户侯相当的富人。至于像宣曲任氏、卜式那样的大牧主，就更少见了。汉以后，畜牧业落后于农业的现象越来越严重。

唯一的例外是东晋南北朝时期北方畜牧业一度有所发展，但那是少数民族带来的游牧生产形式，它是以原有农业的破坏为代价而不是与农业相结合发展起来的，并且只是历史上的短暂现象。

中国农业走上忽视畜牧业的片面发展的道路，有它的客观原因。畜牧业特别是大牲畜的饲养，生产周期比较长，一般超过一年，并且宜于大规模的经营，不适合个体小生产模式；人多地少，精耕细作，使土地利用率提高（汉代农田基本不休闲，连续耕作，有些地区已经实行复种），无法普遍开辟牧场；农业劳动生产力不算高，口粮标准低，吃饭问题未解决，种植饲料受到很大限制；大土地所有者又多半采用把土地分散给小农户耕种的方式，很少进行大规模的经营。这些都是中国个体小生产的传统农业条件下畜牧业不易发展的原因。

欧洲的情况和中国不同，进入封建社会以后，由于保存了村社组织，村社组织有大片公共牧场可供放牧；农业经营粗放，每户占有耕地较多，又实行三田制，休耕地和收获过的田地也可牧放牲畜；封建领主自己又占有牧地和畜群；甚至城市也有自己的牧场；这是欧洲中世纪可以实行农牧并重，农牧结合的原因。

> 这（公有地）在一切地方都是小块土地经济的第二个补充物，并且只是因为有了公有地，小块土地经济才有可能饲养牲畜。①

畜牧业不发达给中国农业的发展带来不好的后果。它限制了食物品种的多样化及质量的改善，影响了生活水平的提高。汉代农民往往每年只有几个节日才能吃上肉，而畜牧业发达的中世纪欧洲，肉、乳和乳产品，是平民日常食品。例如，在 14 世纪的德意志地区，一天两三盘肉在日常看来并不稀奇，而在法兰克福、奥德河一带，14 世纪肉的消费，最低限度达到每人每年 250 磅。但是城市资本主义的兴起，使得公社解体，公有牧场、森林等农民不再能使用，土地买卖甚至掠夺使得农民不能占有自己的土地，而农产品的商品化，使得农民不能享用自己的产品。从 16 世纪以后，德国农民的食物构成随生产方式的改变而改变了，变成了素食为主。这主要因为森林、水域等公共空间农民不再无偿享用，牲畜、家禽牧养不是为了自己吃，而只为了出卖，畜牧业衰落了，畜牧业的衰落又引起了农作物生产的衰落，农民的生活变得比过去贫困，17—18 世纪的德国农民已经不能饱食。

但在中世纪，欧洲农民与中国农民还是不同的，中国畜牧业不发达，

---

① 马克思：《资本论》第 3 卷，人民出版社 2004 年版，第 912 页。

不仅限制了食物品种的多样化及质量的改善，影响了生活水平的提高，比这更为重要的是粮食成了唯一的主食，粮食不足的问题就更加突出。在长期的封建社会里，中国传统农业就不得不在努力发展粮食生产，但粮食不足的问题却越来越严重。

其二，另一个局限是忽视林业和水土保持。中国传统农业的一个发展途径是大量垦荒开田。在封建社会个体小生产的条件下，垦荒不可能有科学的计划，也不可能辅以必要的水土保持工作，这就必然要毁坏森林、草原和湖泊水系，引起气候变化，水土流失，破坏生态平衡，从而使得土地肥力下降，自然灾害频仍，给农业生产和人民生活带来灾难性的后果。

这个问题在汉代已经出现了。以自然灾害为例。据《史记·货殖列传》和《盐铁论·水旱篇》的说法，先秦大约十二年中有两个灾年，灾年约占16.7%。据《中国历代天灾人祸表》[①]的统计，从秦始皇元年（前246）至汉吕后元年（前187）的60年中，有8个年份出现重灾，占统计年度的13%，其中大水、大旱8次。足见《史记》《盐铁论校注》所说的先秦自然灾害率大体上是符合实际的。但是，从吕后二年（前186）至新莽末年（22）的210年中，即有52个年度有重灾，占统计年数的24.8%，其中大水、大旱即有42次。比先秦自然灾害率要高。东汉自然灾害更严重，从光武元年（25）到灵帝光和七年（184）的160年间，有46年有重灾，占统计年数的28.8%，其中大水、大旱有39次。此后情况也未见好转，从公元185年至1913年的1729年间，中国有水灾2673次，旱灾2526次。灾情以黄河中下游最为严重，这同黄河流域的森林草原破坏，水土流失最严重无疑是有关的。[②]

上述这些传统农业的局限性，在封建时期是无法克服的，在今天也仍然作为一种巨大的保守的习惯势力存留在农业经营中和人们的思想中。我们要发展现代农业，决不能再受它们的束缚了。

---

① 参见陈高佣等编：《中国历代天灾人祸表》，上海书店1986年版。

② 这种统计方法不宜可比：一是越到后来记载越多越详；二是要考虑重点与一般的关系，全国性灾害与地方性灾害；三是有的灾害，如水旱，有的如风雹，有的如虫灾，损失情况不一，但可以看出一般趋向。

（二）中国传统农业的道路、特点对封建社会发展的影响

这是一个大问题，只能简单说几点：

1. 正是这样的传统的个体小生产农业，形成了整个封建社会的基础。在这个基础上，形成了地主和农民这两大对立的阶级。农业的剩余产品，基本上或者绝大部分为地主阶级所攫取。使地主阶级得以存在，在此之上，矗立了封建社会的政权、军队等庞大的政治上层建筑，并使人民及地主阶级得以发展其经济、文化。并且构成封建生产方式的基本矛盾的一个方面——农业生产的个体性质与封建地主土地所有制的矛盾，这一点就不多讲了。

2. 这种传统农业能够提供的剩余产品是有限的。产品一半甚至一半以上要被地主剥削了去，使农民的生活降到糊口水平以下，这样，不仅使农民的生活十分悲惨，而且也使农业的再生产困难，在一般情况下，扩大再生产（工具、技术、种子、土地等）十分困难，极其缓慢，只能勉强维持简单再生产，物质的再生产与劳动力的再生产。一旦遇到天灾人祸、战争，或地主与封建国家剥削掠夺加重，农民就只能失去土地，逃亡，饿死，或被迫起而反抗。

另一方面，地主剥削残酷。在正常情况下，有一个限度。即农民能提供的剩余产品可供剥削的限度，在这个限度内，农业的简单再生产可以勉强维持下去，条件好一点时，还多少可以进行一点扩大再生产，然而也是很有限的。

农民能供养的地主阶级人数是有限的，这决定于：①地主阶级及为其服务的人数的多少；②地主阶级的消费水平。地主阶级阶级本性是力图利用权力多剥削一些，生活更奢侈一些，人数包括为其服务的人数更多一些。这样，就与农民能提供的剩余产品的数量发生矛盾，往往超过了可供剥削的限度，即加重剥削与榨取。一个封建王朝的中后期。这个矛盾往往变得十分尖锐，农民维持简单再生产也不可能了，只好失掉土地，卖妻鬻子，如再遭天灾，饿死、流亡的命运就在等待着他们，这是封建社会生产力与生产关系这个基本矛盾表现的一个重要方面。这样，地主和农民的矛

盾尖锐化了，农民简单再生产无法维持，也就是活不下去了，地主阶级也统治不下去了，大规模的农民战争起来了。农民战争打击了地主阶级的黑暗统治，一直到推翻腐朽的地主政权。社会受到一次大的震动，地主政权的统治地位下降，特别地主阶级中腐朽的阶层或集团所受到的打击最大，新兴的不那么腐朽的阶层或集团上了台，这样，农民经过自己的斗争，才有可能继续维持简单再生产乃至于多少进行扩大再生产，封建社会才得以继续存在并得到发展。另一方面，新上台的地主阶级或集团也多少认识到这点，政府往往会采取一些减轻剥削、节制浪费、与民休息的措施，其目的是重构地主阶级的统治，但客观地说，是对农业生产的恢复、发展，对社会的发展是有利的，这即是所说的让步。然而，这样付出的代价太大，社会生产在一段时期内受到极大的破坏，生产力倒退。然而，恢复一般也较快，并且逐渐得到发展，一般新王朝建国的头几十年至一百多年的情况就是如此。可是，又出现循环。

因此，中国封建社会的发展是很缓慢的，毛泽东说："地主阶级这样残酷的剥削和压迫所造成的农民的极端的穷苦和落后，就是中国社会几千年在经济上和社会生活上停滞不前的基本原因。"[①]

3. 对封建社会手工业和商业发展的影响。农业是基础，农业发展了，剩余产品增加了，其中相当一部分已经转化为商品，投入市场。一是地主阶级用攫取的地租换取生活用品和奢侈品，一是农民用劳动产品换取日用必需品（工具，生活用品如锅、盆、碗等），这样，就必然刺激手工业和商业的进一步发展。

但是，作为封建地租转入地主手中的那部分剩余产品作为商品投入市场，与农民把自己的剩余产品作为商品投入市场，对手工业和商业的发展所起的作用是不尽相同的。

地主把地租的一部分投入市场，换回日用品和奢侈品。地主人数较少，对一般生活日用品所需有限，而对奢侈品（珍宝、贵重的器玩、衣饰等）

———————————

① 毛泽东：《中国革命和中国共产党》，见《毛泽东选集》第2卷，人民出版社1991年版，第624页。

的需要则是很大的，甚至是无限的。地主阶级这一部分的需求越大，农业则越萎缩，它阻碍了农业生产发展。因为，第一，地主对奢侈品的需求是与其腐朽性成正比例的，但不一定与当时农业剩余产品的增加成正比例，毋宁说是相反。地主越是腐朽，需求奢侈品越多，则越是加重对农民的剥削，越是不仅掠夺农民的剩余产品，而且越来越侵夺农民的必要劳动，侵夺农民的必要产品，这就势必影响农民进行再生产，包括进行简单再生产，最终势必使社会矛盾激化，弄得农民连简单再生产也维持不下去了。

第二，地主阶级购买的这部分奢侈品，完全是为了自己的享受，换言之，完全是单纯的消费，或者说是社会财富的浪费，它对生产并无作用。不论是直接的作用或间接的作用都没有，因而这部分消费越多，社会财富浪费就越大。社会总产品中用于进行再生产（包括物质再生产与劳动力再生产）的份额就越减少，因而农业生产就越萎缩。这一点和资本家剥削剩余价值不同，资本家剥削剩余价值用于资本主义商品生产的和竞争的规律，是要把它的相当大的一部分投到扩大再生产中去的，这样就能使资本主义生产得到发展。地主的消费则不同。

因此，服务于地主阶级需要，特别是其奢侈品需要的手工业和农业，在工业中规模是大的，其技术最精巧、最先进，然而对社会总生产的影响是不大的，毋宁说是一种浪费。而商业，则属于长途运输的贩运贸易，包括对外贸易，这方面规模是大的，耗费的人力、物力、财力都是巨大的，然而它的发展终究是有限度的，这样的手工业和商业可以在一个时期大为繁荣，但这是一种畸形的发展，它并不是作为基础的农业的发展的反映，相反，往往是地主阶级腐败，社会财富大量浪费从而引起农业的萎缩与危机的反映，往往是社会危机和阶级矛盾激化的前奏，这一点往往是中国在一些王朝的中后期能够看到的。

与此不同，农民手中的剩余产品投入市场换回其必要的生产用具和生活用品，这是物质资料的再生产与劳动力的再生产所必需的，尤其是进行扩大再生产（改进工具、技术）所必需的，为农民的这种需要服务的手工业和商业对农业生产发展是起着直接或间接积极作用的，这类手工业和商业的发展繁荣，正标志着农业生产的发展，而且推动了农业生产的发展 ①。

　　而这类手工业和商业发展尽管个别的规模不大，资金不多，技术不高，但涉及的行业多，人多，地区广，因此在社会生活中起的作用大，也是手工业与商业的真正基础。

　　在一个朝代的开头和中间，随农业的发展，这种手工业和商业往往繁荣，而其中最有关国内民生的部分（如盐、铁）往往也成为封建国家重视的部门，与大商人或掠夺，或勾结，而进行控制。

　　但是，封建经济基本上是自给自足的自然经济，地主如此，农民更是如此，剩余产品不多，可用于交换的作为商品的产品是有很大限制的，这就限制了手工业和商业的进一步发展，中国封建经济长久以来停留在以实物地租为主的阶段，虽然有时以钱折物，如汉代的口赋算赋，唐代的两税，但那是国税，是地租的变态，而不是正式意义上的地租，而且也只能叫货币代物租，因为两税收的还是实物，不过用钱折算。而且实行一段以后，又还是直接征收实物租。至于地主，更多地还是征收实物。货币地租的出现虽然在宋朝，但没有大的发展。实物地租的长期存在，反映农业生产的自然经济性质，反映剩余产品的商品化的程度不强（加强，地主就会逐渐改征货币地租）。这个限度是中国商品经济长期不发达的根本原因。

　　这种情况，从唐中叶以后便有所变化，特别是宋代的经济已经发达起来，农产品的商品化程度进一步加强，但仍不够强，到明清时，当时农业最发达的长江三角洲地区，商品经济发展较强，农产品商品化程度较深，农业专业化的程度（种棉、桑等），有所发展，这些，就是中国资本主义萌芽首先从这里发生的原因。然而由于种种原因，资本主义萌芽并没有得到进一步的发展，这些原因，如农业的自然经济，国内市场，国外市场，资本与技术的原始积累等，民族关系，上层建筑等，这也是中国封建社会不能很快进入资本主义的一个原因。

---

① 南宋粮食高产的地区，种 30 亩田的佃农，有 12 石粮食出售（参见方回《续古今考》卷 18《附论班固计井田百亩岁入岁出》，文渊阁四库全书本），商品率达 10%（亩产 4 石）或 13%（亩产 3 石），看起来是不少了。大城市一天进粮三、四千石，不少从远处贩运。汉代流行的"千里不贩粜"的谚语到宋时已过时了。

4.传统农业对上层建筑的影响。中国的中央集权的封建专制主义的政权组织形式，以及与此相联系的封建专制主义思想，绝对权威的思想等，也一样被植在农民思想之中。农民头上的皇帝，就是建立在中国式的个体小生产农业及家长制的基础上的。

闭关自守，妄自尊大，孤陋寡闻的思想，也同这种自给自足的自然经济个体小生产农业有关。

官僚主义，衙门作风，办事拖拉疲沓等，也和这种封建的农业有关。

这里，很多思想是地主阶级思想，但地主阶级思想的基础是地主经济，也是建立在个体小生产农业经济基础之上，还有一些是小农的思想。

另一方面，农民的经济地位与地主对农民的残酷剥削决定农民的思想及其对地主反抗的形式，特点等。农民的斗争一方面以平均平等思想作为指导，另一方面又具有分散、孤立、落后，无明确纲领与远大目标等弱点，这些，也同农民的个体小生产经济地位有关。

再一方面，也还可以探索封建时期的经济思想，如重农抑商的思想等，也与这种小农经济及在其基础上的地主经济有关。这也是只能略提一下。

封建社会的生产的特点就是个体的、细小的小农业生产，封建社会经济的基本矛盾，是生产力与生产关系的矛盾，就是生产的个体性、私有性与封建地主土地所有制的矛盾，这也就是封建社会的基本经济规律。但在中国，还有它的特殊性，中国个体小生产农业特别发达，就是这个特点之一。马克思说过："在一切社会形式中都有一种一定的生产决定其他一切生产的地位和影响，因而它的关系也决定其他一切关系的地位和影响。这是一种普照的光，它掩盖了一切其他色彩，改变着它们的特点。这是一种特殊的以太，它决定着它里面显露出来的一切存在的比重。以游牧民族为例（纯粹的渔猎民族还没有达到真正发展的起点）。他们偶尔从事某种形式的耕作。这样就规定了土地所有制。它是共同的，这种形式按照这些民族保持传统的程度而或多或少地保留下来，斯拉夫人中的公社所有制就是个例子。在从事定居耕作这种定居已是一大进步了，而且这种耕作在古代社会和封建社会中那样处于支配地位的民族那里，连工业、工业的组织以及与工业相应的所有制形式都多少带着土地所有制的性质；或者像在古代罗马人中那样工业完全附属于耕作；或者在中世纪那样工业在城市中和在城市的各种关系上模仿着乡村的组织。在中世纪，甚至资本——不是指纯粹的货币资本——作为传统的手工工具等等，也具有这种土地所有制的性质。"①

在中国封建社会，那支配着其他一切生产的地位和影响的生产就是有中国特色的个体小生产农业，它的关系（生产关系）就是在此基础上的封建地主所有制及依附于它的农民小土地所有制，这就是支配中国封建社会的生产及生产关系，就是中国封建社会中的那种普照的光。

因此，个体小生产农业及在其基础上建立起来的生产关系——封建地主大土地所有制与依附于它的农民小土地所有制，就是我们研究中国封建社会的基础和出发点。

---

① 马克思：《〈政治经济学批判〉导言》，见《马克思恩格斯选集》第 2 卷，人民出版社 2012 年版，第 707 页。

第四章　中国封建社会的人口问题

封建社会的人口自然增长率是很低的。中国从第一次有正式全国人口记录的西汉平帝元始二年（2）开始，到鸦片战争爆发，全国人口从 5959 万增到 41280 余万，净增 35320 余万，每年仅递增 0.1%。鸦片战争后，人口增长也很缓慢，从 1840—1949 年的 110 年间，全国人口从 41200 余万增到 54000 余万，净增约 13000 万，年平均增长率约为 0.26%。① 这就是一般说的具有高出生率、高死亡率、低增长率特点的高—高—低类型的人口再生产。

　　然而，中国封建社会人口自然增长率低只是总括而言。如果画一条封建社会人口变化的曲线，就立刻可以看出它并不是平滑地缓慢上升，而是具有在一段时期内大起大落和在整个封建时期内作台阶式"跃迁"这样两个特点。大体上说，一个历时较久而又比较强大的封建王朝(如两汉、唐、两宋、明、清等）的初期，人口增长十分迅速，大约到中期达到高峰，而后停滞，到新旧王朝交替时期则急剧下降，人口的变化呈现大起大落的现象。另一方面，整个封建时期人口的增长则呈现为台阶式的跃迁。战国中期的人口可能大约为 2500 万到 3000 万，这是第一级台阶；从汉到唐，人口似乎没有超过 6000 万，这是第二级台阶；从北宋后期起，人口大约增长到 1 亿，这是第三级台阶；从清代乾隆初年开始，短短 100 年的时间里人口即从 1 亿多猛增到 4 亿，随后又陷于发展迟缓的状态，这是第四级台

---

① 这里和后文列举的旧中国各个时期的人口数字，都不精确，也不全可比。但借它们来说明各个历史时期人口变化的大致趋势还是可以的。

阶。如果把 1949 年以后全国人口从 54000 余万激增到近 13 亿，也就是增长一倍多的情况也算进去，可以说中国人口已经跃迁到第五级台阶了。

一、中国封建社会的人口问题

在分析中国历史上人口消长的原因时，人们常常指出生产的发展与破坏、灾荒、战乱、医药卫生条件差、传统的多子多孙思想与早婚等，这都不错，然而似乎都还没有接触到问题的根本。人类自身的增殖或再生产虽是自然现象，但主要是社会问题。一方面，劳动人口是社会生产力的组成部分，劳动者和生产资料的比例及结合形式，决定了生产力发展的水平、特点和趋向，而劳动者的消费水平也由生产力发展水平及所处的社会制度所决定；另一方面，剥削阶级和他们用以行使统治权力的官吏、军队等人口，以及为剥削阶级服务的人口及寄生人口等的数量及消费水平，也是由生产力发展水平和社会制度所决定的。这样，人口的发展或再生产一方面是社会生产方式的内容，一方面又主要由社会生产方式所决定和制约。因此，讨论人口问题，不能不从现象进一步探究它的终极的、经济的原因。"每一种特殊的、历史的生产方式都有其特殊的、历史地起作用的人口规律"[1]。它大致包括四个方面：第一，人口再生产的规律；第二，有劳动能力的人口被利用的问题；第三，有劳动能力的人口在各地区与各部门的分布（生产部门与非生产部门，农业部门与非农业部门等）；第四，不同阶级的特殊人口问题及其相互作用。而这些方面归根到底主要是由既定的社会生产方式的基本矛盾或社会的基本经济规律所决定和制约的。

人口问题的另一个方面，是它不仅受社会生产方式的决定和制约，而且也对社会的发展，首先是生产的发展起着加速或延缓的作用。

那么，中国封建社会的人口规律是什么？它怎样受封建生产方式的决定和制约？怎样随封建生产方式的发展而变化？它对封建社会的发展起着

---

[1] 马克思：《资本论》第 1 卷，人民出版社 2004 年版，第 728 页。

什么作用，这种作用在封建社会发展的各个阶段又有什么不同呢？

汉代是我国封建社会的第一个鼎盛时期。这时，我国的封建社会业已经历了一段时期，它的发展道路与基本特点，已经开始比较清楚地显现出来，人口问题也是这样。我们的探讨，就从汉代开始。

战国中期的人口大约在2500万到3000万，由于多年战乱和秦代苛重的赋役与严酷的刑法，又经过秦末农民起义和楚汉战争，汉初人口据推测可能只剩下600万左右或稍多一些[①]。然而，西汉前期人口增长十分迅速，尽管经过汉武帝中后期的顿挫，昭、宣、元时又有所增长，到了距汉初200年后的平帝元始二年，全国人口达到5959万，平均年递增率约为1%左右。

为什么西汉特别是它的前期会出现这样高的人口增长率呢？

一定领土能够养活的最大限度的人口，是与每一种生产方式及其不同发展阶段相适应的。西汉前期，人少地多的情况很突出。"夫度田非益寡，而计民未加益，以口量地，其于古犹有余"[②]；"地有遗利，民有余力，生谷之土未尽垦，山泽之利未尽出也，游食之民未尽归农也"[③]，生产和人口都大有增长的余地，这就为人口的迅速增长提供了可能性。使这种可能性变为现实性的，有利于提高人口出生率和降低死亡率的和平安定的社会环境是一个重要因素；战乱之后，生产和人口的发展带有恢复性质，增长较快，也是一个重要因素；但最根本的因素，还是要到封建生产方式的基本矛盾，即生产的个体性质与封建所有制的矛盾在当时的具体表现中去探求。

作为封建社会主要生产部门的农业，其特点是自然经济条件下以一家一户为单位的个体小生产。与欧洲封建社会相比，汉代农村公社的残余基本消失，个体小生产的特点更为突出。

个体小生产农业的劳动力的耗费是巨大的，要维持劳动力的巨大耗费

① 梁启超：《中国历史上人口之统计》，见《饮冰室文集》第4册，大道书局1936年版，第193页。

② 《汉书》卷4《文帝纪》。

③ 《汉书》卷24上《食货志上》。

并抵消由于生活水平低所带来的高死亡率，就只能用早婚和多生育的办法来缩短人口再生产的周期，从而维持并增加劳动人手。汉代妇女出嫁年龄一般只有十四五岁，就是由于上述的经济方面的原因而形成的社会风习。维持与增加劳动人手的另一个办法，是尽量减少家庭成员作为纯消费人口的时间，力求尽早投入生产。封建社会的个体小生产农业一般技术简单，所需学习时间短，又有大量辅助性的劳动，这就使少年儿童从事劳动不仅必要而且也有可能。汉代规定七岁到十四岁为"使男"、"使女"①，可见少年儿童至少七岁就开始参加劳动了。少年儿童作为纯消费人口的时间很短，对人口的增殖也是一种刺激因素。

个体小生产农业的劳动生产率是不高的。汉代小自耕农平均一家五口，两个劳动力，一般种地不到三十市亩，平均年产粮四千市斤左右，其中用于全家口粮约在二千四五百市斤左右②，再除去种子、少量饲料，赋税、祭祀等固定支出，能用于衣服、生活用品、农业生产资料等开支的剩余产品不过七八百市斤原粮，折钱少时不过二三百文，多时也不过二三千文（汉代各地不同时期粮价相差很大，一般情况下低的约为每石粟十文到二十文③，高时五十到一百文左右④。这是一个很低的数字，往往还需用压缩口粮的办法才能勉强维持简单再生产，很难进行扩大再生产，例如当时大铁耜一具约值百文以上⑤，牛一头在一千文以上到三千多文⑥，一遇疾病、丧葬、灾荒或其他意外，就有破产的危险。

在技术发展缓慢，劳动生产率低，剩余产品有限，生活条件艰苦，扩大再生产不易的情况下，要通过使用先进的工具和技术以提高农业劳动生

① 耿慧玲：《由居延汉简看大男大女使男使女未使男未使女小男小女的问题》，《简牍学报》第 7 期，1980 年，第 249—274 页。

② 宁可：《汉代农业生产漫谈》，《光明日报》1979 年 4 月 10 日。

③ 《九章算术》卷 6《均输》。

④ 参见李振宏：《居延汉简与汉代社会》，中华书局 2003 年版，第 89 页。

⑤ 中国农业科学院、南京农学院、中国农业遗产研究室：《中国农学史》上册，科学出版社 1984 年版，第 118 页。

⑥ 《汇校九章算术》卷 7《盈不足》，卷 8《方程》。

产率来发展生产是很困难的，时间也需要很长。发展生产的主要途径是投入更多的劳动力，或增垦耕地，或精耕细作提高亩产，即在劳动生产率与每个劳动力提供的剩余产品量不变的情况下，增加社会的产品总量和剩余产品总量。换言之，无论是生产的量的增加（增垦耕地）还是质的提高（通过精耕细作提高单位面积产量），都是靠投入更多的劳动而非以减少劳动来取得的。

可见，通过人口的增殖以获得大量的劳动力是个体小生产农业内在的经济的要求，是个体小生产农业存在和发展的必要条件。也正因为是这样，个体小生产农业可以容纳比较稠密的人口，而人口的增长往往就标志着封建社会生产力的增长，人口的减少，则标志着生产力的衰退。

对于个体小生产农业来说，"土地所有权是这种生产方式充分发展的必要条件"，而自耕农的自由所有权，"显然是土地所有权的最正常形式"①。在封建社会里，自耕农的土地所有权仍要受到封建生产关系的不同程度的束缚，但比起其他各类农民与土地的关系来，它是比较接近于自由的土地所有权的。因此，在封建社会里，凡是自耕农的比重大，或有助于从农奴、依附农、佃农等对土地的实际所有向自耕农的对土地的自由所有权前进的每一步变化（如地租形态和赋役制度的变化，封建人身依附关系的削弱、封建剥削和压迫的减轻等）都有助于个体小生产农业的进一步发展，从而也有利于人口的增长。

由于战国以来所形成的历史条件，也由于秦末农民战争沉重打击了封建政权和地主阶级，一部分农民获得了土地。西汉前期，小自耕农占有相当大的比重，史称当时"未有并兼之害"②，土地兼并方兴未艾，还没有形成严重的社会问题，小自耕农经济还可保持甚至得到一定程度的发展。小自耕农的生产条件与生活条件比依附农民或租佃农民一般要好一些，除去封建国家的赋役及高利贷和商人的盘剥外，一般不再受地主的封建地租剥削。因此，小自耕农经济所能容纳的人口往往可能接近个体小生产农业生产水平所能达

---

① 马克思：《资本论》第 3 卷，人民出版社 2004 年版，第 911—912 页。

② 《汉书》卷 24 上《食货志上》。

到的人口的最大限度，其存在和发展是促进人口增长的重大因素。

至于同样具备个体小生产农业特点的"或耕豪民之田，见税什五"①的封建依附农民或租佃农民，由于剩余产品甚至一部分必要劳动产品被地主阶级所攫取，其境遇一般比小自耕农更差，他们更多的是用降低生活水平的办法来维持简单再生产的。在这种情况下，增殖人口就成了维持生存的重要手段，往往越是贫困越要增加家庭人口。尽管高出生率被生活条件恶劣所带来的高死亡率所抵消，但在农民战争沉重打击了地主阶级后的西汉前期，他们的境况比后来略好一些，人口的自然增长率也是会有所提高的。

我们再看封建生产方式基本矛盾的另一个方面——封建所有制对当时人口发展的作用。

地主阶级是一个不事组织生产的阶级（少数经营地主例外），只是坐食地租。他们所关心的，与其说是生产的提高，不如说是争取控制更多可供剥削的劳动人手。这样，地主阶级为了自身的剥削利益，一般说是要求人口增殖的。自然，这种增殖不能使地租剥削率和剥削量降低，越过这个限度，地主阶级就宁愿采取让农民饿死的办法来减少人口了。

地主阶级扩大所供剥削的人口数量的要求，在西汉前期十分强烈。这时承战乱之后，生产凋敝，社会财富很少，"民无盖藏"，可供剥削的东西不多。在这样的历史条件下，地主阶级为了加强自己的经济力量与政治力量，以"清静无为"的黄老之学作为指导思想，以"休养生息"作为最高国策。具体到人口问题上，首先是使流散人口"各归其县，复故爵田宅"②，使劳动力与土地重新结合，并且重农抑商，抑制兼并，防止劳动力与土地再度分离。其次是采取轻徭薄赋，奖励所谓"孝悌力田之家"等办法，从恢复与发展农业生产方面来促使人口的增加。再次是直接鼓励人口的增殖，像高祖七年令，"民产子，复勿事二岁"③，就是鼓励人口增殖的积极措施，而惠帝六年令，"女子年十五以上至三十不嫁，五算"④，则

① 《汉书》卷 24 上《食货志上》。
② 《汉书》卷 1 下《高帝纪下》。
③ 《汉书》卷 1 下《高帝纪下》。
④ 《汉书》卷 2《惠帝纪》。

是用对晚嫁加税的办法从消极方面来促使人口增殖。这些措施，带来了"畜积岁增、户口浸息"①的积极后果。

这样，尽管地主阶级与农民阶级在人口问题上的阶级利益不同，但在西汉前期的具体历史条件下，都是要求人口增加的。二者形成的合力，就造成了人口增长的趋势。由于当时生产和人口都有很大的发展余地，在和平安定的社会环境和生产与人口发展带有恢复性质的条件下，随着生产的恢复和发展，人口就迅速增长起来。总之，当时封建生产关系基本上是适合生产力性质的，封建生产方式的基本矛盾的运动在当时是促进人口迅速增长的力量。封建生产关系对生产力的阻碍作用以及对人口发展的阻碍作用还没有明显地表现出来。在人口的迅速增长中，起主要作用的是较少受到限制的个体小生产农业特别是其中的小自耕农的人口规律。

封建社会中地主阶级是统治阶级。地主阶级对人口发展的作用，除去上述的为扩大剥削量而要求增殖人口外，还有其他的方面。如果说，西汉前期地主阶级的作用主要表现为有利于人口的增长，那么，从西汉中期也就是汉武帝时开始，地主阶级的以下两种作用就越来越占有重要地位，从而给人口的发展带来复杂的情况。总起来说，是使得人口发展趋向于停滞，并在一段时期中趋向于减少。

地主阶级对人口发展的第二个作用是从它对农民的剥削与压迫的残酷性而来的，这主要表现在三个方面。

第一方面，地主的地租剥削率一般在 50% 左右，在当时的生产水平下，这不仅要夺走农民的全部剩余产品，而且侵夺了相当一部分必要劳动产品。这就使得农民"常衣牛马之衣，而食犬彘之食"②，只能在甚为贫困的生活中勉强维持简单再生产，并且往往陷入连简单再生产也维持不下去的境地。地主阶级的残酷剥削，一方面促使依附农民或租佃农民用多生子女的办法来增加劳动力，以维持生产与生活，另一方面则因贫困与繁重的劳动而加大了死亡率，二者互相抵消，到了农民极度贫困的时候，就造成

---

① 《汉书》卷 23《刑法志》。
② 《汉书》卷 24 上《食货志上》。

了人口的下降。

第二方面，地主阶级除了极力增大对每户依附农民或租佃农民的剥削外，更多的是用兼并土地的办法来扩大其地租剥削总量。土地兼并，汉初已经存在，但土地兼并成为严重问题，则是在武帝之后，这时，"罔疏而民富，役财骄溢，或至并兼豪党之徒以武断于乡曲" ①。当时封建政府采取过一些措施，但土地兼并仍越来越严重。这就使得越来越多的小自耕农失掉土地，变成地主的依附农民和租佃农民或者流民，从而使小自耕农的人口增殖受到严重挫折。

第三方面，是封建国家的赋役剥削。在汉代，我国进入封建社会时间还不长，赋役制度中，更明显地反映封建前期特点的以人口计征的人头税和徭役比重较大。当时以实物缴纳的田租最初为十五税一，景帝以后定为三十税一，每户每年缴粮从十石左右减为五石左右，加上藁税，只占赋役负担总额中的少数。负担更重的是人头税和徭役，人头税中的口赋，七岁到十四岁每人每年二十钱，算赋，十五岁到五十六岁每人每年一百二十钱，二者合计每户每年纳钱三百文左右。徭役中的过更是固定的代役钱，每丁每年出钱三百，关于汉代徭役、兵役及代役钱的负担，其说不一，此处从贺昌群先生的解释 ②。一家如有一到二人服役，仅口赋、算赋和过更三项，每户一年的负担即为六百文到近一千文。折粟最少六石，多到五十石以上。如果粮价低落，农民就需拿出更多的粮食交税。再加上每丁每年要服一个月力役，一生要服两年兵役、力役以及其他赋税，负担就更重了。这种以人口计征为主的赋役制度，特别是其中的人头税，不仅征及男丁，而且兼及妇女与少年儿童，使得一家人口越多，非劳动力与半劳动力越多，负担越重。因此对人口的发展是起阻碍作用的。它造成人口的隐匿与流亡，更限制了人口的增长。汉初采取与民休息政策，赋役负担尚不太重，并且时有减免，但从武帝起，战争频繁，兵役大兴，开支浩大，赋役

---

① 《汉书》卷 24 上《食货志上》。

② 贺昌群：《汉唐间封建土地所有制形式研究》，上海人民出版社 1964 年版，第 23—25 页。

剥削大大加重，"以訾征赋，常取给见民"，"田家又被其劳"，"率一人之作，中分其功"①，赋役负担竟占到农民收入的一半，使得农民大量流亡，仅元封四年（前107），关东流民即达二百万，其他年份，也不在少数。口赋从七岁改为三岁起算，又每口加三钱，以致人民"生子辄杀"②，赋役的加重，大量士兵死亡或长年征戍不归，大量农民的流亡，以及与之相伴随的土地兼并加剧与农民的愈益贫困，造成了"天下虚耗，百姓流离，物故者半"③的局面。这个估计大约过高，但人口的损耗肯定是严重的。

地主阶级对人口发展的第三个作用就更复杂一些，它是从地主阶级基本上是一个年消费的阶级而来的。地主阶级剥削的地租，基本上不用于扩大再生产，而是供自己的消费。如果地主阶级只是满足于一般性的生活消费，其对社会财富的耗费还是有限的，但是剥削阶级的本性使得地主阶级的贪欲没有止境。随着生产的发展，自己力量的壮大和地租剥削量的增加，他们的贪欲越来越膨胀，他们对农民的剥削也就越来越残酷，他们也就更多地追求奢侈性的消费，浪费大量的社会财富。由于优越的生活和传统的多妻制（地主阶级多妻制的另一个消极作用是阻碍了农民的人口再生产），地主阶级人口的自然增长率远较农民为高，这就大量增加了社会上的寄生性的消费人口，从而造成了社会财富的更大浪费。

二、封建生产方式的周期性危机和人口的周期性大波动

地主阶级腐朽性的增长，奢侈性消费的扩大以及这个阶级人口的迅速增加，对人口的发展带来了两方面的影响。

第一方面，必然大大增加对农民的剥削量。汉代地主阶级的奢侈性消费，主要是手工业品和手工劳动，这方面耗费的人力与社会财富是极其巨

---

① 《盐铁论校注》卷3《未通》。

② 《汉书》卷72《贡禹传》。

③ 《汉书》卷75《夏侯胜传》。

大的。所谓"一杯棬用百人之力，一屏风就万人之功"①，汉代日用手工业产品与农产品相较，价格本来就相当昂贵，而奢侈性的手工业品，价格更高。像《西京杂记》中所说的散花绫，匹值万钱，约值粟一百到五百石以上，相当一个到三四个农民一年的产量，至于远地或国外贩运来的珍异价格之昂，就更不必说了。地主阶级为了满足自己的奢侈性的浪费，必须增加对农民的剥削，使农民陷于"褐夫匹妇，劳罢力屈，而衣食不足"②的悲惨境地，这就必然导致人口发展趋于停滞乃至减少。

第二方面，为了满足地主贵族奢侈性消费的需要，生产奢侈品的手工业及经营这类产品的商业特别是长途贩运商业畸形发展起来，这类工商业所需劳力和人手远较一般工商业为大，齐三服官作工各数千人就是一例。这就导致了从事官私工商业的人口大量增加。另外，随着地主贵族的日益奢侈腐化，为他们服役的奴婢仆隶的人数也大大膨胀。据估计，当时官私奴婢合计人数恐不会少于二百三十万人③，这些奴婢大都不事生产，用于农业生产得尤其少。工商业的畸形发展和奴婢仆隶的膨胀，造成了城市人口的增长。西汉城市规模超过了战国，如临淄就从战国时的七万户增到十万户④。工商业、奴婢仆隶和城市增加的人口大部分来自农村，造成农业人口的相对减少。

农民所供养的脱离农业生产单纯消耗社会财富的人愈多，农业就愈加萎缩。农业再生产和人口再生产的条件也就从而趋于恶化，因此归根结底最终导致了人口增长的停滞乃至倒退。

汉代中期以后，与上述人口增长停滞乃至倒退的趋势并行的，是一些地区，特别是黄河中下游地区，出现了人口的相对过剩。这个地区耕地有限，从战国以来就人口稠密。《商君书·徕民篇》讲到秦从三晋地区招徕农民到关中生产，就说明了这点。全国十三部，而司隶校尉及豫、冀、

---

① 《盐铁论校注》卷6《散不足》。

② 《盐铁论校注》卷1《通有》。

③ 参见胡寄窗：《中国经济思想史》中册，上海人民出版社1963年版，第150页。

④ 《汉书》卷38《齐悼惠王刘肥传附齐厉王传》。

衮、青、徐五州刺史等六部，占地约仅全国 1/8，人口则占 68% 以上 [1] 已经接近甚至达到当时封建生产方式发展水平所能容纳的人口限度。在地主贵族商人的剥削及土地兼并盛行的情况下，农民生活十分贫困，劳动力与土地分离的现象相当严重，尤以天灾时为甚，这就使得一部分农业人口游离出来成为过剩人口，除去大量死亡外，这些过剩人口一部分流入城市，转为工商业劳动者或沦为奴婢仆隶，另一部分则成为流民，这是当时人口问题的一个重要方面，也成了一个严重的社会问题。

可见，地主阶级对人口发展的作用是复杂的，有促进人口增长的一面，西汉前期就是这样，但也有延缓乃至阻碍人口增长的一面，西汉中后期基本如此。这是封建生产方式的基本矛盾——生产的个体性质与封建所有制的矛盾在人口问题上的具体表现。毛泽东指出："地主阶级这样残酷的剥削和压迫所造成的农民的极端的穷苦和落后，就是中国社会几千年在经济上和社会生活上停滞不前的基本原因。" [2] 这个论断，基本上也适用于我国封建社会的人口问题。

从汉武帝中后期开始，地主阶级的腐朽性、反动性日益增长，封建社会的基本矛盾——生产关系与生产力，上层建筑与经济基础的矛盾尖锐起来，它在当时的具体表现是：贵族、官僚、豪强地主土地兼并的加剧；封建国家兵役、赋役的加重；富商大贾对农民盘剥的酷烈；剥削阶级的奢侈淫逸与农民生活的日益贫困。结果是大量农民失去土地，沦为依附农民或租佃农民、奴婢或流民，阶级矛盾尖锐起来，农民采取各种形式进行反抗，直到发动起义，社会处于动荡之中。

以汉武帝为代表的封建国家，出于其与豪强地主及富商大贾的矛盾和巩固封建统治，保卫国家与增加财政收入的需要，采取了限制土地兼并及算缗、告缗、盐铁官营等抑制豪强地主与富商大贾的政策，并且由于保证赋役与加强国防，采取了赐给贫民少量公田及移民就宽乡与实边等措施。

---

① 参见万国鼎：《中国田制史》，商务印书馆 2011 年版，第 135 页。

② 毛泽东：《中国革命和中国共产党》，见《毛泽东选集》第 2 卷，人民出版社 1991 年版，第 624 页。

这些政策措施收到了一些效果，但并没有解决当时最严重的兵役与赋役苛重的问题，因此并没有扭转人口发展停滞乃至下降的趋势。直到武帝晚年，各地农民起义给了统治者不少震动，才使他们把眼光转到农民问题上来，从而迫使武帝于征和四年（前89）下罪己之诏，罢轮台之戍，把苛重的兵役赋役减免下来，并下诏宣布："方今之务，在于力农"①，采取推广"代田法"等发展农业的措施，农民这才缓过一口气来，有了休养生息的机会。昭、宣之世继续了这种政策，人口的发展又从停滞倒退走向增长，终于达到西汉末年的1200万户，5959万余口之多。

但这时封建国家所做的不过是减轻当时最为农民之害的兵役赋役，取得暂时小康的局面，至于反映地主阶级腐朽反动趋势的土地兼并、奢侈浪费等问题，一直没有也不可能得到解决。土地问题、工商问题、奴婢问题成了西汉后期的三大社会问题。西汉统治者虽然发了不少议论，也想了一些办法，但不起多大作用，终于在王莽末年爆发了农民大起义。农民所进行的十几年的英勇斗争，把社会从崩溃中挽救出来，使生产得以继续下去，人民得以生存下去。然而，这场斗争付出的代价是十分沉重的，其中之一就是大量人口的死亡。刘秀初建东汉，"海内人民可得而数，十裁二三"②，大约不过一千余万，到33年后即他统治的最后一年（中元二年即公元57年），也不过427万余户，2100多万口，只各相当西汉末的35%，全国又重新面临着与西汉初期相似的局面，而人口也在与西汉初期相似的条件下迅速增长起来。到了50年后的和帝元兴元年（105），全国人口增加到了923万多户，5325万多口，已经接近西汉末年的人口数字了。

促使东汉人口迅速恢复的因素，主要是农民在起义中沉重打击了地主阶级，夺得了一些土地，使劳动力与土地重新结合起来，并且部分劳动力摆脱了依附农民或租佃农民或奴婢的身份，使小自耕农的比重又一次增加。另一方面，东汉政权慑于农民战争的威力及为了巩固统治的需要，采取了一些有利于生产从而也有利于人口增长的政策，例如实行度

---

① 《汉书》卷24上《食货志上》。

② 应劭撰，孙星衍校集：《汉官仪》卷上。

田，"检核垦田顷亩及户口年纪"①；分给贫民一些公田；对少有田业而无力耕种者，贷以种子、农具、耕牛；解放奴婢；减免赋役；赈济孤贫；劝课农桑等。此外，还奖励人口的增殖，如章帝元和二年（85）诏："令云：'今诸怀妊者，赐胎养谷人三斛，复其夫，勿算一岁，著以为令"②。元和三年（86）诏："其婴儿无父母亲属，及有子不能养食者，禀给如《律》。"③这些措施，对生产和人口的发展都起了积极作用。从一个较长的时期来看，应当说是农民的阶级斗争对人口的增长起了促进作用。

与西汉相较，东汉在人口问题上也出现了一些新的情况。

第一，东汉人口的布局比之西汉有了变化。由于农民起义主要爆发在长江以北，这些地方在战争中人口减少甚多。而南方地区较少受到战乱之苦，再加上南下的移民，因而人口有较大的增长，在全国人口中的比重大大上升。荆（除南阳郡）、扬、交、益四州，西汉末有 2259709 户，11017474 口④，分别占全国的 18.5%。东汉永和五年（140）这四州（益州加上划归凉州的武都郡）共有 3708067 户，16602072 口⑤，分别比西汉增64%和50%，在全国户口中分别占 39.7% 和 34.6%，比西汉增加一倍左右，这就为以后的吴蜀及东晋南朝的建立和发展奠定了基础。此外，由于战乱及政治中心由长安移向洛阳，司隶校尉部所属的关中地区的京兆、右扶风、左冯翊以及凉州地区人口比西汉大为减少，京兆尹所辖地区较之西汉小有出入，计算时略去；凉州东汉时划入的武都、北地二郡计算时除去。从西汉的 978440 户，3718373 口降为东汉时的 187009 户，842762 口，只各当西汉的 19.1% 和 22.7%，在全国户数与口数中的比重也从西汉的 8%和 6.2%，降为 2% 和 1.76%⑥。这样，农民战争也使得人口的布局发生了变化。至于黄河中下游，则仍是全国人口最稠密的地区。这里"有十亩共

---

① 《后汉书》卷 1 下《光武帝纪下》。

② 《后汉书》卷 3《章帝纪》。

③ 《后汉书》卷 3《章帝纪》。

④ 参见《汉书》卷 28《地理志》。

⑤ 参见《后汉书》卷 22《郡国志四》；《后汉书》卷 23《郡国志五》。

⑥ 参见《汉书》卷 28《地理志》。

桑之迫"①,"人稠土狭,不足相供"②,同样,也仍是土地兼并最烈,农民负担最重,人口相对过剩及随之而来的流民问题最严重的地区。第二,东汉的农业生产力水平与西汉相较未见有明显的发展,而这样的生产力水平是有一个容纳人口的最大界限的。从生产关系方面看,在西汉后期存在的三个严重的社会问题中,奴婢问题经过农民战争及东汉初解放奴婢的措施,大体上缓和了。工商业由于农民战争的打击及随豪族地主经济发展而来的自然经济色彩的加重而趋于萎缩。奴婢问题和工商问题已不像西汉后期对人口问题有那么大的影响了。至于最根本的土地问题,虽在东汉初年有一定程度的缓和,但随着地主阶级力量的恢复和发展,很快又尖锐起来。特别是这时地方豪强势力膨胀,向门阀化的方向发展,从而农民对地主的人身依附关系加强了。如前所述,这个变化是不利于人口的增长的。

由于农业生产力发展的限度和地主经济的特点,东汉人口发展的节奏与西汉有所不同。如果说西汉的人口发展经过汉武帝时的顿挫之后,到后期虽然呈现发展停滞的趋势,但仍有所增加的话,那么,东汉在最初80年人口迅速增长之后,人口的发展就一直处于停滞的状态,大约维持在900万户,5000万口③。比西汉末的人口还要少一些(当时由于豪族地主的发展,隐匿依附农民的现象比西汉严重,因此上述数字比实际人口数要少些,但相差不致太大)。可以说是大约接近了封建生产方式发展到当时阶段所能允许的人口的限度。

东汉后期,统治者的腐朽奢侈比西汉有过之而无不及,对农民的剥削压迫也日益加剧,黄河中下游地区的相对人口过剩也突出起来。于是又出现了与西汉晚期相似的农业生产衰落,土地兼并加剧,农民生活困苦的局面,终于爆发了黄巾农民大起义,并造成了人口的再一次猛烈下降。

由此可见,一个封建王朝统治期间出现这种初期人口迅速增长——中后期发展迟缓、停滞——灭亡时猛降的现象,是由封建生产方式所决定和

---

① 仲长统:《昌言》,见杜佑:《通典》卷1《食货典一·田制上》。

② 崔寔:《崔寔政论》,见杜佑:《通典》卷1《食货典一·田制上》。

③ 《后汉书·郡国志五》引《帝王世纪》云,冲帝永嘉二年"口七百二十一万六千六百三十六",与其他记载严重不合。

制约的。换言之，封建生产方式的基本矛盾——生产的个体性质与封建所有制的矛盾，在人口问题上就表现为个体小生产者的人口发展规律与地主阶级在人口问题上的作用的矛盾。这一矛盾的发展，同封建生产方式的矛盾的发展一样，集中地表现为农民与地主的阶级对抗，而且最终要通过大规模的激烈的农民战争，并且付出人口大量损耗的沉重代价，才能获得缓和与部分的解决。

大规模农民战争之后，生产力多少有些进步，封建社会还是在迂回曲折的道路上有所前进。因此，这种循环不是封闭的、圆圈式的，而是螺旋式的，即在循环中上升、发展、前进。我国封建社会发展的这个特征表现在人口问题上，就出现了各个主要王朝的人口发展尽管都经历了迅速增长——增长迟缓或停滞——迅速下降这样的类似的循环的途径，但就整个封建时期而论，人口的发展却出现了几个台阶式的跃迁，显现了在循环中的前进。

三、封建社会的发展阶段和人口的台阶式的"跃迁"

经过黄巾起义和汉末军阀混战，人口大减。"出门无所见，白骨蔽平原"[1]，曹魏人口，"不如往昔一州之民"[2]，户口的凋残，可以想见。直到西晋统一全国的太康元年（280），人口也才只有 2459000 多户，1616 万多口[3]。由于门阀地主大量隐庇人口，这个数字肯定要比实际人口数少许多，但人口损耗是肯定的。随后而来的是五胡十六国的大动乱，北方人口在战乱中大量损耗。然而到南北朝末期，全国人口又达到了六七百万户[4]，隋代进一步增长到近 900 万户，4600 多万口，接近东汉时的水平。隋炀帝

---

[1] 王粲：《七哀诗》。

[2] 《三国志》卷 16《魏书·杜畿传附杜恕传》。

[3] 杜佑撰：《通典》卷 7《食货典七·历代盛衰户口》，《三国志》卷 22《魏书·陈群传》裴注引《晋太康三年地记》，作三百七十七万户。分别只相当西汉末的 20.1% 和 27.1%。

[4] 汪籛：《隋代户数的增长》，《光明日报》1962 年 6 月 6 日。

的暴政及随之而来的隋末农民大起义，使初唐人口又降到不满 300 万户。经过唐前期 140 年的发展，到玄宗天宝年间，人口再一次增长到 906 万多户，5200 多万口，与西汉末年相去不远，形成中国人口发展史上的又一个高峰。从汉到唐，我国人口的发展经过几次大起大落，但总的情况是维持在最高一千万户，六七千万口左右。这样，就形成了继战国之后中国人口发展的第二级台阶。

魏晋南北朝隋唐与两汉虽然同属中国人口发展的第二级台阶，但其内涵却有所不同。如果说，两汉的人口接近当时封建生产方式发展所能容许的界限，那么，魏晋南北朝隋唐则是孕育着跃迁到下一个人口发展的台阶的条件。之所以这样说，是基于下述三种情况：

第一，是农业生产发展的水平。魏晋南北朝隋唐时期，农业单产与两汉相较，没有显著的提高，魏晋时期甚至比两汉还要低些。这是因为战乱频仍，人口减少，工具畜力不足，技术没有很多改进，以致耕作趋于粗放；但另一方面，地多人少的情况突出，每个农业劳动力平均垦田面积比两汉要多，这也加强了耕作的粗放性，二者相衡，单产虽然较低，但每人占有的耕地较多，因此农业劳动生产率大体还维持在两汉的水平上。到了唐代，单产同两汉水平差不多，而每人平均占有的耕地面积略微超过两汉，这就使农业劳动生产率比两汉时要高一些。这也是唐代能成为我国封建社会历史上第二个鼎盛时期的经济基础。

每个农业劳动力占有的耕地面积比两汉多，而供养的人口却与两汉基本相同，这个事实可以从当时农业区域与人口布局的变化得到说明。从三国开始，黄河中下游的农业衰落，人口减少，这个地区的人口大量迁向边缘地区，主要是江南、荆襄和巴蜀，此外还有辽东。五胡十六国的混战，又造成一次大的人口流动，江南荆襄巴蜀地区进一步得到开发，其次是辽东、雁北、河西（这个地区东汉时人口大大减少，这时又恢复到西汉的情况，甚至还有过之）。唐朝长江以南的农业区域继续扩展，经济日趋繁荣，江淮地区的粮食成了唐朝政府、军队供应的主要来源。中国历史上南粮北运的局面就是在这时形成的。江淮地区终于代替黄河中下游成了中国的经济重心，人口的布局也随之发生了相应的变化。黄河中下游的农业和人口没有很大发展，五胡十六国时期战乱的破坏，及少数民族落后的游牧经济的影响，使得这个地区的农业发展停滞并在一段时期内发生了倒退，而江南等新开发地区，则由于耕作粗放，一时也还不能容纳更多的人口，这就形成了农业区域尽管扩大，农业劳动生产率在唐代还有所提高，但容纳更多的人口在一个时期内还只是一种可能性。这就是唐代人口与两汉基本相同的一个重要原因。

第二，这个时期复杂的民族关系与民族斗争对人口问题起了相当大的作用。一方面，五胡十六国以及南北朝时期激烈的民族斗争使生产遭到严重破坏，人口大量死亡流徙；入主中原的少数民族的落后的生产形式也使得先进的农业发展受到阻碍。像五胡十六国及北朝初年，黄河中下游的许多原来的农业地区变成了牧场就是一例。少数民族的落后的生产关系也阻碍了农业的发展，这是当时农业粗放的一个重要原因。这种对生产的破坏从而对人口增长的阻碍作用，在一段时期内是相当严重的。但是另一方面，从历史发展的总进程来看，少数民族大量进入中原地区并且把自己的生产形式由游牧变为农耕，促使了本族人口的迅速增长并与汉族迅速融合，这对中原地区总人口的增长又是有利的。少数民族进入中原建立政权，又使得中原地区与少数民族原来居住地区纳入同一政权统治版图之内，加强了中原地区对少数民族原居地区的经济文化的影响，再加上接纳了汉族移民，少数民族原居地区的经济特别是农业也有所发展，从而促使了这些地区人口的增加。像鲜卑慕容氏统治的辽东地区；鲜卑拓跋氏统治的河套、雁北地区；氐族、羌族统治的河西地区等都是如此。再一方面，中原地区的民族斗争的后果——大量人口南徙及汉族政权在南方的重建，促进了南方的开发，使这个地区有可能容纳更多的人口。以上这些，又是民族斗争从一个长时期来看对人口发展所带来的积极后果。

第三，地主阶级和封建国家对人口发展的作用这时也出现了一些新的情况。门阀地主经济的发展及农民对地主的封建人身依附关系的加强是阻碍人口发展的一个因素。但这时封建国家的赋役剥削中，徭役及代役钱的比重下降了，实物租的比重上升。魏晋南北朝的农民赋役负担以田租和户调为主，到隋唐时，原来的徭役也基本上采取纳庸代役的办法，变成了实物代役租。至于汉代成为农民沉重负担的口赋算赋等人头税已经取消，赋役的承担者已不包括少年儿童，并从以人丁计征为主向按土地计征为主的方向发展，这对农民人口的增殖是起了有利的影响的。

由以上这些变化来看，尽管魏晋南北朝隋唐时期人口与两汉同属第二级台阶，但封建社会的生产方式的发展却为中国人口跃迁到第三个台阶准备着条件。

宋代社会除去两宋之际相对来说比较安定，农业生产有新的发展，这主要表现在两个方面。

一个方面是粮食单产提高了。亩产平均在 2 石左右，合今一市亩产 200 市斤多点，比汉唐的一市亩 140 斤左右提高了约三分之一。之所以提高，是农业精耕细作的集约化程度加强了，特别是江南地区耕作方法有很大进步，那种火耕水耨的粗放耕作方法已基本绝迹。另外，由于江南地区的开发，适于这个地区种植的高产作物——水稻，在粮食作物中的比重增加了。当时两浙地区稻谷亩产高达 3 石，合今一市亩产 320 市斤以上，太湖流域亩产高的有达六七石的，合一市亩六七百斤。另外，复种指数也提高了，吴中地区的稻麦两熟制和双季稻的种植已是相当普遍的现象。①

另一个方面是农业区域进一步扩大了。虽然北方地区人口、粮食生产没有大的发展，但长江下游和四川已充分开发，闽、广、两湖地区也成为重要的粮食生产基地。

在这样的农业生产水平的基础上，尽管每人所占耕地面积比魏晋南北朝隋唐少，但由于粮食单产及总产都有所增加，能够供养更大数量的人口。因此，两宋人口比过去有较大的增长。两宋户口统计不甚可靠，最多时的北宋末年达 2000 万户，但却只有 4300 多万口，平均每户只 2.1 口，户数与口数之比是很不合理的。其所以如此，大约是为了逃避差役而析户或少报了口数。据估计到北宋末年时加上辽夏，当时人口应接近 1 亿，此后南宋加上金夏，人口大约也是此数。这比汉唐要多出将近一倍，形成了中国人口发展史上的第三个高峰，第三级台阶。

---

① 参见朱长文撰：《吴郡图经续记》卷上《物产》，江苏古籍出版社 1999 年版。

宋代人口较前代增长，还同唐后期以来随农业的发展而来的工商业的发展有关。两宋商品经济，特别是长江中下游农业区域的商品经济比前代有进一步的发展。农产品的商品化程度加深了，为农业服务的矿冶业和日用品的生产贩运相当发达，反映商品经济发展的铸钱业也很发达。像江西信州的铅山场，广东韶州的永通监，据说都有坑丁十余万。[①] 湖北蕲春的铸造铁钱的工场，可容 300 人。这样的例子举不胜举。商业除了城市，也延伸到了市镇和农村，城市特别是工商业城镇的数量及人口都有很大增加。唐代在 8 世纪中叶，全国十万人以上的城市有 13 处，北宋中叶增长到 46 处。同期全国各州商税年额在五万贯以上的有 57 处，可见城市工商业的发达。其中如北宋的开封，南宋的杭州，在当时世界上是首屈一指的大城市。工商业与城市的发展，容纳了大量的人口，成为宋代人口增长的一个重要因素。

封建生产关系的变化，也是宋代人口增长的一个原因。从唐以来，门阀地主的势力日渐衰微，农民的人身依附关系逐渐有所削弱，租佃关系越来越发达。到了宋代，部分地区出现了定额租，乃至少量的货币地租，这是适合当时生产力发展的要求的，也意味着农业劳动力与土地的结合又紧密了一步，农民向个体小生产所有制的正常形式——自耕农的自由土地所有制——又前进了一步。而如前所述，自耕农的自由的土地所有制是个体小生产经济条件下所能容纳人口的最大限度，这是两宋人口增加的又一个原因。

适应农业中生产关系的变化及商品经济的发展，从唐代后期的两税法开始，封建国家的赋役制度也相应地发生了变化。一是征取对象从身丁为主改变为户等资产（主要是土地）为主。二是以实物为主改变为钱物均收，而丁役也较多地采取出钱雇役的办法。三是唐代客户（包括佃户在内）还要承担政府的赋役，而宋代客户（即佃户）就不再承担赋役了。这些适应唐宋间社会经济变化的赋役制度的变化，也是有利于人口增长的一

---

① 徐松辑：《宋会要辑稿·食货》34 之 28，中华书局 1957 年版；陆耀遹：《金石续编》卷 14《韶州新置永通监记》，续修四库全书本。

个因素。

明清时期，农业的精耕细作又有发展，平均亩产提高到 250 斤左右。比之宋代又提高了约 1/4。清代最后奠定了我国多民族国家的疆域，加强了各族之间的经济联系与交流，也使得农业地区扩展到了云南、内蒙古、西北，到清代后期，东北地区也得到了迅速的开发。垦田面积从清前中期的 7 亿多亩（这个数字不精确），增到新中国成立前的 14 亿多亩。长江中下游的农业得到进一步发展，两湖地区成了可与江浙地区比美的大粮仓。宋代"苏湖熟、天下足"的谚语至此演变为"湖广熟、天下足"。高产作物除水稻外，又从国外引进了玉米、白薯、土豆等，对粮食亩产和总产的增长起了明显的作用。租佃关系进一步发展，农民人身依附关系也有所削弱。还有工商业和城市的发展，包括资本主义萌芽的出现。凡此种种，都使人口有可能进一步增长。但是，对人口增长影响最大的，则是封建政府的赋役制度的变革。从明代的"一条鞭法"把赋税徭役统一征收，并从征取实物改为全部征银起，到清代康熙规定"滋生人丁永不加赋"，再进而至"地丁合一"、"摊丁入亩"；赋税的征收全以土地为单位，封建徭役及从徭役转化来的代役税及人口税，从此基本上从赋税制度中消失了。而在赋役制度中，徭役、代役税和人口税对人口增长的束缚作用是最严重的，不堪忍受徭役、人口税等负担而生子即杀、自杀的记载史不绝书，宋代不仅因无法应付差役而被迫析户的现象普遍存在，而且还由于逃避差役和身丁钱，出现"村童半壮丁"[①]，即虽成丁犹作儿童装束的怪事。到了清代，赋税的征收既与人口数量不再相关，不再对人口的增长起直接的束缚作用，这就不仅使得隐匿人口大量登入户籍，而且也大大刺激了人口的增殖，再加上比较安定的社会环境，中国的人口就从清代初年的 1 亿多经过一百多年猛增到 4 亿以上，从而形成了中国人口发展史上的第四个高峰，也使中国人口迅速跃迁到第四级台阶。

由上可知，中国人口发展之所以呈现台阶式的跃迁，主要是由于四个因素：

① 沈说：《庸斋小集·仁福道中》，见陈起编：《江湖小集》卷 26，文渊阁四库全书本。

第一，农业生产力的发展，这集中地表现为耕地面积的扩大和单产的增加，尤其是单产的增加，使得在农业劳动生产率基本未变的情况下有可能容纳越来越多的人口。

第二，封建生产关系的局部变化，即地租形式的变化、租佃关系的发展、农民封建人身依附关系的削弱等，使得个体小生产农业日益向其正常形式——自耕农的自由土地所有制发展，而与这些变化相适应的封建国家赋役制度的变化，也对人口的增长起了促进作用。

第三，人口布局的变化，一是非农业人口，特别是工商业与城市人口的增长；一是农业区域的扩大，这主要是多民族国家疆域的奠定与汉族向边缘地区特别是向南方发展的结果。

第四，民族交往与民族融合的扩大，而这往往又是民族矛盾与民族斗争的后果。

这些因素交互起作用，而又往往是与封建社会的部分质变联系在一起的。因此，我们应当从封建社会发展阶段的递变来探求人口发展的台阶式的跃迁的原因。也不妨说，人口发展的台阶式的跃迁往往是封建社会进入新的发展阶段的一个标志。虽然二者在时间先后上并不一定紧密吻合，但其联系则是可以肯定的。

然而，中国人口跃迁到四亿以后，到了近代，又呈现了发展迟缓乃至停滞的状态，形成了中国人口发展的第四级台阶。从鸦片战争到中华人民共和国成立，110 年间人口共增 33%，平均每年递增 0.26%。在这段时期前后，欧洲资本主义国家的人口在 100 年间大约增长了一倍，比较起来，我国人口的自然增长率是低的。

为什么如此，有两方面的原因。一方面，外国资本—帝国主义的侵略，改变了中国的经济结构，使中国从封建社会变为半封建半殖民地社会，从而使中国的人口发展出现了新的情况。这个方面我们不去多谈了，这里只谈另一个方面，即封建社会初期形成的个体小生产经济，经过两千多年，到了近代，已经接近了它发展的尽头。

一定领土能够养活一定限度的最大人口量，是与每一种生产方式及其不同的发展阶段相适应的。我国封建社会的不同历史阶段所能容纳的人口也是有一个界限的，它大体上是由当时农业技术条件下可垦耕地面积与农作物的单位面积产量及生产关系的状况所决定。在这个界限之内，人口的增长是适应并促进生产力的发展的，越过这个界限，人口的增长就要延缓或阻碍生产力的发展了。我国人口发展史上的几个台阶就是这样形成的。

四、人口增长对中国封建社会发展的作用

汉唐时期，黄河中下游的人口在正常情况下，在当时条件下往往已经接近或达到饱和，从而出现了相对过剩人口，其中一个重要的解决办法是人口向周边地区移动。由于当时未开发地区特别是南方地区面积辽阔，并且具备发展农业生产的有利条件，因此黄河中下游的人口相对过剩问题相对来说可以得到缓和。总起来看，这个时期人口的增长与耕地面积的扩大和粮食产量的增长大体上是适应的，对封建社会生产力的发展起了促进的作用。

到宋以后，情况逐渐发生了变化，在当时农业生产技术允许的条件下，可供开发的新地区越来越少，人口增长的速度超过了耕地面积和粮食单产增长的速度，这样，人多地少逐渐成为全国性的普遍现象，粮食单产虽有提高，但由于人口增长快，耕地扩大慢，农业劳动生产率的增长开始停滞甚至倒退。两千年来，中国的耕地面积从汉代的 48000 万市亩左右增到 1949 年的 14 亿余市亩，即增长到 3 倍，粮食单产从一市亩 140 市斤左右增长到不到 300 市斤，约增到 2.2 倍，二者相乘，粮食总产约增 6 倍多，而人口则从汉代的五六千万增到 1949 年的 5 亿多，接近 10 倍，每人占有耕地面积则从汉代的 4.8 市亩（或 9.7 市亩）降到 2.8 市亩，人口的增长逐渐从促进生产力发展的因素转为延缓乃至阻碍生产力发展的因素，人口问题严重起来。到了近代，这个趋势就更为明显了。

到了近代，中国农业生产已经处于停滞状态，耕地面积的扩大已经停止。国内虽还有大量宜农荒地，但多处边疆，开垦条件艰苦，已非个体小生产的传统农业的经营方法和生产技术所能大量开垦。从 1873 年到

1933 年的 60 年间，全国耕地面积仅增加 1%（系 22 省的统计，东北、新疆、西藏等未计在内），单产则基本未增。农业生产已经无法再进一步提高。另一方面，封建生产关系已经成为生产力发展的沉重枷桎，它与外国资本—帝国主义的侵略势力结合起来，使得个体小生产经济向自耕农的自由的土地所有制的发展遇到了无法逾越的障碍。也使得中国的民族资本主义发展不起来，工业无产阶级增长不快。这一切不仅带来了生产的凋敝和人民的极度贫困，也使得大量农民死亡或破产成为游民。这是近代中国人口发展停滞并出现大量过剩人口的根源，使得人口问题成为一个严重的社会问题。这个问题已经不可能在封建制度或半封建半殖民地制度下得到解决，也不是发展资本主义制度所能解决的。唯一的解决办法只能是无产阶级领导下的人民民主革命，也就是推翻帝国主义、封建主义、官僚资本主义，解放生产力，用革命加生产的办法解决五亿人民的吃饭问题，从而也解决人口问题。这个任务，经过中国共产党领导下的人民的几十年的斗争，终于完成了，这就为近代中国严重的人口问题开辟了解决的道路。

新中国成立以后，封建土地所有制废除了，地主阶级消灭了，农民获得了 7 亿亩土地，每年少缴纳几百亿斤粮食的地租，这对农业生产力是一个解放，农业生产迅速地恢复和发展起来。个体小生产农业的正常形式——自耕农的自由土地所有制在解除封建束缚之后实现了，农民的生产条件、生活条件、医药卫生条件有很大的改善，死亡率迅速降低，农业人口迅速增长，再加上工商业、交通运输业等的恢复和发展，非农业人口也迅速增长起来。这就使得中国的人口的再生产从封建社会的高—高—低类型一变而为高—低—高的类型，即高出生率，较低的死亡率，高自然增长率，人口以每年平均 2% 以上的速度增长，而 20 世纪 50 年代甚至还要高些。在新中国成立初的一段时期里，促使农村人口迅速增长的，基本上是个体小生产的人口规律。

尽管土改后不久就实现了农业合作化，农村中社会主义生产关系占了统治地位。但是，由于农业现代化的进展缓慢，农业生产基本上还是在小生产的技术和经营方式的基础上进行的，仍然带有若干小而全的自给自足的自然经济的特色，农业生产的增长仍然是以劳动力的巨大耗费为条件。

再加上传统的封建社会的人多好办事、多子多福、养儿防老等思想，这就使得占全国人口 80% 的农村人口的发展仍然是个体小生产的人口规律起着决定作用。由于摆脱了封建生产关系的束缚，而社会主义改造又堵塞了资本主义的道路，个体小生产的人口规律的作用就得到了最充分的发挥。新中国成立 30 多年来人口迅速增长的原因不止一端，但不能不说上述原因特别在农村是主要的。

个体小生产的人口规律发生作用所带来的后果是，随着人口无计划地盲目增长，全国每人所占的耕地逐年减少，从新中国成立前的 2.8 亩降到 1978 年的 1.6 亩，粮食总产的增长虽然不算很低，但被迅速增长的人口所抵消，以致农业劳动生产率始终在每个农业劳动力年产粮 2 千斤上下徘徊，甚至还有降低的趋势，全国每人占有的粮食数增长有限，始终停留在 600 多斤的水平线上，从而使农业为整个社会提供的剩余产品无法迅速增长，大大影响了工业和整个国民经济的发展，也引起了一系列的社会问题。可见，个体小生产的人口规律与由社会主义基本经济规律所决定的社会主义人口规律是大相径庭而且是互相矛盾的。

可是，在相当长的一段时间里，我们对于什么是社会主义的人口规律并无认识，至少也是缺乏足够的认识。个体小生产的人口思想在相当大的程度上支配了我们，甚至把它当成了社会主义的人口思想，错误地批判马尔萨斯人口论，片面地强调人多好办事等就是例子，结果是让个体小生产的人口规律在相当大的程度继续发挥作用。而我们有些政策措施不仅不是限制反而是助长了这种个体小生产的人口规律的作用，像农村中不计大小平均分配口粮就是一例。这就造成了 30 年来人口增长将近一倍，给我国经济建设和人民生活带来了不利后果。

目前，中国的人口已经跃迁到了第五级台阶。研究什么是社会主义人口规律，而据以采取各种有效的措施，把人口的自然增长率坚决降下来，使这个台阶较长期地延续下去，使人口的发展与生产的发展相适应，不再对社会的发展起延缓或阻碍作用，而是起促进的作用，使之有利于生产的发展和人民生活的改善及文化水平的提高，已经是刻不容缓的事了。

第五章　中国封建经济结构及其运转（上）

近年来，过去流行并视为马克思主义社会发展理论正宗的、依次更替的五种社会经济形态，五种社会形态或五种生产方式（原始社会—奴隶制社会—封建社会—资本主义社会—社会主义社会），迭经质疑和争论，已不再认为它是社会发展的普遍的必经的途径，相当多的人或者对此公开否定，或者悄然放弃，至少是淡化了。代之而起的是形形色色的历史阶段划分，例如：酋邦社会—宗法社会—集权社会—专制主义社会；古代—中古—近古—近代—现代。五彩纷呈，百花齐放，但迄今尚未能取得共识。

同样成问题的是封建社会、封建制度、封建主义，又是诸多质疑和争论。目前最有影响的一种是，封建主义是指先秦"封诸侯建同姓"的那种制度。秦始皇统一六国，废封建、行郡县、车同轨、书同文之后，中国已经不再是封建主义了，而应当是专制主义、专制制度，或者说，是"皇权主义"①。

"封建"一词，最早见于《左传·僖公二十四年》，原来确是古代帝王把爵位、土地赐给诸侯在封定的区域内建立邦国。从战国初开始，社会变了，在新出现的个体小生产农业的基础上，主要的生产资料——土地被少数地主所占有，分成小块，租佃给个体小农业劳动者耕种，农民以小家庭为经营单位，从事生产的全过程，并将其产出的一部分作为地租上缴给地

---

① 李慎之：《中国传统文化与现代化——兼论中国的专制主义》，《"封建"二字不可滥用——致许明的信》，《李慎之文集》，李慎之生前友好资源捐助印制 2004 年版，第 18—36、454—455 页。

主。在这种新的经济关系的基础上，构建了各种社会关系、社会组织、政治制度以及意识形态。对于这个情况，人们似乎没有提出根本不同的看法，而是同意了或默认了这种共识。但是人们把这个新的社会形态赋予了各种各样的名称，如"专制主义""集权社会""帝国时代""小农社会""家国同构""亚细亚社会"等等。但这种种称呼却过多地从政治或社会着眼而忽视了这首先是一种经济形态。

近代的"封建""封建主义"一词，最早日本人从 Feudal 和 Feudalism 转译过来，而被中国人接受了的①。Feudal，所指的是西欧中世纪的那种封臣以领地的形式从领主手中获得土地构成采邑或者庄园，生产劳动主要由农奴来承担的社会形态。中国人移用时，把它同形式相近的先秦的"封诸侯建同姓"的制度混同了。20 世纪 30 年代，第一次国内革命战争失败，总结经验教训，中共六大决议作出了中国社会是半封建半殖民地性质，中国革命性质是反帝反封建的民主革命的论断，随之而来的中国社会性质论战中一再强调了"封建"这个词。紧接着的中国社会史问题论战，当时断定的封建和半封建社会就一直追溯到久远的古代了。到了毛泽东的《中国革命和中国共产党》，断言中国封建社会自周秦以来一直延续了三千多年。关于中国何时进入封建社会也出现了各种看法，吕振羽、范文澜、翦伯赞、邓初民、傅筑夫等主张西周封建论，都认为封建社会从西周开始，西周到春秋是领主制阶段，战国以后是封建地主制。此外还有东周封建论（李亚农）、秦封建论（侯外庐）、西汉封建论、东汉封建论（周谷城、何兹全）、魏晋封建论（尚钺、王仲荦等）、唐宋封建论（日本学者）等等，众说纷纭，莫衷一是。总之，不管怎样，中国的"封建社会"作为一个历史阶段和社会形态终究与 Feudal 有别而存在着了。

其实仔细把它同西欧的 Feudal 对照，发现二者虽然有别，但相似之处也不少，那就是在小生产基础之上的大土地所有制。我们在找到更好的术语之前，暂先遵从习惯，把战国到新中国成立以前的这两千多年的历史

---

① ［德］李博：《汉译中的马克思主义术语的起源与作用：从词汇—概念角度看日本和中国对马克思主义的接受》，赵倩等译，中国社会科学出版社 2003 年版，第 165—170 页。

称之为封建社会①。

经济生活中包括生产、交换、分配、消费诸方面、诸关系、诸环节，它们之间的构成和关系即形成了社会经济结构。它不是静态、凝固不变的，而是动态的，一直在运转着、变化着、发展着。这里，准备讨论一下封建经济的结构及其运转和发展的问题。

这个问题很大，头绪很多，难于综合或概括。这里只能提出几点粗糙和简略的想法。一般只作叙述，不去展开，不征引材料，也不去引用数字或作量化分析（在古代中国史上量化是很困难的，史料所提供的数字要么不准确，要么缺乏普遍性），也不涉及其中多数有争议的问题，只是提出一些问题以供思考和进一步探索罢了。

我们常说封建经济是一种农业经济（包括种植业、养殖业和采集业），这话不错，但不完整，因为很早人们就有了分工。经济上主要的是农业和手工业的分工，这是封建经济的两大部门。这两大部门的产品要交换，这种交换终归会发展到以商品交换为其重要的形式，这就有了第三个部门——商业，而且越来越重要。当然，交换不仅在农业与手工业之间，也在农产品、手工业产品之间交互进行，劳力的出卖、土地的买卖也很重要，但农业与手工业产品的交换是最突出的。

我们常说封建经济是一种自然经济，即以生产使用价值为目的的经济。这话也不错，但也不完整。因为交换是必需的，仅仅是产品交换是不够的，更需要商品的交换。封建经济并非是一个绝对封闭静止的系统，它靠内部和外部的各种因素运转，具有相当的开放性和活动性。商品经济就是这种开放性活动性因素。说封建经济是自然经济，并非说商品经济不重要，相反没有商品经济，整个封建经济很难运转，也很难发展。

农业和手工业所形成的生产力，经过商品交换能趋向于较好的资源配置，能较好地发挥作用。商品经济的发展，能够刺激和推动封建生产力的进步。商品经济的发展大体上反映了同时期封建生产力的发展水平，有时

---

① 马克垚：《封建社会·中文版序》，见［法］马克·布洛赫：《封建社会》上卷，张绪山等译，商务印书馆 2009 年版，第 11 页。

出现滞后现象，但迟早会赶上来（如两晋南北朝）；有时出现的超前现象或畸形繁荣（如战国秦和西汉，又如唐宋明的末世），对封建经济或者起着衰减作用或者起着促进作用，视具体历史条件而定，但更重要更值得注意的是它的促进作用，尤其是到了后期。新的超越封建的经济因素总是在工商业和城市中率先产生，而不是在封建经济的基础和主干——农业经济中产生，商品经济是整个封建经济的润滑剂、催化剂和驱动力。

一、关于个体小生产农业

又有人常说，封建经济的基础和特点是小农经济，这话并不确切。经济包括了生产力和生产关系两个方面。小农经济论者似乎混淆了这两个方面，而往往不知道指的是哪个方面。说到生产关系，那要看生产资料归谁占有，占有什么，占有多少，和如何使用而定。小农经济论者一说到小农经济，好像就只是农民经济，占有主要生产资料——土地的地主不见了。小农经济论者一说小农经济，好像就只是小自耕农经济，农民的多数——佃农、依附农和雇农也不见了。

封建农业生产的特点是个体的、细小的，但中国更为突出。我们可以不用小农经济这个词，称之为"个体小生产农业"，这是中国封建生产力的基础和主干。这种个体小生产农业具有如下特点：

第一，集约化农业。在小块土地上投入较多劳力，精耕细作，以期获得较高的单产。高投入高产出，这里的高投入主要是劳力。

第二，以一家一户为经营单位，独立从事生产的全过程。

第三，生产资料。土地是小块的，最适合的形式是劳动者自己占有（自耕农），其次是劳动者个人长久使用（佃农、依附农）。其他的生产资料多是细小的、专门化的、多样的（农具等）、必须由劳动者占有（包括耕畜）。

这种个体小生产农业虽然单产高，但由于土地小块，投入劳力多，高投入高产出，其劳动生产率实际上并不很高。剩余产品率在正常情况下一般占全部产品 1/3 左右，这其中可能只有 8%—15% 能投入再生产。用于扩大再生产的就更少了，这种农业发展的速度是很缓慢的。

个体小生产农业（包括家庭手工业）产品中，能用于商品交换的份额是很小的，但品种却也不少，主要是粮食、布帛、副业产品。所交换的则是农民生产与生活必需品，主要是盐、铁、陶瓷，此外还有粮食布帛等的调剂。前二者多需长途转输，历史上成为最影响国计民生的产业。

每个农民能用来从事商品交换的商品是很有限的，很小量的，"氓之蚩蚩，抱布贸丝"①，"二月卖新丝，五月粜新谷，医得眼前疮，剜却心头肉"②。但农民数量极大，涓涓细流汇总起来，整个社会总的流通的商品数量是不小的。总交易量大，具体一件一件的交易额很小，这也许是商品经济整体中最重要的、决定性的部分。它决定了中国封建社会的商品货币经济的许多不同于西方的特点。

（一）农民

在个体小生产农业的生产力基础上形成的生产关系——阶级关系是地主和农民。农民，从对生产资料的占有关系来说，可以分成：

小自耕农——完全占有土地及其他生产资料。

佃农——租种地主土地，有一些农具和耕牛这类的生产资料，收获部分归己，部分作为地租交给地主。地租率一般占产品总量 50% 左右。他们跟地主的关系主要是经济上的租佃关系。有些更签订了正式的书面契约。

依附农——类同佃农，但对地主有更强烈的人身依附关系。像三国两晋南北朝时期，世家豪族拥有的部曲、佃客等即属此。他们同地主除了经济关系外，还有不同程度上的政治上、人身上的隶属关系。

雇农——没有自己的生产资料，出卖劳力为地主劳动，即所谓的"庸

---

① 《诗经·卫风》。

② 孙光宪：《北梦琐言》卷 2《放孤寒三人及第》，中华书局 2002 年版。

耕"。在中国封建社会数量是少数。

这只是大致的区分,还有一些农民介乎各类农民之间,如自有部分土地、租种若干土地的半自耕、半佃农等。到了封建社会后期,转租、包佃、典贴等等形式出现,农民的类型就更加复杂了。此外,各类农民与地主并非全然没有超经济的人身依附关系,只是程度轻重不一罢了。

对于个体小生产农业来说,"土地的所有权是这种生产方式充分发展的必要条件",而自耕农的自由所有权,"显然是土地所有权的最正常形式"[1]。在封建社会里,自耕农的土地所有权仍要受到封建关系的不同程度的束缚,但比起其他各类农民与土地的关系来,它是比较接近于自由的土地所有权的。因此,在封建社会里,凡是自耕农的比重大,或有利于从农奴、依附农、佃农等对土地的实际所有向自耕农对土地自由所有权前进的每一步变化(如地租形态和赋税制度的变化、封建人身依附关系的松弛和削弱、封建剥削和压迫的消除和减轻),都有助于个体小生产农业的进一步发展。

如果从生产与交换的角度来看,可以产品商品化程度不同将农民分成四类:

第一类,产品自用有余(不是为交换而生产的)。少量产品非经常地、偶然地只是为了生产与生活的必需而进行交换。

第二类,商品生产形成过程中,主要产品自用,小部分为交换而生产,补充生活。

第三类,自用部分次要,商品性产品主要,自然经济向小商品经济过渡完成。

以上三类都是为买而卖,属于小商品生产,追求的是使用价值。

第四类,以追求交换价值出现,为卖而买,目的不是追求使用价值,不是为了满足生活需求,而是增殖货币,发财致富。趋向于资本主义商品生产性质。

以上是从横的方面来看农民的情况,再从纵的方面,即从农民的商品

---

[1] 马克思:《资本论》第3卷,人民出版社2004年版,第911—912页。

化生产的发展过程来看。

像战国，农民的生产多属于第一类，有的为第二类。

宋代，第二类有很大发展，第三类也有了。

明清，第二类较普遍，第三类大量增加，第四类也有了（经济作物居多）。

这种层次的划分及其历史的发展，说明农业从以生产使用价值为目的的自然经济走向以生产交换价值作为目的的商品经济，是一种进步，它与各个时期的个别农民的贫富没有比例关系。但从整体上说，它是农业生产力水平提高的表现，即可以有更多的部分必要产品和剩余产品进入市场，而且也激活了农业生产力的提高，即通过市场，实现较好的资源配置，提高效益。第一，农业及家庭手工业与市场挂钩，不必独立从事生产的全过程，如粮食加工、品种的调剂（细粮换粗粮或反过来，以棉、纱、生丝换布帛之类）。第二，农副业生产的多样化（主要是副业）。第三，农业生产的品种集中化，如植棉、种茶，提高效益，其他需要到市场购买，等等。

（二）地主

封建经济并不就是农民经济，也不就是"小农经济"，而是地主经济占统治地位。自耕农在全部农民中只占一部分（各时期有所不同，多数时期是小部分，约占农村人口 20%—30%）。农民自有耕地也只占耕地总量的一小部分。新中国成立前，占农村人口不到 10% 的地主富农占有土地70%—80%。自有土地的中农（自耕农）占农村人口总数的 20%—30%，土地的 20%—30%。其他大量农民是没有土地但还有自己的一些生产资料（农具等）的佃农（贫农）和什么生产资料也没有的雇农。再往前，情况大概也差不多。自然，各个时期农村各类人口的比例会有不同。早期如战国，自耕农可能多一点；一个朝代建立的初期如汉、唐，自耕农可能多一点，但总的情况大致差不多。

地主经济是建立在个体小生产农业的基础之上的。适应这样的农业生产力特点，地主把土地分成小块，租给农民耕种，由农民独立经营，地主收取地租。地主不参加劳动，基本上不从事土地的经营管理，主要靠坐食地租。地租一般为粮食，部分地主自用，其他投入市场，换取手工业产品，以供地主及其家人消费。另外，也不排斥他们从事少量的家庭手工业生产，如纺织布帛、粮食加工、制作酒醋等。这些产品除自用外，也有部分投入市场，换取其他的生活资料与财富的积累（金银、珍宝等奢侈品与房屋等），地主与市场的关系一般要比农民多些。

中国封建地主经济具有三个特点：

第一，租佃关系。地主不参加劳动，基本上不从事土地的经营管理，而由租佃农民进行独立的经营，农民的经营具有相当大的自由度。这种租佃关系是一种契约性经济关系。

第二，实物地租为主，农民有支配其部分产品的权力。

第三，土地买卖。农民有经过购买获得主要生产资料——土地的可能或丧失它的可能，地主也有通过买卖增加或丧失其土地的可能。

这三者并到一起，就是农业劳动者有相对的生产和经营的自由，可以发展，包括可以通过买地上升为地主，但也容易迅速破产。地主也是一样。这是有利于商品经济的发展的。但也有对商品经济发展不利的地方，即土地的买卖加深了农村人口对土地的依赖，不利于农业生产要素（资金、劳力等）向非农业的其他方面转移。

这种地主经济商品经济化的趋势，在封建社会发展过程中表现在其三个特点的内涵的变化上。可以看到，从宋以后：

租佃关系——愈来愈契约化，租约、包佃、典贴，愈来愈成为一种经济关系。

实物地租——出现了定额租，货币代物租，农民支配其产品的份额越来越多，农产品商品化及市场越来越大。

土地买卖——转移更快，限制减少。宋代有所谓"千年田换八百主"的说法。

封建地租是一种社会财富的强制性转移，其实际数额要超过土地作为生产要素的收益，是一种社会财富的积累，其去向：

第一，地主的消费——比农民要大，多数靠卖出粮食，购进消费品和奢侈品。地主消费的生活日用品数量还是有限度的，而对奢侈品的欲望则几乎是无尽的，这在大的地主的消费中占了很大比例。地主占有土地越多，越富有，奢侈品在其消费中占有的比重越大。

第二，购买土地。

第三，投入工商业。工商业的效益一般比农业大，所谓"农不如工，工不如商，刺绣文不如倚市门"①。

地主除去与农业直接相关的如农产品加工、短途贩运、纺织之外，也逐渐进入工商业的其他领域。

第四，经营农村高利贷。

此外，地主中还有一类经营性地主，他们往往直接组织管理生产，多从事商品性经济作物经营，这种经营多采取农场、种植园、养殖场和牧场的形式，雇工占很大比重。像《史记·货殖列传》中所说的千亩韭、千亩果、千头羊、千棵桑等等。

唐宋以后有茶园、棉田、油料作物及茶、油的加工，蔗园及糖的加工。这类地主在商品经济比较发达的地区增加了，但仍属少数。

地主消费的奢侈性手工业产品的特点，是所耗劳动多，物料价格贵，技术要求高，其价值要比一般日用手工产品高很多。而这种奢侈性产品的消费只限于少数人，往往不能转化为新的生产品，或者对生产有利，也不能提高多数人尤其是农民的生活质量与生活水平，因此，实际上，在很大程度上它是社会财富、劳动、资源、技术的浪费。奢侈品消费需求的增长，从总体和实际上说对真正发展缓慢的封建经济不能起促进的作用，新的技术也许在外，但由于产品购买的人少，对整个社会的作用也很有限，而且由于用途少及封建社会周期性的震荡，它们中间那些最尖端性的技术往往很难保存下来，这也就是中国古代很多很高的技术经常失传的缘故了。不仅如此，地主这种奢侈性的消费追求，不仅要运用原来的已获得的地租，而且还要扩大地租的数额。其办法一是获得新的土地，二是加大地租的分成比例，即要去兼并土地或提高地租剥削率，前者不免使自耕农失

---

① 《史记》卷129《货殖列传》。

去土地和增加生产和生活不如自己的佃农的数量，后者则要夺去佃农更多的产品，包括必要产品，这又引起佃农的生产能力和生活水平下降，削弱和减少了农民用于交换产品从事再生产的能力。这样，地主奢侈性消费的增长往往导致了农业生产的萎缩，也使农业这个大的生产部门的整体的交换和再生产能力下降。以农产品交换奢侈品的数额和规模的扩大与奢侈品质量和价格的提高，对于某些手工业部门和商业是一种刺激，但却不能导致农业的发展，反而使之萎缩，发生困难，带来农业的危机。农业是封建社会最基本的生产部门，是封建经济生产的基础和交换、流通的源泉，农业危机导致了整个社会危机。因此，我们时常发现在一个比较长的封建王朝如汉、唐、宋、明、清等的末世，奢侈腐化浪费成风，吏治败坏，商业、城市畸形繁荣，而农村土地兼并激烈，国家赋税加重，农民生活困楚，整个社会处于崩溃的前夕。商业、城市的畸形繁荣是一种不正常的超前，并不完全标志整个社会的发展进步，相反是社会危机的征兆，这是中国封建社会经济生活的一个特点。

由上可知，农业经济中的这种生产关系与个体小生产农业这种生产力形式是基本适合的。个体小生产农业要求土地与劳动力的紧密结合，自耕农是这种结合的最好形式，能取得最大的经济效益。地主土地所有制，是地主掌握主要生产资料，基本上是经济的手段（带有若干强制成分），使之与劳动者结合，也能取得较好的经济效益，而地主土地所有制反映了社会的分工，在当时历史条件下也是必需的。总之，农业经济中的这种生产关系或生产要素的分配是基本上适应当时生产力形式与发展水平的。

封建社会生产力发展是缓慢的，农业经济中这些所有制也是相当稳定的，但不可能是停滞不前的。很重要的原因是它不能没有交换，不能没有商品经济。而商品经济的刺激，使得这种生产关系逐步地缓慢地进行自我调节，其趋向是农业经济商品化。

然而农业经济的商品化是有限度的，其障碍就在于地主的土地所有制即地主对生产要素中的土地占有基本上是非商品经济化的，很难直接最终转化为商品经济。倒是受农业生产发展的影响而发展起来的城市工商业中更可能出现非封建经济的即资本主义因素。这是在封建经济之内形成的一种新的经济因素。

关于中国封建社会有没有出现过资本主义因素，中国封建社会能不能走向资本主义，一直是一个有争论的问题。我的看法是，中国资本主义因素最早可以在宋代找到，但是是微弱的，也是脆弱的，软弱的，旋生旋灭，不成气候。后来的发展也是很有限的，如果说中国封建社会在与世隔绝地没有外来作用下，自己独立地发展到资本主义的话，那恐怕是需要一个非常漫长的过程的。

二、手工业

手工业以其在商品经济中的地位来划分有以下几种类型：

（1）与农业结合的家庭手工业——主要是细小的、分散的，最主要的是纺织业，即通常所说的"男耕女织"。其生产为满足自己的需要而非为出卖，其产品有少量进入市场，基本上是非商品生产。

（2）官府经营的手工业——先秦流传着"工商食官"[1]，即工商业一直由政府直接经营。秦汉以后，各朝政府也一直经营大规模的手工业，包括纺织、服饰、器用、车马、冶铸、造币、陶瓷、土木营建等，以供皇室、贵族、官僚、军队及为其服务的奴婢仆隶等的需求。这种官营手工业规模很大，作坊很多，工匠不少。西汉时，专供皇室服饰的"齐三服官"、"作工各数千人"[2]。唐玄宗少府（掌百工技巧之政）将作（掌土木工匠之政）二监，工匠共 34850 人。清代江宁、苏州、杭州三织造局承担了几乎全部皇室官府所需的纺织品的生产。乾隆十年（1745）时，共设机 1863 张，各种工匠共 7055 人[3]。

官手工业作坊的劳动者，一是大量官奴婢，二是罪犯及其家属，三是

---

① 《国语·晋语》。

② 《汉书》卷72《贡禹传》。

③ 参见彭泽益：《清代前期江南织造的研究》，《历史研究》1963年第4期，第99—100页。

从市上以徭役的形式征调的匠人，四是有严重依附身份、世代相承的工匠。他们被征调往往要自带生产资料，或属于包工性质。此后，逐渐出现了发给工资的工匠。随着封建社会商品经济的进展，官手工业作坊中的劳动者的雇佣色彩逐渐浓厚起来。

官手工业作坊产品的物料，重要的是来自田赋（粮食、布帛、丝麻）、杂税、土贡（征发的各地土特产和珍稀物品），也有从市场采购而来的（和买、和籴、官市），属无偿征取或贱价征购。这些产品的去向主要是供应封建国家内部的直接需求，与产品之间的调拨、交换，也有一部分投入市场，但数量不多也不经常。

由上可知，官手工业产品实际上是封建国家利用政治权力征取的封建地租的转化形式，属于非商品生产和商品交换。实际上处于商品经济和市场之外。其劳动力与产品的交换也不是按价值规律而来的等价交换。

另一个类型是官监民营的手工业，即所谓的专卖——"榷筦"。专卖内容在各时各地并不一律，官府介入的程度和深浅也不一样，兴废不定。品种也是多种多样，如盐铁、茶、酒醋、曲矾等。劳动者的身份也各不同，像有些"专业户"，如亭户、灶户、坑冶户、机户等，实际上是一种封建性的劳役。有些封建束缚则比较松弛。这种官监民营的手工业同商品经济或市场有多少不等的联系。物料和产品处置也各有不同。或由政府统一组织生产，或由政府统一组织征购，产品或由民自己或由政府经销。在生产、运输、销售三个环节上各有不同，即：官产民销，官产（或民产）官销，官产（或民产）官输官销，官产（或民产）民输民销（或官销），商人包产包买包销（许可证制度）。

这些官监民营的手工业，推行起来弊端很多，常是吏治腐败的根源。但在不同的历史时期，也起过不同的作用，需要具体分析。

官营手工业的历史作用如何，是一个有争议的问题。论者大体认为它有积极和消极的作用两个方面。

官手工业的消极作用表现为：

第一，大量征发与役使劳动力来为统治者的消费生产，是社会人力、财力、物力和技术力量的很大浪费。而这又是建立在对劳动者的残酷剥削与非人待遇基础之上的。因此，不仅给劳动者带来不少的痛苦，也对劳动者的积极性起不了激励作用。

第二，垄断了某些产品的生产或对产品的强制收购，不仅限制与扼制了商品生产的某些部分的发展，而且对小生产者生产经营的积极性是不利的。

第三，切断和控扼了手工业生产与商品经济与市场的联系，至少是大大损害了商品经济与市场的发育。虽然到了封建社会后期，官手工业有向民营转化的趋向，对手工业的控制也较前松弛了，但这一基本状况是不好改变的。

第四，管理效率低下，腐败现象丛生，生产费用和浪费很大，生产者积极性不高，产品质量低劣技术陈旧，不易革新。

官手工业的积极作用表现为：

第一，是封建条件下整个经济不可缺少的组成部分，作为封建国家所必需的和财政收入来源之一的矿冶业、铸钱业、军器业，以及重大的营建工程（河工、长城、宫室、陵寝、城池、道路、水利）都需要专业的手工业部门来运作。在财政、军事、公共事务方面对封建政权起着稳定和巩固的作用。

第二，官手工业中，一般生产力水平和技术较高，这一方面是由于其规模较大，有较细致的劳动分工及技术传习制度，另一方面也由于集中了民间优秀工匠以交流技术。通过这些工匠也有可能将新技术新产品逐渐外传，交流到各地。这些工匠的产品和技术外传在民间技术墨守成规的习惯下，也可以对生产力的发展起着一些良好的作用。

在历史的各个时期中，官手工业的消极作用和积极作用互相纠缠，互相牵制，呈现非常复杂的局面。对历史的作用究竟如何，清朝末年的洋务运动可算是一个典型，对它的深入研究，将能够帮助我们对历史上官手工业的作用的认识。当然，19世纪后半叶的洋务运动浪潮中所出现的官营企业是在世界资本主义已经巩固地占据了阵地而且向中国输出商品的大背景下产生的，这点需要注意。

（3）私营手工业。私营手工业也是一种商品生产。如以商品经济的发展程度而言，私营手工业可以分成下边几个类型：

个体小手工业者——为了一己生活需要而生产商品，即简单商品生产。即商品—货币—商品（自己需用），这些小手工业者往往只有一个劳动力，还有其妻子作为辅助劳动力，他们往往自有一块小土地或佃种一小块土地，从事农业，也从事手工业生产和经营。他们的产品，或去集市上设摊售卖，或采取走村串乡的游商形式，或为顾客定制某类产品。

手工业作坊——为了赚更多的钱而扩大的商品生产，规模较大，已经雇工进行剥削，也收学徒。他们是扩大的简单商品生产，即：商品—货币—商品 + 货币。这种增加的货币收入主要是为了满足自身较高的生活需求，虽然仍是简单的商品生产，但已经不是简单地再生产而是扩大的简单再生产了，他们的营销也在市场上采取了前店后坊的形式，生产与销售合一。这种势头如果发展下去，在商品经济繁荣的条件下是可能发展成为资本主义性质的生产的。

大手工业作坊——生产规模更大，雇工更多，而且有了一套采购、生产、运输、经销的模式，这种作坊发展下去，可以因分工发展成为手工工场，并由此而产生资本主义的因素。

资本主义因素的产生有三种方式：第一种，手工业作坊内部雇工而榨取剩余价值，产生利润，并且出现了竞争；第二种，包买商，由商人按计划或合同或提供原料、工具，预定手工业者的产品，并由此包销到外地；第三种，经济作物种植园、山场、林园，雇佣大批农业劳动者，形成资本主义性质的生产。

这三种形式中，第一种是在北宋至迟到南宋已现端倪；第二、第三种形式是元至明清开始出现，具有资本主义因素的手工业，数量稀少，力量微薄，旋起旋灭，始终没有成为一股改变社会的力量。

三、商业、城市、货币

专事商品的流通，称为商业。封建社会的商业按规模可以分成大中小三种，按类型可分为行商及坐贾。最值得重视的是日用品贸易和奢侈品贸易，尤其是长途贩运，这涉及成本、运输、经营网络等一系列问题。交通运载形式主要有背驮、人挑、畜驮、独轮或双轮人力车、畜力车等，运输量有限，成本也较高。水路运输则运载量比较大，但速度较慢，也有一定风险。最初，长途贩运不发达，《史记·货殖列传》有"百里不贩樵，千里不贩籴"之说，只有国际性的商路如丝绸之路几经转手贸易牟取暴利。随后水路运输发展起来，中国可通水运的河道很多，长江及其支流尤其是重要航道，纵贯南北的大运河开通以后，来往船舶更是繁多。到了唐朝，长途贩运的货物品种一是粮食，二是布帛，三是瓷器，四是茶叶，五是金属制品，这些都是大宗的商品，贩运的地方从江南到幽州，以至朝鲜日本和东南亚海外。

商品的交换形成市场，最初是零星的交易，以后成为定期的集市，随后城镇的商业发展起来，形成地域性的市场。但是全国性的市场还未发育成熟，奢侈品的交易倒是具有全国性甚至是国际性，但奢侈品价格虽贵，却无法形成经常性的交易，也无法形成数量庞大的交易，而且其交换也不是按经济规律进行的。

市场类型最普遍的是生活资料市场、生产资料市场，均有形成和发育。劳动力市场也有了，规模不大，金融市场以高利贷为主，也形成了各种专业性市场，如茶市、花市、蚕市、牲畜市等等。外贸市场一直是被管制的，形成一种朝贡经济和走私经济。汉唐陆禁，明清海禁，外贸也受到扼制。

中国的商品经济涉及城市和货币，这是中国封建经济结构涉及的两个特点。

（一）城市

在中世纪的西欧，城市主要是经济性的，领主贵族在自己的庄园和采邑上修筑坚固的城堡。城堡多建立在地势险要的地方，或建在山上，或干脆建在水中，具有强固的防御工事，总之是个易守难攻的地方。一般来说，地堡之下杂乱地筑有农奴的小屋。城堡内外也许有定期的集市，也许没有。城堡旁和城堡外的交通线上，也有一些居民点，居住着逃亡的农奴、工匠和商人。人多了，就渐渐形成了城市。

城市多半建立在交通发达的水陆商路上，也是附近地区商品集散的中心。在西欧城乡是对立的，乡村统治着城市，但又不能完全统治城市。城市居民即市民，对农村的领主而言是有相对自由的，他们自己管理自己，有市政机构和议会或同业公会（行会），有自己的法律（成文法或习惯法）。城市周围筑有栅栏或墙、壕，以防御外敌入侵。它们与封建贵族的庄园既有经济上的联系，又有对抗。市民等级就是这样形成的，而城市市民中最早出现了资本主义因素和资产阶级。资本主义、市民和资产阶级从一开始就是同封建领主相对立的。

中国城市的形成和职能与中世纪西欧有所不同。夏代以前，中国已经有了最早的城市，这种城市是有防御工事(墙壕)的居民聚落。城围不大，居民集中居住，统治者的宫室在城内（一般在一些高起的自然的或人工筑成的土台上），下属衙署及手工作坊均在城内。城外是农田及散处的庐舍，供农忙时农民临时居住。居民日出而作，日入而息，农田四缘围有壕沟、土墙或树篱，即所谓封疆。这也就是一个封国的地界。因此，中国最早的城市是生活性的、军事性的和政治性的。战国以后，一些新建的城市最早也是在封国的边缘地带，即所谓的郡县，那也是军事性的和政治性的。

城市内的经济活动逐渐增多，形成定期的集市，所谓"日中为市"①。随着时间推移，经济的发展，商品经济的繁荣，城市的经济职能开始凸显。乃在城内划定一定的区域专门作为市场，即所谓"市"，作为军事性、政治性职能的一种补充。战国时的几个大城市，如临淄、邯郸、阳翟、成都、宛、咸阳都是如此。只有一个"天下之中"②的陶，是在各条交通线的交汇点，纯粹由于经济的原因而成长起来的，但那是很少见的，一直到西汉仍是如此。

① 《周易·系辞》。
② 《史记》卷129《货殖列传》。

与中世纪的西欧不同，中国的经济的特点是地主占有土地分佃给农民，收取地租，与此相适应，中国的政治体制是专制主义中央集权制度。秦汉以来实行官僚制度，各级政府机构都设在城市，形成封建统治的网络，而不像西欧中世纪的城堡。城市建筑，首先是宫室、衙署，然后是军营及为封建统治者服务的手工业作坊。城内一般居民数量不多，管制也很严格。城有城墙，城门定时开放，晚上关闭戒严，城内居民区也有墙和栅栏。至于商业区即市，也受到限制。像西汉长安城即是如此，城内主要是宫殿衙署，设有东西二市，长安九市，其他七市在城外。这种"市"主要是在城区内划出一块地方，四周高墙环绕，设有市门，中有市楼，由市令管辖，每日中午开放，日落关闭。市内同类商品成列设摊，大体上为前摊后坊，称为"行"。唐时有行首行老，主催交税或传达指令，市官按上中下三等规定物价及商品质量，查究违禁品，有公共的度量衡及查究欺诈投机暴利等事情。

这种市制维持到唐中期，由于商品经济的发展，开始被破坏了：

第一，突破了市外各坊街巷上不许设肆的禁令，到处都可以开店了。

第二，突破了日中开市、日入收市、晚上戒严的禁令，长安、扬州等地出现了夜市。

第三，市的范围扩大以至原来的地区人口增加，城门以外形成了关厢，避开官府对城市的管制，成了繁华的商业区，许多城市都是如此。另外，则在城外增筑外城、罗城，以扩大城市规模，像成都、开封均是如此。

第四，出现了新的市场。首先是各地出现了定期集市、墟市，定期集合交易，然后在一些集市的路旁出现了定居的商店，然后形成了市镇。

第五，出现了新的城市。在一些州县商业交易交汇点，出现了新的城市。宋代定名为镇（与军事据点的镇相区别），"民聚不成县而有税课者，则为镇"[1]。其后也因居民多了商业发达了升格为州县。北宋元丰年间全国镇市即达 1871 个。

---

[1] 高承：《事物纪原》卷 7《州郡方域部·镇》，中华书局 1989 年版。

第六，专门性的集市如长安花市，成都蚕市、药市，其他地方的茶市、马市、米市等。

由于城市的形成与发展具有以上的特点，中国的城市成了封建统治网络的节点，政治上城市统治乡村的据点，官僚制的专制主义中央集权国家正是经过大小城市来统治农村，而反抗封建统治的动乱往往来自农村，小股农民起义往往占据乡村但不易攻占城市。而不少地主常住城市，因为他们不事生产和管理，土地又租出去，人可以与土地分开。有了动乱，"小乱居城，大乱居乡"，城乡并非全是绝对对立的。这点与中世纪的西欧也不全一样。

正因为这样，也由于专制主义中央集权体制对工商业的控制和干预，乃至自己经营工商业。中国工商业者和城市居民不是一种与封建地主经济对抗的力量，而是互相结合的力量，"以末致富，以本守之"。工商业者所得利润不是去扩展工商业，而是去购买土地传之子孙，而其子孙也并非株守土地，而是读书入仕。"千里求官只为财"，做官为了求财，有财又去买地，再回到农村去。有人说中国古代是官僚地主商人三位一体，有的再添上高利贷者，成为四位一体，这话有相当的道理。归根到底，不论人们从哪个方面聚敛财富（官、商），归根结底还是要回到土地上去，这是中国封建社会的一个特点，也是中国社会到了近代何以资本主义迟迟不能生发的一个重要原因。

在城市，工商业者也有行会的组织，但这种行会的组织同官府的关系是合作服从而不是对抗，即收税和承役及传达命令。在这种情况下，中国的商品经济发展不会很快，它的繁荣背后是封建制度，而且许多场合是虚假的繁荣、畸形的繁荣，市民阶层的出现不是很快，人数的增多与力量的加强，也不是很快，也不意味着它对封建主义的对抗的加强，在这种情况下，中国资本主义因素的出现不会太早，发展也不会很快，这种情况达到明清也有一些变化，但变化仍是缓慢的。

（二）货币

商品的交换，商品经济运转的媒介是货币，中国货币孕育发展很早，早在新石器时期已出现贝币，春秋战国时期，已经出现了金属铸币，这是春秋战国商品经济发展繁荣的表征。货币也是推动商品经济发展的巨大力量。

从秦始皇统一六国货币行半两圆钱开始，两千余年来，中国各朝使用的是统一的货币，用的也基本上是同一个计量单位，称"钱"或"文"。中国古代的货币经济有若干自己的特点。为什么会形成这些特点还不太好解释，可以称之为谜。但这些特点与中国古代封建经济的特点是有关系的。

第一，铜币是长期使用的法定货币。铸币的出现是货币经济发展的重要阶段，也是世界各国古代货币发展的重要阶段。但是其他地区或国家，主币一开始就是金或银这样的贵金属铸币，而且一直长久保持和流通。然而中国古代铸币从一开始直到明清都用铜币，只有某个时期某些个别地区使用其他金属铸币（如战国时期楚国使用黄金铸的郢爰，唐代河西和岭南使用外国——波斯、东罗马、大食银币。汉代文献常见"金"字，一般指铜，但也有认为确实是黄金的。此说还未得到共识。五代宋初长江流域和四川使用铁币）。铜是贱金属，它本身的价值是很小的。这样在大量交易中就需要大额的铜币，总重很大。例如，顺治钱最初规定每文重一钱，则一千钱（一缗、一贯）当100两,16两一斤，即6斤多点。昆剧《十五贯》中肉商尤葫芦黈夜背钱回家被劫，15贯共90斤多，这样在使用上是很不方便的。其次是易于贬值或减重，铸钱系铜铅锡合铸，铸时铅锡比例增加，出钱质量即差；再如钱变小变薄，重量也略减，这在小量使用时看不出来，但大量使用时，微量减重积成大数，甚至有称为鹅眼钱而入水不沉的。总之，劣钱或易碎，或太轻，或太小。另外是通货膨胀时常铸当五、当十、当百大钱，这也是通货膨胀之一法。这也会引起物价的波动，币制的混乱。历代钱法之乱是常有的。铜又是日用品，容易盗铸，铸器为钱或熔钱为器都很容易。这在发生钱荒时或物价上涨时都会出现。市场上流通钱多钱少，都会出现经济上的问题。

长期以铜币为主币，又不用辅币（大概也无法用），而不用金银，这是为什么？一说是中国古代金银量少，而器物需用多，无法将其作为主币。这个问题只能是推测。一说是中国汉代长期使用黄金作为货币滥采滥用，以致资源枯竭，又改为器用乃至流失，因此无法用金银为货币。这也是一种推测。这里还有一种推测，即同中国商品经济的基础，农村以家庭为经营单位的个体小生产农业有关，商品经济不算发达，大批商品交易只能是零星的小量的分散的。或者换句话，中国古代商品经济市场狭小，交易商品量小，大量长途贩运量小对象少，总之，市场上流通的货币总量少。以致铜币比较适合这种情况。这一说也是一种推测，但难于量化，不好肯定，需进一步研究。

正因为在大额交易中，铜币用量大又重，转输不易，不好处理，所以在商品经济比较发达的唐朝后期，长安出现了汇票性质的飞钱、便换。在北宋初期，更出现了最早的纸币——交子，这些在世界上都是最早的。此后，元明还有交钞、宝钞、银票等纸币。这种现象具有两重性：一方面，它反映了商品经济的发展，另一方面也反映了贱金属铸币的局限，这由飞钱的使用多为大量铜钱，不便远道运送，交子先在使用比铜钱更重、更贱、更不好用的铁钱的四川开始，都说明了这一点。

第二，关于贵金属货币。金银长期处于主币铜币的辅助地位或者折值地位（如多少钱折银1两）。从唐开始到宋以后，银逐渐成为主要货币，到明清遂成定局。这说明商品经济的发展终于使得贵金属登上舞台。但何以用银不用价值更高的金，仍是一个问题。更为奇特的是，银不是以铸币的形式而是以自然的形态（铸成银锭元宝）即以其本色来使用，没有符号货币的色彩，即以其本身的价值来行使，而又是分割使用，以其重量为单位，这在使用上很不方便，用时必须分割称量。而这可能和商品交易量较小、较零星、较分散有关。而散银又须不断汇集改铸，成色不一，形状不一，也是问题。到了明末及清，外来的铸币主要是西班牙海外殖民地的银币（墨西哥、菲律宾）随外洋商船而进入中国，称银洋或银两，但使用并不太普遍。嘉庆以后，银元、银两并用，清朝光绪后期才开始是铸造银币（龙洋）。直到1933年废两改元，1936年废银元行纸币（称法币），才算告一段落。

银作为货币后，铜钱仍在使用，并非全属辅币性质，而多少是与银平行的货币，有相当的独立性，这表明铜币和银没有固定比值，随时升降。清初定银一两值钱 1000 文，但时有升降。清中叶后，因鸦片贸易大量白银外流，银与铜币的比值大涨，成为当时一大问题。

第三，谷帛仍在一段时间内当做货币使用。历代都把谷帛当做重要的价值尺度和支付手段，与金属货币并重，它们除了使用外还具有不同的货币职能。每当时局动乱币值波动剧烈物价很不稳定的时刻，谷帛立即显出某些货币的性能来，有时甚至代替了金属货币的地位。直到 1949 年，国民党政权经济大崩溃时，仍是如此。

谷帛是生活的必需品，又有相当稳定的价值，故在危机时刻较容易为人接受。但谷物有个容易变质和重量大、体积大的问题，布帛还有个不易分割使用与分割太多则降值的问题。在金属货币已经发展起来的时候，谷帛只有在市场货币供不应求、商品流通不畅、铜钱数量及流转速度不足以充分行使货币职能，所谓钱重物轻，物价下跌出现钱荒时才会代替铜币行使。

第四，关于纸币。中国纸币的出现和使用在世界上是最早的。自宋以后使用纸币成为普遍现象。但始终没有代替银和铜钱，只是作为一种辅助货币，纸币的发行，有其信用性，有一个需要准备金或储备物资用于兑现问题。政府发行纸币，开头信誉良好，不久即由于财政需要滥发，结果纸币大量贬值成为废纸，元明已是这样。私家发行货币也有个信用及流通地区问题，而且容易受到政府的干涉。所以纸币并不能真正起到货币的作用，也没有能发展到现代纸币，发展成为信用货币。

四、封建国家

恩格斯说过："暴力（即国家权力）也是一种经济力量！"[1] 照我的理解，

---

[1] 恩格斯：《致康拉德·施米特（1890 年 10 月 27 日）》，见《马克思恩格斯选集》第 4 卷，人民出版社 2012 年版，第 613 页。

国家权力是一种政治力量，也具有经济的力量，在经济领域里起着程度不等的作用。

1.封建国家向民众征取赋税和徭役，这是封建地租转化的形式。换句话说，封建国家在国民收入上行使国家主权并与地主分割地租。历史上地主往往有免除赋役的特权，想方设法地逃避赋役，或者干脆拒绝纳税服役。但一般来说，没有等级身份的地主原则上要同农民一起纳税服役。

唐代以前赋税主要有三种形式，人头税、土地税（缴纳产品）和财产税。唐代两税法实施以后，人头税逐渐减免或归并，土地税和财产税比重逐渐上升，最后归结为土地税成了纳税主体。这时纳税者明确包括了一般地主，至于无地的佃农和雇农不再缴纳国税，税制趋于单一化。

徭役（劳役地租的转化形式）原来是很沉重的负担，以后逐渐变为雇人充役，出钱雇役，最后逐渐归并到土地税里去了。

总之，封建国家赋税的主要承担者，归根到底是直接或间接地来自农业劳动者。

封建国家征取的赋役是产品、劳力和货币，其去向一是用于供养皇室、贵族、官僚、军队及为其服务的奴婢仆隶等人，其中包括工农业劳动者；二是军国所需物资器用、行政经费和军费；三是修建宫室、衙署、祠庙、河工、水利、城池、长城；四是防灾、抗灾、救灾和赈灾；五是国家的粮食、物料的储备。这几个方面的开销很大。其中有些是维持封建社会和政权稳定和正常运转所必需，但相当大的部分则是供统治者的奢侈腐朽的生活享受，吏治的腐败也要层层分割和攫取财政收入中相当大的一部分。即使是维持社会稳定和正常运转所必需的开支，往往也带有人力物力财力和技术力量的极大耗费，而工作效率和经济效益的低下自不待言，成为对社会资源和财富的极大浪费，每有力役大兴，如修河、水利、筑城、漕运、战争等更是如此。

统治者的贪欲是无止境的，它们总是想尽办法来盘剥与搜刮人民。没有底线，也没有极限。但是社会的生产和再生产，社会资源和财富运用在一定历史条件下却是有底线的，农民对统治者搜刮的承受能力具有很大的弹性，他们不仅交出全部剩余产品和剩余劳动，也交出一部分必要产品和必要劳动，从而大大降低自己的最低限度的生活水平，一旦统治者的掠夺达到了与超越了这条底线，生产搞不下去了，农民活不下去了，如果再遇上天灾，经济开始崩溃，为了活命，他们就只有被迫来起而进行大规模的反抗，官逼民反，全国性的农民大起义爆发了。原来的封建王朝往往在这个浪潮中覆灭，新的王朝取而代之。封建王朝的全国性的大规模的横征暴敛，往往是农民大起义爆发的契机。中国古代农民起义次数之多、规模之大、时间之长，对封建统治者打击之沉重，在世界历史上是仅见的。这也是中国历史的一个特点。

在改朝换代的过程中，如果新王朝建立伊始，统治还不巩固，还能接受前代王朝覆灭的教训，对自己的贪欲进行自我约束，采取种种措施，以缓和阶级矛盾，恢复生产，同时加强自己的统治力量，如轻徭薄赋，减省刑法，整饬吏治等，社会很快就稳定下来，生产得到恢复和发展，人口增加，经济开始恢复和繁荣，出现了盛世的局面，如"某某之治"等。时间一久，经济恢复和繁荣的种种因素趋于消失或变质，统治者不再自我约束，也不再能自我约束，经济的发展和繁荣就会受到遏制，趋于停滞和衰落（尤其是在农村）。对农民的各种盘剥也加重了，吏治的腐败更促成了这种局面。一旦统治者的榨取超过了农民最低贫困生活的底线，社会就从动荡不安，到终于崩溃，促成了新的全国性农民大起义的爆发，旧的封建王朝覆亡了，封建王朝的兴亡走了一个循环，回复到一治一乱，合久必分、分久必合的状态。这是中国古代历史的又一个重要现象。我们可以称之为中国封建王朝的兴亡周期律。

2. 封建国家对民众的严密控制。中国是专制主义中央集权制度的封建国家，对人民实施非常严密和非常严格的控制，具体表现为：

第一，皇权是唯一的绝对的最高权力，居于独一无二至高无上的统治地位。一切权力都集中在皇帝手里。

第二，皇帝之下帮助进行统治管理的是各级官僚机构，从中央到地方一直到最基层的政权组织村里，都有所谓乡官——里正保甲，对民众进行严格的控制，实施世界上最严密也是最严格的户籍制度。居民的出生、死亡、迁徙、财产、纳税、当兵、出役都有定期的籍帐，邻里也都编制起来，有罪连坐。城市居民有坊市制度，坊有栅，有人警卫，入夜戒严，城门定时开闭。车船行旅关津有稽查制度，等等。

第三，居民有严格的等级划分。与欧洲中世纪等级划分靠血缘不同的是，中国古代居民等级是按其政治与社会地位划分的，如先秦的四民（士农工商）到秦汉二十等爵制，和所谓"七科谪"，到魏晋南北朝的九品中正门阀制度，以后隋唐的九等户（宋分五等），宋代的衣冠户、形势户，到元朝的民分四等（蒙古、色目、汉人、南人）和十等（一僧二道到九儒十丐），明代的贱民（蛋户、九姓渔户）及家奴世仆，平民取名尾一字分秀、官、郎、畸、哥五等（如沈三秀、薛珍哥），各等居民政治社会地位也有不同，待遇也有差别，而且其特殊身份由子孙继承。

第四，封建国家有严格的法律，而且一段时期相当严密，但是人治因素甚为凸显，而且缺乏人权和自由平等的理念。

第五，中国古代封建社会占统治地位的意识形态是儒家思想，其最高的理念是皇权和"民本"而非民主思想，最好的理想社会是尧舜之世，王道、仁政，即开明专制。而中国的经济思想中间，主要是"务本"、"重农"，除去已经淡化和忽视了的"管子"思想以外，却不见有鼓励工商、鼓励自由竞争，发展自由经济的思想，相反倒有不少"轻商"、"贱商"、"抑商"的主张和政策手段。

上述这些制度措施和思想对中国社会的影响，恐怕不见得是起了什么和谐和合的作用，对中国封建经济也不见得是起了什么积极的推动作用，只能是束缚了民众的手足，限制了竞争、创新，搞了很多框架、模式，限制了自由思想及理想的追求，限制了和遏制了商品经济和市场的发展，也影响了生产分配流通消费的顺畅进行。

第六，中国封建国家的职能除去对内统治镇压、对外防御扩张之外，还有很重要的经济职能，包括对经济的直接营运和管理，这是中国封建国家职能的一个突出特点。其中，官营工商业和官监民营的工商业是最为突出的。到了封建社会后期，这种国家对于经济的直接经营与管理逐渐松弛，开始更多地与商品和市场挂钩，包括采办、拍卖、竞标等。但也还是弊端丛生，黑幕重重，而且与官府挂钩互相勾结以牟取暴利，所谓封建性的官商贸易也出现了。

这里需要指出，中国古代封建社会营建工程规模之大，时间之长，范围之广，也是世所罕见的。出于社会的需要，有些公共工程是维持社会稳定与发展所必需的，其一是土木，二是水利，三是筑城，四是防灾抗灾救灾赈灾，五是大规模组织移民。这些工程往往规模很大，动员人力物力很多，消耗物资也多。对这些巨大的工程，分散的，力量有限的一般地主是难于组织的，即使组织了，规模也是比较小，维持时间也不长，只有在封建统治者出面发动组织，才有可能进行。这是封建国家和地主阶级对社会经济发展的一个重要贡献。但是，这种贡献往往是打了折扣的。第一，役使民力特别是农民劳动力，需要不违农时，限时就近进行。这种举措在古代帝王中曾传为美谈。但是，有些统治者动员人力进行营建，却是为了满足一己的私欲，规模之大，动员之广，拖延时间之长，待遇之差，也是惊人的，这给民众带来了巨大的痛苦，使之濒于破产死亡边缘，而农村经济也濒于崩溃，带来了严重的后果。像秦始皇、隋炀帝的暴政，元末的开河，明末的三饷，都是例子。第二，这些兴作有些是必要的，像李冰父子的兴修都江堰，秦国的开通郑国渠，隋炀帝的修运河等。有些在当时人民就能得益，有些的效益却还要通过一段时间才能显现出来。而兴作却是巨大的人力、物力、财力、技术力量的耗费，给人民带来极大的痛苦。第三，有些兴作是出于少数统治者一时的政治和军事的需要，如筑城池、修长城、营宫室等，这种兴作成功了，效益是一时的，遗留下来的不是现实效益，而是历史文化的价值。至于其他方面如政治、经济、军事所获就很少了。还有一种则让人提出究竟有否必要。最大的是修筑陵墓。从秦始皇发七十万刑徒修骊山墓到明代诸陵的兴作，慈禧为庆寿而修颐和园，实际效应究竟如何是很值得怀疑的。而这些坟墓几乎大多数后来都被盗掘了，破坏了。对这些兴作，在历史文化价值方面我们固然要具体分析，但其零效应与负面效应也是要考虑进去的。

第六章　中国封建经济结构及其运转（下）

一、中国封建经济结构及其运转

同上章一样，本章只能提出几点简单和粗糙的想法，一般只作叙述不去展开，不征引材料，也不去引用数字或作量化分析，也不涉及其中的争议和不同看法。只打算提出一些问题，以供思考或进一步探索。至于其与上一章略有重复之处，则是难以避免的。

关于中国封建经济结构，本章列了一个表，以力求显示中国封建经济结构运转的模式。但这个模式，并不是固定不变和僵化的，尽管在两千多年的时间里表列的各项一般都在平稳地和循环地周转，但仍不时有断裂、曲折、停滞和倒退，而总的趋势则是在发展和进步，呈现一种螺旋形上升的态势。

对此，拟作一些具体的说明。现在的问题是：第一，这种发展和进步的动力来自何方；第二，它是一直循环下去，还是会有一个终点，一个突破；或者说一直不能有一个突破；这实际上是说中国封建经济结构与西方相较何以到后来停滞落后，也就是常说的"李约瑟难题"。

这个表分为两半，中间由双线隔开，表左是农村，表右是城市。各部分分实、虚两线，虚线代表商品经济和同商品有关的东西；实线代表非商品性的活动和非商品性的东西。实虚点线线条，代表商品性和非商品性的因素的混合，箭头则指向产品、物资、货币及劳力的流向。

表的左半表示农业，左半上方，显示农村人口，左半左侧显示农业经

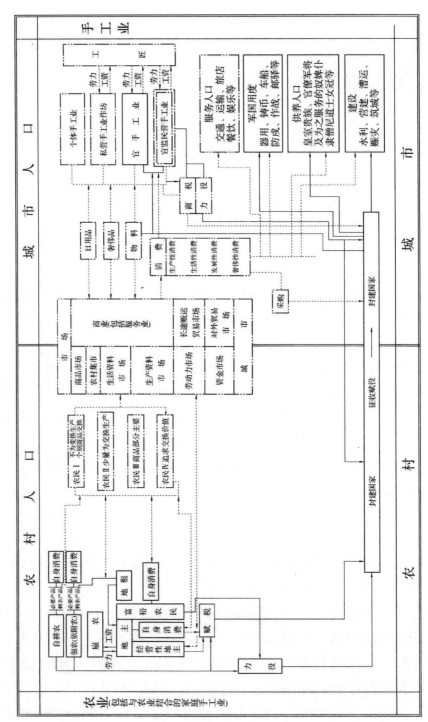

表 6—1 中国封建经济结构的运转和发展表

济（包括与农业结合的家庭手工业），左半下方显示农村。这也就是当今所谓的"三农"。右半上方显示城市人口，右半右侧为城市手工业，右半下方为城市。中间一带方框显示商业和市场。

中国封建经济结构的运转和发展表释读：

这个表下方跨越城乡的长方形条框是封建国家的经济作用，左边是以赋役为表征的国家财政收入，右边则为国家的各项财政支出。

封建国家的赋役是对部分封建地租的分割转化形式，共有四类：一是户口或人头税，以人丁及身家为主要的征取对象。如西汉的口赋、算赋，魏晋南北朝的户调，隋唐"以人丁为本"的租庸调和户税，两宋的身丁钱，元代的丁税、科差。以后丁银计入正赋。

二是土地税，其实是土地收益税，如西汉的田租三十税一，魏晋南北朝田租以亩计征，唐代地税每亩年二升。田租征取多为实物，直到明清才折征和改征银钱。

三是徭役。西汉原来兵役力役不分，称为"更"。后来兵役与徭役分开了，隋唐有正役及杂徭，后来徭役折成绢布交纳称"庸"。宋代则称差役。此后徭役名目及内容均多有更改，但迄未停歇。

四是财产税。土地一般不在内，如西汉的赀算，唐代的户税。

正赋正役之外，还有各种杂税杂徭，临时摊派，名目繁多，发展程度不一，其大背景是商品经济的发展和国家及地方的财政需要。

由于商品经济的发展，国税（赋役）也逐渐发生变化。综合起来其变化有四：

第一，人头税逐渐废弃，财产税的比重逐渐上升，财产税中又逐渐以土地税为主要内容。人头税征取的依据是从人户到人丁，于是户籍变得非常重要，户籍的编制检核也非常严格，并以此作为征取赋役的主要依据。早先户籍中丁数及户等占了很重要的地位，汉代的算赋口赋，魏晋南朝的户调，北朝的租调，其征取的前提和依据都是户、口和丁籍。北朝隋唐实行均田制，表面上看是"有田则有租"，征取对象是土地，但实际上经过受还，受田普遍不足额，田租的作用仍是以户为单位，即"以人丁为本"，不论有田多少，只要列入户籍，即照均田制应受田的规定缴纳固定的田租。至于徭役，只以户籍上的丁男丁女承当固定的日数，此后又改为庸，即纳绢布折役。至于调绢调布那就更是以户作为征取单位了。宋代行身丁钱以后，在户籍中仍保留丁额，只是在明代实行一条鞭法，丁银折入田租。到清朝更是"摊丁入亩"，以人户为征取单位的做法完全融入到土地税中去了。

第二，徭役的变化。徭役以丁男为主，即是以人头为主，这是劳役地租的转化形式。最初是直接征发，其后逐渐改为纳钱代役（西汉称过更）和纳物代役（隋唐的庸）。所需之役由政府另行雇人代替，宋王安石变法改为募役法，正式列入了税制。

第三，从纳物改为纳钱，这是货币代物租的一种转化形式。两汉钱物并举，三国两晋南北朝隋和唐初是纳物，唐中叶实行两税法，规定一律从纳物改为纳钱，但亦可折钱纳物。其实政府根据临时需要或纳钱，或以纳物之数折成钱数缴纳（税户从市场出售产品所得），上下其手，税户深受其苦。北宋二税则有折变之说，钱物折来折去，税负无形中加重了许多。明代行一条鞭法，所有税项一律按银缴纳，沿袭下来，货币成了封建国家分割地租的一种手段，其实也是地租货币化或货币地租的一种表现形式。

第四，省并税项。封建国家总因不同需要而增收各种新税，巧立名目，苛捐杂税层出不穷。但也不断清理，化繁为简，但不久又变为繁杂，恢复旧观，即所谓的黄宗羲定律。总的趋势是农业税从人头税逐渐趋向于着重财产税，而财产税又着重趋向于土地税（即田税）。第一次清理改革在三国魏晋，过去的各种农村赋役从西汉的七种简化为田租户调二种。第二次是唐代租庸调改为两税，其租庸杂徭"悉省"，改为征收户税和地税，但还是保留了一些税项（如色役）。第三次是明朝中期的一条鞭法，把所有税项并在一起，但丁额不废，计入地税。第四次是清朝的摊丁入亩，"滋生人丁，永不加赋"，完全依土地数额交税，把丁额彻底取消了。这些清理大都能收到一时的功效，但时间稍长，弊端滋生，各种临时加派又滋长起来，又如明末的三饷，明清的火耗、晚清的厘金，终于成为人民沉重的负担，也成了一些王朝倾覆的祸乱之源。

表6—1的下侧右方企图说明封建国家财政支出的去向。赋役的征取，

除了有关人员自身的消费（俸禄、工银）外，也在封建国家权力范围内进行产品和劳力的交换。这种交换共有四类：

一是兴作投入（水利、营建宫室、衙署、房舍、城池、道路、陵墓、漕运、仓储、赈灾等）。二是供养封建国家所属人口（皇室、贵族、官僚、兵将以及为其服务的宦官、宫女、僧尼、道士、女冠、喇嘛、方士、巫师、工役、奴婢、仆隶）。这其中以对皇室贵族的供养最为大宗。先秦时，家国不分，帝王家政收支与国家收支职责不分，以后开始分化。一般设"内库"、"内帑"等名目，由皇帝设专门机构专人职掌，不经户部度支，相当于皇帝的私房钱。三是军国用度，大量皇室贵族服饰器用、铸币、车船、防戍、战费、邮驿等，这些本是属于封建国家政府各部门内部的物资与劳力的交换，随着时间的推移，逐渐与商品和市场发生了更多的联系。如政府的采购、和买、常平仓、押饷或垫支款项。四是官营工商业及官监民营工商业的投入，皇店、皇商、官店、织造等。这些业务往往不赢利或被中饱浪费，只有大量投入而少见产出。以后，政府对官营工商业及官监民营的工商业的监控逐渐松弛（如盐），而向市场开放经营。由于其所经营的多属垄断行业，擅定高价，腐败浪费还是严重的。

总之，封建国家内部财政支出中，原来封闭性强的自然经济色彩浓厚的特定产品与劳力的交换逐渐融入市场机制和商品化，并逐渐被其取代。这种趋势，一方面刺激了农产品的商品化，另一方面则加强了商品经济和市场的发展。

表6—1右上方的方框是手工业。

手工业物料劳力来源，归根到底是农业、农民，只有主要的组织管理和技术属于城市。农业的增长带动了手工业的增长，也带动了组织管理和技术的改进。这一方面表现为产品品种、质量和规模的变化（最明显的是日用品比重增大），另一方面竞争刺激了价格的下降，使得许多日用品的交易遍及乡村，走乡串村的货郎担和手推车就是明显的表征。这样，许多日用品本来是自然经济产品，这时转换为商品，像衣料，不必由农户经过麻织品从种麻、沤麻、脱胶、纺线、织布，丝织品从采桑、养蚕、缲丝、漂练、捣练、织绢这样的生产全过程，而离开一些生产的必经环节，到市场上去收购半成品或成品出售。例如，不必经过植麻、植棉，也不必经过采桑养蚕缫丝的生产过程，而径直到市场上去购买麻线、棉线、蚕茧或生丝，直接上机织布及绢，或者更干脆，到市场上去购置现成衣料，归家裁剪成衣。这样，由于生产过程的分工，或者出现了一些从事生产全过程的专业户，也出现了一些从事某个生产流程的专业户。手工业发展的另一个途径是行业内部技术组织管理进步，从简单协作进而出现分工，从个体手工业者到手工业作坊，进而出现手工工场。

手工业的发展形成了农产品和手工业产品的剪刀差，而剪刀差越来越大，城乡差别和贫富分化也由此而来，农业和手工业差距越来越大了。

日用品的生产如此，奢侈品的生产由于要投入更多的劳动物料与更高的技术更是如此，"一杯棬用百人之力，一屏风就万人之功"[1]。奢侈品不仅需要投入更多的劳动，还要求更高的技术，更多的专业的分工与协作。像西汉织绫的提花织机，每台需二十余人，分工很细，技术很专门。这些产品价值很高，《西京杂记》所说的散花绫，匹值万钱，约估粟一百石到五百石以上，相当于一个到三四个农民一年的农产量。至于远地经过长途贩运来的奇珍异货，其价值和价格的高昂更是不可以道里计了。

从这个表中可以看到，自然经济虽然占了很大的比重，但没有商品经济终归是无从运转的。中国封建经济是自然经济与商品经济的结合，在产品及劳动的交换上都需要有商业和市场作为中介，这就是这个表的中段所列出的商业和市场部分。在整个经济的运转过程中，价值补偿、物资补偿、资金补偿、劳力补偿，除去自然损耗和浪费以外，都是以市场作为媒介，也正是通过市场的营运，做到资源与效益的有效分配，这是通常的情况。但这种经济的运转是徐缓的，而且是脆弱的，很容易受到各种因素的窒碍、困扰和破坏，往往得不到补偿，恢复运转也是艰难的，甚至是难于恢复的。

个体小生产农业（主要是自然经济）的产品、资金和劳力（技术的作用相当有限）的投入、积累，都是以市场为媒介。这个表中段两侧就是想

---

[1] 《盐铁论校注》卷 6《散不足》。

说明在农业和手工业的发展运转过程中，市场和商业体系开始出现并逐渐发育形成，这种市场商业体系的发育表现为三个方面：

第一，市场体系内涵逐渐拓展深化。

从单纯的商品市场、生活资料的交换（奢侈品的比重逐渐加大），扩展到生产资料的交换——逐渐发展到劳动力市场的出现——再到资金市场（金融融资、高利贷、典贴、汇兑、存取款等）——外贸市场（宋以后海路贸易大发展，虽受海禁闭关的打击与限制，但仍有发展，如明中期、清前期等，而且走私贸易也很流行）。

第二，市场体系外延逐步扩大。

从不定期的农村集市贸易，再到定期的农村集市贸易到集镇——新兴城市，原来旧城的关厢外城的出现。城市经济职能的扩大——向边远地区扩展（青藏、蒙古、西南边疆）。

从小的地区性市场到大的地区性市场再到走向全国性市场（不过还不能说已经形成了全国性市场）。

不仅是日用品市场，还有奢侈品与各地土特产珍稀货品——其中有些名特产品长途贩运到了外地，像"京广杂货""潞绸"，普洱贩茶马帮。过去棉布不出农村，清代攸县棉布远销袁州、醴陵、湘潭，江苏松江棉布可达湖北鄂城，唐代幽州、涿州粳米来自太湖流域。宋代杭州食米来自江西、福建、广东。越窑青瓷、景德镇青花瓷、佛山铁锅，行销全国，并且远及海外。

这种市场的变化同交通运输的发达很有关系。陆路的驿传制度有利于商货往来，尤其是水路（运河、内河、海运）载货量大，运输成本低，时间虽然慢些，但比较安全可靠。宋代以后，造船技术、航海技术有很大发展，更促成了水路运输的繁荣。

第三，市场网络逐渐形成。

原来古老的政治性城市或军事性城市，因国内经济形势的变化而衰落或转轨，加强了其经济职能，而经济性的城市更是四处崛起，人口增加，商业繁荣。那些位于水陆交通线枢纽或者交叉点的城市更盛。新的大中城市周边新的市镇及城郊集镇开始兴起，如明清的四大镇（朱仙镇、佛山镇、汉口镇、景德镇）均各有特色。有的由于是交通要路枢纽，有的拥有特产（瓷器），而且出现了专业性的商业城市、市镇，如芜湖的米市、嘉定松江的棉布、杭州的丝绸、成都的锦市、药市、蚕市、花市等。在这些城市中，资本主义因素开始出现，市民阶层开始形成，城市文化生活丰富多彩。原来的城乡差别逐渐扩大，城乡对立也开始出现了。

市场网络或城镇网络在一些经济发达、商业繁荣的地区如长江下游、太湖周边、珠江三角洲等处出现了施坚雅的所谓江南六角形市场，成了一种模式（虽然其普遍性尚未得到悉数认同）。

综上所述，中国封建经济结构的诸要素的运转从农村开始，农产品大部分自行消费，然后再进行再生产，这是一个小循环。其剩余产品和一部分必要产品循两条路线运行，一条经过封建国家赋役而注入其他地区和部门，这是非商品性的活动，或基本上是非商品性的活动；另一条是经过市场，进入城市手工业领域，然后再回到市场，而后再进入农村，最终完成消费，这是一个大循环。小循环以中国的气候及农作物生长周期即一年为运转周期。小循环的损耗是小的，效率是高的，但经济效益却不算高，至于大循环运转周期，难以一年为率，循环过程很缓慢，损耗也不小（自然损耗和人为浪费），经济效益也不算高，但还是有的。这里经济的四个环节分别是生产、分配、交换、消费。我们从生产谈起，而且是从农业生产谈起。其实从哪个环节谈起都是一样的，从生产谈起更为简单直接一些。

二、个体小生产农业、自然经济与商品经济

封建时期的中国是农业国家，农业是最重要的生产部门。讲中国封建经济的运转应先从农业谈起。

中国传统农业的形式是个体小生产农业，其本身具有细小、分散、脆弱的特点。作为一个个体，它以小家庭为经营单位，独立从事农业生产的全过程，农业与家庭手工业相结合，带有浓厚的自然经济色彩，追求使用价值。

中国传统农业的类型是大陆集约型农业，说它是大陆的，因为它处在一个互相关联不断扩展的大陆农业区中间；说它是集约型的，是指它以精耕细作、高投入高产出，土地少休闲，不断提高单产及复种指数为特征。但由于人口多，耕地相对较少，人均占有耕地不是很多，农业劳动生产率不能算很高。汉代一个农业劳动力每年产粮在2000斤上下，经过努力，单产虽然有所增加，耕地总面积有所扩展，粮食总产量有所提高，但由于人口增长，人均耕地也相应减少（2010年1.36亩），以至各个时期一个劳动力产粮始终在2000斤上下徘徊。

各种类型的农民是主要的生产者，自耕农占有土地及占有主要生产资料，佃农和依附农则从地主那里租种土地和占有部分生产资料（雇农则完全没有自己的生产资料）。就一家一户而言，自耕农占有的土地是少量的，总产量是少的，必要产品和剩余产品也是少的，剩余产品尤其少，占总产的1/3左右。这1/3的产品还要应付各种赋税和公共开销，有一部分支付日用或贮存，作为商品到市场去交换的很少，为的也是提供日常生产和生活的必需用度（如盐、铁、陶瓷），能用于再生产和扩大再生产的约占总产量的8%—15%。佃农的再生产能力尤其低。总起来说，这种大陆集约型的个体小生产农业所反映的生产力水平是相当低的，积累是很小的，再生产和扩大再生产的能力是很有限的，抗御灾害的能力是很差的。在平常年景，自耕农大概可以维持温饱生活，佃农则可维持较低水平的生活。一遇天灾，他们往往是压缩自己的必要产品的消费，降低生活水平以维持最低限度的生活，其次是借高利贷。当灾情严重或持续时间长，农民生产继续不下去了，生活也维持不下去了，他们只是等着饿死，或者弃家流亡。总之，各类农民生产增长有限，但生活都具有很大的弹性，积谷避荒为他们所向往，耕三余一是他们一生的追求。

每户农民生产的增长有限，积累更其有限，但农户数量巨大，各家各户的涓涓细流汇聚成了滔滔巨流，农产品累积起来收入仓储或投入市场是一笔巨大的数字。在一段相当长的时期内，如果社会相对稳定，这种数量的增长是可以看得出来的，像西汉初的七十年，唐玄宗开元年间，都是如此。

农民经济不仅有很大的弹性，而且再生能力很强，以一家一户而论，个体小生产农业是很容易破产的，但又有不少随时滋生出来，填补了缺失的位置。一次大的战乱，往往户口"十不存一"、"十才二三"，耕地鞠为茂草，白骨蔽于平原。但只要动乱过去，社会出现安定，不需要多久，户口即增加（大约三十年在籍户口增加一倍），农业不仅恢复，而且繁荣发展。历史上"文景之治"、"贞观之治"、"开元盛世"、"康乾盛世"，就是最好的例子。

农业的增长，首先是社会生产总值的增长。这里首先是农作物产量的增长，这种增长的表征，其一是农业区域和耕地的扩展和垦辟；其二是耕地面积的纯增长；其三是水利的兴修；其四是农作物单产的增长；其五是复种指数的提高。其次是人口的增加，个体小生产农业家庭的增多。上述几种因素相互作用，叠加起来出现了一些微妙的矛盾，即由于耕地的扩大与人口的增长不全成比例，后者要比前者更快，每个农业劳动力占有的耕地趋于减少，这就促使农民加大投入（增加劳动投入，改进技术、兴修水利、提高复种指数等），以期在相对减少的人均耕地上得到较高产出，单产提高。几个因素权衡，单产的提高被人均耕地面积减少所冲销，所以，农业劳动生产率从汉代每个农业劳动力每年产粮两千斤左右，一直徘徊了两千多年，直到"文化大革命"结束之后。

总的说来，人口多了，耕地总面积增加了，劳动投入增加了，农业技术改进了，单位面积产量提高了，社会总产量也增加了，还是标示着两千多年来，中国农业有一个缓慢但是明显的发展。

这些增长了的社会总产品是不是全部或主要部分转化为商品呢？那倒不见得。清朝初期人口增长快，大乱之后恢复需时，产品中满足自己需要的部分增长可能快于成为商品的部分，因此农业产品中商品率下降，而自然经济的比重可能上升。但总的来说，随着农业总产品的上升，作为商品的农产品在农产品总量中的比重是上升的。

除了商品量的增长外，还要看到质的变化，个体小生产农业不能离开商品经济，自然经济与商品经济相结合，应该是农业经济中的通例。结合的形式、结合的程度和结合的层次具有阶段性，趋势是越来越商品化，越来越市场化，越来越紧密化，越来越深层化，这种结合在一定程度上反映了社会发展的趋向性与阶段性。个体小生产农业与商品经济的结合是内在的而非外加的。个体小生产农业的目标首先是要维持一家一户的生存，其次是追求一家一户的温饱，最后是在可能条件下追求其家庭的享受和发展。生存和温饱的前提是要能平稳地顺利地进行简单再生产，享受和发展的前提是能进行有限的扩大再生产。享受和发展的指向是买地、雇工、放高利贷和添置奢侈品，那已经是向地主发展了。

个体小生产农业具有很强的独立性、适应性和弹性。不同的自然条件、生产条件、人文环境使之呈现各不相同的面貌。在种种不利条件下，农民往往只能从事最艰苦的简单再生产来维持自己最低限度的生活。另一方面，自然条件好、技术条件好、交通运输条件好、市场条件好（如江南水乡）、家庭人口多、劳动力多、劳动产品多的地方，农户不如将富余的产品积存下来，等候市场的变化，卖个好价钱。这样，那些比较富裕的农民就可以不必生产某些必要产品，再用自己的产品去交换来其他扩大再生产所需要的商品，就可以减少投入的劳动，而把劳动投到那些可能卖出好价钱的商品的生产上去，并通过交换获得比较便宜的自己需要的商品，以改善自己的生产条件和生活条件。这样，在中国的同一地区的农民中出现了贫富差别，出现了少数富裕农民或专业化农民（只种植经济作物或专门买桑叶养蚕，卖茧缫丝再卖丝，不再植棉纺线，专门买棉纱织布再卖布等等）。市场机制也因此进入农村内部（专业户），其触角深入到农村的每一个角落。这样，也就使得个体小生产农业的生产与经营潜力得以充分发挥，使得封建经济运转更其灵活，例如漕运本为运送国家的粮食，而商贾亦可用漕船带货进行长途贩运贸易。又如铜本为统制金属，只供铸币之用，但清代亦可招商贩铜，铸造器物投入市场。

在整个封建社会的全部时期，自然经济占着统治地位，但后来局部经济发达地区，如长江三角洲、太湖周边、浙东地区、珠江三角洲等处，商品经济的比重不小，甚至可能已经超过了自然经济。

在表的左侧中部，个体小生产农业从商品经济的角度看，可以划分为四个层次，越到后来，与商品经济关系密切的那些层次越发展。换言之，个体小生产农业产品作为商品投入市场及其经交换而来的商品，在社会总产品中所占的比重和绝对数值越来越大，这是个体小生产农业运转和发展的自发的内在的需要，与其自身的本性、自身的特点是相一致的。

正如马克思所说，对于个体小生产农业，"土地的所有权是这种生产方式充分发展的必要条件"[1]，自耕农的土地所有权"显然是土地所有权的最正常的形式"[2]。在封建社会里，自耕农的土地所有权仍要受到封建生产关系的不同束缚与限制。但比起其他各类农民和土地的关系，它是最接近于自由的土地所有权的。在封建社会，自耕农在各类农民中比重较大，或有助于从农奴、依附农、佃农等对土地的实际所有到自耕农的自由土地所有权的每一步变化（如地租形态和赋役形态的变化，封建人身依附关系的削弱，封建剥削和压迫的减轻等），或有助于个体小生产农业的进一步发展。而商品经济的发展繁荣不仅是个体小生产农业的内在与自然的要求，也是促成它向自由的土地所有权方向变化的有力的驱动力。

三、地主、封建国家在经济结构运转中的作用

至于收取地租的地主，一般家庭人口比较多，供养人口（亲戚、本家、奴仆、厮养、食客等）也多，往往达到十几口、几十口甚至上百口、数百口，他们征取的实物地租中相当大的一部分属于自用，副业家庭手工业的产品，如纺织、粮食加工、制纸、榨油、酿酒、制醋、养畜、莳花等，可以相当齐备，形成了所谓的"闭门成市"。至于自用之外的富余部分，仍要投入市场，换取所需的日用品，或作为品种间调剂（如粗粮换细粮，棉线换家机布，生丝换绸缎等）。此外，还有一部分奢侈品需用所征收的地租来换取。地主的贪欲几乎是无止境的。其贪欲的满足，一是靠增加地租总量（增加地租分成比例及苛杂需索），二是靠改变地租形式（如实物折

---

[1] 马克思：《资本论》第3卷，人民出版社2004年版，第912页。

[2] 马克思：《资本论》第3卷，人民出版社2004年版，第911页。

改货币，货币折改实物)，三是靠剋扣农民(大斗进小斗出，放高利贷等)。地主收取的地租除了自用外，向市场投入的产品在地租中占有相当的比重，其绝对数量之大，较之农民微量投入市场的产品是不可同日而语的。

地主一般不参加劳动和对生产的管理，只是坐食地租。但即使如此，采取分成制实物地租，地主也需部分地干预生产，如贷与种食，借其耕牛、农具，赁其田庐，看青估产，下乡督促收租等。但这种对生产的干预一般是有限的，非经常的。

明清以后，地主经济发生了变化，在经济发达地区出现了一批经营地主，这多半出现在经济作物区，如粮、茶、丝、棉、牧、渔等，出现了地租所获商品化的趋向。另外，从分成租转化为定额租及货币代物租，使地主家庭脱离了生产经营，成了纯消费客体。有的地主干脆住进城里，但与商品和市场的联系并未减弱，毋宁说是有了加强（可先预测行情变化计划投入市场的商品量）。定额租使地主越来越少地干预个体小农民家庭的生产，农民生产和经营的自由度加强了，客观上为个体小农民家庭生产的稳定和发展创造了某些条件。再者，地主所从事的某些乡村中有利于农业生产和生活的公益活动，如兴修水利（"业户出本，佃户出力"[①]），建立社仓、义学、义田、学田、族田，修桥补路，平粜，赈济救灾等。乃至祭社、迎神赛会（刺激商品交换）。其中，原来有些是政府兴办，后来地方士绅也有组织起来举办的。地主收取的地租，除了纯消费以外，也拿出一部分来作为社会公共积累和公益开支。

四、中国经济的徐缓式的循环运转

中国封建经济的循环式运转是徐缓的，发展是不明显的，也是不平衡的，但不等于说就没有一点发展，完全处于停滞或封闭式的循环状态。就

---

① 徐光启著，石声汉校注：《农政全书校注》卷15《东南水利下·附：鱼鳞取土法》，上海古籍出版社1979年版。

封建结构中农民、地主、封建国家这三大板块来看，需要注意的是三个方面的变化，第一是农民向自耕农的自由的土地所有权的每一步哪怕是极为微小的进展；第二是农民、地主和封建国家与商品经济和市场的联系进一步加强和紧密化；第三是商品和市场的发育产生了微弱的新的生产力、新的生产关系、新的阶级的萌芽和它对中国社会的互动和反馈作用。这三个方面的每一步微小的变化都标示着封建经济逐渐朝着资本主义经济方向的发展和变化。

然而商品经济的发展又是中国社会不可分离的内在需求，这是生产力的自然需要。从总体上说，商品经济的发展是不可抗拒的，无可回避的，然而又是缓慢的、曲折的、艰难的。从春秋战国以来的两千多年间，中国经济有过三次发展浪潮。第一次和第二次浪潮正处在社会转型的峰顶上，第三次浪潮则启动了这个国家近代化迟滞而痛苦的历程。

春秋战国以前的商和西周，中原大地主要是黄河流域比较先进的地区，社会基层组织是村社占了主导地位 ①。以西周而论，这种村社制度及其上层建筑，具体表现为：

经济制度——农业劳动者严格束缚在土地上的井田制与劳役及实物相结合的贡纳制，还有"工商食官" ②。

政治制度——分封制（军事殖民类型）。

社会组织——以血缘为纽带的宗法制度和世卿世禄的贵族政治。

春秋战国出现了社会的转型，西周看来井然有序的社会秩序出现了"礼崩乐坏"，决定的因素是生产力的发展，而其主要标志是铁工具的普遍使用（牛耕似乎尚未普及）。中国的传统农业——大陆集约型农业也就是个体小生产农业开始成型，社会发生了急剧的变化：

井田制崩溃——土地私有制开始出现，土地授收买卖也有了，地主和农民形成了，食官的工商开始瓦解，重新组合，自由的工商业开始发展，

---

① 杨宽：《试论中国古代的井田制和村社组织》，见《古史新探》，中华书局1965年版，第111—134页。李亚农：《中国的封建领主制和地主制》第1章《中国古代村社制度》，上海人民出版社1961年版，第1—38页。

② 《国语·晋语》。

市场、商业、货币以前所未有的速度、程度和规模发展起来，与其他各种因素的变革形成强烈的互动。

分封制瓦解——由分封制过渡为采邑制，再转化为郡县制。

宗法制——世卿世禄的宗法贵族血缘政治瓦解，转换为专制主义中央集权政治。

由于传统农业——个体小生产农业的形成，形成了土地私有，商品货币经济有了一个大发展，并以超前的态势出现。从战国到西汉，原来超前发展的商品货币经济也逐渐被社会所消化，转型期的社会逐渐定型。

在这个转型期之始，由于传统的力量，过去的东西仍然残留着，并且与新的事物对抗。西汉承农民起义之后，集中的土地趋于分散，自耕农比重大大上升，封建经济还在恢复之中，"未有兼并之害"[1]。尽管由于秦行郡县制，但分封制的留存仍旧成为挥之不去的梦魇。陈胜吴广起义，群雄并起，自然继承了六国余绪。西汉初统一，先分封异姓王，再分封同姓王，直到吴楚七国之乱，汉武帝继续行推恩令和酎金令，这才真正削弱了诸侯的割据势力。至于宗法制倒是废除得比较彻底，由于汉初任官体制不定多变，到后来的荐举与辟署，这才使官僚体制最终代替了宗法制的贵族政治。

武帝以后，社会转型完成，进入稳定时期，但社会的惰性开始出现了，问题也接踵而至。汉武帝以后，土地兼并问题开始出现，地方上逐渐形成了一类豪强地主。汉武帝置刺史以六条问事，除了澄清吏治外，还有两条是针对土地兼并的，但是这一趋势迄未得到抑制，西汉末遂成社会大问题。王莽的王田制改革失败了，东汉初度田也失败了。土地兼并加上尊崇儒术讲究经学，东汉中期逐渐形成了门阀世族。门阀地主拥有大量土地和依附人口（部曲、佃客、宾客、徒附、门生、故吏），自然经济色彩浓厚起来，他们在自己的大田庄里进行封闭式的多种经营，"闭门成市"，开始了再度自然经济化的过程，盛极一时的商品经济逐渐停滞萎缩了。到了三国两晋，门阀士族更形成了武装集团，在战乱中黄河流域出现了坞堡一类的生产、军事、政治、宗族一体化的武装组织。相对稳定的江南则在垦

---

[1]　马端临：《文献通考》卷 1《田赋考一》，中华书局 1986 年版。

辟中出现了大的地主田庄。这些现象与战国西汉比较起来，经济上似乎是一种倒退和逆转，但在历史上却是大势所趋，历史似乎仍在它所遵循的轨道上前进着。

从北朝后期开始的6—13世纪即隋唐两宋时期，中国经济出现了第二次发展浪潮，这个长达700年的浪潮的表征是：

第一，土地所有制从北朝到唐初号称国有实际私有成分浓厚的均田制转变到了允许乃至放任土地买卖的纯私有制。两宋形成了所谓"田制不立，刪亩转易"①，"千年田换八百主"②的土地大量迅速转移的现象，农民的身份也有了相当的自由，终究是随土地的占有为依归了。中唐以后，以户口为主要征取对象的租庸调制转成了以土地财产为征税主体的两税法。

第二，商品经济趋于繁荣。城市发达，南方经济发展超过北方，更助长了这一趋势。封建国家对经济的管理和控制逐渐开始松弛了。

第三，从北宋开始，在城市中出现了资本主义因素。虽然还是少量的、零散的、脆弱的、旋起旋灭的。

从14世纪到19世纪，即明清时期，中国经济出现了第三次浪潮，它延续了600多年。这个时期的表征是：

第一，土地所有制形式、地租形式变化多种多样，农民更以契约形式租种土地，向土地的自由所有权前进了一大步。

第二，农民更多地卷入商品生产的浪潮中，也开始出现了经营性地主。城市商业进一步繁荣，在一些经济发达的城市里，资本主义因素更频繁地出现，市民阶层开始形成，并为维护自己的权利与统治者做斗争。

第三，封建国家对经济的控制和管理进一步松弛，"滋生人丁，永不加赋"，摊丁入亩，使农民向自耕农的土地自由所有权又进了一步，但封建国家对经济的管制也越来越僵化。海禁即对外贸易的统制即为一例。

---

① 马端临：《文献通考》卷4《田赋考四》。

② 辛弃疾撰，邓广铭笺注：《稼轩词编年笺注》卷3《最高楼》，上海古籍出版社1993年版。

五、明清以后中国经济较之西方为何相对落后

总之，从宋以后，中国经济只有量的增长，而缺少质的变化，到 19 世纪时，研究者说，中国在国内生产总值方面超过了英国，甚至可能超过了欧洲，但却缺乏新的动力，就像一艘机器已停的大船，但还靠着惯性慢慢地行进，终于落到欧洲后面。

对这个问题，从 20 世纪 30 年代起，人们就开始注意，而且展开了探讨。"文革"以后，又一度成为讨论的热点。近代中国何以落后于西方，阻力是什么，出现了种种不同解释：

第一，是民族的因素或者是外力的作用。远时不说，从 12 世纪的金开始，继之以元朝和清朝的入主中国，侵入的少数民族不仅对中国进行了惨绝人寰的大屠杀，使人口大量损耗，经济大受摧残，再加上民族的歧视和民族的压迫及强制推行少数民族落后的制度，在在阻拒了经济的发展、资本主义因素的增长，拖累了中国近代化的进程。

第二，政治制度，尤其是专制主义中央集权制度的僵化保守，倒行逆施，封闭了新的生产关系和新的阶级、新的政治力量的出现和成长。

第三，政策的作用。明初及清朝的海禁妨碍了对外贸易，也显示了中国人的眼界，缺失了一种世界性的眼光。此外，还有行科举制、倡八股文和兴文字狱，也禁锢了人们的思想和创造精神。

第四，意识形态。尊崇儒家，宣扬理学，重农轻商乃至贱商。

上述这些论据，无论是执其一端，或综合言之，都是有一些薄弱之感的。

第一，谈到战乱和屠杀，论者往往忽视了中国经济包括农业经济的再生力量是很强的。中国几千年来频仍的战乱，一旦平息，随着社会的稳定，大约经过一世（30 年）或再长一点时间，人口及经济往往即可恢复旧观。最近的一例是近百年以来，从 1911 年到 1953 年中国战乱几乎没有止息，尤其是八年对日抗战，人民死伤达 3500 万人，这在世界历史上也是空前的。然而，人口却从 1937 年 4.8 亿增长到 1950 年的 5 亿，到 1953

年经济大体是恢复到抗战前的状况，可以开始第一个五年计划的建设了。

第二，有些政策性措施，只是局部的、一时性的，像明清海禁。应当看到，宋元海上贸易发达，海外交往很频繁。明初郑和船队的七下西洋从规模上看超过了欧洲的地理大发现，此后虽有海禁，但海外贸易仍然很发达，而且有被走私贸易取代之势。至于意识形态方面的禁锢，那是"古已有之"，像尊崇儒家，提倡理学，重农轻商，并没有完全束缚人的思想的脚步，闭塞人的思想。明朝由于商品经济的发展，人们思想更活跃一些，开放一些，那也是不可低估的。直到清朝，才有所收敛。

第三，关于专制主义中央集权制度，它的弊病是人所共知的，但是，秦始皇统一六国行专制主义中央集权已经两千多年了。应当承认，它是历史大势所趋，是战国以来形成的历史客观条件的产物，有它的必然性。如果不是抽象地非历史地看待它，应当承认结束分裂割据进行统一的中央集权专制主义制度的历史的合理性和正当性。经过两千多年，专制主义中央集权制度虽有不少改进，但其实质特点和弊病也基本未变，然后一直延续到明清，它就成了落后的、反动的、僵化的、腐朽的制度了，这也是人们的共识。何以会有这个变化？何以从两千年前适应历史趋势、对历史起过推进作用的制度，在其根本性质、面貌未改的情况下，一变而为历史阻力了呢？这是因为客观形势变了，一是中国内部的因素，中国终究出现了细小的、短期的、脆弱的、新的生产力因素——资本主义因素，并且，有人开始对其进行批判（如黄宗羲）；一是西方新兴资本主义世界的冲击。条件变了，专制主义中央集权制度开始变得不合理了，僵化了。中国社会的前途，在许多先进的人们那里昭示着，要走近代化的道路，要走民主的道路。

今天，对中央集权专制主义制度的否定和批判是应该的，也是适当的、合理的，但是不要把秦始皇以来的两千多年的中央集权专制主义制度抽象地非历史地完全否定掉了，真所谓彼一时也，此一时也，这样否定掉了，就是否定了历史，否定了历史的必然性，否定了历史的合理性。

中国是一个大国，是一个历史悠久的大国，资源丰富，文化积淀深厚，从这样特殊的国情出发来探寻中国封建社会原先发展后来停滞的原因，固然应该考虑到各种因素的交互作用，尤其应该注重内部因素的作用,特别是更具决定性意义的经济因素的作用,长时性而非一时性(如政策)因素的作用。

从中国内部,从一个长时段,从最具决定性因素的高度来看,可以试着对中国原先发展近代停滞的原因作一些说明。

人们常说,古代中国是个农业社会,其基础和根本的特征从生产力方面来看是个体小生产农业。古代中国又是个阶级社会,占统治地位的不是什么小农经济,而是地主阶级、地主经济。不仅如此,封建国家的作用也是独特的,它是专制主义中央集权的国家,其经济职能也特别强,几乎到了干预一切经济生活的地步。我们粗略的说明就从这三个方面入手。

个体小生产农业是自然经济,但又离不开商品经济,而它向商品经济的发展又是有限制的,因为自然经济有抵制商品经济的一面。

第一,它本身是分散的,细小的,又是脆弱的,它所提供的积累量是很少的,有限的,而且很不稳定。扩大再生产的能力极其有限。

第二,农业的积累,农业资金的转移,最终还是要回到农业,即所谓"以末致富,以本守之"。农民发家致富的目标是添置田产,属于量的变化而非质的变化。其积累不管怎样运转,经商也罢,放高利贷也罢,还是在农业这个庞大的生产部门里运转,所谓地主、商人、高利贷一体。而添置田产,总是以别的个体小农民的破产为代价的。

第三,农业积累的资金,还是照自然经济的轨迹运转,如果能做到自给自足或基本上自给自足,个体小生产农业并非真正需要商品和市场,所谓"闭门成市"。各种经营也还是属于自然经济范畴。除了从事最基本的种植业和农业相结合的家庭手工业之外,可能扩展到养殖业,再多加上采集业(林木、竹草、水产、狩猎、采矿),但商品经济终归是次要的,大规模的商品经济尤其如此。农业始终是基础,工商业是在农业基础上产生,又是为农业服务的,或者说是依附于农业的。

第四,商业利润丰厚,所谓"农不如工,工不如商,刺绣文不如倚市门"①。但经商不受重视,商列为四民之末,长期以来的观念是重农轻商乃

---

① 《史记》卷129《货殖列传》。

至贱商，政府的政策是"重农抑商"、"重本抑末"。人们还有一个重要出路——读书做官，"耕读传家"、"万般皆下品，唯有读书高"。做官即使不贪墨，致仕还乡，还是购置土地、出租土地，传之子孙，当起地主来。所以四民之首的士，其实跟农是一体的。

比照地主，也同样是这个路子。

封建国家财政收入，大都靠暴力强制，也必然具有自然经济色彩。基于上述的原因，封建国家对商品和市场也力图加以控制，并有诸多限制。

第五，中国古代的商人和市民天然是脆弱的，很难形成一股有力的政治势力和集团，而更多的是为官府所控制和限制，并且依靠官府的力量。但政治力量的对比常会发生变化，一味倚靠官府是不可恃的。工商业者有的规模虽大，但没有多少独立性，形成独立自主的力量无此可能，即使有一些独立的力量，甚或政治主张，那也是薄弱的、脆弱的，少群众性的。资本主义因素即使出现，那也终归是发展不起来，会处处受到限制和控制，随时会受到打击和摧残禁止的。

正如马克思所说，这种以农业为主体的自然经济"是一种普照的光，它掩盖了一切其他色彩，改变着它们的特点"①，渗透晕染到了一切事物上去，以致一切事物、社会现象、制度、意识形态，无不染上农业和自然经济的颜色，构成一个完整牢固的体系。虽然也有商品经济，但农民、地主和封建国家固有的自发的本性，很自然地会要维护这个自然经济体系，要排斥、抵制、限制、摧残属于"另类"的商品和市场。这在很长时间内是不可改变的，无可抗御的。

至于中国经济史上的三个商品经济浪潮，后两个浪潮与春秋战国的第一个商品经济浪潮不同，作用也不一样。第一个浪潮带有为个体小生产农业与地主经济开路的性质，隋唐以后直到明清的第二、第三个商品经济浪潮带有瓦解自然经济基础上的个体小生产农业及地主经济的趋向。又由于城市工商业的发展和繁荣，开始促其向资本主义生产转化。这是一个社会

---

① 马克思：《〈政治经济学批判〉导言》，见《马克思恩格斯选集》第2卷，人民出版社2012年版，第707页。

的转型期，其过程是曲折的，变化也比较明显。这时资本主义因素虽然在北宋已经出现，但不明显，也不经常，发展也不快，还遭到各种限制和摧残，随时可以夭折，就像一个在母腹中不能生长的胚胎一样。

资本主义因素发展不起来，还有两个因素在起作用：

第一，缺乏原始积累，中国还远远没有走到这一步。西方开通商路的迫切要求，刺激了远航，而冒险家和殖民主义者借机掠夺了大量的财富。中国周边的民族和国家是相对落后而贫困的，海路面向辽阔的太平洋，陆地不多，东南亚及印度并不能刺激中国人海外通商和殖民以及掠夺财富人口的贪欲。15世纪初郑和下西洋，声势空前浩大，但是为了宣扬国威，吸引朝贡，做的都是赔本生意，没有通商的要求。而且是短期行为，不久即告终止，与西方的地理大发现及殖民完全不一样。不久，倭寇肆虐，中国开始了长期的海禁，沿海经济商业贸易遭到很大摧残，对外贸易变成了走私与海盗的渊薮。对国内的资本主义原始积累和工商业的发展几乎没有起什么作用。

第二，人口的压力。中国人口从北宋起超过一亿，开始形成了人口的压力，促使中国不断向东南及沿海地区移民。到了明清，内地各省人口几近饱和，缺少可以开垦的地方，多余的人口就要去海外移民了。虽然也向四方发展，然而东北是清朝龙兴之地，属于禁区。到19世纪后半期才大大开发。西北、西南移民，自然条件艰苦，耕地数量有限，只有东南闽广便利向海外拓展。

总的说来，中国原本发展比较先进，而后来又相对落后，主要是两千多年来积累的，内部的机制、内在的因素在起作用。而这种机制和因素，主要又应当从封建社会的经济方面去探求。这就是我们对中国明清以后为何较之西方相对落后的所谓"李约瑟难题"的简略回答。如果对此能够提出质疑和讨论，那是非常欢迎的。

第七章　中国的皇权及忠君思想

中国封建社会束缚人民的四大绳索——政权、族权、神权、夫权中，最主要的是政权。秦汉以后，封建政权的形式是中央集权专制主义制度。这个制度的核心是封建皇权。"天地君亲师"、"奉天承运"，皇帝是代表天来统治人间的"天子"，就是现实生活中唯一的最高的绝对权威。"忠孝仁爱信义和平"，作为绝对皇权的思想支柱的忠君观念，也就在封建伦理道德观念中占据了首要的地位。

一、忠君观念的形成

忠君观念有一个形成和确立的过程。

甲骨文和金文不见"忠"字，商和西周的典籍如《易》《诗》《书》等也没有"忠"字。奴隶制的宗法贵族制度在血缘与等级的制度中把人们彼此的关系凝结起来，并不怎么需要个人对上级的忠诚，因此也不怎么需要所谓的"忠"，更不需要忠君观念。春秋战国时期，奴隶制正在崩溃，社会关系急剧变化，新的伦理道德规范应时而生，"忠"就是其中之一。

起初，忠不过是指人与人之间相处要忠诚，其中虽然也包括君臣关系，但并非专指臣下对君主单方面的态度。"外内倡和为忠"[①]，是指君倡臣和的融洽的相互关系。"所谓道，忠于民而信于神也，上思利民，

---

① 《左传·昭公十二年》。

忠也"①，指的是上对下的态度。"公家之利，知无不为，忠也"②，则是指下对上的态度。这里，"公家"虽也包括君主，但主要指的国家，即"临患不忘国，忠也"③，即使是忠君，在权力层层分割、等级鲜明的宗法贵族制度下，臣下效忠的对象首先不是那个名义上的共主周王，而是上级贵族。效忠的程度，也因宗法制度而有亲疏的差等。"三世仕家君之，再世以下主之。事君以死，事主以勤，君之明令也"④。这同后世的绝对忠于皇帝的忠君观念，是大有区别的。

第一个把忠提到重要地位的是孔子。他不仅阐发了"忠"的各种涵义，而且把忠列为教育弟子的四科（文、行、忠、信）之一。也是孔子，第一次把忠从君臣相互关系的准则改变为臣下单方面对君主的态度。"君使臣以礼，臣事君以忠"⑤，强调了忠的"忠君"内容。但是，孔子并没有把忠当成臣对君的关系中的最高准则。"仁"才是孔子政治理想和伦理道德的最高规范，"忠"要服从于"仁"。因此，孔子的忠君是有条件的。臣是否"事君以忠"，要看君是否"使臣以礼"。"以道事君，不可则止"⑥，君臣之间的关系应当建立在"道"的原则基础上，否则臣下就可以放松、冻结乃至中断这种关系。孟子把孔子这种对君主的态度归结为"可以仕则仕，可以止则止，可以久则久，可以速则速"⑦。事实确是如此。为了行道，孔子在鲁国去官后周行列国求官，"如有用我者，吾其为东周乎?"⑧他是不拘泥于专事一君，做系而不食的匏瓜，而是时刻准备着待价而沽，为各式各样的君主服务的。

孔子这种对待君臣关系的态度和做法，正是当时社会风尚的反映。《逸

① 《左传·桓公六年》。
② 《左传·僖公九年》。
③ 《左传·昭公元年》。
④ 《国语·晋语》。
⑤ 《论语·八佾》。
⑥ 《论语·先进》。
⑦ 《孟子·公孙丑上》。
⑧ 《论语·阳货》。

周书·官人解》云："君臣之间，观其忠惠"；《墨子·兼爱下》云："惠君忠臣"。同样讲到君臣之间有一种"忠"、"惠"的相互关系，忠君并非无条件，只是与孔子讲的不尽相同。崔杼杀齐庄公后。晏婴不逃不死，而是说："君民者岂以陵民，社稷是主。臣君者岂为其口实，社稷是养。故君为社稷死，则死之；为社稷亡，则亡之；若为己死而为己亡，非其私昵，谁敢任之？"① 无条件的忠君，是君主的"私昵"即嬖人之流所为，"为社稷"的贵族重臣是不干的。

这种对待君臣关系的态度和做法的出现不是偶然的。当时，社会变动剧烈，周王室日渐衰微，成了"告朔之饩羊"，诸侯、大夫、陪臣的升降成了常道，丧国、弑君、逐君的事件层出不穷。"社稷无常奉，君臣无常位"②。旧有的奴隶制宗法贵族制度下的统治与服从的关系开始松弛、崩解了，"忠君"就作为维系变化无常的君臣关系的新的道德规范提出来了，但是，当时既没有强大的、统一的、稳定的君权，也不可能有唯一的、绝对的、无条件的忠君思想。一种情况是，旧有的贵族还保留着采邑、臣属和传统的特权，他们的权势地位并不完全倚仗君主。他们在纷乱中无论是想扩展或保全自己的权势地位，都需要同君主保持一定的距离。"国有道，即顺命；无道，即衡命"③。"为社稷"之类的原则，就成为他们的忠君不超过一定限度的很好借口。所以，崔杼弑君后，晏婴只表演了一套枕君尸而哭，三踊而出，和拒绝参与效忠崔杼的盟誓的活剧，既维护了一定的君臣关系，又表现了他的"忠君"的限度。而且也不妨碍他在崔杼所立的齐景公朝中继续为官。另一种情况是，在权力与财产再分配急剧进行的过程中，处于统治阶级下层的士也失去了原有的稳定性。为了免于没落并力争在纷乱中向上升迁，他们只有到处求官干禄，否则就会失去自己的政治、社会地位乃至生活来源，又哪能宣扬绝对地忠君，无条件地专事一主，从而自我阻塞向上升迁的道路呢？高尚原则的提出，其实浸透着世俗

---

① 《左传·襄公二十五年》。

② 《左传·昭公三十二年》。

③ 《史记》卷 62《管晏列传》。

的动机。这也就是为什么尽管孔子反对陪臣执国命和以下犯上，但却也愿意应季孙氏陪臣阳货和作乱的公山不狃及佛肸的邀请去那里做官，以致连忠实弟子子路都不免怀疑他言行不一致了。孔子这种做法，也为稍后的儒家所继承。曾子处费，受季孙氏的尊养，并不在乎季孙氏的擅权。子夏居魏，为魏文侯师，也没有把文侯陵晋当回事。孟子不见用于齐王而离去，却又故迟其行，盼望齐王改变主意再请他回去。只要了解了儒家高谈仁义其实不过是为了待价而沽，他们在君臣关系上言行之间的矛盾就完全可以理解。

战国时代是一个人欲横流，以气力相争相胜的时代。旧的奴隶制的秩序与传统已经不再起维系社会关系的作用了，新的封建制正在逐步建立。为此，它从不吝惜使用暴力和欺诈。攻战、灭国，弑君、陵上、背信弃义、纵横捭阖不仅是常事，而且被视为常理。新的封建制蔑视旧礼教、旧道德。作为初生之犊，它还没有学会为自己的贪欲和残暴设计一身温情脉脉的纱衣，还没有完整地系统地建立自己的伦理道德规范的体系。再加上当时商品货币经济的发展，使得许多事物都不免蒙上一层商品的色彩。君臣关系也就必然要带上这样的时代特征。于是，君臣这种本是统治与服从的关系，这时就被人们看成是一种对等的乃至互相利用的关系了。

这种对等的乃至互相利用的关系，发展成为两个极端。

一个极端是孟子。尽管孔子认为君臣关系应有条件，但还是把君权摆在很高的地位，主张尊王，强调君臣之间有上下尊卑的等级区别。孟子就不然了。他把孔子的"君使臣以礼，臣事君以忠"的主张发挥到了极致，从而也就多少解决了上述的儒家在君臣关系上言行不一致的矛盾。与孔子的"尊王"不同，孟子主张"民为贵，社稷次之，君为轻"①，把君权摆在了次要的地位。至于君臣关系，孟子主张"故将大有为之君，必有所不召之臣，欲有谋焉，则就之"②，甚至进一步提出："君之视臣如手足，则臣视君如腹心；君之视臣如犬马，则臣视君如国人；君之视臣如土芥，则臣视

---

① 《孟子·尽心下》。

② 《孟子·公孙丑下》。

君如寇仇。"① 把君臣关系完全视为对等的关系。基于这种原则，"君有大过则谏，反复而不听之，则易位"②。彻底贯彻这种原则，那就是"贼仁者谓之贼，贼义者谓之残。残贼之人，谓之一夫。闻诛一夫纣矣，未闻弑君者也"③。在"仁义"这个绝对原则之下，君臣关系是完全对等的。不仁不义的君主成为人人得而诛之的独夫民贼，打着仁义旗号犯上作乱的臣下，也就成了躬行天讨的像周武王那样的仁君英主。孟子正是这样周行列国，兜售他的主张的。只要照他所说的行仁义，施王政，就可以"定于一"。而反对者则是可以放心诛杀的桀纣了。然而，孟子的主张，也不免暴露了他内心的隐秘，不管什么君主，即使是"望之不似人君"的梁襄王，只要视臣下如手足，那么臣下就可以匡弼，把"仁义"的桂冠加在他的头上，去躬行天讨，"定于一"。反之，君视臣如土芥，臣就可以理直气壮地视君如寇仇，给他戴上独夫民贼的帽子，心安理得地犯上作乱，或率先去迎仁义之师了。对等的君臣关系，看来是以仁义为最高原则，实际上却还是一种君臣相互为用的关系，只不过涂上一层伦理道德的油彩而已。

在战国养士之风大盛的情况下，像孟子这样提倡君臣对等关系的只是少数，并且被讥为"迂阔而远于事情"。因为固然可以打上仁义的旗号去以气力相争，下级和对手也同样可以打出仁义的旗号进行对抗。何况在那个纷扰动乱的时代，仁义这类旗号并没有多少号召力或欺骗性。因此，在君臣对等或互相利用的关系上，占上风的是另一种极端的主张，那就是把这种关系赤裸裸地宣扬出来，完全不要标榜什么崇高原则，仅仅把它当成是政治交易，即所谓"君市"。臣之奉君不过是爵禄是务，君之用臣，不过是豢养为用。正是崇奉这种主张的人成了当时政治舞台上的风云人物。上焉者就是公孙衍、张仪这类朝秦暮楚、纵横捭阖的游士说客，下焉者则是孟尝君门下的鸡鸣狗盗之徒。他们的言行，明白揭示了所谓君臣遇合，其实不过是互相利用。

---

① 《孟子·离娄下》。

② 《孟子·万章下》。

③ 《孟子·梁惠王下》。

有意思的是，这些不论是非，不讲原则，相争以利的游士说客们却也偏偏大谈其忠君之道，频频地自诩为忠臣。这并不难理解，只要明白他们所谓的忠君和忠臣的含义和后世大不相同就行了。"明主爱其国，忠臣爱其名"①，"先王之教，莫荣于孝，莫显于忠；忠、孝，人君人亲之所甚欲也；显、荣，人子人臣之所甚愿也"②。原来，忠臣的"忠"不需忠君而是爱己之名，以求荣显；宣传忠君，自称忠臣，是为了投入君之所好，以便出名，求得荣显。陈轸、姚贾说秦王时都讲过这样的话："子胥忠于君，天下愿以为臣"③。用后世忠臣不事二君的标准来衡量，这话实在难于理解。但陈轸、姚贾不过是以此自诩他们可以当秦之忠臣，如秦见弃，他们有忠臣之名，照样可以受到别国的重用。所谓的忠君、忠臣，不过是和君王进行交易的筹码，实际忠的是自己。当然，为了爱其忠臣之名，有时不免要蒙受极大的损失甚至丢掉性命。豫让不惜生命为重用他的失败的主子报仇，临死时说："忠臣有死名之义"④。乐毅在燕受谤出亡，则说"忠臣去国，不絜其名"⑤。宁愿蒙受冤枉也不愿把过错委诸君主，从而失去忠臣的美名。为了保住忠臣之名而不惜身败名裂，肝脑涂地。尽管如此，还是不免属于晏婴讥嘲的"私昵"一类。但在那个君臣相市的时代，已是难能可贵的忠臣的典范了。

如上所述，忠君的观念是在春秋战国时封建制取代奴隶制的社会大变革的条件下，作为维系当时松弛多变的君臣关系的一种道德规范提出来的。时代的要求和传统的影响使它具备了如下的特点。第一，它是分解的。当时尚未统一，政权转换迅速，所谓忠君，就全国范围而论，不可能集中到一个君主身上，而是忠于特定的君主。第二，它是有条件的。儒家的条件是仁义，法家或游士说客干脆提出名或利。第三，忠君是不稳定的，臣下与君主的关系不需要"从一而终"，如果无利，或是不合"原则"，

① 《战国策·中山策》。

② 《吕氏春秋·劝学》。

③ 《战国策·秦策》。

④ 《史记》卷 86 《刺客列传》。

⑤ 《史记》卷 80 《乐毅列传》。

都可以心安理得地另换主人，而并不失其"忠臣"的美名。

可见，春秋战国时期的君臣观念，和后来的忠君观念的内容很不相同，它是那个特定的过渡时期的历史产物，既不免残留着宗法贵族制度的烙印，又具备着封建制度初起时的特色。各种人对它有各种解释。它还没有明确、系统和凝固，也还没有成为支配人们言行的强大力量。

二、适应专制主义中央集权制度君权的忠君观念的产生

封建生产方式的基本特征具有细小、分散及个体的性质。中国封建生产方式与西欧不同之处在于农村公社并没有保留下来，而是随奴隶制的崩溃瓦解了。因此，封建生产方式的这个基本特征比西欧表现得更为突出，再加上比较发达的商品货币经济的催化作用，在中国出现的不是西欧那样的领主经济而是地主经济，地主经济的政治上层建筑形式则是专制主义中央集权制度。

为什么在地主经济的基础上产生的是专制主义中央集权制度呢？

第一，地主对土地的所有是独立的、分散的，不像西欧的各级领主那样，在土地的所有、占有的权益上有那么多层次和联系。中国的地主在土地所有上的独立性和分散性使他们不像西欧领主那样，形成一个严整的统治与臣服的等级制的阶梯，他们之间一般没有统属的关系，在封建法律面前原则上是平等的。然而，他们又需要互相调节彼此间的具体利益的矛盾与冲突，也需要使个人或集团、阶层的具体的、局部的、当前的利益与整个地主阶级整体的、共同的、长远的利益协调起来。他们既然分散、独立、互不统属，那就需要在他们之上有一套权威的机构与一批权威的人物来集中地处理这些问题。换句话说，他们必须把自己的权力尤其是政治权力交出一部分，集中地给予既定的权威机构和人物，以代表他们的整体的、共同的、长远的利益，并处理地主个人、集团、阶层之间的矛盾与冲突。

第二，由于地主经济本身的特点及在比较发达的商品货币经济影响下

出现的土地买卖，土地所有权的转移是比较频繁、经常的。各个地主的经济地位也随土地所有权的转换而升降浮沉，不很稳定也不易维持长久，从而他们个人的政治地位也就不能保持稳定并维持长久。但是，维持一个稳定的并具有连续性的政治统治却是地主阶级所必需的。因此，他们也就需要把经济剥削与政治统治的权力相对地分割开来，由一个制度化的政权机构，即由世袭的皇权及其属下的各级官僚机构来稳定长久地行使政治统治职能。

第三，最重要也是最基本的，受地主剥削的农民，本身更是分散的以一家一户为单位的个体小生产者。如果说西欧的领主制经济是在组织于农村公社中的农民的基础上建立起来的话，那么中国的地主制经济则是在十分分散的个体小生产农民的基础上建立起来的。如果说西欧的领主制经济在很大程度上是靠等级制和超经济强制维持的话，那么这种等级制和超经济强制在中国地主经济下就远不如西欧鲜明。在经济上，租佃契约关系使地主对农民的控制主要采取了经济的形式，土地买卖则使少量富裕农民有可能上升为地主。在政治上，白衣卿相、科举制度，使得少量农民子弟也可能跻身于官僚的行列。在法律上，"王子犯法，与庶民同罪"，造成了农民与地主似乎平等的假象。在这样的情况下，单靠一个一个的地主分散地对农民行使统治权力是不行的。因此，地主也有必要把经济剥削的权力与政治统治的权力相对地分割开来，把后者更多地集中到似乎是代表了全民利益的各级官僚政权机构和皇帝手中。

总之，封建生产的细小的、分散的、个体的性质所带来的地主经济的独立性、分散性、不稳定性，使得地主阶级需要建立一个高度集中的、权威的政治上层建筑来代表他们行使政治统治权力，这就是专制主义中央集权制度，而中国封建社会中占上风的统一的趋势，则促使了专制主义中央集权制度的维系与加强。

在这个制度中，各级官僚机构是它的骨骼，而皇权则是它的核心。这个专制主义中央集权制度的皇权，有它自身的特点。

第一，皇权是最崇高的。由于不是领主制而是地主制，不是宗法贵族制而是官僚制，再加上统一的因素，地主阶级的最高权力集中到了皇帝手里，"普天之下，莫非王土，率土之滨，莫非王臣"①具有了新的意义，在皇帝面前，一切人都成了臣仆。

第二，皇权是绝对的。皇帝与其子民，是绝对的统治与服从的关系，不容许在其上或其旁还有更高的或同样的权威。

第三，皇权是唯一的。一方面，统一国家只能有一个皇帝，"天无二日，民无二主"；另一方面，以嫡长子继承制为特征的皇位世袭制则是要保证皇权的连续性。

由此可知，前述春秋战国时奴隶制与封建制交替过程中形成的那种君臣关系和忠君观念，只是那个特定的过渡时期的产物，是不适应专制主义中央集权制度的皇权的需要的。

战国中后期，封建专制主义中央集权制度已经开始在混乱中萌发。商鞅变法后的秦国，绝对的君权已具雏形，争雄的七国统一为一个国家的趋势已经出现。于是，在对待君臣关系的态度和做法上，也出现了一些反映专制主义中央集权制度的思想，尤其以荀子和韩非的论述最为典型。

第一，君权至高无上，君尊臣卑。反对君臣之间的对等的、相互为用的关系。荀子说："天子者势位至尊，无敌于天下……生民之属，莫不振动从服以化顺之。"②臣下的义务，就是不惜一切为国君效力。

第二，君权是绝对的。臣下只能以君王的意志和要求作为自己行事的准则，在此之上或之外不能有更高的或其他的原则。荀子说，与君"同焉者是也，异焉者非也"③。韩非更提出，不管君主的贤愚不肖，人臣只能尽力守法，专心事主，不许非议君主。"孝子之事父也，非竞取父之家也；忠臣之事君也，非竞取君之国也。……为人臣常誉先王之德厚而愿之，是诽谤其君也。非其亲者，知其不孝，而非其君者，天下贤之，此所以乱也。故人臣毋称尧舜之贤，毋誉汤武之伐，毋言烈士之高，尽力守法，专心于事主者，为忠臣"④，否则就是不忠。不忠，就要给予最严厉的惩罚。

① 《诗经·北山之什·北山》。

② 《荀子·正论》。

③ 《荀子·正论》。

④ 《韩非子·忠孝》。

"为人臣不忠，当死!"①韩非把这种君臣间绝对的统治与服从的关系定为最高的原则，"臣事君、子事父、妻事夫，三者顺则天下治；三者逆则天下乱。此天下之常道也。明王贤臣而弗易也"②。这已是后日王道之三纲的滥觞了。

第三，所忠之君只能是一个。"无有二心"③，是这种忠君观念的原则。燕军入齐，求贤者王蠋为将，王蠋拒绝说："忠臣不事二君，贞女不更二夫"④，自杀而死。就是这种忠君观念的实践。

很清楚，上述的这种忠君观念，忠臣的标准和行为，已经同前节所述的大不相同了。这不再是宗法贵族、学士说客的忠君观，而是专制主义中央集权制度所需要的君臣关系的准则了。

但是，这时全国还没有统一，仍是七国并峙的局面，专制主义中央集权制度刚刚萌发，还没有形成完整严格的体制，适应专制主义中央集权制度的君臣关系还没有凝固，没有占据统治地位，也还没有来得及将它进行理论的升华。就连为封建专制主义中央集权制度制造理论的大师荀子和韩非，也不免在传统观念与现实政治的影响下，仍然宣扬君臣对等和相互为用的关系。荀子从传统的儒家观念出发，主张"从道不从君"⑤，还是把君臣关系置于"礼"这一最高原则之下。君民关系则被荀子比喻为船与水的关系，"君者舟也，庶人者水也。水则载舟，水则覆舟"⑥，又一次发挥了孟子提出过的民贵君轻思想。荀子甚至还重复孟子在君臣关系上的那种极端主张，"上好礼义，尚贤使能，无贪利之心，则下亦将綦辞让，致忠信，而谨于臣子矣"⑦。反之，"臣或弑其君，下或杀其上，粥其城，倍其节，而不死其事者，无它故焉，人主自取之也。"⑧韩非则把战国游士说客

---

① 《韩非子·初见秦》。

② 《韩非子·忠孝》。

③ 《韩非子·有度》。

④ 《史记》卷82《田单列传》。

⑤ 《荀子·子道》。

⑥ 《荀子·王制》。

⑦ 《荀子·君道》。

⑧ 《荀子·富国》。

君臣相市的观点赤裸裸地宣扬开来，"臣尽死力以与君，君垂爵禄以与臣市。君臣之际，非父子之亲也，计数之所出也"①。既然相市，就不免要计较利害，乃至尔虞我诈，"君以计畜臣，臣以计事君。君臣之交，计也。害身而利国，臣弗为也，害国而利臣，君不行也。臣之情害身无利，君之情害国无亲。君臣也者，以计合者也"②。君臣关系完全成了一种利害的结合。荀子与韩非在君臣关系上这种互相矛盾的言论，正是那个时代的传统与现实，以及现实中矛盾的具体表现。

三、皇权与忠君观念的确立

"六王毕，四海一"③，建立统一的专制主义中央集权封建国家的任务，由秦始皇实现了。自然，作为这个制度的核心的皇权，也达到了空前的高度。

秦始皇兼采传说中"三皇五帝"的称号，自称皇帝，把原来视为最尊的"王"的称号降到了第二等的地位，并且制定了一套尊君抑臣的朝仪和文书制度，再加上废分封、行郡县和建成一套官僚制的行政机构，废除和削弱了过去的贵族等级制，突出了皇帝的地位，皇权确实成为至高无上的绝对权威。

不仅如此，秦始皇还极力使皇权蒙上一层神秘的色彩。诸如按"五德始终"说确定秦是水德，表示应天承运，并据此以定历法，易服色，立制度，还确定了与皇帝地位相适应的复杂的祭祀与封禅大典，等等。在咸阳附近仿照六国宫殿式样建筑了许多宫殿，并修建了最宏伟的阿房宫，不仅以此作为统一的象征，而且"端门四达，以则紫宫"④，模仿"天庭"的布局。这些措施固然是为了满足秦始皇穷奢极欲的愿望，却也同采取"皇帝"的

---

① 《韩非子·难一》。

② 《韩非子·饰邪》。

③ 杜牧：《樊川文集》卷1《阿房宫赋》，上海古籍出版社1978年版。

④ 何清谷：《三辅黄图校释》卷1《咸阳故城》，中华书局2005年版。

称号一样，是要表示他这个人间帝王与天上的上帝相埒，从而给皇权戴上神秘的光圈，加强绝对皇权的威慑和欺骗作用。

秦始皇把皇权提升到绝对的、神秘的高度。但是，他没有也来不及为它作出理论道德方面的新解释，没有也来不及协调皇权与其他封建伦理道德规范之间的关系，构成一个完整严密的体系。此外，秦朝任法，法家既保留着君臣以利相结的主张，又崇奉以力相争及服从强者，因此也就不去费心用道德伦理的教条束缚自己。先秦法家思想其实是阳重法而阴尊君。法家思想愈益发展，尊君的内涵愈明。《管子》尚重君主立法自守，君权虽尊，犹多限制。韩非已不再持"令尊于君"之说，但仍试图对君主的权力加上一点限制。李斯则主张君主"独制于天下而无所制"①，把皇权的绝对性、尊崇性发挥到了极致。这种理论实际上已经不能适应日益复杂起来的各种封建社会关系与矛盾，地主阶级还要寻找一种更为精致的学说与理论。秦朝很快灭亡，说明地主阶级仅靠这种理论还不足以巩固统治。西汉初年，又经历了尖锐的反割据势力的斗争。到汉武帝时，一个强大的统一的封建帝国终于建成，专制主义中央集权制度得到了进一步的加强，为皇权制造精致的君权理论的条件成熟了。经过改造以适应统一集权封建国家需要的儒家成为文化思想领域的主流和官方学说。其代表人物是董仲舒。

董仲舒对儒家学说的改造，主要是给它加上天人感应的神学目的论而使之趋于宗教化。由于把天道和人事生硬地结合，其道德说教也就更加迂阔僵固。在这个理论体系中，封建皇权居于最重要的地位。而它所应具备的最高、绝对、唯一这三个特色，则被神学和道德装点得更加神秘化、理论化和道德化。

"天"，这是董仲舒尊奉的至高无上，主宰人间的、有人格、有道德意志的神。君主则是"受命于天"，"承天意以从事"②，从而成为"天"在人间的最高代表。为使天与君主的关系更密切，董仲舒又为它涂上一层宗法血缘关系的色彩。"受命之君，天意之所予也，故号为天子者，宜事天如

---

① 《史记》卷 87《李斯列传》。

② 《汉书》卷 56《董仲舒传》。

父，事天以孝道也"①。而人之所以为人，"本于天，天亦人之曾祖父也"②。于是，臣民自然应视作为天子的君为祖为父，君则应视臣民如子如孙了。这样，君臣关系借助于神权而又加上一道族权的箍子。

对于君臣之间统治与服从的关系，董仲舒也加上"阳尊阴卑"的神学解释。"君为阳，臣为阴；父为阳，子为阴；夫为阳，妻为阴。阴道无所独行，其始也不得专起，其终也不得分功，有所兼之义"。"天为君而覆露之，地为臣而持载之；阳为夫而生之，阴为妇而助之；春为父而生之，夏为子而养之。秋为死而棺之，冬为痛而丧之。王道之三纲，可求于天"③。封建社会上下尊卑之分，被董仲舒借助神学理论凝固为万世不变绝对合理的教条了。

先秦儒家在君民关系上的"民贵君轻"、"载舟覆舟"的进步思想，也被董仲舒的所谓"性三品"说摒弃了。董仲舒认为，"圣人（即君主）之性"，不教而能善；贫贱人民的"斗筲之性"，有恶而无善，只能是刑戮的对象；在这二者之间的"中民之性"④，"有善质而未能善"，需要"立王以善之，此天意也"。"王承天意，以成民之性"⑤，进行教化。"故屈民而伸君，屈君而伸天，《春秋》之大义也"⑥。这样，君民关系也就在天意和人性论的规范下，成为教化刑戮与受教化被刑戮的绝对的统治与服从的关系。

对于这种借助天以尊君的理论，董仲舒还给它添上道德的黏合剂。儒家道德最高规范是仁。"仁之美者在于天，天，仁也"⑦。而天道在人间的最高代表就是君主，"为人主者法天之行……所以为仁也"⑧。天、道、圣人（即君主）三位一体。皇帝就是封建伦理道德的体现者和总代表。忠君

---

① 《春秋繁露·深察名号》。

② 《春秋繁露·为人者天》。

③ 《春秋繁露·基义》。

④ 《春秋繁露·实性》。

⑤ 《春秋繁露·深察名号》。

⑥ 《春秋繁露·玉杯》。

⑦ 《春秋繁露·王道通三》。

⑧ 《春秋繁露·离合根》。

即是尊道，二者又归之于至高无上的"天"。这样，先秦儒家思想中尊道与忠君的矛盾，就被硬生生地拔除了。

至于皇权是唯一的思想，则包含在董仲舒那颇为奥妙的"春秋大一统"的思想中。

在董仲舒的理论体系下，忠臣的标准首要的条件是要无条件地事上，即要严格实践"君尊臣卑"、"以下顺上"的原则，绝对不能与君争权势、善恶、富贵。功出于臣，名归于君，甚至"《春秋》君不名恶，臣不名善，善皆归于君，恶皆归于臣"[①]。违反这些原则的就是乱臣贼子，人人得而诛之。董仲舒对乱臣的态度是十分严厉的，而他对什么是乱臣的理解也是十分广泛的。他认为春秋时周王室衰落，诸侯交相为乱，对此类乱国之臣，都应杀掉，"人臣之行，贬主之位，乱国之臣，虽不篡杀，其罪皆宜死"[②]。

这样，封建社会的神权、政权、族权和夫权就统一起来，而适应封建国家政治需要的忠君观念，也就在董仲舒那里获得了系统的理论的形式。

但是，董仲舒的理论还有两个漏洞。一是他的神学目的论中运用了五德始终说和三统说，并以此解释历史上的禅让易代出于天意的必然性。二是他的君臣、父子、夫妇的关系中还多少保留了一些先秦儒家的对等关系。五德、三统之说本来是要说明汉代政权的合理性，但在西汉后期社会危机严重的历史条件下，却与谶纬之说结合起来，成为西汉政权的不合理性的根据了。王莽借五德、三统、谶纬之说宣传已将代汉，上表劝进的官僚士人竟达四十八万多人。刘秀复汉也借谶纬，强调汉之天命未绝，而自己为代表。在实际措施上，则重处不守臣节者，而对不与王莽合作者给以高官殊荣，优礼不仕的隐逸之士，同时还大肆表彰历史上的忠臣。明确宣布"能尽忠于国，事君无二，则爵赏光乎当世，功名列于不朽"[③]，只有忠臣才是功臣，而其核心则是不事二姓。从此，不事二姓就成了忠臣的重要标准，而表彰隐逸和以功名利禄诱使臣下尽忠的办法也就为后世帝王

---

① 《春秋繁露·阳尊阴卑》。

② 《春秋繁露·楚庄王》。

③ 《后汉书》卷 26《冯勤传》。

所继承，成为提倡忠君的基本措施。

随后，东汉统治者编制的《白虎通》，则企图修补董仲舒神学理论的漏洞，把居五行之中的土列为五行之首，金、木、水、火四行之所依傍，借此影射皇权的绝对地位，并修改了董仲舒学说中的"择贤让位"和"易姓而王"的部分，把三纲学说以"君为臣纲、父为子纲、夫为妻纲"①的形式最明确地表达出来，从而企图把东汉王朝的永恒性和君臣关系的绝对性永远固定下来。

适应专制主义中央集权封建国家政治需要的皇权与忠君观念的理论形式，就这样在董仲舒和《白虎通》的作者们手里确定下来了。皇权成为至高无上的权力，忠君成了封建政治行为的最高准则，也成了封建道德规范的首要标准。此后的论者，总的来说，没有越出董仲舒和《白虎通》的范围，但随封建社会的发展与专制主义中央集权制度的强化，也增添了一些新的内容，特别是在宋代以后。一是更加突出了皇权的无上意义与臣属的绝对服从。托名东汉马融实为宋人所作的《忠经》，一开始就说"天之所覆，地之所载，人之所履，莫大乎忠"②。文武百官必须"奉君忘身，徇国忘家"③，尤其强调"临难死节"。这大约是鉴于改姓易代频繁而特别强调"不事二主"。二是强调了不忠于君不仅违反了最高封建道德标准，而且也是最大的罪恶。封建法律把反对皇帝权威的"大逆"、冒犯皇帝权威的"大不敬"罪列为十恶之首，处以最重的刑罚。《忠经》说："善莫大于作忠，恶莫大于不忠，忠则福禄至焉，不忠则刑罚加焉。"④以善恶的道德原则加上个人利害关系对此加以阐发。三是随着经济的发展变化，租佃关系发展，普通地主增多，农民对国家及地主的依附关系削弱，商品经济发展，人们经济上的自由度比过去大了，而专制主义中央集权制度则有所强化，忠君的范围也就扩大到了生产经济方面。韩愈在《原道》中说："民

---

① 班固撰，陈立疏证：《白虎通疏证》卷 8《三纲六纪》，中华书局 1994 年版。

② 《忠经·天地神明》，丛书集成初编本。

③ 《忠经·冢臣》。

④ 《忠经·证应》。

不出粟米麻丝,作器皿、通货财,以事其上,则诛。"①四是把君主专制视为"理"、"道"的表现,从哲学本体论上而非从神学目的论上解释皇权与忠君的意义。程颐、程颢提出"天理"说,认为"天理"等于《尚书·洪范》所说的"皇建有其极",即"君权神授"的"皇权"(后又称"太极")。对"天理"的膜拜,实际上就是对"皇权"的膜拜。朱熹则说:"君臣父子,定位不易,事之常也;君令臣行,父传子继,道之经也"②。

为了维护绝对皇权,一些论者不惜对圣贤书中对此不利的说法加以反驳。如司马光就反对孟子的君如不善,可以起兵造反的说法,"为卿者无贵戚异姓,皆人臣也,人臣之义,谏于君而不听,去之可也,死之可也"③,但决不能反叛。朱元璋当皇帝,下令删除《孟子》中不利于皇权与忠君的部分,才颁行学校,并明确规定删除部分不得作为科举考试的命题。

四、皇权和忠君观念与封建社会的历史现实

皇权和忠君观念在汉代取得了理论上的完整形式,然而这种理论上的完整只是相对而言,封建社会的现实不断地向它提出挑战,一再地嘲弄、威胁和破坏着它的理论上的尊严与完整。挑战一方面来自现实生活,另一方面则来自中国的专制主义中央集权制度本身。只是由于封建制度还没有走到尽头,作为封建国家政权形式的专制主义中央集权制度核心的皇权仍旧君临一切,居封建伦理道德首位仍是忠君观念。皇权与忠君观念在挑战中赢得了不甚稳定的胜利,并随时世推移走向严密、强化乃至僵化。随着封建制度走向没落,它的矛盾性、欺骗性和反动性也就愈其暴露。

挑战首先来自地主阶级的对立面——农民。农民是被剥削者与被压迫

---

① 马其昶校注:《韩昌黎文集校注》卷1《原道》,上海古籍出版社1986年版。
② 《晦庵先生朱文公文集》卷14《甲寅行宫便殿奏札一》,四部丛刊本。
③ 《温国文正司马公文集》卷73《疑孟》,四部丛刊本。

者，他们一次又一次地反抗专制主义制度，斗争的矛头也迟早会指向封建统治的总代表——皇帝。但农民又是分散的小生产者和小私有者，不是新的生产方式的代表，他们的经济地位使他们习惯于服从他人的主宰，听命于高高在上的权威。不仅占统治地位的统治思想皇权观念统治着他们的思想，他们本身的经济地位也使得他们崇敬皇权。当农民尚未被迫起事时，皇帝往往以超乎各阶级利益之上的全社会最高的统治者的面目出现。农民把减轻或解除苦难的希望寄托在皇帝身上。"天高皇帝远"，就是他们失望的哀叹。一旦农民被迫揭竿而起，斗争的目标往往也不是指向皇帝，而只限于地主、官僚、贵族，即所谓的"清君侧"。《明史·仇钺传》载明代刘六刘七起义领袖之一赵锚答皇帝招降书云："乞陛下睿谋独断，枭群奸之首以谢天下；即枭臣之首，以谢群奸。"他们仍以臣下自居，承认封建皇帝的最高地位。有不少农民起义的目标直接指向封建皇帝和中央政权，但与之对抗的则是农民自己的王、帝。有些起义还打出过去的王朝或前代皇帝的招牌。最后，农民的斗争被地主贵族利用，作为他们改朝换代的工具，或是农民领袖建立了新的封建王朝。农民往往也就暂时承认与接受了这个变化，"真命天子"已经出世，"太平盛世"将会到来。

然而，农民的皇权思想和地主的皇权思想是有区别的。地主企图用皇权来维护和加强自己的统治和剥削，农民拥护皇权却是为了保障自己的生活，减轻乃至免除所受的压迫和剥削。农民心目中的皇帝实际上不是封建皇帝，而是农民的皇帝。对农民来说，皇权不过是形式，这后面隐藏着农民反对封建制度和对温饱、稳定的生活的愿望与要求。可是，阶级的与时代的局限性使农民意识不到农民的皇帝与封建的皇帝的本质区别。在现实生活中，他们只能看到"好皇帝"与"坏皇帝"的区别。他们拥护能给他们带来比较安定的生活的"好皇帝"，反对与打倒那些加重剥削与压迫的"坏皇帝"。他们以为"好皇帝"就是全民的皇帝或农民的皇帝。拥护农民皇帝，反对封建皇帝的要求，在现实生活与斗争中以拥护"好皇帝"，反对"坏皇帝"的形式表现了出来，农民从幻想封建的"好皇帝"解除苦难，到拥护农民的"好皇帝"打倒封建的"坏皇帝"，再到幻想新的封建的"好皇帝"解除苦难，然后又是幻想的破灭。这就是农民的皇权主义思想，随社会矛盾与阶级斗争的发展变化而呈现出来的复杂内容。

农民反抗封建制度包括皇权，但又摆脱不了它的束缚，农民的挑战没有也不能成功，这是历史的必然，也是封建时期农民的悲剧。但是，从陈胜、吴广的"伐无道、诛暴秦"①，到洪秀全的以"天王"对抗清朝皇帝，封建皇权的尊崇性、绝对性和唯一性受到了挑战，也受到了损害。

政权、神权、族权、夫权，在束缚人民这个根本任务上它们是相通的。然而，它们究竟代表了封建统治的几个方面，并非契合无间，全然没有矛盾。

"王道之三纲，可求于天"②。董仲舒和《白虎通》的作者使儒家宗教化以说明和维护绝对皇权的努力，势必要使神权置于皇权之上，从而使皇权多少失去了尊崇性与绝对性。然而，这是与儒家人文主义传统和专制主义中央集权制度的现实需要相扞格的。人性十足的孔子不可能成为圣父、圣子、圣灵，也不可能成为先知，充满现世意味的儒家也不可能改造为儒教。中国不可能出现欧洲中世纪基督教社会那种教权凌驾于政权之上的状况，也不可能形成中世纪伊斯兰教国家的政教合一的制度。在古代中国，人间超过天上，政权控制神权。天人交感、五德三统之说难于说明和解决现世政治问题，而符瑞妖异、谶纬图书则把它装点得荒诞可笑。这不仅不能使人笃信皇权头上灵光的神圣，反而为觊觎皇位者们所利用。汉以后的历代王朝，"以某德王"、"符命禅瑞"，不过是历史积习留下的套语、点缀，或是临时应变的欺己骗人手段，并遭到有识之士的蹙额讥弹。另一方面，"真命天子出世"之类的说法，成了迫切解脱困厄处境的农民造反的思想武器，其实并无严格的神学意义。汉代盛行一时的图谶，由于起义农民的一再运用而被目为妖邪之说，终于到隋代遭到严厉的禁断。

使儒家宗教化的企图的失败，并不意味着中国封建社会缺乏滋生宗教的土壤。魏晋南北朝以降，外来的佛教和土生的道教得到了发展。地主阶级需要它们作为精神麻醉剂，它们也需要封建政权的支持。然而作为宗

---

① 《史记》卷 48《陈涉世家》。

② 《春秋繁露·基义》。

教，它们的教义又多少与儒家的政治思想和伦理道德观念有些矛盾。教团的利益与专制主义中央集权的政权的利益也未尽吻合。道教的神鬼世界的结构，从玉皇大帝、羽士仙人到城隍土地，正好脱胎于封建人间现世的等级结构。它所拾取的一度归属儒家的阴阳图谶、风角方术，也还对地主阶级统治人民有所帮助，虽然其中有些教派和手段由于一再被起义农民利用。被目为妖邪遭到禁断，但正统的道教一直受到封建政权和儒家的容许与支持。佛教这个外来宗教与专制主义中央集权政权的矛盾更多一些，佛教主张慈悲平等，认为世人皆有佛性，又重修来世，宣扬今世最好超世绝欲，不大承认现世的权威，并把佛置于包括皇权在内的世俗权威之上，也不尊重维护世俗等级和权威的诸如忠、孝之类的伦常道德观念，再加上佛教教团不时侵及中央集权国家控制土地与劳动人手的权力，与正统的儒家及封建国家的矛盾与冲突有时就尖锐起来。南北朝时期，僧徒与儒道屡相辩难，"沙门不敬王者"[①]、蔑弃忠孝、乖君臣之义、自称三宝、假托四依、坐傲君王[②]，常是后者攻讦佛教的证据。这些矛盾随佛教的中国化过程而逐步得到解决。在义理方面，佛教以帝王为佛的化身或护法的办法，承认了皇权的地位。从三论宗的承认俗谛的合理性到禅宗的《百丈清规》，把名教纲常纳入佛门教理仪轨之内。而儒家与政权则一方面相对地承认僧徒以方外地位，可以略微越出名教的范围；另一方面则大力吸收佛门义理及已属于道家的阴阳理论，形成了宋明理学。三教同源、三教归一之说取代了过去尖锐的辩难。在实际生活中，封建政权从一开始就把宗教特别是佛教置于自己控制之下，神权只是皇权的支持与补充，而不是皇权的对立物。神权与皇权的矛盾，就是在皇权控制神权的基础上互相妥协而得到了解决。

皇权与族权或父权虽经董仲舒等撮合，但那只是理论上的形式，而且是经过"天"即神权。封建社会的现实还是使二者有若干扦格。

宗法制本是奴隶制社会的产物，但为封建制所继承。所以如此，是由

---

① 僧祐：《弘明集》卷 5《沙门不敬王者论》，四部丛刊本。
② 道宣：《广弘明集》卷 7，四部丛刊本。

于家长是小农家庭维持生计的主要承担者，父子、夫妻、兄弟成为家庭及社会组织中的重要成分，家长制是个体小生产农业以及在此基础上形成的地主经济的必然产物；家长权力扩大即为族权。个体小生产者由于经济基础极其脆弱，往往需要求助于父子、亲属及宗族，这就使他们与宗族有着紧密的联系；而封建地主则利用宗法族权作为扩大剥削与维护封建秩序的重要手段，并且利用它来掩盖其剥削与压迫农民的阶级实质，使之蒙上一层血缘关系的面纱，把劳苦族人置于其控制之下。这种情况，反映在伦理道德规范上，就是十分重视"孝"。封建统治者更把这种宗法关系引申到君臣关系上，皇帝为"天子"，居于宗法关系的顶端，臣下百姓均为其子民。因此，宣传孝道，也就是以父母视君。孔子早就说过，"其为人也孝弟，而好犯上者，鲜矣。不好犯上，而好作乱者，未之有也"[1]。这还只是从消极方面立论；积极的说法是"先王之教，莫荣于孝，莫显于忠。忠孝，人君人亲之所甚欲也；显荣，人子人臣之所甚愿也"[2]。因此，封建社会流行着"求忠臣必于孝子之门"的说法。把孝道推广开去，就是忠臣，而"忠孝两全"，显荣并得，则成了封建伦理道德的最高境界。

然而，并不是任何时候都可以做到"忠孝两全"的。孝道直接面对的是尊亲，族权或父权终究是凭借血缘关系直接施之于一家一姓，而忠君在某种意义上却是由孝引申开去的一种抽象的统治与服从的关系，尊亲与事君如果遇到利害不同而不能兼顾时，如何抉择，便成了一个问题。汉代，专制主义中央集权制度刚刚确立，绝对皇权刚刚树立，忠君观念刚刚形成，还没有在人们思想中牢固地扎下根来，沿用宗法制的宗族观念的孝道与忠结合，成了忠的有力支柱，以致东汉统治者标榜"以孝治天下"，以孝衡量人成为社会风气，"孝廉"成为入仕的最好途径，以致出现一大批矫情入仕的伪孝子。另一方面，东汉以后门阀士族势力的形成，与长官任用掾属及门生故吏之风的兴盛，使得众多仕者有他们需要效忠的直接的主子。他们同皇帝的关系不免隔了一层。汉末三国动乱时代，皇权削弱，忠

---

[1] 《论语·述而》。

[2] 《吕氏春秋·劝学》。

孝孰先的议论也就多了起来，并视各人具体情况与意图而有所抉择。司马氏代魏，属于臣下篡位，是为臣不忠的表现，也就不好向臣下宣传需对自己尽忠，只好标榜孝道。而门阀大族力量的强大，皇权的削弱及分裂割据的形势和政权转换迅速，也使人们注视自身乃至家族利益而不再强调对皇帝的忠诚。孝道遂在一段时期里成为超过忠君或与之并列的最高封建道德。隋唐时期，全国复归统一，门阀士族走向衰落，忠君才又被强调。唐太宗提出，孝的本旨在于"善事父母，自家刑国，忠于其君，战阵勇，朋友信，扬名显亲，此之谓孝，具在经典"[1]。特别提出忠君之义，以扬名显亲为孝，虽然与《孝经》宗旨相合，但与晋以来的传统意见则有出入。唐代宗永泰元年（765），吏部尚书韦陟死，议谥"忠孝"。刑部尚书颜真卿认为许国养亲不两全，不当合二者为谥，上表说："出处事殊，忠孝不并。已为孝子，不得为忠臣；为忠臣不得为孝子。故求忠于孝，岂先亲而后君；移孝于忠，则出身而事主。所以叱驭而进，不惮危险，故王尊为忠臣；思全而归，恐有毁伤，故王阳为孝子。"[2] 对求忠于孝，不以为然；移孝作忠，则加称许。虽然所议未被采纳，然而忠应置于孝之上已是当时的一般看法。宋以后，专制主义中央集权制度与皇权进一步强化，忠字当先，忠孝不能兼顾时移孝作忠，已成不刊之论。

忠君与爱国也有矛盾。孟子的"民为贵，社稷次之，君为轻"的思想早被封建统治者摒弃。专制主义中央集权制度下，皇帝就是国家的代表、民族的象征。忠君即是爱国，一般情况下并无矛盾。但当民族矛盾尖锐，外敌入侵，国家濒于灭亡时就不然了。民族危机往往由统治者腐朽黑暗而造成，外侮常由内患招来。面临国家危亡之际，皇帝及其所代表的当权腐朽集团往往不相信人民的力量，不相信爱国的官员将帅，甚至对之防范、打击乃至杀戮，唯恐这些力量壮大对自己不利。因此，他们往往采用妥协退让、屈辱求和甚至勾结外敌镇压人民以求苟安。在这种情况下，忠君与爱国发生了尖锐的矛盾，这就使一些具有强烈爱国思想的人，特别是文武

---

[1] 《旧唐书》卷27《礼仪志》。

[2] 封演撰，赵贞信校注：《封氏闻见记校注》卷4《定谥》，中华书局2005年版。

官员面临严重危机乃至生死的抉择：是站在人民一边，违反君主意愿坚决抗击外敌，还是在忠君观念的支配下投降退让，这在他们的心理、言论和行动中引起了巨大矛盾。长久形成的强烈的忠君观念使他们最后不能不服从皇帝的旨意，不仅抗敌失败，甚至还送掉性命。岳飞、林则徐的遭遇，不仅使他们自己悲愤莫名，也使后人感叹扼腕。

对皇权与忠君观念的挑战还来自专制主义中央集权制度本身。这是由这个制度内在的不可克服的矛盾所造成的。

矛盾出在皇权的唯一性上。为了保证皇权的唯一性，皇位是世袭的，而且以嫡长子继承制为特征。尽管宫廷中争夺皇位的斗争连绵不断，但大体上还是维持着这种格局。由于仅凭血统继位，立子不立贤，再加上皇子们多生于深宫之中，过的又是脱离社会的骄奢生活，不谙治道。当上皇帝以后，虽然有些是所谓的贤君明君，更多的是昏君、暴君乃至幼儿、白痴。不管是什么样的人，只要登上皇帝的宝座，也就成了皇权的代表，由这样的人来行使皇权，不免损害乃至亵渎了皇权的尊崇性。

失掉尊崇性的皇帝代表着尊崇的皇权，向尊崇的皇权效忠的臣下实际上效忠的是失掉尊崇性的皇帝。皇帝虽然拥有至高无上的权力，但要一人治理国家是根本做不到的。这样，一批宠臣、权臣、佞臣、奸臣、宦官、外戚的专擅也就成了必然和经常的现象，特别是一些封建王朝的中后期更是如此。他们凭借皇权左右政局，为所欲为，"挟天子以令诸侯"，历来是权势斗争中最厉害的一着，忠君观念便是他们所作所为的有力盾牌，他们以忠自诩（史著称之为"奸忠"），凭借皇权恣意打击，诛杀不直其所为而又为忠君思想所束缚的政敌，其中不少是正直有为之士。在忠君思想支配之下，人们常常无法可想，"文死谏"成了他们最后的结局。中国封建社会中数不清的政潮风云，大都是环绕着这样的格局而形成的。

正因为如此，中国封建社会的改革往往蒙上悲剧的色彩。历史上不乏具有远见卓识和头脑清醒的政治家、思想家，他们的种种改革思想和措施，只有得到皇帝的认可才能施行。然而，君臣相知、君臣相得是少见的现象，即使有，也往往为皇帝周围的腐朽势力所破坏，或者由于皇帝心意的转变及易位而不能善始全终。这是历史上的改革往往失败或变质的直接原因。有的改革虽然持续下来，而改革家本人却被抛弃了。

对绝对皇权和忠君观念的最大挑战，来自王朝的改姓易代：与前述的各种矛盾与挑战不同，皇权与忠君观念在这种情况下无法取得胜利。

中国封建专制主义中央集权制度不像某些国家，例如沙俄和日本，它没有一个固定而久远的传统的沙皇或天皇。两千多年中，王朝的更替是常事。而觊觎皇位，争夺皇权者又不知凡几。当改姓易代之际，不论是明目张胆的篡弑，欲盖弥彰的禅代，还是旧朝崩解、群雄逐鹿的乱局，原来上下有序的封建秩序动荡混乱，皇权的绝对性、唯一性被否定亵渎，而皇权的尊崇性则大大贬值。不事二君的忠君观念受到最大的挑战。此视为忠者，彼视为逆；此视为顺命，彼视为抗命；此视为君子，彼视为小人。人们从一己之私利或某种原则出发，或事新君，或忠旧主，或隐世避乱，或借言孝亲以待机，或如历事数朝，改姓之际率先奉迎的五代老臣冯道，或为知其不可而为之的文天祥、陆秀夫。动乱的时世，转换不定的皇权，使不同的人作出不同的抉择，而无法有统一的标准。然而，新朝建立，忠于新朝不许有贰的忠君观念又成了最高的道德准则。这种对忠的双重标准，不仅为人们所实行，而且为人们赤裸裸地道出。如《三国志·魏书·徐宣传》所说："帝王用人，度世授才，争夺之时，以策略为先。分定之后，以忠义为首"。到了中国封建社会的最后一个王朝清朝，随专制主义中央集权制度的强化和僵化，皇权升到极顶的高度，忠君观念的双重标准也被奉行到新的高度。前来投靠的前朝顾命之臣，不久即入了贰臣传，而抗命死节的前朝忠臣，不久又成了楷模。甚至前朝遗民也奉行这种对忠的双重标准，自己拒绝在新朝做官，却不禁子弟入仕，即所谓的"遗民不世袭"，适应了现实，却不免因其矛盾而暴露了这种双重标准的滑稽色彩。

两千多年来，中国古代思想家也不乏对君主专制的批判。道家贵自然，主张顺自然之势而为，即无为。君主也是自然之势的产物，所以老庄虽然也揭示了君主的恣睢，视为罪恶之源，"圣人不死，大盗不止"①，但又不能否认现世君主的存在，也不能否认臣道。"臣之事君，义也。无适

————————

① 《庄子·胠箧》。

而非君也，无所逃于天地之间"①，只是认为君主应施无为之治。然而，既曰无为，又何必有君。先秦道家的自然观与政治观究竟未能契合。魏晋时鲍敬言的无君论，则是老庄贵自然、尚无为的思想在逻辑上的必然结论。但他把理想社会定格在原始公社制度，却是反历史的。这种反历史的思想本身又是历史的，因为当时的社会条件固然是以揭示专制主义与皇权的罪恶，却没有显示出解决的前景，进步的思想家只能从缥缈的远古撷取回忆装点自己的思想。此后的无能子、谭峭，也仍然不出道家的窠臼。而且滔滔天下，这类思想仅如暗夜中一闪而逝的火花，并未激起多少涟漪。明末清初，时世变化，专制主义中央集权制度及皇权尽管越来越僵固强化，但又因其一再受到挑战冲击及其不可克服的内在矛盾而越来越显示了它的虚伪性和反动性。更重要的是，新的生产力、新的生产关系在旧体制内悄然出现，尽管处于萌芽状态，但终究让先进的人们朦胧地感觉到变革的前景。黄宗羲虽然多就儒家传统思想中进步的一面对专制主义和绝对皇权进行批判，但已经有了以民主制度加以取代的思想，虽不彻底，但已难得。直到清末，外国侵略者的坚船利炮打破了中国的大门，民族生机，不绝于缕。先进的人们把几被湮没的黄宗羲的思想拿来与外国政体与政治思想相比，觉得"句句餍心切理"②，形成了批判与推翻几千年来旧体制旧思想的猛烈运动。批判的武器不能代替武器的批判，但批判的武器却能武装人们的思想，促使其进行武器的批判。辛亥革命基本终于推翻了中国历史上最后一个封建王朝。

然而，几千年的传统不可能随清王朝的覆灭一夜之间消失，产生专制皇权的土壤也不可能一夜之间全部更新。几十年间，短命的洪宪新朝，闹剧式的宣统复辟，沐猴而冠的伪满洲国此伏彼起。更严重的是"民国"，"训政"外衣下的半中半西、不中不西的半封建半殖民地政权仍像大山一样压在人民头上。专制皇权以直接的或改换了的形式仍在肆虐，直到1949 年中华人民共和国成立，才算画上一个句号。

---

① 《庄子·人间世》。

② 梁启超：《中国近三百年学术史》，东方出版社 2004 年版，第 31 页。

第八章　中国封建社会的专制主义中央集权制度

中国封建社会的国体即国家政权的阶级性质是地主阶级专政，政体即政权形式是专制主义中央集权制度。

中国封建专制主义中央集权制度始于战国，成于秦汉，一直延续到清，历时两千多年，大体上与中国封建社会相终始，这在世界历史上是仅见的，是中国历史的一个特点，对中国历史发展的影响也是巨大的。中国的专制主义中央集权制度何以形成，具有什么特点，在两千年中有何发展变化，其发展变化的原因是什么，对中国历史起了什么作用，这些就是我们在这个题目里所要介绍的内容。当然，这里所介绍的只是一种看法，也只能粗略地谈一谈。

一、专制主义中央集权制度的形成

什么是专制主义中央集权制度，它的基本特征是什么？简单地说，它是把国家一切政治权力，诸如行政权、军权、司法权、立法权、财政权、监察权、选拔用人权等，高度集中到中央政府，最后集中到封建国家的最高统治者和代表——皇帝的手里，形成最高的、唯一的、绝对的政治权力即皇权。皇帝任命各级官僚机构的人员，令他们秉承皇帝的旨意办理政事、统治人民。

自然，这仅是概约言之，在长达两千多年的封建社会，由于历史条件的变化，皇权有时强大，有时软弱，专制主义中央集权制度有时严密，有时松弛，其各个方面也有变化发展，总的趋势是逐步严密，强化，最后僵化。

中国封建社会的政权组织形式同中国奴隶制社会不一样，中国奴隶制社会的政治制度或政权组织形式也是王国，但其基本特征是基于宗法血缘关系的贵族政治而非王权政治，政治权力相对分散在各级奴隶主贵族手中，西周可以说是它的典型形式。

为什么中国奴隶制社会的政治制度或政权形式是贵族政治呢？这里简单地叙说一下。

这是因为，中国奴隶制社会的生产关系的基本形态即土地所有制形式，是奴隶主贵族领有农村公社形式的土地，即井田制。农村公社是原始社会末期的土地所有制形式及基本的社会组织形式。土地归村社所有，定期分配给成员的家庭耕作，村社成员并需集体耕种村社公共土地——公田，收获即应付村社公共活动的开支。到了奴隶制社会，氏族贵族演变成了奴隶主贵族，攫取了村社的权力，公共土地的收获，也归了他们，而村社成员除负担公田劳动外，还要负担力役、军役和其他需索，成了集体奴隶。其他被征服或归附的部落氏族则也以村社为单位，成了集体奴隶，土地集体经营色彩突出，所有权相对稳定，各级贵族则以贡赋的形式，把自己剥削来的财物一部分上缴到上一级贵族，层层直到天下的共主——周王。所谓共主，即共同的主子，其下还有各级贵族，即下级的主子。这就是井田制。

这种实在的社会关系在形式上却倒了过来，即贵族们共同尊奉周王为天下的共主，土地名义上为王有（或国有），"普天之下，莫非王土；率土之滨，莫非王臣。"①土地和土地上的劳动者是紧密联系在一起的，这正是农村公社的特点。周王把土地连同土地上人民中的相当大的一部分封给贵族——诸侯，诸侯就成了分封给他的土地及土地上的人民的最高领有者。诸侯又把他领有的土地人民按级分封给卿、大夫，卿大夫又把自己领有的土地人民分封下去，一直到士、庶人，土地人民被层层分割。这就是分

---

① 《诗经·北山之什·北山》。

封制。

从原始社会末期所形成的氏族贵族沿袭下来的奴隶主贵族，还保留着父系氏族公社乃至以后的父系家族公社的宗法血缘关系为社会纽带的传统。即据宗法血缘关系，这些贵族既是统治者、首领，又是大家长，与属下既是统治与被统治的关系，又有家族的尊卑关系。被征服的氏族部落也同样以宗法血缘关系与统治的贵族结合起来（以婚姻关系或远亲血缘关系），集体受统治的族（周族）的统治者的奴役。血缘亲疏关系也就是政治上的贵贱关系，血缘离周王越近，地位越高，反之则越低。这样从周王开始，形成了一个经济、政治、血缘、社会相结合的严格的奴隶制的等级制，这种等级由于宗法血缘关系是世袭的，是长子继承制，这就使它严格而且稳定。贵族及其子弟无论贤愚不肖，甚至废疾、白痴均不能改变他在等级制中的地位与权力。具体地说，周王是全国人民的最高统治者（共主），又是土地的最高所有者，又是宗法制长子继承制下的长子、最高家长（大宗）；诸侯是周王最近的亲属、兄弟、儿子，对周王家族而言，是小宗，但在他领有的人民面前，诸侯又是他领有的人民的最高统治者，土地的最高领有者，还是他领有的人民的最高家长（大宗）；诸侯的兄弟、儿子，即卿大夫则是小宗，但卿大夫等在他领有的人民面前，又是大宗。依此类推，上级贵族对下级贵族既是统治者又是家长，下级贵族对上级贵族既是臣属又是子弟。政治地位的贵贱与家族关系的尊卑是一致的，而且也取决于领有土地臣民的多少，即经济权力的大小。经济、政治、社会地位三者不可分，经济权力的层层分割带来政治权力的层层分割及在大家族内的权力的层层分割。井田制、分封制、宗法制，就是中国奴隶制社会的三大基本特征。如果仅从政治制度的角度看，可以称之为贵族政治。

西周中期以后，封建生产关系开始在奴隶制社会内部出现，由领主分封制逐步嬗变到地主制。经过春秋到战国，地主土地所有制终于占据了统治地位。与此相对应，奴隶制的政治制度也发生了巨大变化，在战乱兼并中，周王朝瓦解了，井田制、分封制、宗法制无法维持了。周王、诸侯、卿大夫的权力一层层逐次瓦解。到了战国，终于初步形成了与中国封建生产关系——地主制经济相适应的专制主义中央集权制度。

这种专制主义中央集权制度与奴隶制的贵族政治有什么不同呢？

第一，地主阶级把政治权力集中到中央（中央集权），中央再集中到皇帝（专制主义），而非层层分割。皇权是最高的、唯一的、绝对的。

第二，皇权或皇帝通过各级官僚机构和官僚来行使自己的政治权力，各级官僚机构和官僚对皇帝负责。地方行政制度是所谓的郡县制，由皇帝任命官僚去统治管理，可随时调换。中央机构亦然。贵族当然也有，但基本上排除在核心权力之外。如果要有权力，则要参加到官僚机构中去而起作用。他们参与权力机构有便利之处，可以掌握大权，但需作为高官，才能掌握大权。

第三，除皇帝仍是以长子继承制以维持政权的连续性、稳定性，官僚是任命的，而非世袭的，随时可以调换罢免。官僚的选拔原则上归皇帝，而由官僚机构来执行，即原则上凭才能德行而非血统家世。

第四，家务和国事分开。皇帝和各级官僚不像过去的周王和贵族，国家就是家庭，家事也是国事，即所谓的"家国同构"。

第一、二条与分封制不同，第三、四条与宗法制不同。自然，这也是概略言之，并非事事如此，也有个发展过程，但大的方面应当是这样。

那么，为什么中国的封建社会的政治制度是专制主义中央集权制度呢？我们说，它的经济基础或者根源是封建土地所有制——地主经济，这是一种与井田制很不相同的生产关系和经济体系。

为什么在地主经济的基础上形成了专制主义中央集权制度呢？这需要先看看地主经济具有什么样的基本特征，当然也只能是概略的和主要的。这些特征在和西欧中世纪领主制经济（保留村社形式）的对比中，可以看出来（见表8—1）。

表8—1　中国封建社会地主制与西欧中世纪领主制对比表

	中国封建社会地主制	西欧中世纪领主制
所有权	地主对土地享有比较完全的土地所有权（与资本主义土地所有权也不完全一样）。正因为如此，倒不甚稳定。	土地层层分配，领主只有占有权，然而世袭，却相当稳定。

续表

	中国封建社会地主制	西欧中世纪领主制
经营形式	土地分散经营——地主尽管占有大量土地，但一般不直接经营，而是分散给农民租种。农民生产有相对独立性，个体小生产性质相当突出，一家一户为一个生产—经营单位。	相对集中经营，庄园农奴制，有分散有集中，定期调整份地。森林牧场集中使用，庄园管理较强，个体小生产性质不如中国突出。
剥削方式	租佃制——地主与农民是个人之间的租佃关系，带有契约性质（当然与近代资本主义契约也有所不同），可租私人，也可随时收回转租。	定期分配式的份地制，土地由庄园统一分配调整，相对稳定。
地租形式	实物地租为主——收获分成，这与个体经营方式有关，农户独立经营视同自己的土地，地租与自己的投入时间空间上不分，收获后实物才加以划分。	劳役地租为主，耕领主的田，收获全归领主，与耕分配给自己的田在时间和空间上及收获物上，完全划分开来。
依附关系	农民对地主的人身依附关系相对较弱，经济关系较强。	人身依附关系较强，往往成为农奴。
土地权转移	土地可以自由买卖（相对的，与近代不同），土地所有权转移相对迅速，地主与农民的地位相对地不稳定，可以互相转化。贫富分化明显，分化转移也快。	一般不买卖。

　　至于为什么中国封建社会开始不久即以地主经济为主，这应当从当时生产力性质的特点去探索，即春秋战国已形成了以精耕细作作为特征的大陆集约型农业。

　　至于为什么中国在春秋战国时期出现精耕细作的耕作制度而不是其他形式的耕作制度，而且一直成为两千年来中国传统农业的特征呢？这涉及中国的地理环境、人口以及冶铁技术及铁工具使用问题，这些问题这里不可能多讲，我们还是专门来看看为什么在地主经济基础上形成了专制主义中央集权制度。

　　由表8—1列举的地主经济特征可知：

　　第一，许多个别的地主把自己所有的土地分散租佃给个别个体农民耕种，个别地主与农民的关系更多的是一种租佃的经济关系，甚至是含有很大成分的契约关系。而由于中国传统农业的特色，佃农在自己租佃的土地上的生产活动是独立经营的。因此，农民对地主的人身依附关系较为薄弱。或者换句话说，地主对农民的超经济的强制较弱。这样，一个一个的分散的地主对一个一个的分散的佃农，难于进行直接的政治统治。自耕农由于自己有土地，独立性更大，个别地主对之更难办了。

第二，地主阶级自身也是分散的，一般没有互相统属的经济关系与统治关系。这自然不是说封建社会没有等级制，但这种等级制常常不是表现为直接的统属，而只是身份的高低与特权多少的一种表征。至少，中国封建社会中的等级制不如西欧封建社会那样强烈。

第三，由于土地所有权可以通过土地买卖及其他非经济手段或经济手段与非经济手段相结合而随时予以转换，因此地主对土地的所有权及随之而来的权力保持不那么稳定（宋代有所谓"千年田换八百主"之说）。而由于分散经营，土地买卖、贫富分化较易。地主中有一部分可破产失去土地下降为农民，而农民中富裕的人有一小部分通过土地购入也可以上升为地主。

第四，在地主与佃农关系之外，还存在着相当数量的自耕农。他们自有小块土地，也是分散的，而且更其分散。这批农民一般非地主所能直接控制，尤其是政治控制。他们的经济地位上升下降也很容易，下降，即失去土地尤其容易。他们常常是地主土地兼并的主要对象。

由于上述原因，中国的地主不可能像西欧庄园主那样在自己领有的土地上与对农民的经济剥削加上超经济强制相结合，而对领有农民直接行使政治的统治或政治权力，不可能像西欧庄园主那样，在自己领地上将军权、行政权、司法权、财政权等集于一身，而是相反，中国的封建地主是把政治权力交出来，集中起来交给代表他们的皇帝及其下属的各级官僚机构，由皇帝通过其下属官僚机构代表整个地主阶级来行使政治权力，用这种办法来统治农民，其中包括自耕农；也用这种方式来协调地主之间的各种矛盾。单个的地主的土地所有权及其地位尽管不稳定，各级官僚出处及其地位尽管不稳定，变化大，但这种方式却可以有利于整个地主阶级及整个政治体制的稳定与延续。

正因为这样，中国的政治出现了一些特点，例如：

1. 皇权是最高的、唯一的、绝对的。在皇帝之下，似乎一切人包括地主农民都处在一种平等地位，全是皇帝的子民，属下，"王子犯法与庶民同罪"、"白衣卿相"；但是在皇帝面前，他们却全是一样的，"天皇圣明，臣罪当诛"（皇帝永远没有过错，错只是臣下的）之类的说法也流行起来。好像一切决定于皇帝，除了皇帝，大家全一样。这自然只是一种假象，然而也有其传播与信仰的基础。

2. 皇帝是皇权的代表。皇权是最高的、唯一的、绝对的，代表皇权的皇帝也就是最高的、唯一的、绝对的，因此，皇帝在政治中作用很大。然而，制度、权力同代表这个权力的人之间还是有差别的。皇帝是人不是神，尤其皇帝的来源是长子继承制或在皇族里选人，继承的因素就更大了。本来皇帝集中这么多的权力，就是人治，这样一来，人治、法治的问题就更突出了。有圣君、明君、贤君，有守成之君、庸君，有昏君，还有暴君。不同的皇帝在不同的历史条件下行使皇权自然不一样，而谁当皇帝却往往又无可选择。于是，中国政治史出现了许多波澜。另一方面，正由于皇权集中于一人之手，制约的机制不多，公开性也不大，因此，皇权有很大可能被权臣、近臣、佞臣、奸臣、亲贵等窃取。所谓"挟天子以令诸侯"是历史上时常出现的现象，而其极致则是皇宫中为皇帝服役、地位卑贱的宦官的擅权专权，他们假皇帝之名把持政事，乃至挟持皇帝、废立皇帝、杀掉皇帝。这种情况使得专制主义中央集权制度一方面由于前述特点，而具有稳定性与延续性；另一方面，则由于皇帝的不同及掌权的官僚集团的不同，包括贤相、奸相、近臣、佞臣以及宦官窃权，等等，而致封建政权跌宕起伏，一会儿是某某之治（文景之治、贞观之治），一会儿又是政治大败坏，演出一幕幕不同的活剧，甚至是离奇怪诞的活剧。

3. 由于地主阶级对国家的统治是由中央经过各级官僚机构来进行的，地方官僚机构主要设在城市，城市成了政治网络中的节点，因此中国的封建城市的起源和职能更多的是政治和军事的，而非经济的。经济的职能、作用，一般往往是随着政治军事作用而发展起来的。在西欧中世纪，农村与城市对立，城市是逃亡农奴与工商业者建立的，而中国则不然。西欧资本主义生产关系首先在与农村对立的城市中发展起来，中国的商品经济与资本主义因素虽然也是在城市中产生并以城市为据点，但却与农村经济

（地主经济）不那么对立，而且是在封建的控制管理下。这也可以说是中国资本主义因素发展缓慢的一个重要因素。

4. 国家是分工的产物，也是阶级对立不可调和的产物。国家的职能是统治阶级专政的工具，但也有管理的职能。专政从某种意义上说也是管理的一种形式，而且是重要的形式，其中包括管理经济的职能。中国一个一个的地主阶级权力并不算大，而作为地主阶级的代表的专制主义中央集权制度权力却很集中，很强大。因此，中国专制主义中央集权制度组织管理经济的职能，由于非个别地主所能实行而显得很突出，如兴修水利、劝农、防灾抗灾、救灾、赈灾，重要物资的专卖（盐、铁、茶、酒等），公共工程的兴设（长城、城隍、道路、桥梁、宫室、衙署、驿站等），官工商业的经营，以及对工商业的管理、控制等。这也是其他国家历史上所少见的。中国的专制主义中央集权政权对社会包括对经济的控制管理作用，对社会生活特别是经济生活的影响是巨大的。

此外，对教育文化思想的管理控制的作用也是巨大的。

5. 专制主义中央集权制对汉民族的形成，对汉民族与其他民族特别是北方民族的关系，对我国统一多民族国家的形成与繁荣的作用，这里就不多讲了。

总起来说，中国封建专制主义中央集权制度是在地主经济的基础上形成的，而地主经济的一个基本特征是土地私有制。有一种意见认为，专制主义中央集权制度的经济基础是封建土地国家所有制，这是一个可以争论的问题。我的看法也只是一种看法而已。但我认为，无论如何宋以后很难说占统治地位的是封建土地国有制，而专制主义中央集权制却越来越加强了。但不管怎样，从经济基础的特点的角度去分析专制主义中央集权制，特别是延续了两千多年的这个制度是如何形成的，方向还是对的。

二、专制主义中央集权制度的发展演变

中国的封建专制主义中央集权制度的结构与机制大体上如下：

皇帝所代表的皇权是最高的、唯一的、绝对的，在它之下，有各级官僚组成的中央和地方各级行政机构以及选拔官僚的选举制度和监察官僚（也包括皇帝）的台谏制度。另外还有一套军事机构和制度及选兵的制度。立法权在于皇帝诏旨、法令，真正形成条文的法律不多，也简单。司法权在地方基层往往即由行政官僚执行，到上一级地方政府和中央才在政府中有专门的机构如提刑按察使司（臬台）、刑部、大理寺，但与西方独立的法院、法官不能相比（其实西方封建社会司法立法权起初也是不分的，到后来议会渐渐地起作用，才有改变，那是资产阶级兴起以后的事了）。

这些机构和制度在两千多年中有所演变。一方面，这个制度本身不断调节以适应封建社会的变化与新出现的情况和问题，也把地主阶级积累起来的统治经验添加了进去。另一方面，这个专制主义中央集权制度本身就存在着矛盾，即皇权和相权的矛盾及中央集权和地方分权的矛盾。这些矛盾发展的结果常常反映到制度本身的变化上来。以上这两个方面的变化常常是结合在一起的，有时不太好分。例如，魏晋南北朝时期，尚书省下的分曹治事，最终形成六个行政职能部门部（吏户礼兵刑工六部），就是封建社会变化，即地主阶级统治经验积累以及专制主义中央集权制度本身皇权与相权的矛盾带来的制度上的变化。

上述两种变化尽管很复杂，但一个总趋势是专制主义中央集权制度越来越严密，越来越强化，也越来越僵化。

（一）调节与适应

先看第一个方面的变化。

早期的专制主义中央集权制度可以西汉为代表，可以称之为三公九卿制度（不大确切，暂时借用）。所谓三公，即丞相主政，事无不统；太尉主兵；御史大夫（副丞相）司刑法监察（包括监督丞相）。实际上称三公是丞相、太尉、御史大夫，在东汉演变为司徒、司空、司马。这时的三公已是虚位，而政事归于尚书台了。

九卿分掌各种具体事务，是习惯的称呼，多属秦定制。汉承秦制，名称有所改动。实数不一，超过九数，有说达到十二的，计有：

太常（掌宗庙礼祭）

郎中令（武帝改为光禄勋，掌宫掖门，出充车骑）

卫尉（掌宫门卫屯兵）

太仆（掌舆马）

廷尉（掌刑狱）

典客（武帝改为大鸿胪，掌蛮夷降者）

宗正（掌皇室亲属）

治粟内史（武帝改名大司农，掌谷货、外财政）

少府（掌山、海、池、泽之税、内财政）

中尉（武帝改名执金吾，掌宫外与京城警卫）

水衡都尉（武帝置，掌上林苑）

将作大匠（掌治宫室）

地方政府则行郡县制，比较简单。郡守县令（长）主政，郡尉县尉主兵。

这种制度的特点，第一，还保留着奴隶制贵族政治的残留。贵族政治时期经济、政治、家族结合，因此家事、国事不分，管家也就是治国。许多官员原先本是贵族的家臣或奴仆，他们管的事原来就是贵族的家事，如伙食、衣服、车马、看门、守卫、迎宾等等。像宰相，在贵族政治时期原是低级家臣或奴仆，宰是厨师，相为司仪相礼者。这种情况到西汉还保留着。皇帝家事国事不分，如少府是国家官，却管皇室财政收支（如皇家所有园林田地收入），同时又管国家财政，如铸钱。御史大夫原司监察，但也管皇帝家务，等等。正因为这样，中央各官僚机构职责不清、设置重叠，九卿尤其如此。其管的事有时很少（本来是管把门、警卫、驾车，礼乐队头，排宴等），现在成了九卿之一，实在没有管什么大事。而另外一些重要的事又没有机构和人去管，有事临时设官，放在当时的编制之中，相互重叠，易造成混乱。

第二，制度不严密。例如，选官制度，西汉初是所谓"郎选"，即从贵族官僚子弟中弄一批人及入赀（交钱）的人当郎，即候补官，随在皇帝身边，经考察后使用。这当然不严密，以致有些人老了头发白了，还是郎官。后来行察举，由地方官或中央高级官僚根据自己了解或舆论而推荐人。高级官僚任用属员采辟除办法，即自行招聘，然后向朝廷推荐。这种做法无具体标准，只有茂才、孝廉等名目，实际推荐的人水平出入很大，上下其手也很容易。人事权分散，不集中于中央，而提拔的官员多是上层及贵族子弟、门生故吏之类，用人私人色彩浓厚。到曹魏以后发展为九品中正制，比较进步，也制度化了。设专门官（中正）管，地方人才分九品，作为任用的根据（实际上九品中正只是取得为官的资格，实际任官则还有一套，而且自由度很大）。这样一方面用人权相对集中，但另一方面，却是根据门第定等第，所谓"上品无寒门，下品无势族"①，形成门阀士族地主垄断政权的局面。总之，官僚的选拔还不足以反映皇权的绝对权威，也不够严密。 又如军队，这是专制主义中央集权制度的最重要保障，反击外敌，镇压人民，清除异己，往往都靠它。但它又像一把双刃的剑，权臣叛将也可以利用它来反对消灭现有的皇帝及其政权，既是皇权的一个工具，也成了一个威胁。在西汉以后的一段时期里，对这个问题似乎还没有充分的认识和有效的办法。一般把军队分成保卫皇帝的中央禁军和由官僚政府所指挥的军队两部分，而以加强前者作为维护皇权的主要手段。另外，对地方兵和东汉以后出现的私人武装似乎也没有什么好办法。至于士兵，西汉以来，义务兵(控制人丁，自耕农，兵役徭役不分)与职业兵(招募)交替。魏晋以降，私人军队发展，而且后来专门有一批当兵的家庭，世代当兵，称为士家，府兵也有此意。士兵和武人的地位，除了三国以后有一段时期的士家制度地位低外，其他时期并不低下。总之，这个时期中国的专制主义中央集权制度还不那么严密。

唐宋时期，中国封建社会从前期向后期转化，专制主义中央集权制度更形严密化、强化，乃至僵化。

政府机构，从三公九卿制到唐时转变成三省六部制，奴隶制贵族政治的痕迹消除了。说它是三省六部制也不甚确切，因为六部一直维持下来，

---

① 《晋书》卷45《刘毅传》。

三省却有许多变化。六部职能比较完善，职权分割比较适当，一直延续到清末。但问题是决策与执行脱节，六部是执行机构，渐渐变成了机构臃肿、办事拖沓、效率很低、不承担重大责任的衙门。

官僚的选拔，出现了科举制，即通过考试。选拔人才权力集中到中央，中试者成为所谓的"天子门生"，而且任官时由吏部铨选，用人之权集中到了中央。加强了皇权对官僚选拔的控制，不再是士族垄断的局面。这是一大进步。但行之既久，也发生问题，最主要的是考试内容与做官所需的学识才能脱节。唐代取士科目主要有明经和进士，经书加诗赋，明经录取数额大，进士录取数额小。礼部试了，吏部还要试身、言、书、判，举士与选官分开了。每年举士额大，选官额小。科举并没有包括所有做官途径，在前的九品中正制也是如此。唐代新进士最高也只先做低级官如县尉之类。到宋之后，进士科名额大大扩大，举士与选官逐渐合一。明清时只要考中进士，即可做官。这时考试内容主要是制艺（八股），程式化，取录标准为代圣人立言而禁锢了思想，考试内容与做官要求更脱节，科举成了敲门砖。考试录取就做县官。统治阶级选拔人才的面扩大了，但也控制严了。

军队，从宋以后出现的情况是，第一，基本上是募兵制，职业兵，终身制，兵农分离，兵成了社会特殊阶层，便于控制。第二，军权分割，军政、军令分开，前者由枢密院或兵部负责，后者是皇帝任命的将领，主要由文官主兵，武将具体打仗。军权削弱，由皇帝掌握。第三，是重文轻武，士兵及武将社会地位低，政治地位低。总之，一是兵士成了特殊职业、阶层，二是兵权由皇帝掌握。果然，从宋开始，武将造反、藩镇割据的局面不再出现，即使有些亲王造反，消灭起来也容易(明初回去了一下，亲王主兵，出现靖难之变，此后亲王再造反就无胜利者了，都很快失败)。军队对皇权不再构成威胁，但是军队战斗力也因此大为削弱，镇压农民起义还可以，但镇压大规模起义并不成功。对边疆民族，王朝初期还可以，后来就不行了。对外国侵略者几乎一触即溃，更不行了。

总之，后期专制主义中央集权制度趋于严密、强化，但也走向僵化，终于随封建社会的崩溃而结束了。

这个方面的问题可以讲很多，我们这里只是粗而又粗地介绍一下，只能说是提个头而已。

（二）两大矛盾的发展与制度本身的变化

中国专制主义中央集权制度的第二个方面的演化，来自于这个制度本身的矛盾，带有一种重演、循环的特色，颇为有趣。这种制度本身就存在的矛盾，一是在中央，是皇权和相权（官僚制度）的矛盾，二是在中央与地方关系上，则是中央集权与地方分权的矛盾。

1. 中央的皇权与相权的矛盾。

皇权是至高无上的，一切权力都应当集中到皇帝那里，然而皇帝也是人，不可能处理一切政事。秦始皇的衡石量书，朱元璋的通夜处理奏疏，是很少有的。就这样，也还是不能处理一切政事，遇到庸君或懒君、昏君，就更不可能了。皇帝不仅精力有限，能力也有限，不可能事事独断，都有主意。了解情况，需要有人提供意见，参与决策，更需要有办事执行的人，这就需要有一个官僚机构来执行。中央政府的官僚首领就是宰相。宰相是通称，其实秦汉以后，任何具有这个职权的绝大多数官员都不称宰相，而是有其他名称。历史上真正叫宰相或丞相的时候并不多，其权限有大有小，其名目有各式各样。但这个职能及官职始终是存在的，因为这是封建专制主义中央集权制度所必需的。

宰相在奴隶制时期本是王的家臣或奴仆，所谓调和鼎鼐，施用盐梅，是厨子的职称。也反映当时治庖与治国的关系（治大国如烹小鲜），家事与国事不分。在贵族政治家国不分的情况下，宰相逐渐成了帝王以下的官僚机构的最高长官，所谓一人之下万人之上。在专制主义中央集权制度下，丞相应当是秉承皇帝意旨办事的，但由于参与决策，下边又有一套执行机构，即具有议政与执行及监督百官执行二大职能，带有相当大的独立性，也有相当大的权力。西汉初年的丞相，如萧何、曹参、陈平等，都是与汉高祖一起起兵的开国功臣，权都相当大，逐渐形成一个以丞相为中心的政治集团，甚至与皇帝分庭抗礼，乃至可以拥立和废立皇帝。皇权与相权本应互相配合、协调，但有时不免矛盾。汉武帝即位以后，开始抑制丞相的权力，丞相更换频繁，甚至杀掉好些，选一些不大中用而听话的人来干，如公孙弘，简直是傀儡一个。此后，历代有些皇帝也采取这种办法。但是更主要的抑制相权的办法是采用选拔内朝官来与外朝的丞相及其政府相抗衡乃至取代其权力。内朝官多为侍奉小臣、外戚、宗室，最坏的情况则是宦官。

所谓内朝是指皇帝宫内的办事服役的机构，这些机构的官员的职任原来都很小，官员品级也很低，甚至轻贱。如管书记、负印玺，侍奉皇帝起居之类。但因常在皇帝左右，有时亦能参与机要，传达诏旨。汉武帝把这些近身小臣扶植起来，让他们参与政事机要。首先是尚书，这本来是管皇帝文书文牍的，因让他参与机要，遂成为参与决策宣达诏令的重要职掌，位卑而权重。由决策而宣达而监督执行，最后到具体参与执行，尚书令就逐渐成了朝廷中重要的官职而渐渐成了政令执行者。为了执行，其下不免设置各种曹职，司各方面的事（到魏晋南北朝时达二十四曹），机构越来越庞大，执掌越来越宽。尚书职无不统，成为宰相，但也离皇帝越来越远了，尚书从原来的内朝小官变成了外朝大官。这样，曹氏父子时的内朝的中书官（操时称秘书令，丕时称中书令、中书监），取代了尚书原先的内廷职司，成为皇帝左右最亲信的人。侍中，即侍从，本是负玺或护卫皇帝的小官，迄南朝时，渐为皇帝信用，且以士大夫充之，权力渐大。梁时侍中掌禁令，颇为宰相。然而，又同尚书一样，中书令、门下侍中也逐渐转成了外朝官。这样，到隋唐时，外朝的官僚机构，遂正式形成了三省六部制度。三省是尚书、中书、门下，三省长官共议政事，奏请皇帝施行。分工是中书起草诏令（定旨出令，主官是中书令），门下管封驳（主官是侍中），尚书执行（主官是尚书令、尚书左右仆射）。尚书之下设六部（吏户礼兵刑工），即为执行的具体机构。这六部一直延续到清朝，大约应当算是最适合中国封建社会官僚机构体制的机构了。尚书、中书、门下已经完全成了外朝官，成了集体的宰相，宰相不再是一个，而是几个，即三省共行一相之权，互为分工，也互相制约。相权分割了，以后遂成定制，有几个宰相。后来入政事堂议事必需带"同中书门下平章事"或"同中书门下三品"衔，才为真宰相，不管原来是什么官。至于中书令、黄门侍郎，如不带那些衔，反而与宰相脱节，以后也成了虚衔而非实职了（尚书令因为李世民干过，以后不再设，由副长官即尚书左右仆射主事）。

这样，由隋唐时的宰相的职权可以看出：决策与执行分割；决策之权亦分割；进一步制度化、官僚化。

尽管如此，皇帝仍需内朝官。唐朝后期皇帝身边的翰林学士掌制诰，所以诏敕称为内制，而中书舍人拟的制诰称外制，前者更重要。另外，更重要的则是宦官执掌的枢密院，原来管机要文书，后来由于宦官掌握中央禁军，枢密院、枢密使逐渐变成了军政机构。到了宋代，司军政的枢密使与中书门下平章事及参知政事（副相）并称二府，又成了外朝官。元代独重中书省，主官称丞相，明太祖因之。由于胡惟庸谋反案，干脆废掉丞相一职，由皇帝直接指挥六部。但实际皇帝身边的近臣又少不了，于是皇帝身边的大学士又承担了议政及宣达的职司，形成所谓内阁。但其权柄已不能同宋相比，更比不上西汉。到了清代，大学士又被皇帝身边掌握军事机要在皇帝指挥下办理军务的军机处所代替，大学士成为虚衔，而军机大臣遂成了实际上的宰相。但同过去宰相权柄相比要小多了。

由此可见，从西汉以来，中央官僚机构大体经历了三公九卿制及三省六部制这样两个阶段，而执行机构六部在唐已大体完备，一直沿袭到清。惟宰相一职迭经变更，其趋势大体是以皇帝的内朝官代替外朝的宰相，掌宰相之权，但因需要而又逐渐变成外朝官，原来的宰相的官职成为虚衔，由此而又出现了新的内朝官，新内朝官又嬗变成了外朝官。这种循环式的变化主要是专制主义制度内部皇权与相权的矛盾的表现。在这变化中，相权逐步削弱，且被分割，但又不能没有，所以历代宰相，官衔繁多，变化繁复，职事不一。皇权与相权要结合要协调，若非如此，宰相可不要。既要，又有矛盾，就出现了上述的局面。与之相较，具体行政的六部，一千多年来，一直是比较稳定的。

2. 专制主义中央集权制度的另一个由内部矛盾引起的演变，是在中央与地方的关系上，中央集权与地方分权的矛盾。

中国是一个大国，封建地主阶级本身又带有地方性与割据性，因此，中央皇权不可能是真正绝对的。为了统治各个地方，中央的权力要贯彻下去，要经过各地的政府机构。为此，中央的权力必须下分一些给地方，但又不能使地方权力过大，形成尾大不掉或割据的局面。这样一个矛盾，遂使得中央与地方的关系上也出现了类似中央政府中内朝官向外朝官转化的那种循环式的变化。即中央为了监督地方官或者专门办某些事，由中央派代表到地方去，先是临时性的，然后转成长期性的派出机构。这些由中央派到地方去的官逐渐参与地方具体事务的处理，有了专门的衙门和人员，逐渐变成了正式的地方官，然后又需再派新的代表去地方监察或办事，逐渐又成了新的地方官。

与此同时，地方行政区划的层次也不断发生变动，除了最基层的县以外，上面各级行政区划都经历了一个由大到小然后再行叠加的过程。秦朝开始，专制主义中央集权制度的地方行政体制是郡、县两级制。全国设若干郡，郡下属若干县（郡县在战国时起源于各国边境地区的军事据点，后来成为政区单位）。县是基层政权（其下乡里，所谓乡官不入品秩），两千年来没有变化，但在它之上的政区却经历了不少变化。大体上是在两级制与三级制之间变化，而这种变化跟前述的中央对地方派官进行监督或专门办事有关。

秦有四十多郡，中央直接管理问题不大。西汉疆域逐渐开拓，郡国的设置日益增多，汉武帝时达到了一百多个，中央直接管理就有些麻烦。于是武帝时全国设十三部（后亦称州），设部刺史，再加上京城的司隶校尉，共十四个。刺史是代表中央监督地方的，秩禄虽低（六百石，郡守是二千石），但权限很大。到东汉以后，州刺史逐渐参与管理地方行政事务，乃至领兵。州也就成了一级地方政区了。东汉末年，军阀割据，州刺史或州牧成了地方割据势力。从此，魏晋南北朝的地方行政机构变成了州、郡、县三级。

然而，东晋南北朝时期全国分割为好些政权，州的设置越来越多，更有所谓侨置州郡，分割了原来的州郡。到了南北朝末年，全国有了300多州（一说284州），每个州下没几个郡，每个郡下没几个县。机构重叠，人员膨胀，所谓"十羊九牧"，十分不便。于是隋又撤销郡，重新确立地方行政机构为州县两级制。隋炀帝即位，仍设郡县两级。唐则改郡为州，即州县两级制。我们可以注意到，原来辖地很大（相当于今天的省）、管好多郡的州，现在已降为与郡相当的一级了。

然而，中国是个大国，州郡数量多，直接归中央管辖有许多不便，还需有中间一级。唐朝初年，又在全国依"山河形势便"即自然地理区划分成十道，不久后改为临时监察区，派官员巡察。又不久，增为十五道。道设采访处置使、观察使，有了固定的驻所和官员，主要司监察。而在一些边境军事要地（十道）则设节度使（或同时兼观察使），本是统军，后来由于边防及战争需要，变成军政民政一起统。其中最有名的是玄宗时身兼河东、范阳、卢龙三镇节度使的安禄山。其统兵之多，权力之大，一时无与伦比，最终导致了安史之乱的大爆发。安史之乱后，唐朝出现了藩镇割据的局面。不管是藩镇割据地区还是中央直接控制的地区，道成了地方行政一级。节度使观察使成了地方官，统军、统民、统财，下统州郡。这样，州县两级制又成了道州县三级制。

唐代地方行政机构的设置也是承前启后的时期，同中央政府机构一样，前期向后期转化。这种转化表现为：

第一，道、州、县三级制成为基本上固定的制度，当然也有变化。

第二，中央派遣官下去的职权除去监察外，还有总揽一切军政诸事的节度使、观察使或主管一事的使职如：盐铁、财务、军事等。

第三，临时性的差遣官及其僚属代替了原先固定的职事官。如节度使、观察使、盐铁使等，均有固定的衙门僚属，不在原来的职官铨叙系统之内。

第四，地方职权分散，往往司一职而兼管他务（后来更明显）。总的情况是从行政机构体制上看，中央对地方的控制加强了。当然，因为有一段藩镇割据及五代十国，实际情况并非如此。但体制所反映的趋向却是清楚的。

宋代为了加强中央集权，重新把地方行政体制改为两级即府、州、军、监和县 。府原是军事要地；军是军事据点；监是矿产手工业产品之类产地，但均与州属同一级。另外，则把地方官一律改为差遣。原来的州刺史、节度使、县令等一律成为一些官吏所加的虚衔，无须到任。而实际的地方官则称知府、知州、知县。知即权知，即派去代理之意，随时可调走，即所谓"名若不正任若不久"①。但这只是名称上的改换，实际意义并不大。然而后来一直到明清都这么叫了。另外，不久之后，又在府州之上设路，最多达二十三路。这些路有的是军事上的划分，称帅司（安抚使、经略使）；有的是赋税征集的需要，称漕运司（转运使）；有的是司刑狱，称宪司（提点刑狱司）。每路辖境也不完全一样。不管怎样，它们慢慢地也成了一级地方政权，或多少起着地方一级政权的作用。

路一多，地位又下降了。元朝中央政府——中书省，只直接管辖所谓的"腹里"（河北、山西、山东）。之外在全国设十个行中书省，作为中央政府在地方的派出机构，简称行省。今天的省之一名，即由此而来。

行中书省也有丞相等职，而路则下降到行中书省下的一级了。从此以后，省稳定为地方行政区划的一级。

明代，省设布政使（民）、都指挥使（军）、提刑按察使（刑），以布政使为最高长官。省下有道，道是省的派出机构。道分两类，一是由布政使副手参政、参议分管一部分府州县的民政，称分守道；一是由按察使副手副使、佥事分管一部分府州县的刑名按劾之事，称分巡道。此外还有兵备道、水利道、盐谷道等专有职司，不普遍设置，不作为行政区划。省下有府，下统州县，而州则与县成为同一级了。布政使本为省的最高长官。然而不久，由于军事的需要，又派巡抚统军。然后，军民无不统，并司监察官吏，然后长设常驻，再无所谓"巡抚"，成了一省最高长官。而布政使却降为一省管理民政的副职。以后，又派总督下去，军民无所不统，位在巡抚之上，又成了地方最高长官。一省或两三省派一个，初无定制，后来又渐固定，到清朝遂成定制，成了省（总督、巡抚）。布政使司（藩台）、提刑按察使司（臬台）成为巡抚下属。府州县三级罢参政、议政、副使、佥事等职，统称道员，但仍有分守、分巡之分。民国废道，改为省、县二级。不久，又分一省为数道，取消分守分巡等名称，设置道尹，成了省道

① 叶适：《叶适集·水心别集》卷14《纪纲二》，中华书局1961年版。

县三级制。1928年取消道制，恢复省县二级制，又在省与州县之间设行政督察专员公署，作为省的派出单位，辖区即称专区。当然我们不能再说是什么专制主义中央集权了，但地区、专员是省的派出机关，管的事也不少。实际上还是省、地、县三级制。目前许多省实行地改市，下辖县区，三级制更明显了。

总起来看，专制主义中央集权制度两千多年来，在地方行政机构上变化的特点是：

第一，两级制变三级制，三级制又变两级制，然后又回到三级制，即郡县州县或府县之上再加一级，相当于今天的省。专制主义中央集权国家总想直接控制地方，加一级层次多了，管的地方大了，地方权力也大了，政务繁杂，中央不好控制，甚至容易形成割据。东汉末，唐后期，清末乃至民国均是如此。因此，相当于省一级的机构总不愿意设，设了也想取消。但中央直辖的地方行政单位太多，州郡又管不过来，也不好控制，于是总是由中央直接派官员去监督。然而久了，这种监察官不免直接参与管理地方行政，成了一级，然后又要把它降格贬低，但又不免要再派官去监督，如此循环不已。在宋以前，维持郡县二级，把郡县之上的州、道、路，或设或降或裁。宋以后，特别是元明清，省作为地方行政一级固定下来，各省的区划也大体上定了下来。只有历史上的两淮与江南从来是分开的，元分属河南江北行省与江浙行省。明太祖时由于家在凤阳初据南京，才人为地把淮北淮南与江南划到一起。今天的江苏安徽两省就是这样形成的。长江南北风土、人情、经济很不一样，统一管理麻烦得很，但今天已成定局。苏北与苏南，皖北与皖南，在经济上似乎也能收互补之效。历史证明少不了省这一级，往往事实上成了省、府、州县三级。而省与府县的中间有道，道成了派出机构，或者在省的长官之上再加中央派出长官，即巡抚、总督。结果到了清朝，省有巡抚，有总督（有的省如山东、河南有巡抚无总督，直隶、甘肃、四川三省无巡抚，由总督摄巡抚事，晚清又增设或抑裁了若干巡抚），总督、巡抚职权一样，巡抚地位略低。总督多半管两三个省也有管一个省的。总之出现了总督与巡抚，巡抚与藩台（民政长官）、臬台（刑法长官）并立的奇怪的重叠局面。

第二，两千多年地方行政制度变化的另一个现象或特点是，原来一些高一级的相当于省的行政机构所辖区域逐渐变小。汉代的州，有些疆域比现在的省还大一些。唐宋缩小的州相当于秦汉的郡，州之上又有了相当于省即原来称州的道、路。而明清时的州又下降为与县同级，原相当于省的道、路，与府一起成了过去的州、郡一级，而在道、路、府之上则是省。这也反映了专制主义中央集权制度力图限制地方政府的权力，但又不得不运用地方政府来进行统治的矛盾，即中央集权与地方分权的矛盾。

当然，这种地方行政机构的变化还只是就形式而言，关键问题在于中央与地方究竟各自具备多大权力，权力如何划分，有冲突时如何办。如果从这个角度考虑的话，地方的权力一般情况下是有限的，要服从中央的。割据时期，如东汉末，唐末，清末民初，则是另一种情况了。

专制主义中央集权制度的演变中还有一些问题，也反映了一些这个体制内部的分工、协调与矛盾。如皇权与官僚、军队三者关系问题，台谏问题（监察官吏与监督皇帝），选拔官僚问题，官弱吏强的问题，随之而来的幕僚——即师爷（小内朝）问题，官僚的俸禄数量与冗滥的问题，机构的设置与效率问题，等等。这些应当是对中国政治制度史做专门研究的题目，我们这里不多讲了。

三、专制主义中央集权制度的历史地位

关于专制主义中央集权制度的历史地位，前些年讲得很不少，肯定者有之，否定者更多。但我们要评价专制主义中央集权制度的历史地位，不能脱离当时的历史条件，要看它在当时的具体历史条件下究竟起什么作用，而不能用今天的衡量事物的标准去衡量历史的事物在历史上的作用。有些东西今天看来不对甚至可恶可恨，但历史上却是正当的可行的和必要的；有些东西在今天看来是十全十美，但历史上却不免起着消极作用。

因此，我们在谈到专制主义中央集权制度的历史地位时，需要注意到以下几点：

1.国家政权包括政体，归根到底是经济发展到一定阶段的产物，并且是为经济基础服务的。它一旦产生以后，就相对独立于经济之外，而对经济起着巨大的作用，有时甚至在一定时期里和一定条件下起着决定性的作用。但是，归根结底，它的作用还是由经济决定的。恩格斯讲过，国家对于经济的反作用有两种，一种是其政策措施适应经济规律的需要，则经济得到发展，政权也能巩固；二是逆经济规律而行，结果是经济受到破坏，国家政权也无法维持下去；第三种情况是与经济的发展要求偏离，而最终则归结为前两种情况中的一种①。因此，我们不能把封建社会的一切问题和弊病都简单地归之于国家制度，特别是一些根本性的、长时期的问题。例如，中国封建社会长期延续，中国资本主义萌芽，中国近代落后问题等。像一般认为的中国封建社会到明清以后发展缓慢或停滞，这样几百年长过程的历史之所以如此，恐怕还是要到中国封建经济本身的特点及其到明清时的具体发展情况中去找原因。全归之于封建专制主义中央集权制度或儒家思想的扼制，至少是不全面的。人们要问，在明清以前，中国封建经济有无发展，何以那时中国封建专制主义中央集权制度及儒家思想并没有阻碍中国封建经济的发展呢？如果说中国封建经济一开始就停滞不前，那么人们不禁要问，中国封建经济是不是比奴隶制经济优越些，中国封建经济的产生在当时是否具有进步意义，而几乎从一开始就是在封建经济基础上形成的政治制度，即专制主义中央集权制度当时是否有保障并且促进封建经济的作用？如果是这样，那么，为什么后来起了反动作用呢？恐怕还是封建经济有发展变化，中间出现了生产力和生产关系的发展和局部变化，而原来的经济基础和上层建筑阻碍了它的发展的缘故。如果认为封建政治制度从一开始就没有进步积极作用，就是反动的，那么它何以能产生呢？所以要说的不是简单地把专制主义中央集权制度、儒家思想、理学、八股文之类当成祸乱之源，而是要问一下，这些东西形成的历史条件或经济根源是什么，何以到明清时形成阻碍社会发展的力量。是专制主义中央

① 参见恩格斯：《致康拉德·施米特（1890年10月27日）》，见《马克思恩格斯选集》第4卷，人民出版社2012年版，第610页。

集权制度或儒家思想变了呢？还是中国的社会经济条件变了呢（如商品经济、资本主义萌芽）？如果是前者，就要问问何以变了，原因是什么，变了后的作用是什么。如果是后者，那么可以问，经济变了，原本的上层建筑何以和为何阻碍它。如果二者都变了，那前者为什么变，如何变，向哪个方向变；而后者又如何变，为何变，向哪个方向变。二者方向一致还是相反，或者有一致有不一致的地方。它们各自代表了哪种社会力量或阶层力量，它们的关系互动又是如何。这样才可能有个结果。总之，不能简单抽象地对待问题，对封建主义的义愤并不能代替科学，而是要历史地具体地分析。

2. 专制主义中央集权制度是国家政权形式，换句话即政体，而国家政权的内容即国家的阶级性质即国体是更根本的，决定性的。中国封建国家是地主阶级专政，其形式是专制主义中央集权制度，因此谈专制主义中央集权制度的历史作用，归根结底是讲地主阶级国家或地主阶级在历史上的作用，不能抽象地讲制度的作用。地主阶级在历史上出现的时候是必要的，是生产力发展到一定阶段的产物，比起奴隶制社会来它是一个进步。为这种生产关系服务的政治上层建筑，有其产生的历史原因，不是偶然的。总的来说，专制主义中央集权制度的产生是适合中国封建地主经济这样的经济基础的，它的形成起着巩固封建经济基础的作用，因此其形成是历史的进步。当然，历史发展到后来，地主阶级走向没落，而社会内部出现了新生产力与生产关系时，封建生产关系从生产力发展的形式，变成了生产力发展的桎梏，这种维护封建生产关系的政权形式也就走向僵化。而由于其强大严密的组织与控制能力，它也就对新的经济发展起着强大的阻碍作用，这种制度也就必须要推翻和打破了。鸦片战争前夕，中国经济是否已经到了旧生产力完全不适应的程度，打破它的任务是否已经提到日程上来，光凭内部的因素是否能打破，这些问题都是需要研究的。

3. 从以上基本的两点我们可以进一步看中国的专制主义中央集权制度具有何种历史作用。专制主义中央集权制度组织严密，控制强烈，各级机构层次分明，统属清楚，互相制约，而权力最后集中到一个人即皇帝身上。因此：

第一，它有利于统一。不是说统一一切都好，有时不统一倒可能发挥地方的作用，使地方能不受限制地发展。像春秋战国就是这样，互相争霸，百家争鸣，互相竞争。南北朝时南方相对安定，五代十国割据一方的诸多小国对南方的发展也有好处等等。但总的说来，中国的统一还是对中国历史起了好的作用，统一有利于国力的加强、经济文化的发展与交流，有利于抵抗边疆游牧民族的侵扰，有利社会的安定等等。统一是中国历史发展的主流，其所以如此，有经济的、民族的、文化的、诸多因素，而经济是主要的，不再赘述。而专制主义中央集权制度何以有利于统一这个问题也很清楚，也无庸置言。中国这样一个长久统一的多民族大国，世界历史上绝无仅有，不管怎样，960万平方公里的土地、13亿人口、56个民族的大国，是历史留给我们的丰富珍贵遗产，也是我们近代没有沦为殖民地的一个条件。这一点，谁也不会反对，也不应当反对，个别的当然有。而专制主义中央集权制度对维护历史上的统一，确实起过作用。这里清朝前期在建立多民族统一国家的作用是不能抹杀的。

第二，它的统治力量是强大的，对人民的统治是强大而严密的。例如户籍制度，从先秦就有，秦汉以后非常严密，把人民编成里伍，保甲，组织和调动人民打仗、服役，一次动员几十万、几百万人，这是一股很强大的物质力量，长城、运河、驿路、陵墓、战争等等，规模之大，世界少有。其中一些历史作用之大，如大运河、长城，也是世界少有的。这种情况激起的中国封建社会农民起义，其规模之大、次数之多、时间之长，多次推翻封建王朝，这也是世界少有的，也是中国古代历史的一个特点。

第三，它对社会生活包括经济生活与思想意识的干预是强烈的。西欧中世纪政权对前者的干预很弱，后者则由教会进行，比中国差多了。社会主义以前的国家，一般职能主要是镇压，实际上仍有管理经济的职能。资本主义时期国家似乎对经济放任不管（其实也不都是如此）。而二次大战后，国家干预管理经济的情况就越来越多了。在中国，专制主义中央集权制度管理干预经济的职能相当强大，在封建社会前期更是如此。其对经济生活的管理干预是多方面的，如劝农、水利、赈灾、备荒、移民、工商业的直接经营与专卖、管制物价、度量衡、市场交易、统一发行货币、物资调剂、外贸统制等等。这种对经济的管理和干预，在前期较多，抑商思想也较重。后期商品经济发展，思想、措施均有变化，趋势是放松了。意识形态和文化教育方面，如尊崇儒术，禁书和文字狱，提倡末流理学，把佛道纳入中国封建社会轨道，三教同源，三教归一，科举以经义取士及官学，统一经书注疏，修大部头官书等等。对于专制主义中央集权制度的这些经济文化职能措施要具体分析，如传播文化，限制不利于国计民生的经济等。有的起了积极的作用，有的则是消极的，像压制商品经济市场经济，禁锢人民思想等。不仅不同方面的作用要具体分析，即不同时期的作用也要具体分析。大体上说，越到后来，它越不适应中国历史发展、社会经济发展的趋势，其消极的反动的作用就多一些。但也不能一概而论，如康雍乾时期，奠定了中国多民族国家版图的基础，而这三朝"盛世"，社会经济也有所发展，但缺少质的变化，而思想禁锢、末流理学、文字狱、《四库全书》，也于此时为盛。总之，要具体分析。

第四，有相当严密与完备的制度、规章、法令、机构，真正好好运作的话，行政效率相当高。如西汉，从西北的金城到长安，两千多里，紧急公文七天可回报。唐初规定，公文二十天不处理，主管官员要受到处罚。但多数情况是机构重叠，职责不清，人员冗滥，办事效率低，遇事推诿搪塞，而且有些徒具形式，内容猥琐颟顸，不起任何作用。例如，科举采用考试的办法，比察举或无制度要好，但考试内容后来却僵化为经义，规定只能代圣人立言，即揣摩圣人的意思作文，不得有自己的见解，而且只许用朱注四书，文章形式也规定为八股，这样写作和评判有一定规范和标准。然而形式僵化的东西也就了无生气了，在实际生活中完全无用。

第五，由于权力层层集中到中央，最后集中到皇帝手中，因此各级官僚只对上级负责。尽管有法有制度，基本上是人治，人在位即有权，权大于法，权超过法，缺少监督的机制。这样，人民只能寄希望于明君清官。但明君清官少，庸君庸官多，而昏君暴君贪官酷吏也不少，有些庸君昏君之权被近臣宦官奸臣所窃，这些人的作为对社会起着很大的破坏作用，后果是很严重的。如果腐朽势力占了上风，即使有几个明君、清官、有识有为之士，也没有用，无能为力也维持不长，所谓"人存政举，人亡政息"①。因此，封建社会的危机往往由于专制主义中央集权政权的强大而又腐败，不仅不能自我调节改革，反而加剧扩大引起社会的破坏崩溃。相反，时势和政权都好一点的时候，经济的发展也是很快的，如文景之治、贞观之治。

总之，专制主义中央集权制度对历史的作用是一个复杂的问题，需要联系到经济基础、历史条件（包括民族的条件）、不同时期、不同方面来进行具体分析，不能简单地一刀切。这里我们只是大致讲一讲，如果继续展开深入说下去，就成了一部政治史，或者政治制度史了。

---

① 陈长方：《唯室集》卷1《房魏论》，文渊阁四库全书本。

第九章 中国古代吏治的得失与借鉴

吏治，指古代官吏特别是地方官吏管理和统治民众的方式和治绩。放宽一些，它涉及官吏的教育、选拔、任免、考核、监察和惩罚等诸多方面。从这样的意义上说，吏治也就是治吏，或者叫吏政。

官吏、官或吏，是各级官员的通称。但古代官和吏亦各有专门的涵义。官，一般指有品级的，地位较高的官员，低的无品级的如书办等则称为吏。吏在中国古代官僚体制中是很重要的一部分，人多而杂，问题也多。官多是读书人出身，读的是儒家的经书，很多实用的东西没有学，也不大清楚；官是个特权阶层，高高在上，不熟悉下情，具体的政务不大会管，也不怎么想管，具体的事都由吏去办；官又往往有一定的任期和升降调动，而吏则在本部门常年办事，熟悉事务和各种关系。这样，吏在官僚体制中很重要，甚至可以操纵政事，问题最多，也最难管理，吏治的败坏，他们往往起着极大的作用。在这里，我们把官和吏共同的问题放在一起讲，至于属于吏的一些特殊问题，先不涉及。

官分文武，这里只讲到文官，武官的一些特殊问题，也先不涉及。

一、中国古代吏治的概括

中国古代统治者十分重视吏治，乃至"治吏"重于"治民"，韩非子甚至主张"治吏不治民"，这是中国古代政治的一个特点，是专制主义中央集权的官僚制度所决定的。专制主义中央集权政治则是中国古代历史的一大特点。战国秦汉以来，中国封建社会的基础是地主经济。地主占有土地，分租给农民，收取地租，主要是一种经济上的剥削关系。地主比较分散，作为单个的地主，在政治上直接统治农民是比较困难的，不够强的。不像欧洲中世纪的领主那样，他们有自己的行政权、司法权、军事权等。因此，地主阶级的政治权力集中到他们的总代表皇帝那里。皇权是最高的、唯一的、绝对的。但皇帝不可能直接统治和管理民众，而是要靠各级官吏来管理和统治。就像一个金字塔式的网络，顶尖上是皇帝，下边是各级政府和官吏，底层是民众。官僚的权力是皇帝给的，官僚对皇帝负责。这种权力很大，几乎是事无不统（例如户籍制度之严密是世界历史上仅见的），强制性极强。君主专制、中央集权其他古代国家也有，像古代埃及、波斯、拜占庭，后来的奥斯曼帝国、俄罗斯等，但没有中国这样完备而严整的官僚制度。十七八世纪以后的欧洲，曾经出现过专制皇权和官僚体制，它的基础同中国的君主专制不同，它们的君主专制是贵族、平民、僧侣等力量制衡的产物，也是近代民主制度下文官制度的前身，跟中国古代的情况是不一样的。

中国古代吏治的完备与严整表现在：

第一，有明确的指导思想。

重视官员的"德"，即官员的教育。教育从小起，包括学校，主要是儒家经书中的政治思想和德行操守，选官要依此标准，考试也依此。而且官员还负有"教化"百姓的职责。这是中国古代吏治的一个重要特点。

第二，有为官的具体规范和标准。

先秦《左传》里就讲到相传为舜制法律的皋陶法中规定"昏、墨、贼，杀"[1]，即当官的不明、贪赃、滥施刑法的杀头。反过来，清明、廉洁、公正执法，就是做官的基本要求。以后也一直如此，"清官"的标准也就是"公正廉明"，当然还有其他一些。此后，具体做官的规范要求越来越多。出土的云梦秦简有官书《为吏之道》，此后皇帝的诏诰圣训、律法等也有不少这方面的内容。宋朝以后私家著述多了起来，托名东汉大儒马融的

---

[1] 《左传·昭公十四年》。

《忠经》，主要是针对做官的和要做官的人讲的。还有各式各样的"官箴"，从宋到清，数量不少。具体到如何断案，对付猾吏、上级、下级，连对付仆役、长随的办法都有。

第三，有法令的详细规定。

中国法律，主要是刑法，这是中华法系的一个特点（罗马法中私法更重要），其中相当大的部分是官员执法和犯法的处罚规定。

第四，对吏治有专门机构负责。

其中尤其是相对独立的强有力的御史制度，这也是中国古代政治制度的一个特点。

中国历史悠久，专制主义中央集权的官僚制度从秦汉以来延续了两千多年，关于吏治的记录非常丰富，是中国的特点。从这里总结出来的经验教训非常多，可资借鉴的不少。我们以唐朝为例，约略勾画一下古代吏治的方方面面。之所以选择唐朝，是因为它处在中国封建社会的一个承上启下的时期，各种制度由秦汉时的粗疏多变而趋于定型完备，并为后世所继承（当然也有变化和趋于严密）。但就吏治败坏的材料而论，它不如以后各朝那么多而具体。晚清吏治败坏，有李宝嘉的《官场现形记》和吴趼人的《二十年目睹之怪现状》两部小说可看。虽是小说，却真实反映了当时官场腐败的情况，而且多以真人真事为基础，可以增加一些感性认识。

这里以唐朝为例，约略勾画一下吏治的情况：

1. 指导思想

唐继隋而建，隋建立时局面很好，但被第二个皇帝隋炀帝的暴政搞垮了。凭借农民大起义浪潮而起的唐朝，以唐太宗为代表的统治者有一个很明确的思想，那就是接受前朝覆亡的教训，处理好统治者与民众的关系，这和西汉初年的统治者是一样的。不同的是西汉初年统治者崇尚黄老的"清静无为"，而唐朝初年的统治者则采取儒家的"仁义为治"、"简静务本"的治道。具体做法都是去奢省费、轻徭薄赋、减省刑法，以求恢复和发展生产，稳定社会秩序。突出的是，唐太宗清楚地认识到，"官吏贪求"是导致隋末农民起义的重要原因，而清明的吏治则是实施上述种种政策的重要环节和保证。为此，针对"民少吏多"的弊端，大力省并州县，裁减内外官吏，节省政府开支，减轻人民赋役负担，重视选用廉吏，特别是地方长官人选。唐太宗曾把各地都督、刺史的名字写在屏风上，"得其在官善恶之迹，皆注于名下，以备黜陟"①。并曾派大员巡行全国，升迁廉吏，惩治贪官。他"深恶官吏贪浊，有枉法受财者，必无赦免。……随其所犯，置以重法"②。再就是广开言路，虚心纳谏。这样，隋末混乱残败的局面很快改观，几年之内就出现了农业丰收，逃户归乡，四夷降附，人口繁息，牛马被野，物价下落，商旅野次、无复盗贼，囹圄常空的太平繁荣的景象，这就是历史上有名的"贞观之治"。而唐太宗的重视吏治及其种种措施的作用，是显而易见的。

2. 对官吏的选拔任用

西汉立国，官员的选拔任用尚没有一定的制度。以后实行察举制，主要由地方官吏推荐人才，标准是德和才，尤其是德。这样的标准太抽象又不固定，加上地方官是自行了解推荐，缺乏衡量的规范，结果弊端丛生，冒滥作假，弄到"举秀才，不知书；察孝廉，父别居"③的地步。魏晋南北朝，随门阀政治而行九品中正制，以门第高下取得不同的任官资格，结果是"上品无寒门，下品无势族"④。隋朝起，行科举制，唐朝大行，一直延续到晚清。靠考试选官，考试内容主要是儒家经典，标准具体，方法公平，更多的人可以凭自己的本事经过考试去做官。做官的途径扩大了，这是一大进步。问题是儒家经典的理念和现实政治生活及做官治事的能力有一段相当大的距离。考试的方法，唐代是"帖经"，即填空，纯属知识的记忆。最煊赫的考试是进士科，重视诗赋，但那也只是显示考试者的文才，而非经世学术。到了明清，考试是具有严格框架程式的八股文，更是脱离实际。唐代科举，请托和走后门是公开的；宋代以后，有糊名誊录之制，但仍然难以杜绝作弊；清代几次科场大案，处死的考官不少，获罪发配的官员更多。唐代科举考试合格，只是取得任官资格，中者还需经吏部

---

① 《资治通鉴》卷 193，"唐太宗贞观二年十二月"条。

② 《贞观政要》卷 1《政体》。

③ 葛洪撰、杨明照校笺：《抱朴子外篇校笺》卷 15《审举》，中华书局 1991 年版。

④ 《晋书》卷 45《刘毅传》。

试"身、言、书、判",考核其做官能力,才能任命。此后,这样的做法淡化了。总之,科举考试是一种比察举和九品中正进步的制度,但仍难于很好的选择行政人才。

科举只是唐以后选官制度的主流,察举、九品中正的遗风一直不断,荐举、私人任命、门荫仍是重要门径。至于花钱买官,从西汉开始一直不断,晚清捐纳之滥,更是到了空前绝后的地步。此外,地方官直接任免属吏的办法一直延续下来,不属于正式品官的属吏差役直接行使权力,又最冗滥难治,这也是吏治最难办的一个方面。科举之外的非正途出身的官员是吏治败坏的一个原因,而科举出身的官员又因其并不见得胜任,往往要依靠属吏(包括清代的"师爷")。在当时条件下,科举考试并不可能真正做到优选人才,为政清明,遏制腐败。

3. 对官吏的考核

唐代官员一年一小考,四年一大考,专门部门吏部考功司负责日常材料,临考核时大臣主持。有统一的考课内容和评定标准(很复杂,不备举),分为九等,居官谄诈、贪浊有状的为下下等(可以注意,古代吏治历来重视贪污受贿问题),以考核定官阶俸禄的升降。认真执行,是很好的办法;敷衍塞责,官官相护,徇私受贿,那就只能是具文,而且是腐败的表现。

4. 对官吏的监察

监察制度是中国封建专制主义中央集权官僚体制的一个大特点。

封建专制主义中央集权制度最高权力集中在皇帝,运作则靠庞大的各级官僚体系。皇帝对这个机构和官员的控制、防范与监察是必然的。监察机构一般直属皇帝,在官僚系统中具有相对的独立性,地位很高,权柄很大,有直接检查、接受投诉、弹劾官吏、处置案件等权,甚至可以"风闻奏事"(不需要证据)。不仅有对官员的监察权,而且有行政权和司法权,并有保障这些权力不受干扰阻碍的种种规定(当然也有限制这些权力被滥用的种种规定)。秦和西汉,中央政府中司监察的御史大夫地位很高,是副丞相,地方上也有相应职司监察的官吏。但御史大夫职掌很多,管事很杂,以后御史大夫才专司监察。西汉中期,又设司隶校尉纠察京畿,十三部刺史分巡各地。刺史以六条治事，其中四条针对官员。唐代监察有多种渠道，好些政府机构内部及彼此间都有互相监察的职能。专门监察机构分台、谏两部分，谏官管对皇帝提意见，议论政务得失，常是不痛不痒，作用不大。御史台则专门为皇帝监督官员，非常重要。御史是皇帝的耳目，直接对皇帝负责，甚至称可"代天子巡狩"。唐朝御史台分三院，台院专门纠弹中央百官，殿院巡视宫禁京城，察院的监察御史，分道巡按州县。明清御史台称都察院，长官都御史官居一品。地方的总督巡抚也带佥(副)都御史衔，有监察属下各级官员的权力。御史特别是分巡各地的巡按权柄很大，第一，可以直接受理人们投诉，甚至越衙上告。第二，可以独立办案，不受地方官员的干扰，可以会同司法机关审案，也可直接处置案件，包括抓人，搜集罪证，审问，定罪，施刑（有时死刑也可先斩后奏）。第三，监察范围很广，举凡行政、军事、财政、司法乃至官员生活作风都可以管。宋朝以后，御史特别是巡按御史更集中在接受上告、清查案件、平反冤狱这方面，即官员的执法与枉法问题。宋以后，人们称道歌颂的清官，往往是侧重这个方面。第四，沟通民情。中国封建社会，民告官属于以下犯上，限制很多。唐代越衙上告，多半可不受理，还要受笞刑，先治你个以下犯上之罪。后来到御史那里告状，限制要少一些，甚至御史巡按一地，出牌"放告"，放开来受理。第五，正因为这样，对监察官的要求、任用、处罚也就特别严格。

5. 对官吏犯罪的处罚与防范

法令有明确的规定。特别是涉及贪污受贿的处罚。中国古代特别重视官吏的贪赃问题，贪赃必定枉法。前述皋陶为尧制定法律时就强调"贪、墨、贼，杀"。唐太宗注重选用廉吏，深恶官吏贪浊。明太祖朱元璋讲过，"吏治之弊，莫甚于贪墨"。① 唐代法律对"主守盗"（贪污）、"以财行求"（行贿）、"因事受财"（受贿），"受所监临财物"（侵吞公物，收受属下财物，包括送礼），"请求"（请托）、"乞索"（勒索），非法役使属下和百姓，

---

① 《明太祖实录》卷148"洪武十五年九月癸亥"条。

侵夺百姓私人田产等，都有具体的量刑规定①。还规定官员不许经商放贷，不许通过代理人经商，家属也不能在其辖区内经商放贷，不许利用职权参加外贸活动。另外，还有官吏任职的回避制度，地方官避本籍，中央高官近亲避京畿，中央高官子弟避监谏官，亲戚避同署联事，官吏犯罪，还要追究其上级和同僚的连带责任。

关于提高行政效率，法令也有明确规定。如公文的收授周转均有时日限制，超出要处分，延缓、扣压有罪。

"贞观之治"给唐朝吏治开了一个好头，但到唐太宗晚年，他所奉行的"治道"原则已经不大能讲求了，他个人奢侈逸乐的毛病也开始出现。到了高宗特别是武则天，政局有几次变化，这期间武则天大量非制度化除授官吏，告密酷刑之风四起。武则天打击的主要是上层反对她的政治势力，唐太宗奠定的开明吏治的基础还在，制度化的运作还能大体遵行，保证了唐朝在这八十年间维持着上升的局面。武则天以后，中宗、韦后、太平公主操纵朝政，吏治松弛。玄宗即位，励精图治，整饬吏治，任用贤臣，淘汰冗官，加强制度化运作，以保障经济繁荣和社会稳定，唐朝在玄宗开元间达到它兴盛繁荣的顶点，但社会矛盾也在兴盛外衣下逐渐孕集。到了天宝年间，玄宗一改励精图治为怠惰逸乐，政事不修，大肆奢靡。各种制度开始败坏，"钱谷之司，唯务割剥，回残剩利，名目万端"，② 吏治由松弛走向败坏。杨贵妃兄宰相杨国忠一身兼四十多个使职，军国之务，决于私家，事务"责成胥吏，贿赂公行"③。导致了安史之乱。安史之乱以后，唐朝开始走下坡路，吏治情况也越来越糟，其间虽有几个皇帝和大臣想改变这种局面，但无法扭转这一趋势。文宗时的改革因政变而失败，宣宗时稍有起色，不久后就更糟。社会危机增长与吏治败坏是同步的。晚唐懿宗时的刘允章上直谏书，举出官有八入，国有九破，民有八苦、五去，其中多数属于吏治的问题。

---

① 见长孙无忌编撰、刘俊文笺解：《唐律疏议笺解》卷 3《免官》、卷 11《有事以财行求》《受所临监财物》《有所请求》《挟势乞索》。

② 《通典》卷 6《食货典六·赋税下》。

③ 《旧唐书》卷 106《杨国忠传》。

官有八入（收入）是：节度使奏改、用钱买官、诸色功优、从武入文、虚衔入仕、改伪为真、媚道求进、无功受赏。

这里主要是来自官员的贪污受贿，以用钱买官而言，史不绝书。大官王锷在河东，用钱数千万赂遗权幸，求兼宰相。就连完全没有做官资格的白丁富商郭七郎，花几百万钱也能买到一个刺史。上述的贪污受贿的钱来自官员，来自其他方面贪污受贿的更不知有多少。

国有九破：其中贿赂公行，长吏残暴，赋役不等，食禄人多输税人少等四条属于吏治，其他五条属于社会问题及自然灾害。

民有八苦：官吏苛刻，赋税烦多，所由乞敛，替逃人差科，冤不得申屈不得理等五条属于吏治。

民有五去（逃亡）：土地兼并为首，其次就是猾吏侵夺，破丁作兵。而土地兼并最厉害的则是官员。像懿宗时一个县令罢职，在家置良田万顷及华宅园子。官僚韦宙在江陵就有积谷七千堆，连皇帝也羡慕地称他为"足谷翁"，这还不是任上贪污受贿的钱得来的么。

结果是，民有五去而无一归，有八苦而无一乐，国有九破而无一成，独独官有八入而无一出。皇帝高高在上，地主是分散的，直接管制老百姓的是官，老百姓受害也直接来自官，"天高皇帝远，民少相公多，一日三遍打，不反待如何。"①这样败坏的吏治，促成了社会危机，引发了农民大起义，导致了唐朝的灭亡，官逼民反，不仅唐朝如是，历朝大体也都如此。

总的来说，唐朝的吏治开头是比较好的，逐渐趋于败坏，其中有几次起伏，最后不可收拾，它与王朝的兴衰是同步的。这种情况，中国历史上几个比较长久的王朝如汉、唐、明、清，大体上都是这样，其中似乎有种规律性存在。从制度上看，从秦汉到明清，大体上从粗略到完备再到严密。各朝在吏治方面的情况和出现的问题也大略近似。但也各有一些自己的特点，例如西汉的内外朝，任用酷吏（包括治吏与打击地方豪强）；东汉时的外戚、宦官的擅权与斗争；魏晋南北朝时期的门阀政治；唐朝后

---

① 黄溥：《闲中今古录摘抄》，丛书集成初编本。

期的藩镇、宦官、朋党的相互争夺又互相勾结；宋朝吏治一开始就松弛疲软；元朝蒙古人色目人当官，治理不行，又不用汉族读书人，以致政事全由属吏把持，是吏在历史上起作用（多半是坏作用）最大的时代；明朝中期以后皇帝昏庸荒淫不理政事，宦官乱政；清朝满汉官员共治及胥吏和师爷的作用等等。其中三个朝代宦官在吏治上起了特别坏的作用，那就是东汉、唐和明。在这些比较长久的王朝中，宋的情况有点不同。宋朝是由割据而走向统一的，没有经过强大的全国性的农民战争，因此宋朝最高统治者首先和着重考虑的是怎样不致削弱专制主义皇权，怎样不要再出现分裂割据的局面。这里，第一要控制的是军队，第二要控制的是官吏。他们考虑的不是通过"治吏"而去"治民"，而是只着眼于"治吏"，防止和限制官吏权力过大，因此采取各种"内重外轻"的办法限制，牵制官吏的权力，加强对官吏的监察。另一方面则多让他们得到做官的好处，甚至养起来，不让他们捣乱和造反。宋朝的冗兵、冗官、冗费是很突出的，官僚机制从一开始就那么松弛、疲软，也是少见的。这样，宋朝从一开始吏治就不怎么样，以后越来越坏。岳飞有段有名的话，有人问他，天下如何能致太平，他说，文官不爱钱、武官不怕死，天下就太平了。那时正是金人入侵的危急时刻，天下并不太平，可见，文官总爱钱，武官多怕死，正是当时的普遍现象。过去官吏有所谓良吏、循吏、能吏、干吏、廉吏、酷吏等等称呼，清官这个词正是在宋朝从民间兴起的。第一号清官包拯就是出现在宋朝，号为包青天，他的事迹有些是真实的，更多的是民间传说。当时人称："关节不到，有阎罗包老。"[①] 金人元好问诗："能吏寻常见，公廉第一难。只从明府到，始见有清官。"[②] 把执法公正和廉洁不贪赃受贿结合在一起，称之为清官，甚至是青天大老爷。那青天之外，就是一片黑暗了。人们那么企盼清官，清官又那么少，贪官赃官昏官之多之普遍，也就可想而知了。

---

① 司马光：《涑水记闻》卷 10《关节不到有阎罗包老》，中华书局 1989 年版。

② 元好问撰，施国祁注：《元遗山诗集笺注》卷 11《薛明府去思口号七首》，人民文学出版社 1958 年版。

二、影响古代吏治的因素

在一个比较长久的朝代中，吏治的好坏起伏，呈现了上述的现象，其所以如此，有体制性的因素，也有时势性的因素。

（一）体制性的因素

1. 专制主义中央集权官僚制度追求事无不统，政事必然由开始的清简走向烦苛。因此，机构的重叠，职责的不清，效率的低下是必然的。这里有事务的增加，也有官僚制度本身带来的。英国人帕金森写过一本有名的小书——《官场病——帕金森定律》，就是讲官僚制度如何会不断地增设机构，增加人员，弄得机构越来越庞大，人员越来越冗滥，而精简则难于收效。中国古代各朝大体如是。唐太宗时，中央机构有品级的官员六百多人，到了唐朝后期，至少是两千八百人，大量体制外的正式机构外的单位和人员尚不在内。唐太宗时，军队主要是不脱离生产的府兵，其后募来的职业兵大大增加。唐朝后期，禁军、藩镇兵等曾达到一百万，养了这么多兵，要多大的费用。这些兵又主要是用来打内战，即中央对藩镇、藩镇对藩镇的战争。再加上贵族、僧道等等，以致当时人感慨"以三分劳筋苦骨之人，奉七分坐衣待食之辈"[①]。官员的冗滥，军队的庞大，开支的增加，为官吏的贪赃枉法大开了方便之门，前引的官有八入，主要就是靠买官，及在官员的任免升调奖励上捞钱。

另外，中国古代政府职能中的经济职能是很强大的，不仅实行统制，而且还直接经营农业、手工业和商业及放高利贷。唐朝官员有职分田，作为自己任职的收入；有公廨田和公廨钱，用作办公费用，其中公廨钱更是用来放债取息。像赈贷、专卖、河工、工程、盐政、漕运、税关等，都是捞钱的好差使。唐朝法律禁止官员经商，实际上形同具文，以后也不大禁

---

① 《旧唐书》卷14《宪宗纪上》。

了。在官营商，官商勾结，官也就是商了。剑桥大学学者罗伯特·巴尔德近来曾把公职腐败定为"公职人员为捞取个人好处而违反公共事务的行为准则"。据说，美、英、德、法过去两个世纪中已经远离腐败，现在腐败现象卷土重来，是因为政府与私人企业互动，而非保持一定距离，即政府插手经济交易事务。他的话可供参考。

2. 官僚是一个特权阶层。士农工商，士为四民之首，介乎统治者与被统治者之间，士的出路就是做官，进入统治者的行列。士人做官，称为"入仕"，在"士"边上加一个"人"字旁，士仕相通。士人是有文化的，读书才能做官，这是封建社会读书人最好的出路，宋朝儿童课本《神童诗》就说："天子重英豪，文章教尔曹。万般皆下品，唯有读书高。"读书就是为了做官，做了官，什么都有了，"书中自有黄金屋，书中自有千钟粟，书中自有颜如玉。"民谚"千里做官只为财"。发财靠官俸是不行的，靠的是手里的权，以权谋财，权财交易，寻租，贪赃枉法几乎是必然的，虽然与圣人的教诲大相径庭，那是面子，这是里子。贪污受贿有些是公开的，明的，甚至是合法的。如送礼受礼，清朝中央官员收受地方官员的"冰敬"、"炭敬"，以及诸如陋规、折色、火耗等等。但不仅不能消灭非法的、暗的、私下的贪污受贿，反而助长了后者。做了官，无本万利，民谚中说，就是"三年清知府"，也有"十万雪花银"。这样，几乎无官不贪，而贪赃必然枉法。法律虽严禁贪污，但制度却默认、准许乃至助长贪污受贿。法律成了具文，吏治必然腐败。

3. 专制主义中央集权制度是封闭式地操作的，本身缺乏激励的机制，更缺乏外来的激励，特别是自下而上的民众的激励与监督。仅靠自我教育、自我约束与自我监督，不论是多么完善与严密，也是难于解决根本问题的。

最强烈的、最大的、自下而上的外来激励来自人民群众的起义，它往往推翻了一个王朝或者瓦解了一个王朝。这样，新建立的王朝在初期吏治多少好一些，制度的运作和法律的执行也好一些，可是不能持久，不管自我激励、自我监督的机制多完善严密。从根本上说，官官相护、结党营私是必有的现象，也是无法克服的问题，吏治还是要坏下去。

4. 制度在当时应当算是严密和完备的，但是专制主义中央集权制度却无法保证这个制度圆满的运作并且坚持下去，人为的因素是很大的。这种因素有时促成了这个制度的较好地运作，但多数时期是对之进行了阻碍、干扰和破坏。前者较难，后者则因专制主义体制的根本性质，是很容易而且很严重的。法治与人治的矛盾，在专制主义中央集权制度下是无法解决的。

（二）时势性的因素

封建政治权力最后集中在皇帝。皇帝个人的明、贤、庸、愚、昏、暴，对政治包括吏治的作用非常之大。皇帝的个人特点、个人色彩给封建政治抹上了重重的一笔。唐太宗在初唐政治中的作用、唐太宗个人前后的不同表现就是一例。康熙、乾隆也是这样。朱元璋"严明以驭吏，宽裕以待民"①的思想使他对官吏贪污的处置十分严酷。御史具有抓官审问定罪然后上报的大权，不仅小犯即斩，而且杀了还要剥皮塞草，放在公座旁警示后来的官。雍正在吏治上的严苛也是很出名的。

官僚集团之间的倾轧斗争是历史上常见的。这种斗争往往不是政见不同，而是权势利害之争。即使有政见不同，也会演化为权势利害之争。这个集团所坚持的，对立集团就必定全盘反对，往往脱离了是非。为此，援引、支持、拉拢、排斥、打击不遗余力，自然带来政局的败坏，像唐朝后期宦官、藩镇、朋党之争就是这样。藩镇割据地盘，自搞一套；宦官自成系统，所谓南衙（政府机构）与北司（宫廷机构）相水火；藩镇、宦官、官僚内部又互相争斗，各各又援引其他势力，这对吏治的败坏当然有很大影响，像东汉、宋朝、明朝，这种情况都是相当突出的。

这些时势性因素中最根本的一条，一个封建王朝在建立的初期，为了保持自己的统治，比较重视与民众的矛盾，多少约束自己贪残的阶级本性，吏治也就清严；然而，随着统治的稳定，力量的增长，其贪残的本性

---

① 《明太祖实录》卷54，"洪武三年七月己亥"条。

也就日益暴露、膨胀，与百姓的矛盾日益尖锐，社会危机日趋严重，吏治也就从清严而走向松弛、败坏，终于导致王朝的覆亡。这个问题，在封建社会是不能根本解决的。

这就像做蛋糕。王朝初年蛋糕小，统治者那一块切多了其实多不到哪里去，民众那块少了，还不能专心地做，倒不如统治者不要切多了，让蛋糕做得大些。民众可以享受一点做蛋糕的好处，专心把蛋糕做大，做蛋糕的人也多了起来。这样，自己切的那一块比例上不算太大，而实际分量则大大增加了。可是再做下去，蛋糕大了，贪心也大了，就不免在比例上大大加大，最后弄得几乎独吃，做蛋糕的人吃不到了，不干了，散伙了，他也就吃不成了，垮台了。

中国历史上有一个现象，一个王朝建立之初的十几年、几十年之后，往往出现一次危机，过得去，王朝就延续下去，过不去就完了。这个现象，抗战时黄炎培访问延安时向毛泽东同志提过，章士钊在《柳文指要》里指出过，台湾的柏杨在《中国人史纲》里把它称为瓶颈现象。这个危机，如果只是统治阶级内部的冲突或者是对外战争，那一般还是过得去的。但如果涉及对人民的暴政（这种暴政当然是通过各级官吏来施行的），尽管这个王朝看起来多么强大，那就过不去了。像秦、隋，就是如此。这些王朝，往往是结束分裂割据局面之后建立的，它们还没有吃过农民起义的苦头，没有接受这方面的教训，不免恣意妄为，弄得民不聊生，民怨沸腾，揭竿而起，他们也就垮台了。汉奸汪精卫在早年还是个革命青年的时候，译写过一首诗："此辈封狼从瘦狗，生平猎人如猎兽。万人一怒不可回，会看太白悬其首。"[①] 就是这些统治者的写照（当然也成了汪精卫自己的写照）。在这里，吏治的成败，人民的斗争和统治者是否接受教训是有很大关系的。

---

① 　汪精卫：《译嚣俄共和二年之战士诗一首》，《双照楼诗词稿》，汉京文化事业有限公司2004 年版，第 37 页 b。

三、古代吏治可借鉴之处

关于中国历史上的吏治，可借鉴的地方很多，姑且列出三条来。

第一，对吏治的重视，在世界历史上似乎还没有见到如此重视的。道路、纲领、政策制定之后，"干部决定一切"，古代中国似乎早就认识到了。

问题在于官吏的定位。中国古代的官吏是"行君之令而致之民者也"①，即奉皇帝之命管理和统治民众，对皇帝负责而不是对民众负责。管理，是为了统治，统治是第一位的。统治和管理根本上是为了让民众能很好地奉养统治者，所谓"无君子莫治野人，无野人莫养君子"②。韩愈甚至说过这样杀气腾腾的话："民者，出粟米麻丝，作器皿、通财货，以事其上者也。民不出粟米麻丝，作器皿、通财货，以事其上，则诛。"③做官的对皇帝负责而不是对人民负责，是牧民之官，把民众当畜群一样牧养，而不是公务员、公仆。甚至也不是美国人口头上常说的，官员是纳税人的钱雇的，就得为纳税人办事的那种雇佣关系。

也因此，吏治最高最好的指导思想是儒家的"民本"（而非近代的"民主"）、"仁政"。唐太宗对此理解应该是最深刻的，并且努力地去付诸实施，他反复所讲的"君者，舟也；庶人者，水也。水则载舟，水则覆舟"④、"君依于国，国依于民。刻民以奉君，犹割肉以充腹，腹饱而身毙，君富而国亡"。⑤就是这种儒家"民本"的最高的理想，也是中国封建统治者进步思想的极限和局限。"贞观之治"是它的成果，也是中国古代吏治的一个高峰。这是封建社会所能达到的极限，也是当时人们所企盼的"国泰民安"的太平盛世，然而这要在种种条件凑合下才能出现，是一种特殊情

---

① 《韩昌黎文集校注》卷 1《原道》。

② 《孟子·滕文公上》。

③ 《韩昌黎文集校注》卷 1《原道》。

④ 《荀子·王制篇》。

⑤ 《资治通鉴》卷 192，"唐高祖武德九年十一月"条。

况。绝大多数的皇帝和官僚是做不到的或者是反其道而行之的。

第二，是重视对官吏的培养和教育，特别是政治思想和道德操守的教育。问题在于教育的内容，因为官吏的定位而有根本的局限，缺乏能力的培养训练也是它的很大弱点。由考试而做官，但明清的八股文完全脱离政治的实际，被当成做官的"敲门砖"。官做上了，砖头也丢掉一边去了，一个重要原因是它对具体当官没有用处。

第三，有相当完备、严密的制度和运作程序、方法。这里可供借鉴的东西很多，值得汲取，特别是监察制度。问题是它在一个封闭的体系中运作，是一种自控机制，官任官，官管官，自己管自己，这就必然会出现问题，而这些问题又是不能根本解决的。

以监察制度而论，其严密、权威在世界古代历史上是绝无仅有，但西方古代对官吏的监察走的路子同中国不很一样，这条路子不完备，但它是一种和行政分开的机制，位于政府的外部。像罗马法，规定平民和官到法院打官司，官民地位是平等的。官员贪污，要受严惩，由独立于皇帝之外的审判官审理。英国中世纪有普通法庭和王家法庭，官员的案子王家法庭审，普通法庭也可以审。王家法庭维护王室利益，不公平，人们都到普通法庭去告官。英国中世纪国会立法，监察由国会进行，它是代表"民意"（领主、骑士、市民）的机关，其目的是抑制君权，防止独裁，而中国的监察机关是皇权的延伸。欧洲行政司法分开，中国的行政司法合一。虽然中国的监察制度应该说是古代世界最完备严密的制度，但终究是专制主义中央集权制度中的一环。

总起来说，中国的吏治是中国古代封建政治和中国专制主义中央集权制度下的产物，它的成败从根本上说不是由这个制度自身所能决定的，而它的根本改革，也只能在这个制度根本变革的条件下才能做到。日本明治维新、君主立宪是在 19 世纪 60 年代，清朝宪政问题，经过戊戌维新的挫折，直到 20 世纪初年才开始进行，可是步子很慢，窒碍甚多，不仅晚了，而且也做不到了。没有几年，辛亥革命爆发，清廷被推翻了。这里原因很多，但不能不考虑到，日本历来专制不强，又是从 300 年的幕府制进行改革，是以加强天皇的作用和权威相号召来实行立宪的；而中国的宪政，则是要削弱君主专制，要改变中国几千年来的专制主义中央集权体制。靠这个政权自己来变革，不仅是个步子慢的问题，恐怕是根本做不到的，这也是不几年后就爆发了辛亥革命的原因。

第十章　中国封建社会的农民战争

现在来讲中国封建社会的农民战争似乎有点不合时宜，像炒冷饭。的确，有一段时间热过一阵，从 20 世纪中到 21 世纪初，农民战争经过从冷到热，由热到冷，中间大约有半个世纪，简直是一次轮回。有一阵子似乎到了言必称农战，言只有农战，现在农民战争凉下来了，淡化了，甚至以否定为荣。但是中国历史上经历过一次又一次的农民起义和农民战争，文献、史迹还在，这是铁的历史事实，是不能抹杀、回避、淡化的。

前 221 年，秦始皇统一六国，不久后前 208 年就以陈胜吴广起义为导火线，爆发了规模巨大的秦末农民战争。然而，这些大大小小的农民起义终归被封建统治者镇压下去，留在史书上的只有盗、贼、匪、逆，一片攻击诬蔑之声。第一个起来唱反调的是司马迁，他在《史记》里专门补列了一篇《陈涉世家》，把他放在帝王的本纪和名人的列传之间，算是次一级人物，而且也没讲多少诋毁。但以后就不同了，两千年来的正史、别史、野史、杂史，几乎没有讲过农民起义什么好话，更多的是攻评为盗、贼、匪、逆，这种情况一直延续到晚清，由于要推翻清王朝，革命党人又开始了对太平天国的肯定。据说孙中山的革命思想的形成就是出之于一位参加过太平天国老者讲的故事，此后，国民党有一批元老如罗根泽、简又文成了太平天国史的专家，但在史学主流里还是基于过去流行的观点。然而，随着马克思主义的传入，有一些开始对历史上的农民战争持肯定态度，记忆中张荫麟是一位，周谷城是一位。张荫麟的《中国史纲》肯定了农民战争，也在堂堂学术刊物上（《清华学报》）发掘出来了北宋初年的王小波李顺起义。20 世纪 30 年代的中国社会史论战中，就提到了恩格斯的《德国农民战争》，进而涉及了中国农民战争。随着红军和苏区的发展，更多的学者对历史上的农民战争持肯定态度，有名的是郭沫若的《甲申三百年祭》，翦伯赞的《中国史纲》第二卷《秦汉史》。到了解放战争时期，翦伯赞更发表了《东晋初黄河南北的坞屯垒壁》[①]，把东晋南朝北方的坞堡当成了农民起义的组织。这时，李文治的《晚明民变》是一部很有分量的著作。1949 年，全国解放了，中华人民共和国建立，这是中国共产党领导下的新式农民战争的一次伟大胜利，农民战争史的研究形成了热潮。翦伯赞率先在《学习》杂志上发表中国农民战争的文章，太平天国更是受到充分的肯定。大约是 1952 年，《中国农民战争史》出版。在新中国成立初，这本书无疑是一篇应时之作，内容粗糙，批判者（记得是漆侠先生）认为他连史料学的教学素养都不具备，居然征引《通鉴纪事本末》，这事不久就销声匿迹了。此后《中国农民战争史论文集》出版由赵俪生、高昭一合著，以及孙祚民写的《中国农民战争问题探索》，从理论上探讨了中国农民战争的问题，然而不久反驳者接踵而至，争论的焦点首先在农民战争的性质，即是否反封建这点上，其次是农民能不能建立一个新社会，农民战争和宗教问题等等，后来有人把这场争论归结为"阶级斗争派"和历史主义派，争论延续了将近十年，成了新中国成立后史学的"五朵金花"之一。

这一场延续将近五十年的争论到了 1966 年的"文化大革命"，突然画了一个句号，成了一边倒。首先是戚本禹批翦伯赞的文章，然后是批刘少奇的文章《爱国主义还是卖国主义》，歌颂了义和团、红灯照，比附上了红卫兵，农民战争又热火朝天起来。到 1974 年的批林批孔、批儒评法兴起，似乎帝王将相的唯心史观又占了上风，与之矛盾的农民战争反而退居了第二位。

到了粉碎"四人帮"，在批判会上有位延安来的老学者（李新）大写什么农民革命那是造反，此后，风向标转了过来，农民起义成了批"极左"的靶子。1982 年，在庐山开农民战争史会，一片气氛低沉，有不少人大叫——农民战争失败了。

---

① 翦伯赞：《东晋初黄河南北的坞屯垒壁》，《大学》1947 年第 6 卷第 1 期。

然后，批评义和团运动落后，太平天国的杀戮破坏了江南经济，阻碍了近代化的进程，农民战争史经过一段时期的喧嚣，不仅降格而且被冷落，被淡化，被否定，被拒绝。

研究这个问题，不可能讲出太多的发明，只好就像"告别革命"一样，也向"农民战争"告别了。

一、阶级、阶级矛盾、阶级斗争

阶级是历史的出现，历史的存在，当然也会随历史的进程最终消灭。

阶级社会是社会生产力发展到一定程度的必然产物。

为什么社会的发展是由于矛盾？

从来社会最基本的活动是生产，即创造历史的前提是要能生存，即吃、穿、住，等等，这也是人类最基本的创造历史的活动。

生产带来矛盾，有矛盾才能进行生产。

生产活动最基本的是人同自然的矛盾，即人类为了生存必须利用自然，改造自然，这就是生产力。

人们在生产过程中，即在改造自然的斗争中，必须彼此之间发生一定的关系，只有结成这种关系才能进行斗争，这种关系就是生产关系。

在一定的生产力关系基础上，还形成了人类的各种关系，这就是上层建筑，政治、法律、思想、文化、意识形态等等。

生产关系与生产力的矛盾，经济基础和上层建筑的矛盾，这就是社会的基本矛盾。这两对矛盾中，生产力与生产关系的矛盾又更为重要。

生产力是生产中最革命、最活跃的因素，它的发展是而且必须是连续不断的。生产关系是生产力发展的形式，是在一定的生产力发展水平下形成的生产过程中人与人的关系，一旦形成，它是相对地固定或稳定的，它也必然如此，否则生产就无法进行。

一定的生产力发展水平需要与之相适应的生产关系，否则生产就无法进行或无法好好地正常地发展。当一定的生产关系适合或基本适合生产力的性质时，生产力就可以在这种生产关系下得到发展。然而生产力的进一步终究会或迟或早地使得生产关系的某些环节（而不是基本的环节），不适合发展了的生产力性质，成为阻挡生产力进一步发展的东西。这时，就需要进行调整改革生产关系中那些不适合生产力发展的环节。为使生产力进一步发展创造条件。然而，这种改革必然会受到那些不适合生产力的性质（其代表者是在这种生产关系环节中受益的人或者是一种习惯的传统势力）的抵制反对。而进行活动环节的政策个人、势力情况也不一样，客观历史条件也不一样，因此这种改革有时成功，有时失败，有时半途而废，有时部分收效。生产力再发展到一定的时候，生产关系从适合或基本适合，转化为基本不适合或完全不适合，也就是说生产关系中的基本环节转化为不适合生产力的性质了。生产关系从生产力发展的形式转化为生产力发展的桎梏，这时，彻底改变原来的生产关系，以新的适合于生产力性质的生产关系取代原来的生产关系的时刻到来了，亦即社会革命的时刻到来了。

生产是由人来进行的，生产关系就是生产过程中人与人的关系，人们依在生产中的地位、作用不同，即依其对生产资料的占有与否，占有什么，占有多少，如何使用，而结成不同的关系，不同的集团，也就是划分为不同的阶级，阶级关系从根本上说就是经济关系或生产关系（当然还表现在其他方面，如政治集团乃至文化群体）。阶级矛盾归根到底就是生产关系与生产力的矛盾的人化，在人们中的表现，而生产关系与生产力的矛盾也只能通过人的关系、人的活动、人的矛盾来表现。这就是阶级关系、阶级矛盾、阶级斗争。

阶级社会是生产力发展到一定水平的必然产物，阶级社会的人的活动主要的或归根结底可以归结为阶级的活动，阶级斗争是阶级社会历史发展的根本动力。

在阶级社会里，代表着新的生产力和新的生产关系的阶级，向不适合生产力性质的旧的生产关系的代表——旧的阶级或力量展开斗争，推翻旧的阶级统治，建立新的社会制度。比如奴隶社会取代原始社会，封建社会取代奴隶社会，资本主义社会取代封建社会，乃至社会主义社会取代资本主义社会，就是如此。

这种取代是很复杂曲折的，时间也是很长的，形式也是各种各样的，并没有一个统一的模式，往往要经历反复较量，或多次失败，才能成功。特别像社会主义生产关系这种未曾在旧的资本主义母胎中孕育成长的因素，又不是由一种剥削制度取代另一种剥削制度，而是要消灭剥削，消灭阶级，既无基础，亦无依傍，更何况 20 世纪的社会主义革命又多发生在资本主义不发达的地区和国家，比资本主义还落后的东西不少还存在着，搞社会主义革命带有相当大的跳跃性，就更困难了。恐怕是要经过更长的时期，更多的曲折，更多的试验，更多的失败才能成功。资本主义胜利花了三四百年，社会主义胜利至少不会比它短多少。

另外，还有一类不代表新生产力与新生产关系的阶级，它本身也是生产关系与生产力的矛盾的一种表现，这就是奴隶对奴隶主的阶级斗争和农民对封建主的斗争。由于他们不代表新的生产力与新的生产关系，他们的斗争不可能推翻奴隶制和封建制，不可能建立一个新的社会制度，他们斗争的结果或者是二者同归于尽（奴隶与奴隶主），或者是尖锐的社会矛盾、社会危机，使社会经过动乱，从崩溃中缓和过来，得以继续存在，并且还能经过对生产关系或上层建筑的某些环节的调整、改革而使生产力得到发展，以至一步步地前进，为新的生产力、生产关系的出现带来条件，使之得以产生。这就是封建社会的农民对地主的阶级斗争。当新的资产阶级生产关系出现并占据了统治地位以后，农民虽然没有被消灭，但没有也不可能得到真正的解放，他们不过是从封建主的剥削奴役下转到资本主义的奴役下而已。我们所要讨论的就是中国封建社会中这种农民的阶级斗争、农民战争。需要注意到农民的阶级斗争不仅是农民战争，农民战争是农民对地主阶级斗争的高级的、最后的暴烈的形式。还有其他方面的斗争形式，特别是经济的，如抗租抗捐、反夺地、逃役、逃亡，从一些地主集团脱离，归附于另一些集团等。也有意识形态方面的，不过这类斗争经常是分散的、局部的、影响小的，不像农民战争那样暴烈，但是涓涓之水，可以汇成巨流，或者浸润一大片地方，或者水滴石穿，我们不能忽视这种斗争形式及它们的积累所带来的后果。

所以，中国封建社会农民的阶级斗争应当在我们的视野之内，需要我们来考虑研究。

问题当然有很多，大而分之是两类，一类是农民战争本身的问题，如农民战争的性质、任务，政权与宗教的关系，皇权主义等等。这些"文化大革命"前讨论很多。另一类实际上是更重要的就是农民战争的历史作用，这涉及封建社会发展的动力问题。可惜，除了让步政策论以外，并没有多少有值得想出来的成果。而让步政策论即使不是错误的，至少也是很片面的，因此，我们这里的讨论将集中在两个问题上，一是中国农民战争的特点，二是中国农民战争的历史作用，其他从略。

二、中国农民战争的特点

对中国农民战争的态度实际上包括两个意思，一是从中国农民战争的整体出发，看看它和其他各国、各地农民战争相比较，特别是同欧洲封建社会比较有何不同。因为欧洲各国的农民战争情况比较清楚，研究得也比较充分，从而看出中国封建社会历史发展的特点及如何体现在农民战争上。另一个意思是中国历史上各次农民战争各具何种特点，由这些特点看看各个历史时期的发展的特点如何反映在农民战争上，即农民战争如何反映了各个时期、各个地区的特色与发展。我们这里要讨论第一个方面。第二个方面留待讲不同阶段的农民战争及其作用时再说。

讲农民战争的特点，不能脱离中国封建社会的特点，正是中国封建社会的特点，使农民战争具有与其他国家不同的特色，而中国农民战争的特色也确实反映了中国封建社会的特点。换句话说，不能离开封建社会的经济、政治、文化等去抽象地孤立地讲农民战争，这是研究农民战争的基础和出发点。

中国农民战争的第一个特点，也是人所共知的，即次数之多、规模之大、延续时间之长，是世界历史上仅见的，这是中国农民战争的一个最主要的特点。

中国大大小小的农民起义和农民战争有多少次，目前没有精确的统计，也不可能有精确的统计。因为，一是材料不全，二是有些算不算农民起义还有分歧意见，如张鲁、卢循。

秦末农民战争为开端；汉武帝末年农民起义使得汉武帝罢轮台之戍，以图安定；

西汉从成帝以下到赤眉、绿林起义，其间小规模起义不断；东汉从安帝起到黄巾大起义，其间小规模起义共 40 余次；三国时，魏、蜀、吴均有农民起义，特别是吴，农民起义（其中包括山越）的武装者不计其数。

西晋自惠帝起有张昌起义，在江陵一带聚众十余万人，怀帝时有汲桑、王弥等为首的农民起义和杜弢等为首的流人起义。东晋从穆帝起就有零星的起义，安帝时终于爆发了孙恩、卢循起义。南北朝时各朝均有农民起义，特别是北朝，从北魏到东魏、西魏、北齐、北周，农民起义总计六七十次，其中像北魏末年葛荣的起义规模达几十万人。

隋末农民战争规模达百万人以上，记载中出现的起义领导人即达 130 余人。唐太宗号称"贞观之治"，由于进攻高丽，征发四川民工伐木造船，天下骚然。唐高宗时的陈硕真是中国第一个农民女皇帝。安史之乱中，江南地区的袁晁、方清、陈庄起义，众达二十余万。唐后期小规模起义连绵不断，直到唐末黄巢、王仙芝的农民大起义。

五代十国都有小规模的农民起义，逃亡农民士兵啸集山林者不计其数。

北宋一开始就有四川的王小波、李顺起义，北宋中有王则等起义，末年有宋江、方腊等起义。北宋南宋初，北方有忠义巡社、红巾军等农民抗金武装，南方有钟相、杨幺起义。南宋起义多达一百五十余次，范汝为等为其中较有名者。元代农民起义达四百多次，终于爆发元末农民大起义。明朝初年就有唐赛儿起义，明中期的刘六、刘七起义，直到明末农民大起义，仅据明实录所载，至少有三四百次。清初到太平天国起义，仅据《清史稿》"本纪"所载，起义即达一百多次。

至于大规模的农民战争，多发生在王朝末年，其人数一般从数十万人到百万以上，秦末、新末、东汉末、西晋末、东晋末、北魏末、隋末、唐末、北宋末、元末、明末、清末的起义，就是其中规模最大的农民起义。

农民起义规模之大还表现在其活动地区之广，大规模农民战争多具有全国性的规模，活动地区遍布各地，至少也活动在今天一个省到数个省的地区，而且还往往引发其他地区起义或进行游动作战。大规模农民战争时间一般也不短，数年至十数年，有的可达几十年。

上述情况，中国在世界历史上是独一无二的，没有任何第二个国家有这样的情况。

中国农民战争的第二个特点是，中国在进入封建社会不久即爆发了大规模的农民战争，此后一直不断。像欧洲的中世纪，农民战争是在社会发展较高的时期，特别是晚期发生的，如法国的扎克雷起义，英国的富特泰勒起义，捷克的胡斯战争，德国的农民战争，俄国的波特立尼科夫、斯捷潘拉年、普加乔夫起义等都是。这些起义都发生在封建社会末期，甚至带有资产阶级革命性质，这是和发生在封建社会前期的农民运动有所不同。在封建社会前期，欧洲农民的反抗多半采取怠工、骚动及零星暴动的形式，而在印度就没有出现过什么大规模的农民起义，这和中国是不一样的。

一般说来，封建社会初期，封建生产关系是适合生产力性质的，但这并不排斥，其中也有不适合的因素。这种不适合的因素在一定时间、一定条件下会引起阶级关系的紧张、激化，从而爆发起义或战争。问题在于要研究中国与欧洲是在什么样的不同条件下爆发大规模起义的。另外，不能形而上学地认为封建社会初期封建生产关系适合生产力性质，因而这种反对封建的农民起义是不进步的，甚至是反动的，对社会发展不利的。这个问题需要在下面进一步讨论。

中国农民战争的第三个特点是具有较高的组织性和比较鲜明的纲领口号。

中国农民战争并非是乌合之众，其中有些组织程度在当时是相当高的。一是准备起义的组织，这种组织有几种形式，一是凭借宗教，如道教、佛教、白莲教、基督教等，如黄巾起义，两晋南北朝时的孙恩起义，元末农民起义，太平天国等；一是利用原来的民间结社，这在两宋比较明显；一是利用帮会，这是明清的特色；还有利用宗族的，如两晋南北朝时的某些起义。

在起义发动之后，一些起义在利用封建军队的组织形式上是比较成功的，而且战斗力也很强，出现了一批优秀军事将领，像黄巢、李自成、石达开、陈玉成，等等。

起义也利用了封建政权制度的形式，这一点是最重要的。这在历代都有，水平有高有低，其中有些就是因此而蜕化成为封建政权，推翻了旧的封建王朝，建立了新的封建王朝。

在纲领口号方面，也是如此。唐以前农民起义，其口号往往是指向旧王朝，如"伐无道、诛暴秦"，针对的是这些王朝的暴政与苛重的赋役，正是这些使得农民生活不下去，非起来不可。对于封建制度的一些根本问题，尤其是土地问题，地主的剥削问题，还缺乏认识。到了后期，这些问题也被朦胧地提了出来，像黄巢起义时的"天补平均"，反对贪污；王小波、李顺起义的"均贫富"，钟相、杨幺的"等贵贱"，李自成起义的"均田免粮"，一直到太平天国的"天朝田亩制度"，已经涉及了封建社会的最根本问题——土地问题，而且最后还提出了解决的办法，即天朝田亩制度。虽然这种办法在理论上是空想的，在实践上有其革命的一面，即分土地给农民，使之成为自耕农，而终归又是反动的（要维持一个稳定的平均主义的、自给自足的自然经济的小农社会）。农民革命的水平到此已达顶峰，其不代表新的生产力、新的生产关系、新的阶级、新政党，并不能创建一个新的社会新的制度的局限性也充分反映出来。

中国农民战争的水平，在世界历史上是最高的，当然，农民战争还是一种自发的革命，而且是一种单靠自己的力量不能推翻旧制度建立新制度，从而也无法使自己真正解放，最后胜利果实也是要被人夺取的革命。但不能否认它是一种革命，尽管是一种不能彻底完成的，因为它终究还是一个阶级起而对另一个阶级进行斗争的暴烈行动。有的人说，不能叫革命，只能叫造反，这是字眼之争，无多大意义。

尽管是自发的革命，但我们应当看到，自觉的色彩或者是觉悟性是存在的，而且越来越高，当然有一个限度，过不了这个限度，因此它还是属于自发的革命。

中国农民战争的第四个特点是，起义不仅反对剥削他们的地主，而且也反对压迫他们的各级封建政权，直到皇帝。欧洲的一些农民战争，并没有反对封建政权的意识，其实际斗争，也不是针对封建政权和皇帝的，正像斯大林所说："他们都是皇权主义者，他们反对地主，可是拥护'好皇帝'"①。他们斗争的目的，不过是要求皇帝能体恤下情，解救他们的痛苦。

过去翦（伯赞）老说，中国的农民反对封建但没有把封建作为一个制度来反对，农民反对地主，但没有把地主当作一个阶级来反对。对于这个问题，我们要做一些具体分析。翦老的这种提法，把农民战争客观矛头指向和农民的主观意识虽然作了一些区分，但是还是不很明确的。

首先，从实际上看，什么叫反封建，或反封建制度，那就是反对地主阶级及其政权的统治。农民不管在意识上认识到这点与否，他们的实践活动就是反对地主阶级和封建政权，亦即封建制度，事实也是如此。而且中国的农民战争往往一开始或在进行中，其矛头不仅指向地主，而且指向封建政权的最高代表——皇帝。大规模的农民战争更是如此。而中国封建王朝，多半是农民战争直接或者间接推翻的。不论农民本身意识到与否，他们的斗争客观上是反对封建制度和地主阶级的，尽管不可能成功，但反不反封建制度和能不能成功是两个不同的范畴，不能因为不能成功就否定农民战争的反封建性质。

其次，从农民的认识上看，这个情况比较复杂，但同样农民战争反不反对封建和农民是否认识到这点是两个不同的范畴，不能因为农民认识不到自己斗争的性质就否认农民战争的反封建性质。其实，中西方资产阶级革命有时也未见得就清楚地认识到要把封建作为一个制度来反对（像英国），但人们从来没有因此而否定过它们的反封建性质，何以对农民就要如此要求呢？其实还是因为农民战争没有也不可能推翻封建制度，才有这样的问题提出来。

---

① 斯大林：《和德国作家艾米尔·路德维希的谈话（1931 年 12 月 13 日）》，见《斯大林全集》第 13 卷，人民出版社 1956 年版，第 100 页。

农民自身的阶级地位即经济和政治的地位，使它不可能认识到自己的处境，个体小农的生活第一要求是自己一家的温饱，甚至只是维持最低限度的生活，这样，他们当然希望年成好些，地租少些，赋役轻些，他们也因此希望出现好皇帝、清官、好地主来满足他们的这一愿望。其中有极少数经济地位上升的人，因为经济地位的变化而出现上升到地主阶级的可能性，他们自然也就向往地主的生活，并且为此而努力。但是，要说整个农民阶级就是想当地主，这是没有根据的，也与事实不符。然而，一旦地主阶级的剥削和封建政权的赋役苛政危及他们最低限度的生活，再加上天灾，农民活不下去了，揭竿而起，是为了求生存，而不是为了当地主。他们在斗争中的认识也有一个提高的过程。一次较长时期的斗争如此，封建社会的不同时期的各次斗争也如此。他们开始认识到压在他们头上的不仅是坏地主、贪官和坏皇帝，而是一个阶级一种制度，这是一种朦胧的认识，这种认识使他们的斗争带有某种程度的自觉性，而真正的认识是谈不到的。

并不是每次农民战争的农民军的认识都是一样的，也不一定是阶级起义的认识一定比前阶段高，因此，不能把农民的斗争完全认为是盲目的，也不能认为农民的目标就是要当地主，这样很多问题都是说不清楚的。

这些特点是怎么形成的呢？为什么中国农民战争具有这些世界上独一无二的特点呢？中国是一个大国，人口多，封建社会时间长，起义次数多，规模大，从这里可以找到答案，但只是部分答案。印度也是大国，人口多，历史长，可农民起义不怎么多。欧洲作为一个整体地区也不小，人口也不算少，却也没有中国农民战争的这些特点，因此答案不完全在这里，而需要从中国封建社会的政治经济特点去找原因。

从战国秦汉开始，中国就是个体小生产农业下的地主经济，这种经济模式给中国封建社会的阶级关系、阶级矛盾和阶级斗争巨大影响，并使中国的农民起义和农民战争形成以下特点：

1. 地主阶级对农民的剥削十分残酷。50%的地租率使佃农过着温饱线以下的生活，一到天灾，农民自己有困难（病、死乃至婚嫁等），这种剥削就更加不能忍受。另外，地主和佃农的关系并不是赤裸裸的，主要是经济的关系，没有宗教的或等级的外衣来掩盖（当然也有一些宗族的关系），这就使得中国封建社会的阶级营垒、剥削关系要比欧洲鲜明。阶级矛盾经常尖锐，只有武装斗争才能解决。中国封建社会一开始就有激烈的武装起义，以及农民对自身利益较为清楚的认识，平均土地思想形成与此有关。

2. 由于个体小生产农业及地主经济下地主阶级的不断兼并土地，农民不断失去土地是一种趋势，这种趋势加上其他因素，到一定阶段就发生封建社会周期性的经济危机，以及随这种危机而来的阶级矛盾的尖锐。这种矛盾往往要经过全国社会的大动荡，才能缓和下来。这就引起大规模农民起义的不断发生及封建王朝的不断被起义所推翻。

3. 统一的专制主义中央集权国家使得封建政权和皇帝直接成为地主阶级公开的支持者和农民起义的镇压者。地主把权力分给封建国家就是如此，这就使得农民在起义中反对的是以皇帝为首的全部封建统治力量。而统一的集权国家本身又常以沉重的赋役与苛刻的刑罚，直接加诸农民头上，这就使得农民起义的矛盾往往直接指向封建政权乃至皇帝，双方的对立相对鲜明一些。而且，也正因为如此，面对统一的封建王朝，往往也就具有大规模的全国性的起义的特色。也正因为对立鲜明，农民起义失败的居多，投降变质的较少，细数起来，十几次全国性大规模起义建立政权中，最后终于变为封建政权建立王朝的只有刘邦（刘秀不好算）、朱元璋这两次。这并不是说农民起义建立的政权不会最后变成封建政权，相反，只要维续下去，迟早总会变的。问题是没等到这些农民建立的政权最终变质（变质也有个过程），残酷激烈的斗争就使他们失败了。

4. 专制主义中央集权那一套严密的组织形式、军队的形式、制度的形式甚至地方组织形式也被农民起义套用来对付他们的敌人。自然，农民虽有自己的一些组织形式，如社邑、宗教、山寨、水寨、结义等。但在斗争规模扩大、趋于复杂的形势下，他们的那一套（包括宗教的）就不够用了，他们能够借用的也只有封建的政权、军队形式。这种形式一方面帮助了他们组织得比较严密，利于打击敌人；另一方面，这种形式下的封建意识、封建色彩也不免渗透到农民中去，农民有自己的思想（例如平均等思想），但那是很薄弱，很不成体系的。他们本来与封建思想就划不清界限，起义的开始往往只为求活，起义、起兵时称王称帝，为了号召，也反映了他们的思想，但还不能说改变了农民起义的性质。等到起兵之后，农民领袖们那种想当帝王将相的思想必然发展，而种种组织形式也在起作用。因此，这些封建式的组织形式使得起义领袖的思想大为变质。陈胜起义，戍卒失期，去也是死，起义也是死，"等死，死国可乎"①，不过为求活。但一旦揭竿而起，成了陈王，对故人就大摆架子，以致杀掉老朋友，老朋友说他"伙颐，涉之为王沉沉者"②，开始变了，再下去就更不得了。李自成进北京一反过去军纪严明的做法，被清军击败，临退出北京还要正式登位，做皇帝（当然有政治目的，胜利时"缓称王"还可以，打了决定性的败仗，退出北京，赶紧称帝，以为可以占住位子，正式当皇帝，号召天下，别人不好抢，其实是没有用的）。同农民不能不起义，又不能不失败一样，这是一个历史的悲剧，然而又是一出必需上演的悲剧。

中国农民起义组织得比较好，同它企图组织严密的专制主义中央集权制度、政权、军队的组织有关。

中国农民战争具备上述那些特点的主要原因就是：

历史悠久的大国，地主经济及其运转中出现的危机，专制主义集权的唯一国家和高度发展的封建政治制度。

中国农民战争除去以上四个特点之外，如果同欧洲中世纪的农民战争比较起来，中国农民战争还有两个不同之处，或者说两个特点。

其一，中国封建社会的农民战争并不总是同宗教有关。

恩格斯说过，中世纪农民战争总要披上宗教的外衣③，探诸欧洲基本如此。但是中国虽然也有以宗教作为外衣的农民战争，如黄巾起义、元末农民大起义、太平天国起义等等。但是，也并非都是如此，或者说多数的农民战争并非如此。

---

① 《史记》卷48《陈涉世家》。

② 《史记》卷48《陈涉世家》。

③ 参见恩格斯：《论原始基督教的历史》，见《马克思恩格斯选集》第4卷，人民出版社2012年版，第327页。

其原因恐怕在于，在中世纪欧洲，基督教笼罩着一切，成了所谓的基督教社会，不论是人们意识上的统治思路，还是种种经济政治特权，往往超出封建之上。基督教的一些派别反映了不同阶层人们的要求、利益，特别是占统治地位的以罗马教皇为代表的天主教（旧教），本身就是封建势力代表，与封建阶级结合，统治了新萌芽的资产阶级市民。由于宗教力量的强大，新的市民、资产阶级及农民的反抗往往也要凭借宗教的旗帜进行。宗教改革出现了，而反对封建的农民起义也就在宗教改革的外衣下，以新教派的力量出现了。

但是在中国，宗教不论是佛教、道教、摩尼教等，都没有取得欧洲基督教那样的统治地位。历史上佛教和道教虽然也曾分别在一段时期里取得过国教的地位，但这种国教地位是短暂的，享受到的特殊待遇不仅短暂，也不像西方欧洲基督教厉害、深厚。在中国，封建社会占统治地位的思想始终是神权色彩比较淡薄的儒家思想，宗教始终没有取得欧洲中世纪基督教那样的地位。这就是中国农民战争并不总是与宗教相连的原因。中国农民战争与宗教联系，与其说是教义，追求宗教中的理想，倒不如说是借助宗教思想与仪轨，发动组织群众，来进行斗争，所以斗争一起，发展起来以后，宗教的色彩就淡了，像黄巾起义、元末农民起义、太平天国起义都是如此。不仅如此，当农民起义发展以后，随着队伍的扩大，斗争的激烈，原来在发动与组织群众中起过重大作用的宗教，渐渐成为农民起义发展，特别是向封建政权转化的阻碍，这是因为宗教已不足以维持更多的非教徒群众，不足以吸引更多的地主阶级知识分子和上层人物，仅靠宗教的力量也不足以战胜与瓦解强大的敌人，因为中国终究不是一个宗教国家，作为统一的，从来也没有政教合一的政权。局部地区一段时期有宗教色彩的起义，但起义的领袖们最终会不自觉地（如黄巾）或自觉地（如朱元璋）冲淡、限制乃至反对、打击、消除宗教影响。

我们可以看到，这一个特点也是同中国封建社会的经济政治状况联系在一起的。

其二，由于中国是一个多民族国家，民族斗争跟农民战争往往联系在一起，这里又有几种情况。

（1）各族人民联合起义（汉族与少数民族，少数民族与少数民族）。

像魏晋南北朝时期的一些斗争就是如此，这些起义的前途有时变成了民族斗争，然后又变成了民族上层分子的仇杀，民族压迫。情况是非常复杂的，如五胡十六国时的石勒，本受民族压迫，便同汲桑一起起义，然后又变为民族压迫与统治。

（2）具有民族斗争与阶级斗争的两重性，既反抗民族压迫征服，又反抗本民族的地主阶级（如钟相、杨幺）。这种情况在少数民族进入中原时尤其如此。而对北方不同民族时也是联合起来共同镇压起义。

（3）从农民战争转化为民族斗争，当少数民族进入中原以后，也常常出现这种情况，如明末农民起义。

这个问题比较复杂，它牵涉一系列的问题，如一些民族英雄，如岳飞是两手，一手抗金，一手也镇压起义，如何分析是值得好好研究的。

中国农民战争特点还有一些，这里就讲这些。

三、中国农民战争的历史作用

农民战争的历史作用，应当说是农民战争的核心问题不仅是为了阐明农民战争的规律，而且也是为了阐明中国封建社会历史发展的规律。

毛泽东在《中国革命和中国共产党》中提到"在中国的封建社会里，只有这种农民的阶级斗争、农民的起义和农民的战争，才是历史发展的真正动力"[①]。很长一段时间里，搞中国史的、搞中国农民战争史的都是以毛泽东的这段话为指导去讲农民战争的。然而这是一段原则的话，具体怎样呢？在新中国成立初，出现了让步政策论，即农民战争打击了封建统治，迫使统治阶级让步，缓和对农民的剥削和压迫，从而使得生产得以发展，社会得以进步，农民战争的历史作用即在此。这种观念流行一时。到了20世纪60年代大讲阶级斗争为纲的时候，有人写文章反对让步政策论，

---

① 《毛泽东选集》第2卷，人民出版社1991年版，第625页。

说地主阶级在农民战争后只有反攻倒算，哪有让步。这个已经得到了毛泽东的肯定，于是让步政策论就作为另一种阶级调和或修正主义观点受到了批判。这种论点在"文化大革命"达到了高峰。"文化大革命"以后，否定了社会主义时期的阶级斗争为纲的提法，连带着一些同志对历史上有没有阶级斗争也采取了回避的办法，一些同志干脆提出封建社会农民问题不是革命，仅是造反，农民起义只起破坏生产的作用，而毫无积极作用，历史发展的动力，不是阶级斗争，而是生产，再加上历史学摆脱那种阶级斗争为纲的左的思潮的束缚，开阔视野领域，中国封建社会的阶级斗争问题逐渐被冷落了。

如前所说，这个问题还是不能回避的，究竟应当如何看待中国封建社会的农民战争在历史上作用呢？

第一，不能回避农民战争给社会带来破坏的问题，然而需要具体分析。农民起义是地主阶级迫使农民无法生活下去而起来的，如果说责任，应当由地主阶级来负。不管破坏有多大，这是地主阶级残酷剥削和压迫的报应，制造破坏的，不是农民而是地主阶级本身。

第二，战争就不免有破坏，但是地主阶级对农民的镇压更其残酷，破坏更甚。所谓"贼来如梳，兵来如篦，官来如剃"①。

第三，历史上暴力有时是起进步作用的，腐朽的黑暗的东西靠暴力才能打破。在一段时期里农民战争使社会生产力遭到破坏，人口死亡流散，但只有经过这样的战争，在农民付出极大的代价后，原来生产无法继续，社会濒于崩溃的危机才得以消减，阻碍生产发展的腐朽黑暗的地主势力受到打击，社会生产才得以重新进行、恢复和发展。生产关系的若干调整，才得以实现或维持下来。从一段长时期看，农民起义对社会生产的继续发展是有利的，起义中的破坏是不得已而付出的代价。从一段长时间来看，这种战争是进步的，积极的，对社会生产发展起了积极作用。

因此，简单地只从破坏来谈农民战争的作用，把暴力革命在一段时期给生产带来的破坏归之于被压迫阶级的反抗斗争，认为只有消极作用而不

---

① 鲁迅：《谈金圣叹》，见《南腔北调集》，人民文学出版社 1980 年版，第 118 页。

作其他分析，说得轻一些是非常幼稚的。

那么，究竟农民战争的作用表现在什么地方呢？我们又是为何说它是封建社会历史发展的动力呢？我们还是从封建社会经济结构及其运转出发，来看阶级斗争是如何发生的，以及它起什么作用。

前面已经讲过，中国封建经济结构及其运转问题，中国封建社会生产力是在缓慢地发展着，发展的前提和基础是农业生产力的发展（从简单再生产缓慢地到扩大再生产）。而契机则是商品经济的发展，正是从商品经济发展中出现了资本主义因素，从而导致了封建社会为资本主义社会所取代。这种发展在中国尤其缓慢和曲折反复，其根本的原因在于中国传统农业生产力的特点是所谓大陆集约型农业，在这个基础上形成了个体小农业生产及其上的地主经济。地主经济在欧洲是接续领主经济，而在封建社会即资本主义因素开始出现以后形成，而中国则几乎一开始就出现了（为什么如此，过去也讲到了）。这样早出现的个体小生产农业和地主经济一开始就与商品经济联系，并使商品经济成为其存在和发展的条件，但却又影响了商品经济较快地发展。

封建社会商品经济发展的基础是农村可用于交换的产品的增长，这样对投入市场的商品当可有所增加，即农村产品的商品率的提高和量的增加，这种提高与增加的那样，不外乎两类：

第一类。

人口的增长。虽然农业劳动生产率的增长，最主要的粮食的生产率，两千年来基本徘徊在每个农业劳动力每年产粮2000斤上下，但是总人口的增长无疑使整个农业生产中的商品量有所增加（至于商品率，那要看具体情况）。这种增加具体到每个农户身上是细微的，合起来就不算少了，正如我们所称之为的"鸡屁股银行"。当然不能同现在比。

研究人口增长中还应当注意，各阶级阶层集团的增长速度是不一样的，一般来说，自耕农的人口增长速度要大于佃农，更大于雇农。地主阶级人口增长的速度要大于农民，城市人口增长速度大于农村，封建统治者贵族官僚军队及为之服役的奴婢仆役及其他各人口增长速度大于农村。而这以阶级阶层由地租剥削转化而来收入中，由于商品流通的数量和比例又大于乃至远大于农村（城市人口中的劳动者，工商业者实际也是如此）。

农产品产量的增长。农业劳动生产率未见增长，但人口的增加则使耕地面积扩大，及单位面积产量的增加，前者几乎主要与社会农业劳动生产率增长有关（也有技术的因素）；后者除了投入更多劳动力外，也与技术、农业水平的提高有关（工具、水利、种子、施肥、耕作制度与技术、作物品种、防除病虫害及防抗水旱灾等等）。农产品产量的增长，当然不是全进入商品流通领域，但一部分进入是肯定无疑的。

品种的逐渐多样化，特别是那些经济作物。

如粮食改种棉花、茶、桑、麻、果菜等。这样，商品率能提高。如不种或少种粮食，全种或多种棉花，棉花要到市场交换粮食回来，尽管劳动生产率不变，产量折合起来也未见得提高多少（对农民总归是有利可图的，哪怕是微利，但也够了）。但作物的商品率变了，甚至可达100%，即所谓为市场生产的农民。

这里复种指数的提高与农产品商品率的提高很有关系。因为一般复种，一种是用同一品种（早稻晚稻），一种是不同品种，如稻麦连作，棉麦连作或间作，等等。送到市场去的产品量及其比率都提高了。到了明末清代，高产作物的农产品进入，如番薯、玉米、土豆等。不但缓解了因人口增加吃饭的人多了的压力，而且也使得农民可以把自己生产的产品运到市场上去，或换回作食物，或自己作口粮。

农村生产者结构上的变化。

前述的从商品经济运转及商品生产的角度来看的四类农民中，与商品生产关系密切乃至专为市场生产的农民专业户的比重增长。

经营性地主的发展，等等。自然，这种变化不是孤立的，实际上是与商品经济的发展交织在一起的，不好分的。

此外，如专制主义中央集权，后者对经济、商品的管制逐渐松弛，不仅是商品增长的原因，也是商品经济增长的结果，也是交织在一起的。

以上这四种算是一类，这里无论哪一种，它的变化都是缓慢的，不明显的，积年累月的。

第二类。

农村商品率及商品总量的增加还有另一类原因，即地主（包括封建政权）因为封建政权的赋役不过是地租的转化形式，是与地主瓜分地租的产物。地租剥削量与剥削率的提高。这一类的后果是较快的，明显的，时间也不那么长。其所以如此，是农业生产的基本生产资料——土地掌握在地主手里。另外，也由于超经济的强制手段。

地租量的提高有几种途径。

一是农业产量或价值量是不变，剩余产品量不变，但地租剥削率加大，假如超过 50%，大大侵夺农民的必要产品，或者侵夺了更多的剩余产品，这是少见的，因为一般地主的剥削超过了农民的剩余产品。

二是农业产量或价值量增加，剩余产品率提高，地租剥削率不变，但侵夺了更多的剩余产品，因此，在量上增加了。

地主和资本家不一样，在租佃制，生产过程由农民进行，地主基本上是一贯不事生产的经营管理而坐食地租。这点与资本家不同，资本主义生产，同市场不可分，资本家需要也只能组织参与生产，在激烈的斗争中，有进无退，保守就是灭亡。因此要发展生产，而且扩大再生产，攫取更多的相对剩余价值，但地主一般无需如此。

三是兼并土地。社会总剥削量不变，但土地更集中在地主特别是大地主手里，而破产的主要是自耕农，其结果或者是沦为佃户，或者是流亡死去，社会总剥削量增加了。

农业社会的生产发展缓慢有时还维持下去，地主阶级剥削只能有一个限度，在这个限度之内，农民可以维持最低限度的生活水平，所谓"糠菜半年粮"，衣不遮体，食不果腹，这样，地主才有东西可以剥削，如果超过这个限度，农民无法维持简单再生产，无法维持生活，那生产就要受到破坏，进行不下去，整个社会也就要崩溃。

作为剥削阶级来说，地主阶级的本性是剥削得越多越好，尽管其中有些人看到这点，看到这个限度，并且呼吁乃至采取一些措施。但地主阶级这个本性是不可遏止的，他们总是设法多从农民手中剥削多一些，超过这个限度，结果带来封建社会的危机乃至崩溃。

　　在地租量提高的三个途径中，加大地租剥削率和兼并土地最容易，这是因为土地在地主阶级手中又可采取超经济强制手段。第二类即增加生产，在剥削率不变的情况下，增加剥削量，这样，农民可以在保有相对提高的剩余产品量的情况下，进行缓慢的扩大再生产，或剥削率虽提高，但侵夺的是剥削产品，而基本上非必要产品，即还可以使农民维持简单再生产。

　　由于地主是不事生产，坐食地租的阶级，因此，多半采取第二个途径和第三个途径，即提高剥削率或是加租、夺佃之类来满足自己的欲望。这是最简单快捷的途径，对封建社会农业生产也是最不利的。

　　地主阶级剥削率或剥削量的提高，使地主阶级手中掌握的地租增加，这种增加并不是完全投入市场，而是一部分，或者是很大一部分。这种地租的增加越来越多地用于满足地主阶级奢侈性的消费，或者说是一种社会财富的浪费，这种地租向商品转移，刺激了商品经济的发展，手工业、商业、城市人口的畸形的繁荣，但其代价则是封建经济基础农业的萎缩与农民的困苦，而且是一种无法摆脱的恶性循环，从而形成了封建社会的经济危机。所以，商品经济的发展并不总是社会的发展，或整个经济的繁荣。

　　这种封建社会的经济危机与资本主义经济危机不同的是，一是它以生产萎缩为特征而非生产的过剩；二是持续时间长，一二百年，大体上从一个较长王朝的中期就开始了，其现象，如土地兼并，农民逃亡，贫困，统治阶级奢侈淫佚，政治腐败，等等。尽管一些人呼吁，农民有九死八苦，以三分劳筋劳骨之人奉七分坐待衣食之辈，或建议说什么均田、均税，等等。但是往往没有作用，当经济危机到达临界点时，也就是农民再也生活不下去时，当在一段时间里临界也不见得一定就是倒退，而是一种积累，这种危机很难恢复，像资本主义那样，而统治阶级也统治不下去时，往往以天灾、重赋、统治阶级内争为契机，大规模的农民战争就爆发了。

　　封建社会的基本经济矛盾就是生产的个体性质与封建所有制的矛盾，农民战争就是这一矛盾的尖锐的暴烈的表现。

　　全国性的农民战争还有两种情况，一是不到社会危机的临界点就爆发了，如秦末、隋末，这是由于中国社会的另一个特点专制主义中央集权。

政权的强大与集中，尽管有些是积极的有益的活动，但役民太过，在调度民力中过度残酷了，这以徭役尤甚，全国农业劳动力1/3、1/2，甚至更多，脱离生产，从事艰苦的徭役，加上暴政，同样产生了让农民生活不下去的情况。暴政时间短促，几年就弱了，而农民起义的爆发也迅速，传播也迅速，力量也大，不长时间内就把看似强大的封建政权推翻了。

另一种情况是经济到了临界点，已经由于其他因素而转变了历史进程，这里很重要的是民族矛盾。像西晋末以后的五胡十六国，晋末流人起义，杜弢、李卫起兵压迫的少数民族也加入其中，形成北方民族混战的局面。北宋末年也是如此。

再有，有些地方性的农民起义规模不大，有些是封建王朝建立之初或中期，未影响全国，则往往有当地的具体情况才起来，而为波及全国。也因为全国性起义的条件还不成熟，时间还未到来的缘故。

从农民这方面来说，马克思说：对个体小生产农业来说"土地所有权是这种生产方式充分发展的必要条件"[1]。在封建社会里，自耕农的自由所有权"显然是土地所有权的最正常形式"[2]，是占有生产资料自由地生产的小农即自耕农的理想，能够达到的最高限度。再下去，必然分化，或成为地主，或受资本主义控制。历史上农民从来不能创建一个新社会，因为它不代表新生产力、新的生产关系，只能依附于所在的制度，而且不断的分化，或上升为其他阶级。

自耕农商品化的程度一般高于佃农，因为可拿出来交换的产品更多些。但也不全如此，因为自耕农自给自足的程度也高些，所以有的时候反而自然经济色彩更重。据有人研究，如清初小农即如此。

农民活不下去了，起而斗争，其实际目标就是要成为占有小一块土地的自耕农，其真正的纲领是反对封建制度，改变地主的封建土地所有制，建立一个理想的人人有土地、自己劳作的、平均主义的小农天国。自然这是空想，在鼓舞农民斗争方面起作用，实践起来完全行不通。即使执行，

---

[1]　马克思：《资本论》第3卷，人民出版社2004年版，第912页。

[2]　马克思：《资本论》第3卷，人民出版社2004年版，第911页。

终归也要失败的。真正把这种理想清晰地表达出来的是太平天国，结果证明行不通。多数农民起义的认识是达不到这种水平。

至于农民起义称王称帝，搞一套封建的东西，一方面是在封建社会必然受这些影响，发展起来也只能搞这些东西，农民自己没有什么思想、制度。另外，小农本身由于其经济地位，就有一种服从于权威的思想。可以接受这些，而且，也可能追求这些。但这不是农民的一个方面，农民是劳动者，又是私有者，还是小生产者，这三者结合在一起，就形成了其阶级和思想意识的特点：1. 受剥削压迫要反抗；2. 小生产者不能真正建立自己的利益社会必然依附；3. 又是私有者，又是劳动者，起而反抗时劳动者的因素突出，走向胜利时或接近胜利时，私有者小生产的特点突出。可以打击封建制度，不能推翻封建制度，即使胜利，建立的还是封建王朝。因此终归失败了。

因此，大规模的农民战争之后建立的是新的封建王朝，这是一种回归现象。然而却不是简单地回复到农民战争的那个样子，即前一个王朝末期的那个样子。

在战争中地主和农民都受到打击，农民是失败了，但胜利是空虚的，而失败之中却也保留了一些胜利的果实，这是现实的在当时历史条件下也只能是这样了。

首先，地主阶级受到打击，许多地主阶级死亡了，没落了，地位下降了。黄巢起义，"天街踏尽公卿骨"[1]，"贵落深坑贱出泥"[2]，诸如此类，不一而足。由于地主阶级最腐朽最黑暗的那些集团与势力处于掌权的地位，因而，首当其冲受到最沉重的打击，被捣毁了。像唐末农民起义着重打击了李唐贵族、宦官、门阀官僚，这有相当多的记载可以说明。这批势力到五代之后北宋就没有了。

地主阶级对土地的控制较之以前松弛了，剥削也减轻了一些，人身依附关系也松弛了一些。大量土地荒废，大量人口死亡流散，只有使土地与

---

[1] 孙光宪：《北梦琐言》卷 6《以歌词自娱》。

[2] 何光远：《鉴诚录》卷 1《金统事》，知不足斋丛书本。

劳动力结合，才有生产，也才有可能剥削。因此，不可能不松弛一下，剥削也要让农民有一个生活下去的机会，压迫也松弛了一点。地主阶级也需要一个喘息的时间，以增强自己的力量。

农民则在斗争中也受到打击，此时已不再从事战争，需要重新与土地结合，从事生产，过比较安定的生活。而受到打击的地主及大量无主荒地也使他们有可能做到这点，而在他们意识里，改朝换代了，希望有一个君圣臣贤、丰衣足食、安定的太平盛世。总之，尖锐的阶级斗争缓和下来了，社会重新走向安定之路，生产得以进行并发展。

在这种情况下，自耕农的比例增加了，这是农民战争的成果。总之，农民战争实际上使封建生产关系对生产力的束缚得到缓和，使社会从危机中摆脱出来，再度生产，而且可以从事一定程度的扩大再生产。这就是农民战争的历史作用。

新建立的封建王朝，当然仍然是代表封建地主进行统治，但也与前代王朝末期有所不同了，一是这些王朝的统治者已不再是那前任王朝中最腐朽最黑暗的势力，而是一批新的集团和势力，其中有的还是由农民起义领袖转化而来。他们不那么腐朽，而且要维持统治地位，他们必须要针对现实有所作为。他们代表的是以被削弱了的地主阶级，所实行的政策措施对社会安定、生产的发展起重要作用。

新王朝的这些政策大多主要包括分授部分官地荒地给人民，部分承认战后土地关系的变化，招集流亡，移民垦荒，兴修水利，劝课农桑，鼓励婚嫁，免奴为良，轻徭薄赋，去奢从俭，少事兴作，抑制豪强，惩治贪暴，任用贤良，减省刑法，改革与制定制度法律等等。这些政策与措施，一般包括了三个方面的内容，反映了农民战争后出现的三个方面的情况：

（1）反映了生产力水平的变化。战后生产大大下降，国力大大损耗。地主阶级的剥削对象与剥削收入减少了，国家赋役也乏人应承。在这种情况下，新王朝从整个地主阶级利益，特别是新兴地主阶级集团的利益出发，不能不缓和一些，恢复发展生产与减轻农民负担的措施，以增加劳动人手和社会财富，从而增加地主阶级的剥削对象与收入及国家的财政收入。为此，封建国家不能不对地主的兼并土地与对剥削农民给予若干限制和打击。

（2）反映了地主阶级与农民阶级力量对比的变化。经过农民战争，地主阶级及其国家对农民统治的力量削弱了，而农民得到若干权益，力量多少有些加强。新王朝的一些有远见的统治者，多少认识到农民的力量，也感到自己力量的不足，为了维持统治，阻止再次起义，他们往往接受前代王朝覆灭的教训，产生对农民让步的思想，他们的政策在一定程度上承认了战后地主与农民力量对比的变化，包含了对农民让步的内容。由于地主阶级在战后力量削弱，这些政策的推行也就比较少遇到阻力，易于推行。与此同时，新王朝又极力加强地主阶级的力量，新王朝那些轻徭薄赋、休养生息的政策，固然有利于农民发展生产，但也为地主兼并土地与加强剥削创造条件，实际上更有利于地主特别是新兴的地主与集团。不仅如此，新王朝还给地主比给农民更优厚的待遇、条件。至于法律、制度等，加强地主特权的稳定，就更不必说。

（3）反映了地主阶级内部力量对比的变化。腐朽的地主集团阶层受到打击最严重。新兴地主势力掌握了政权，他们在土地占有与政治权力分配，对农民的态度与社会地位的高低方面，与旧地主势力有一定矛盾。他们凭借国家政权的力量，施行一些打击旧贵族豪强官僚的政策，这样一方面，用限制与打击最腐朽的地主集团势力的办法来保持经济矛盾的暂时缓和，另一方面，利用农民战争造成的形势来巩固与加强新兴地主及封建国家的地位，加强其对人民的统治。

可见，新王朝的政策是地主阶级的阶级政策，是地主阶级运用国家权力在农民战争后对封建制度的某些方面所作的调整。它是农民战争的产物，都是农民战争的历史作用在地主阶级活动中歪曲的间接的反映。

可见，新王朝的政策反映了农民战争后社会生活的变化各个方面，对农民让步是它的重要内容，但不是唯一内容，笼统称之为让步政策，是不确切的。

可见，新王朝的政策是地主阶级在农民战争这个历史条件下施行的政策，它能否施行，并收到效果，决定的因素不在政策内容和新王朝统治者的愿望与决心，而在施行时的客观条件。而这些条件又多半是农民战争的历史产物。

这种政策有它的进步性，因为它对生产力发展有利，对社会前进有利。但它的进步性是有限度的，它始终越不出地主阶级利益的范围，而且它也不能长久施行。

因此，对这种政策不能过高估计，更不能把它当成农民战争作用的唯一表现，而忽视了农民战争直接的历史作用。

这个问题当然还有很多可说的。例如这种政策能否维持下去，封建王朝中后期以后，没有考虑推翻旧王朝的农民战争对政策的影响，地区性农民战争为何，等等。这里不用多说了。

总之，农民战争有的似乎是回归，这种回归也仍然有变化，这其中还有向前发展的因素在内，大体上可以说是量的变化。

但是，中国封建社会发展中的若干局部的质的变化，却并非是全与农民战争同步的，并不是在农民起义以后，以前就没有，或在农民起义以后立即失效的。

中国封建社会发展中的局部质变，春秋是一段过渡时期，可以作为封建社会的开始，其后实际上是两次局部质变，将封建社会分为三个阶段：

战国到东汉末，又可细分为战国到秦汉；

东汉末到唐末，又可细分为魏晋南北朝与隋唐；

唐末到鸦片战争，可细分为唐末到明中叶，明中叶以后。

这种局部的质的变化也是渐进的而非突然的，而其断限标志以黄巾和黄巢两次起义来划分也是可以的，这是关于中国封建社会的发展阶段及分期问题，我们在这里不去多讲它了。这也给农民战争前后期带来了不同特色。如前期反压迫反徭役，后期涉及土地，社会地位问题（平均平等）等。农民战争对这种局部的质变起了什么作用，对封建王朝的政策措施也多少反映了局部质变，也是一个应当进一步研究的问题。这里也不能多讲了。

如果我们要讲封建社会的阶段分期，我们回过来再看看阶级斗争为何具备了不同阶段的社会的特色的，而又为何影响了不同阶段的。

另外，还有一个问题，即，历史上的政策改良的问题。

在经济矛盾激化、社会危机加重的情况下，统治阶级为了维护和挽救自己的统治，除去暴力手段外，也会采取若干不损害根本利益的改良，其中带有对被统治阶级让步内容的措施。这类措施一方面是对被统治阶级的麻痹和欺骗，另一方面在当时历史条件下，有些措施起过一定的积极作用。这需要根据具体的历史条件作具体的分析。例如，当社会危机开始形成时，一般在封建王朝的中期，统治阶级的某些人物有可能采取一些缓和矛盾、改变生产关系的措施。这类措施有其积极作用，但由于这些措施本身的局限性和统治阶级中腐朽黑暗势力的阻挠与破坏，其实施的效果是有限的，终究会被破坏掉。倡导和实行这些措施的改革家也逃脱不掉悲剧的命运，如王安石。当社会危机严重，革命高潮已经到来或即将到来时，暴力成了阶级斗争的唯一形式。这时，统治阶级宣布改革，但改革不可能真正实行，只是具有欺骗和麻痹的作用了。当革命失败，统治阶级再度稳定了自己的统治时，由于情势的需要与本身的利益，那些在镇压革命中掌权的统治阶级及其代表人物，又有可能充当所谓某种"革命遗嘱的执行人"的角色，实行一些措施实现了革命阶级原来的某些要求。当然，这是以不彻底和歪曲了的形式实现的。像大规模农民战争之后，统治阶级实行的一些政策，就具有这样的内容。另外，还有一种情况，即社会危机已经严重，某些统治者实施的改革措施也是有针对性的，但适得其反，使大规模的起义更早更猛烈地爆发了。王莽的改革就是如此（针对当时最严重的土地兼并、奴婢和工商问题，王莽推行王田、私属、五均六筦等政策，然而是倒退的做法，结果赤眉绿林起义爆发）。总之，不管是哪一种改良、改革或者让步，在封建社会里都是一定的经济矛盾、阶级斗争情势的产物。它是否起作用，起多大作用也是要随当时的经济矛盾、阶级斗争的情势而定。改良、改革或者让步，在阶级社会里始终是阶级斗争的副产品。

封建社会农民与地主的矛盾是主要矛盾，是生产关系与生产力，经济基础与上层建筑的矛盾的具体表现，对它的历史作用，我们应当认真研究。

社会的一切关系不能说全是阶级关系，一切活动不能说都是阶级活动，像语言、科学、技术。有些则为阶级所用，有些与阶级混杂，如经营管理。而有些活动离开生产有相对的独立性，并且独立地发展，有它自身的矛盾、规律。它所反映的阶级利益、阶级矛盾也就很曲折，甚至不易看得出来。我们不能随意去扣阶级帽子，贴阶级标签，但也不能无视阶级、阶级矛盾、阶级斗争的存在，一切都要具体分析。现在研究的热门文化史、社会史、民俗学，等等，往往会有这样的问题出现，即现象本身。其实文化现象的主体，深层有阶级的东西存在，也有统治阶级倡导的问题。鲁迅说，贾府的焦大与林黛玉的要求、做法、观念、审美并不一样①。这个问题是值得引起我们注意的。

总而言之，一切社会现象活动并非全是阶级性。有阶级性的东西不见得全是阶级性。有些东西相对独立，有其自身发展的规律。阶级性的东西曲折地深层地反映在不同的事物身上。不能无视也不能忽视阶级性对历史的影响。

---

① 参见鲁迅：《"硬译"与"文学的阶级性"》，见《二心集》，上海文艺出版社 1991 年版，第 20 页。

第十一章　中国封建王朝兴亡周期律

一、中国封建王朝兴亡图

《三国演义》一开头就说："话说天下大势，分久必合，合久必分。"从秦始皇统一六国到辛亥革命推翻清朝的2100多年间，许多王朝此亡彼兴，此兴彼亡，就像走马灯一样转换。总的印象是，王朝的兴亡似乎有一个循环的周期，这种历史的循环论早在西汉就出现了。司马迁《史记·汉高祖本纪赞》说："三王（夏商周）之道若循环。"其根据就是战国以来阴阳家传下来的所谓"五德终始说"。宇宙间有金木水火土五种元素，相生相克，把它附会到王朝命运的兴替。1945年黄炎培访问延安，在窑洞里与毛泽东谈话说："我生六十多年，耳闻的不说，所亲眼看到的，真所谓'其兴也浡（勃）焉'，'其亡也忽焉'，一人，一家，一团体，一地方，乃至一国，不少不少单位都没有能跳出这周期率的支配力。"[1]这大概是第一次提出王朝兴亡周期率。兴兴亡亡的王朝里面情况也不大一样，有的王朝时间长一些，有的王朝时间短一些；有的王朝版图大一些，有的王朝版图小一些；有的王朝国力强一些，有的王朝国力弱一些；有的王朝内部相对稳定，有的王朝却是变乱频仍。历史上那些时期长一些、版图大一些、国力强一些的王朝，数得出来的有十几个，有的王朝虽然时间短，但地位重要。

---

① 黄炎培：《延安归来》，见《八十年来》，文史资料出版社1982年版，第148页。

表 11—1　历代王朝兴替表

王朝	起讫	享年
秦	前 221—前 206 年 从秦始皇统一六国到被秦末农民大起义推翻，二世而亡	16 年
西汉	前 206—公元 9 年 由王莽禅代	216 年
新莽	9—23 年 亡于西汉末年农民大起义	15 年
东汉	25—220 年 为黄巾农民大起义瓦解，由曹魏禅代	196 年
三国	220—280 年 蜀亡于魏（263） 魏由西晋禅代（265） 吴亡于西晋（280）	61 年
西晋	265—317 年 亡于匈奴族所建的汉	53 年
东晋十六国南北朝	317—589 年 北周禅代于隋（581），陈亡于隋	273 年
隋	581—618 年 亡于隋末农民大起义中江都兵变，二世而亡	38 年
唐	618—907 年 为黄巢农民大起义瓦解，由朱温后梁取代	290 年
五代	907—960 年 赵匡胤借兵变禅代后周	54 年
北宋	960—1127 年 亡于女真族所建的金	168 年
南宋	1127—1279 年 亡于蒙古族建立的元	153 年
元	1206—1368 年 忽必烈建国号为元（1260 年），为元末农民大起义推翻	163 年
明	1368—1644 年 为明末农民大起义推翻	277 年
清	1616—1911 年 满族建立的清入关统一全国，为辛亥革命推翻	296 年

其中秦朝很短，仅 16 年；西汉长一点，200 年出头，东汉将近 200 年；三国两晋南北朝这一段时间又乱了，政权更迭频繁；隋朝很短，38 年；唐朝将近 300 年；五代较短近 60 年；然后两宋各近 200 年；元朝一百年出头；明朝清朝又比较长，都将近 300 年。这些王朝中大一点、长一点的大概有十来个。

这些王朝大体上经历三个阶段，首先是兴盛，新王朝成立以后发展开拓，很像那么回事，过一段时间以后开始停滞，发展不起来了。再过一段时间以后开始衰落灭亡，被新王朝取代。时间比较长点的王朝面临的问题往往有相似之处，借用黄炎培的话，可以称为王朝兴亡周期率。那些时间短促的王朝，如秦朝、隋朝，其兴也骤，其亡也速，在很短的时间内其矛盾迅速激化、爆发，似乎是更明显地说明了王朝兴亡周期率的作用。

二、新王朝取代旧王朝的三个途径

一个新王朝取代旧王朝，不外三种途径：

第一个途径是靠战争，所谓"以马上得天下"，靠骑马打仗建立王朝，得到天下。这里又有两种情况：

第一种情况是旧王朝末年的农民起义声势浩大，直接推翻了旧王朝，以后出现军阀混战、群雄并起的局面，新王朝在混战间崛起，其中有一些原来大起义的领袖，在混战中成为新王朝的开国皇帝，比方像秦朝末年的刘邦，元朝末年的朱元璋；有的是在农民大起义失败后，贵族军阀在群雄混战中建立起新朝，像新莽末年的刘秀，入关的满族的清朝。

还有一种情况，农民大起义没有能够推翻旧王朝，但给了它致命的一击，使它瓦解，新王朝在起义后的混战中降生。像东汉末年的曹操，在黄巾农民起义中起兵，建立了强大的势力，终于他的儿子曹丕当上了皇帝。像隋朝末年农民起义中各种武装势力出现一场大混战，有农民起义军，有旧的贵族、军队将领。其中李渊原来是隋朝贵族，后来也趁机从太原起兵，一直打到长安，成了皇帝，建立唐朝。反过来东征西讨，南征北战，把各种武装势力都消灭了，统一了国家。唐朝末年也是农民大起义，重要领袖是黄巢，黄巢一直打进长安，唐朝的皇帝跑到四川，黄巢起义在长安坚持三年，最后坚持不住撤到山东，在各路军阀的围剿下，失败自杀。经过二十多年军阀混战，全国政权落在起义军叛徒朱温建立的后梁手里。

在这两种情况中，王朝末年的农民起义在旧王朝的覆亡中起了决定性的作用。不管农民起义的结局如何，政权最后还是落到了新的封建王朝手里，封建社会一直延续下来。

第二个途径是王朝的更代采取了非暴力的手段，新兴统治集团操控了国家的军事和政治，威逼旧王朝统治者交出政权，他们成了新的开国皇帝，但是他们要讲一个好名声，不愿意马上把旧的皇帝杀掉或者把旧的政权彻底摧毁，美其名曰效法尧舜的"禅让"，其实就是篡位。像王莽代西汉、曹丕代东汉、司马炎代曹魏、杨坚代北周、赵匡胤借"陈桥兵变"取代后周，都是借用了"禅让"的名义。

东汉黄巾起义没有能够推翻东汉政权，但是瓦解了东汉政权。军阀混战中曹操控制了局面，统一了北方。"挟天子以令诸侯"，曹操自己不当皇帝，他让儿子曹丕来当皇帝，曹丕即位以后逼汉朝的汉献帝"禅让"，汉献帝提出自己下台，要曹丕来代替他当皇帝，曹丕假装推让，推让几次，最后就当了皇帝。大家都知道这是篡位，但是要采取表面的欲盖弥彰的手法。曹丕建魏代汉后没有几代，司马懿的子孙控制了大局，司马懿的儿子司马师和司马昭，也想要控制政权当皇帝，有一句成语叫"司马昭之心路人皆知"，他的孙子司马炎也是用"禅让"的办法推翻了曹魏政权。南北朝时期，北魏分裂成北周和北齐，北周的一个大臣贵族杨坚要当皇帝，他采取同样办法，把北周的小皇帝逼得退位，然后当了皇上。

"禅让"里更具有戏剧性的就是宋太祖赵匡胤，他本来是军队将领，他要篡后周的皇位，后来周世宗打仗病死了，七岁的小皇帝即位，赵匡胤控制了兵权，就发动了阴谋，先制造舆论说后周的皇帝干不长要换人，然后忽然得到一个谎报的军情说北方的辽国进攻，他马上带兵出征，走到开封附近的陈桥驿他停下来喝酒，半夜里发生兵变，部下闹起来把宋太祖赵匡胤从睡梦中叫醒，糊里糊涂穿上皇帝的黄袍，即位当皇帝，然后就急忙回到汴京开封，政权一夜之间转化了，改朝换代。"陈桥兵变"、"黄袍加身"是中国历史上和平篡位最有戏剧性的一场。

两种途径之外还有第三种途径，那就是崛起于北方的游牧民族，借中原旧王朝战乱的机会起兵南下，征服半个乃至全部中国。北方的游牧民族跟南方汉族的关系在中国历史上很重要，北方游牧民族往往在南方汉族政权发生危机的时候出兵，用武力很快征服中国。像西晋末年的"五胡十六国"征服了黄河流域，只有南方没有征服；五代后期契丹族建立的辽，占领了现在河北、山西北部的十六个州，包括今天的北京在内。北京当时叫幽州，辽国占领后，把幽州称作南京，又叫燕京。辽国跟北宋对峙一百多年，后来东北方向出现一个新的民族女真族建立金朝，跟北宋联合把辽国打败灭掉，然后双方分赃不均又闹翻，女真族的金朝大兵南下，一直打到开封、南京、苏州、杭州，北宋政权跑到南方建立南宋。后来两国间又打过几仗，最后双方以淮河为界，黄河流域落到北方女真族建立的金的手中。

13世纪初北方蒙古族兴起，领袖成吉思汗建立蒙古汗国，到处打仗，先统一了蒙古大草原，接着往西边打，到中亚细亚，灭了西夏，一直打到欧洲，占领了现在东欧一些地方，俄罗斯、乌克兰、匈牙利都被他们占了，一直前进到巴尔干，打到现在的威尼斯附近，回过头来又把金灭了，接着把南宋也灭掉了。蒙古帝国改名元朝，国土一直到南海，往南到缅甸、越南、爪哇，这样中国历史上少数民族政权第一次统一了全国，以前少数民族王朝控制的只是半个中国、黄河流域，现在黄河流域、长江流域、珠江流域都控制了，第一次统一全国。

元朝以后是明朝，明朝末年北方兴起一个新的少数民族满族，原来的女真族（现在叫满族）建立清，清趁着明末农民起义的机会，进兵入关，控制了一半中国，后来控制全部中国，清朝成了整个中国的统治者，这是历史上第二次少数民族统一全国。

少数民族建立的王朝值得注意的一点是，他们社会比较落后，而且曾经遭受过汉族压迫，所以起兵很残暴，掠夺性很强，民族仇杀的色彩很浓厚，他们建立的王朝民族压迫和民族歧视很厉害，另外还把一些落后的生产方式带到内地，影响中国的进步。所以少数民族的王朝在北方黄河流域建立以后，北方老百姓吃了很大苦头，后来统一到全国，全国老百姓也吃了很多苦头。像"五胡十六国"汉族人民大量被屠杀，一些少数民族也互相残杀。元朝大军打到南宋的时候，据说屠了200座城，人民死伤惨重。清朝进关以后也屠城，有名的有"扬州十日"、"嘉定三屠"。

此外民族压迫、民族歧视也很厉害。比方元朝规定天下人分四等：第一等是蒙古人，地位最高；第二等色目人，就是原先侵略、原先统治的一些西域的和中亚西亚一带的人，地位居第二等；第三等是汉人，是蒙古族统治下的北方的一些地方的人，这里有汉人，有契丹人，还有女真人；第四等是南人，就是原来南宋地区的人，地位最低，剥削很重，民族压迫很厉害。

以上新王朝建立的三个途径都跟农民起义有关系，或者是农民起义直接推翻旧王朝，或者农民起义没有直接推翻旧王朝，可是给了它一个沉重的打击，瓦解了旧王朝，使新王朝得以有条件取代。比如西汉是秦末农民大起义以后建立，东汉是王莽末年农民大起义以后建立，唐朝是隋末农民大起义以后建立，明朝是元末农民大起义以后建立，清朝是明末农民大起义以后建立，这些王朝时间都比较长一些，或者将近300年，或者将近200年。可见农民起义对旧王朝的打击可能很厉害，打得狠一些，新王朝维持得长一些，可能有这种关系。

为什么王朝兴替、兴亡跟农民大起义有关系？关系是什么？这是一个很值得研究的问题。古代中国是农业国，主要生产部门是农业，老百姓主要是农民。农民有一个特点，既是个体所有者又是小生产者，这样的农民是分散的也是很脆弱的，维持生活主要是守着自己的或租种地主的一小块土地，在土地上辛苦劳动，维持很低下的生活，稍有风吹草动就会破产，家里死人病人，或有天灾或有兵祸打仗，甚至封建政府的剥削重了，农民就受不了。往往历史上一个旧王朝，官府剥削非常残暴，农民还能够忍受，可以降低生活水平，可以勉强维持生活，但是在重负里一旦增加点东西，或者天灾、战争，就像重负的骆驼已达到极限，再加上一根草，就把它压倒了。农民受不了了，活不下去了，起义就开始爆发，一路打过去，很多贫苦的受不了的老百姓跟着跑，参加起义军。历史上的暴动无论是哪个朝代哪个阶级包括红军起义暴动，也是一走就带一大批人走。

这跟封建王朝末期的政治很有关系。王朝末期为政总是很苛暴，赋税刑罚很重。比如秦朝末年"收泰半之赋，发闾左之戍"①。"泰半之赋"就是农民三分之二的收入都被掠夺，征发兵役和徭役时，村里分闾左和闾右，闾左地位低一些，闾右地位高一点，首先征发闾右后征发闾左，征到闾左，劳动力都给调光了。秦朝末年刑法也很苛暴，所谓"赭衣塞路，囹圄成市"②，"赭衣"是土黄色衣服，罪犯穿的，街上都是罪犯；"囹圄"是牢、监狱，关犯人的地方，监狱也像市集一样，人满为患。秦始皇残暴地剥削，还要征发比如修长城、戍五岭、修驰道，还有建阿房宫、骊山墓即秦始皇陵。其中阿房宫和秦始皇陵，抓的劳动力各有七十万。此外河套防匈奴，到南面、广东广西一带的移民也有几十万人，秦朝当时的全国人口大约是三千多万，男的占一半，一千七百多万，老少去掉，也就剩下千把万人，来回征发调度，全国劳动力有很大损耗，结果农民受不了，引发陈胜、吴广大起义。当时他们带着九百人到渔阳（现在北京一带）去防守，结果走到安徽大泽乡，下雨了走不了，他们当时很紧张，就商量，去了也是死，不去也是死，不如干脆造反，于是揭竿而起，一群老百姓跟着起来，立刻成为声势浩大的全国农民大起义。隋朝隋文帝篡位建国，搞得还不错，隋炀帝靠着阴谋上台后，修宫室，修东都洛阳城，开运河，修长城，修路，大举巡游，还要打仗，发动对高丽的战争，全国每年征发的徭役几百万人，老百姓受不了，爆发小股起义，很快变成大起义，隋朝垮台，隋炀帝最后被隋朝军队兵变杀了，隋朝也就亡了。明朝末年苛征三饷——剿饷、辽饷、练饷，辽饷是对付清朝，打仗要征调军费，剿饷是对付农民起义，练饷是为练地方武装。民不聊生，死亡枕藉，流民四散。最后李自成势如破竹，攻下北京，明朝最后一个皇帝崇祯皇帝吊死在煤山即现在景山，明朝灭亡。

---

① 《汉书》卷 24 上《食货志上》。
② 《汉书》卷 23《刑法志》。

历史研究中间关于农民起义的评价很不一样，以前人们认为农民起义都是好的，领导人都是英雄，包括李自成、太平天国的首领都是英雄，现在经过"文化大革命"以后回过头再看、再反思，就有不同的看法。农民战争是一次规模很大的战争，战争本身很残酷，杀人也很多，对经济破坏也很严重，以至于现在有些论者比较过度地渲染夸大农民战争的破坏作用，认为战争不仅破坏经济，损害人民、损害生命，而且还促成经济倒退。有一些论点认为太平天国的时候对江南破坏太厉害，以致中国近代化受到很大影响，搞不成近代化，发展不起来民族工业，发展不起来资本主义，因而太平天国只有破坏。

这个论点不能算是公正的。第一，农民如果还能勉强维持生活，不会造反，农民希望有一个稳定平安的生活，能够维持下去就可以了，只有实在受不了才会起来造反。农民起义规模很大，是一个群众性运动，不是少数人挑起来，实际上是王朝末期社会矛盾的总爆发。如果追究战争责任，与其说农民负主要责任，不如说剥削者、统治者负主要责任。

第二，农民战争是很残酷，但是打仗是双方面的，镇压起义的统治者并不比起义者更"仁慈"，其残酷更有过之。明末战乱中有所谓"贼来如梳，兵来如篦，官来如剃"①之说。唐朝末年诗人韦庄写了一首诗《秦妇吟》，里面讲到黄巢起义打下长安以及后来战乱的情况，讲到一个流落的老头，说他当年家境很不错，可是现在是"千间仓兮万斯箱，黄巢过后犹残半"。原来家里丰足得很，有很多财物、粮食，黄巢起义军打过去也抢了，还留下一些，后来附近驻扎的唐朝官兵每天到村子里翻箱倒柜什么都抢，官兵"入门下马若旋风"，"罄室倾囊如卷土"，结果"家财既尽骨肉离"，原来很富足的小地主财产全没有了，妻离子散，"今日垂年一身苦"②。所以"贼来如梳，兵来如篦，官来如剃"是一个通常的写照。镇压太平天国起义的曾国藩曾有"曾剃头"的外号。

第三，旧王朝已经腐朽到无可救药，而且并无愿望与能力自动退出历

---

① 鲁迅：《谈金圣叹》，见《南腔北调集》，人民文学出版社 1980 年版，第 118 页。

② 韦庄著，韩安福笺注：《韦庄集笺注·浣花集补遗》，上海古籍出版社 2002 年版。

史舞台，只有农民大起义的冲击，才有可能改变旧的黑暗的统治，给新兴的势力扫清道路，创造条件。这里正体现了农民起义对历史的推动作用。当然，农民并不代表新的生产力、新的生产关系、新的势力，并不能建立一个崭新的社会制度，只能在战争中和战争后被野心家利用了去作为他们改朝换代的工具。尽管旧的封建势力受到沉重打击，但继之而起的还是封建王朝，这是农民的悲剧，也是历史的必然。

至于其他两个途径，"禅让"掩耳盗铃，新朝也不可能大力打击那些腐朽黑暗的旧势力，少有兴革，为政多是"率由旧章"①，并未注入多少新的血液和活力。

北方民族取代旧王朝完全凭借武力，其压制破坏相当重而且难以持久。历史上少数民族的五胡十六国、南北朝，凭借武力打来打去，最后维持不了多久就纷纷垮台，元朝维持时间稍长一点，100年左右。唯一例外是清朝，作为一个少数民族统一中国维持将近300年，在中国王朝史上比较久，这个王朝有些例外、有些特殊。清朝统治比较有章法，在民族关系上处理得一般还可以，很多措施比较积极，所以新旧王朝的交替三种途径情况不都一样，值得很好考虑。

三、新王朝面临的三个矛盾

经过大战乱以后建立的新王朝面对很多新问题，一般来说要面对三个矛盾：第一个矛盾是地主统治者跟农民的矛盾，第二个矛盾是统治阶级内部的矛盾，第三个矛盾是新王朝跟北方民族的矛盾。这三个矛盾如果新王朝处理得很好，局面就会改观，出现兴旺发达的盛世，如果不好好处理就会引起社会大震荡，引起王朝很快消灭失败。章士钊先生在20世纪60年代出的一部书《柳文指要》中的《柳子厚生于今日将如何》，柏杨的《中国人史纲》的"瓶颈危机"一节都指明了这一点。

---

① 《诗经·大雅·假乐》。

章士钊先生在《柳文指要》里说：

"自生民以来，中国一治一乱，循环无已，不论何代？开国以后，迟或百年，少则数载，政治必趋腐朽，积渐以至于亡。其所以然，乃在不解防微杜渐之术，此固不廑中国然也。"①

柏杨指出：

"夏王朝和商王朝建立的初期，都曾爆发过致命的政治灾难。

夏王朝第五任君主和商王朝第三任君主时，也就是当夏王朝开国后六十年左右和商王朝开国后也是四十年左右时。夏王朝政权接连被后羿和寒浞夺取，商王朝政权也落到伊尹之手。结果虽然传统的当权人的后裔取得胜利，但已经杀人千万，血流成河，而且这些后裔并不一定十拿九稳地可以得到胜利。

中国历史上每一个王朝政权，都有这种类型的场面。这使我们发现一项历史定律，即任何王朝政权，当它建立后四五十年左右，或当它传到第二、第三代时，就到了瓶颈时期。——所谓若干年和若干代，只是为了加强印象而设，当然不会有人机械地去解释。在进入瓶颈的狭道时，除非统治阶层有高度的智慧和能力，否则他们无法避免遭受到足以使他们前功尽弃，也就是足以使他们国破家亡的瓶颈危机。历史显示，能够通过这个瓶颈，即可获得一个较长期的稳定；不能够通过或一直胶着在这个瓶颈之中，它必然瓦解。"②

第一个矛盾是农民同新王朝，农民同地主间的矛盾。因为旧王朝旧统治者极为残酷的剥削和压迫，加上兵役、徭役，农民迫于生计起来反抗，矛盾非常尖锐。但是仗总有打完的时候，最后局面改变，统治阶级跟农民的矛盾开始趋于缓和，如果这时新统治者接受过去的教训，采取一些缓和矛盾的政策，局面就会有些变化。

新王朝缓和矛盾的政策大体上有这么一些。

---

① 章士钊：《柳文指要下·通要之部》卷1《柳子厚生于今日将如何》，中华书局1971年版，第1279页。

② 柏杨：《中国人史纲》，山西人民出版社2009年版，第73—74页。

第一是轻徭薄赋，减少对农民的赋税和徭役，与民休息，老百姓可以稍微安定下来从事农业生产。战国时候农民租税田租是收获十分之一，秦始皇的时候很重，"收泰半之赋"①，还有一种说法叫"头会箕敛"②，数人头交税，用簸箕掠取粮食，就像《秦妇吟》里"罄室倾囊如卷土"一样，全部被拿光。西汉建立起来，天下穷得要死，田都荒了，老百姓没粮食叫"民无藏盖"，统治者也穷，皇帝出游要讲排场，四匹马拉车，可是"天子不能具钧驷"就是要找四匹毛色一样的马拉车都找不到，"而将相或乘牛车"③，下面的大臣将相出门只好坐牛车。所以汉高祖以后把赋税减到十五分之一，后来文帝减到三十分之一，甚至于有十几年不收税，老百姓就舒服了，可以慢慢恢复生产，景帝正式定了制度三十税一，西汉一直下来都这样，东汉也这样，赋税负担相对较轻。

战乱中很多老百姓流散了，脱离土地，统治者希望他们回到土地上恢复生产，就贴告示"复故爵田宅"④，恢复社会地位和发还土地房屋。再有就是减省刑法，最有名的就是刘邦打进长安的"约法三章"。结果不久就出现很好的局面，经济恢复繁荣，社会安定，这个局面对统治者最有利，最符合统治者的最大利益，也符合地主的利益，地主有田可出租，老百姓可以从事生产；对农民也有好处，这样出现历史上有名的汉文帝、汉景帝时期的"文景之治"。一直维持到七十年后汉武帝即位，国家国力非常充沛，国家粮库里的旧粮不清理，新粮不断加入，粮食越来越多，没有开支，只有收入，结果几十年以来，粮食都坏了烂了，成土成灰，库房里收的钱，很长时间只收入不支出，穿钱的绳子都烂断了，全散架提不起来，国家非常富裕，这是秦末农民起义后西汉的统治者采取一系列措施带来的结果，成为所谓盛世。

唐朝唐太宗有名的"贞观之治"也是减免赋税、刑罚。清朝入关后经过康熙雍正乾隆三朝，出现一个富庶稳定的局面，即所谓"康雍乾盛世"，

① 《汉书》卷24上《食货志上》。
② 《史记》卷89《张耳陈馀列传》。
③ 《史记》卷30《平准书》。
④ 《汉书》卷17《高帝纪下》。

其中当然也孕育着矛盾和危机，以致乾隆以后渐渐维持不下去，最后灭亡，但是盛世却是存在的。

所以凡是农民起义以后新的统治者采取若干好的措施，局面就能维持，而且有所发展，但一旦新王朝不采取这个办法，而采取倒行逆施的办法，横征暴敛到处花钱、到处浪费、到处奢侈，问题就来了，老百姓到时候抵不住、维持不住，开始造反，原来的王朝很快就灭亡了。中国历史上有两个很重要的王朝，一个是秦朝，一个是隋朝，开局都不错，但灭亡很快，到第二代皇帝就完了。"其兴也速，其亡也忽"，兴起时候很快，灭亡也很快，很多方面的因素是人为的，统治者认识到这一点，局面就不会这样。

第二个矛盾来自统治阶级内部。旧王朝灭亡，新朝建立，但是新势力尚未稳固，人心尚未完全认同，不断有人造反，想当皇帝，反对新朝，所以统治阶级之间矛盾尖锐；中央王朝建立，不但地方上很多势力反抗，同时中央内部也有各种势力对抗，所以内部斗争很多、很严重。

西汉初诸侯王都是地方割据势力，汉景帝时，东方有七个诸侯王国联合反对西汉中央，即是所谓"吴、楚七国之乱"，当时局面很严重，但最终被平定。唐朝初年唐太宗李世民是秦王，对立面是他的哥哥皇太子李建成和他弟弟李元吉，一个太子一个齐王，双方对抗很厉害，后来唐太宗发动"玄武门之变"，趁上朝时，买通玄武门守将，突然发动袭击将他们杀掉，然后逼李渊承认他是皇太子，没多久当上了皇帝，李渊退位，但局面还没有完全稳定。在武则天掌权时期，唐朝功臣的后代徐敬业，起兵反对武则天，结果被镇压。历代统治内部斗争里面，像清朝以吴三桂为首的"三藩之乱"，三藩也是一种地方割据势力。康熙皇帝平三藩打了八年，最后终于把吴三桂干掉了。

这里最富有戏剧性的是宋朝，宋朝的开国皇帝宋太祖赵匡胤是借"陈桥兵变"黄袍加身当的皇帝，按照习惯，应该传位给他儿子，可是他的弟弟赵匡义有野心，趁着宋太祖生病的机会逼迫赵匡胤，两人吵起来，吵些什么，外边人不知道，躲在外边远远地看，只看见蜡烛影子摇摇晃晃，有人影来回动，听有斧头把儿着地的声音，这就是有名的"烛影斧声"。没多久，宋太宗宣布宋太祖死了，临终嘱托由宋太宗即位，"烛影斧声"千古之谜，到现在也没有人能够破解，大概是赵匡义搞了一个阴谋，事先有所布置。

明朝"靖难之役"也是皇位继承问题。明太祖有二十五个儿子，太子死了，只有把皇位传给孙子建文皇帝，当时他的儿子有很多不服，其中明成祖燕王朱棣在北京起兵，双方打了三年，最后南京被攻破，建文皇帝失踪了。另一说法是建文皇帝当时跑掉当了和尚，明成祖后来到处追建文皇帝。一个传闻说跟武当山有关，武侠小说里有武当派，武当派的祖师爷张三丰掩护建文皇帝到处逃跑，所以明成祖拼命秘密地去抓张三丰和建文皇帝，这是一个说法。再一个说法是建文皇帝跑到国外，明成祖到处探访建文皇帝的下落，甚至派郑和七下西洋密访，结果还是没有下落。现在经过历史学家的研究，建文皇帝确实没有跑掉，多半死于乱军之中，这跟"烛影斧声"一样是一个谜。

影响明朝历史的两个问题，第一就是迁都北京，明成祖打下南京以后迁都北京，因为根据地在北京，在北京修皇宫，搬到北京，这是中国历史上一大变化。北京是中国历史的古都，但是时间靠后，最早的古都西安、洛阳都比较早，从公元1153年金建都北京，经过元朝、明朝、清朝到现在建都已经有八百多年，这是一个都城的变化。第二是太监，中国封建政治史上太监很重要，太监地位很低，但是因为在皇帝身边，很容易接近皇帝，盗窃皇帝的权力，作威作福，左右政治。历史上有三个朝代，太监都起着很坏的作用，第一个朝代是东汉，第二个朝代是唐朝，安史之乱以后，第三个朝代是明朝，明朝太监刘瑾、魏忠贤都很坏，这跟明成祖有关系，明成祖为了造反打掉建文，收买了很多皇宫太监，以后他打到南京，太监响应他，给他开城门，所以明成祖后来很重用太监，就出了很多擅权的太监，像王振、刘瑾、魏忠贤都很厉害，但下场也不好。所以历史上宫廷政变，统治阶级内部的斗争很富有戏剧性，玄武门之变、烛影斧声、靖难之役都有很大戏剧性，以至于编小说编戏剧编电视剧老用这个，编来编去都是这些东西。统治阶级内部斗争也可以是一个瓶颈，一个狭窄的通道，过得去就好，过不去就会出现很大的问题，整个王朝也被颠覆。像西晋没多久就出现"八王之乱"，把持政权和兵权，几个王联合起来打一个王，打来打去，打得天下大乱，最后出现农民起义，出现五胡十六国，西晋就灭亡了。

第三个矛盾是新王朝与北方游牧民族的矛盾。当旧王朝强大的时候，对北方游牧民族采取一种压制手段，一旦旧王朝衰落灭亡，北方游牧民族趁势而起，开始南下侵迫新王朝，新王朝往往是在建立之初，国力还不行，比较弱一点，统治还不稳固，所以对付北方游牧民族采取不同手段、不同策略。

秦始皇对北方匈奴采取一种驱逐控制的政策。秦末农民起义以后，匈奴厉害了，不断南下，抢掠地方财物，杀地方官吏，而且汉高祖刘邦曾经被匈奴包围，结果只好偷偷耍一个阴谋诡计逃掉了，阴谋诡计是什么？说不清楚，也是千古之谜，大概是一种假美人计吧，借机就跑了。匈奴很嚣张，汉高祖死后，匈奴要求跟刘邦的皇后吕太后结婚，这在汉族看来是一种耻辱，匈奴认为是习惯风俗，汉朝很紧张。怎么办呢？一商量只好暂时婉言谢绝推脱，写信告诉匈奴单于，说我是个老太婆，太老了，结婚不太合适，最好不要找我，可以后又派公主嫁给匈奴的酋长，这叫和亲，所以西汉初年对付匈奴是妥协屈辱的政策，一直维持 70 年。汉武帝时期，国力充实，开始打仗，开始决心训练骑兵，组织军队，利用有名将领卫青、霍去病去打匈奴，经过几次大规模决战，把匈奴打败。

隋朝末年由于农民起义，各种武装势力混战，北方的突厥强大起来也南下，以致北方很多武装势力都向突厥称臣，包括唐朝李渊也曾去称臣，后来他认为这件事情很丢人，就不再提了，但是历史记载还有痕迹。唐太宗当皇帝后，突厥骑兵一直威迫到长安北边，唐太宗只好出面跟他谈判，送了很多东西，突厥才退离。唐朝准备三年，一举将突厥打败，俘虏了颉利可汗。

明朝就更厉害，原来蒙古族建立元朝统治全国，明太祖朱元璋把他们赶到蒙古高原，元朝势力仍不断威胁明朝。明成祖即位后，挟战胜之师不断进攻，不再退让，连续五次亲征打到北方，使蒙古受到很大打击。所以每个新的朝代对付北方民族都有自己的措施和政策，措施和政策如果正确，国家就能维持，如果不正确就导致危险。

五代时候后晋的领袖石敬瑭，最初夺取政权完全靠北方契丹族支持，后来他对北方契丹，非常卑躬屈膝，自称"儿皇帝"，当他死了，他侄子石重贵开始轻举妄动，对抗契丹，契丹南下灭亡了后晋。

由此可见，一个统治者如果不能够正确处理好与北方民族的矛盾就免不了败亡。五代被北宋代替，北宋统一全国后也企图跟契丹建立的辽朝打，宋太宗两次都失败，最后一次宋朝军队前锋一直打到今天北京西郊的高梁河，结果辽国军队骑兵突然从旁边冲出来，北宋大败，宋太宗腿上中两箭，狼狈逃回来，腿伤好不了，后来就死了。后来辽朝不断威逼北宋，到宋真宗的时候，契丹又南下，宋真宗想跑但没跑成，被迫在黄河边上签了《澶渊之盟》，规定双方为兄弟之国，辽朝是弟，北宋是兄，对弟之国要给好处，就给所谓"岁币"，每年要送东西，有粮食，有钱，有布，有帛，有绸缎，等等，这就是对北方民族的处理上没打好仗或者策略上有错误造成的后果。

面对这些矛盾，错误地接受历史经验，采取不妥当的办法，将会带来恶果。北宋为了限制和防范唐后期的藩镇割据和农民的反抗，强化专制主义中央集权，渲染重文轻武、重内轻外、大量养兵养官，出现"冗官、冗兵、冗费"的痼疾，造成"积贫积弱"的局面。南宋偏安江左，对南下的金兵一再屈辱求和，统治者仍一味歌舞升平，粉饰太平，无所作为，最后亡于蒙古，以致两宋成为历史上最羸弱的王朝。

四、王朝中期危机及改革

一个王朝到了中期，统治时间长了，开国时新鲜的劲头失去了，惰性出现了，国家的治理渐渐弛缓了，各种矛盾开始孕育，土地兼并激烈起来，赋税逐渐苛繁，贫富分化开始严重，吏治走向败坏，腐败现象滋生，统治者奢靡浪费开始成风，对外战争迁延不决，农民小股起义出现了，这时一些有见识的统治者开始指陈时弊、倡言改革。改革针对国计民生，更重要的在经济方面，希望能够减轻一些农民负担，缓解经济危机、财政危机。

西汉汉武帝时候，任用张汤、桑弘羊改币制，统一用五铢钱，另外还有一些办法如均输平准，简单说国家控制贸易控制商业，也限制大商人的实力膨胀，改善一些财政经济状况，改善一些人民的生活，此外还有专卖盐铁。

唐中期"安史之乱"以后，财政非常乱，收入很少，就重用刘晏改盐法，把盐改为专卖，收盐税。盐税是一种间接税，交税以后，盐价涨，消费者买的是高价盐，实际上就代替你交税，现代国家的税法大部分都是这一类。杨炎行两税法，把税制整顿清理集中，主要收一个土地税和户税，收税由收实物改为原则上收钱，这办法起过一些作用。

北宋王安石进行税制经济方面的改革。明朝张居正行"一条鞭法"，把很多苛捐杂税、各种征税杂税统一成"一条鞭法"，来减轻人民负担。到清朝康熙时候，开始实行"滋生人丁，永不加赋"。雍正时候实行"摊丁入亩"，丁税取消改成田税，人口增加就没有关系，收税标准看土地多少而不是看人头多少。

所以历来王朝中期都有危机出现，都有针对危机的改革，这类改革往往收到一定的效用，然而行之不久，或因遭反对而废罢，或被别有用心的人标榜改革而走了样，原来的矛盾继续激化，再有反对主张改革的人力量很强，有些改革者甚至成为悲剧人物。

有名的王安石变法一直有人反对，王安石下台以后，还有人反对，还有些别有用心的人借改革名义，搞鬼名堂，变质了，北宋的大奸臣蔡京标榜支持王安石变法，可是搞的是另外一套。唐朝中期刘晏、杨炎改革以后，唐顺宗时候有一次革新，所谓"二王八司马"后来都挨整了，唐朝大诗人里像柳宗元、刘禹锡都挨整。唐文宗有过一次政变，也失败了。

随着一个王朝中期的危机，主张改革或者主张改革失败，或者一段改革有了若干成果，但终于要失败。所以王朝危机还是延续下去，矛盾还是尖锐化，等到矛盾尖锐起来以后，有些人大声疾呼要求改革，改不了了，国家机器像一个重载的破车，顺着坡下一直往前开，重力加速度越来越大，最后只有一个办法，掉到悬崖底下，翻车摔了，那时候改也不行，不改不行，最后只有一个办法，就是没有活路的农民起来造反。

五、两千年王朝兴亡的启示

从两千年王朝兴亡，可以认识到：

第一，中国是农业社会，农业是基础，农民占全国人口的绝大多数，一个统治者如何对待农民，成为一个王朝成败的关键。王朝之兴，往往能于比较正确地对待农民；王朝之亡，必然是不正确地、错误地对待农民。

一个新王朝在农民大起义起来以后，往往很注意农民起义的教训，旧王朝灭亡的教训，痛定思痛。西汉初年一些人经常注意的就是不要蹈秦末的覆辙，唐太宗也是不断以隋为戒，注意隋朝覆亡的教训。新王朝所以能够取得成功，跟新王朝统治者们怎么看待历史的经验教训，采取正确的措施有关系。

第二，古代中国不仅是一个农业社会，也是一个阶级社会，历代王朝的统治者也是剥削者，追求自身的利益，他可以接受农民战争的教训，可以接受前代王朝破灭的教训，但也可以不接受，一旦羽毛丰满，势力强大，就忘乎所以，不再自我控制，这里专制主义中央集权国家各级官僚机构和各级官吏是很重要的一部分。所以吏治问题历来统治者很重视，王朝兴起往往很注意整饬吏治，像西汉像唐朝甚至包括明朝都是这样。一个王朝之所以衰亡，很大的原因是吏治的腐败，怎么治也治不过来，它就完了。

当时统治者对待农民，对待吏治，有一个基本思想——"民本"，老百姓本位思想，"民为邦本"国家基础在于老百姓。"民为邦本"很重要，各级官吏不是人民的公仆，是老百姓的父母。官是父母官，对待人民要"牧民"，让他们吃饭吃好，不要打架，像放牧牛羊一样。"牧民"这种态度在古代是一种进步的思想，但是近代看就不够进步了。

第三，历代王朝兴亡，乍看起来不免周而复始的循环，但并非单纯的回归，不是像一个不倒翁一样，一推一歪再一摇，又回到原来的位置，它应该像螺旋形一样，在不断的循环之中，不断上升，不断发展，这种上升发展到宋朝以后势头受到阻碍，不如欧洲。

欧洲从十字军东征以后，11 世纪以后，商品经济和城市发展，资本主义因素出现，像意大利这些地方早期资本主义因素就出现了。大概 13 世纪以后，伟大的文艺复兴出现，15 世纪航海地理大发现打通印度航路，发现美洲，周游世界。随着资本主义发展，随着文艺复兴，随着地理大发现以后出现西方一些国家疯狂掠夺分割殖民地，种种矛盾出来以后，欧洲引发资产阶级革命。19 世纪末期由于生产力发展进一步要求，出现产业革命，欧洲开始近代化和现代化，历经发展到了今天的现代社会。

中国宋代以后，历史发展虽然看起来是在回旋，可是发展停滞，以至到 19 世纪中期以后，欧洲的资本主义殖民主义势力侵入，中国成为一个半殖民地半封建社会，中国近代化也受到阻碍，几经周折到现在一百多年，中国现在还在现代化道路上前进，还不能说是一个发达国家。我们的目标应该是在本世纪中期以后进入一个中等发达国家，距离很发达国家还差一步。

第十二章　6—14世纪的中国社会生活

　　6—14世纪，具体来说，就是公元581—1368年。581年是隋朝的建立，1368年是明朝驱赶了元朝。这么一段时间为什么要把它提出来讲？我看这里有三个原因：

　　第一个原因：这段时间长一点，涉及的面大一点，碰到的问题也多一点，讲起来可能好讲一点。中国历史上从公元前221年秦始皇统一六国，到1911年辛亥革命迄今，这中间经过了2200多年。这2200多年历史可以划成三大段：秦汉魏晋南北朝是一段，可分成两小段，秦汉可为一小段，从公元前3世纪到公元后的2世纪，即公元前221年到公元189年黄巾起义，大约有400多年；黄巾起义到隋的统一，公元189年到公元589年，这是一段，也是400年。秦汉魏晋南北朝加起来大概是800年。然后一大段是隋唐和宋元，这个大段从公元589年到公元1368年，这大约是800年。最后的明清，从公元1368年到公元1911年，大概500多年。秦汉魏晋南北朝、隋唐宋元、明清这三大段，各占了大概500年到800年的时间。经历时间比较长，各占从秦始皇统一六国到辛亥革命的2000多年的1/3左右，遇到的问题也比较多，我们可能好讲一点。

　　第二个原因：唐宋这段时期，现在公认的是中国社会是一个变革时期，变革时期很多情况变化了，所以回头来看秦汉时候的历史，有点像童年、少年，比较稚拙，不够成熟；要看明清这段，同秦汉比起来变化又太多了，恍如隔世。唐宋这段承上启下，继往开来，显得比较成熟了。

　　第三个原因：从近代鸦片战争开始，即1840年以后，中国是处在一个被外国侵略的阶段。欧洲比较先进，中国相比之下比较落后，所以中国挨打，吃了很多亏。相当长一段时间，国外的一些人看中国，总觉得中国落后，没什么出息，不怎么样，实际上这是不了解中国。但是最近以来有一些变化，有些国外的研究者研究中国的历史文化，形成一种看法，认为中国历史在宋朝达到了一个高峰，像科学技术、思想、哲学、政治制度等，都是如此。相比之下，当时的欧洲倒是比较落后的。可是在这以后，中国历史好像停滞不前了，而欧洲慢慢地赶上来了，欧洲有了文艺复兴，有了地理大发现，殖民主义，资产阶级革命，还有产业革命，资本主义大发展，欧洲就上来了，中国就落后了，就挨打了。为什么中国在近代以前从先进转为落后？这是一个大问题。英国有位学者叫李约瑟，他写了一部多卷本的大书，叫做《中国科学技术史》，就尖锐地提出这个问题，后来被人们称之为"李约瑟难题"，大家都来想法解答。但这个问题经过多少年的研究讨论，到现在还没有法子取得共识，看法都不一样。这一问题现在还没解决。

在这以前，中国人也看出了这个问题。20 世纪 30 年代，在中国社会史的论战中，中国近代社会何以发展停滞，是争论焦点之一。毛泽东在抗日战争中写的《中国革命和中国共产党》也提到了中国过去曾出现过资本主义萌芽，如果没有外来的干涉，中国也会缓慢地发展到资本主义社会。1949 年新中国成立以后，学术界又展开了关于资本主义萌芽的讨论。讨论到"文化大革命"前，似乎已经走入了死胡同，这个问题至今没有解决。

"文化大革命"以后，这个问题又重新提出来，纷纷从各个方面各个角度，提出中国近代何以落后。例如一些论者强调了民族屠杀、民族歧视、民族压迫（金、元、清）；僵化了的封建专制主义制度；海禁与闭关锁国政策，束缚了资本主义的发展；科举制、八股文、文字狱和理学禁锢了人们的行为与思想。有些人从对"亚细亚生产方式"的理解来看近代中国的停滞（魏复古的东方专制主义，梅洛蒂的专制主义的集体主义），更有人从系统论理论得出中国是个超稳定系统，历史只能往复而不能突破，类似不倒翁（金观涛、刘青峰）。热闹一阵以后，这些论点似乎又慢慢淡化了，这里有一个大背景，那就是"文化大革命"以后，睁眼一看，与世界比较，中国是大大落后了，这就激起了人们对"西学"的引进追求，热衷于求得对这个问题的解答，也就不足为奇了。

20 世纪 90 年代以后，对近代中国的评估又有一些变化，这多半是来自外国的学者，随着世界全球化的进程，一些学者力求从传统的"欧洲中心论"的束缚中解脱出来，用全球化的观点来看世界历史。相当普遍的观点是自公元 1500 年以后，历史才摆脱地区的历史而开始成为世界的历史，如斯塔夫里阿诺斯的《全球通史》，威廉·麦克尼尔的《西方的兴起》，以至后来麦克尼尔主张世界历史中心在中东。更有人认为从历史上、经济上看，东亚特别是中国更重要①，认为直到鸦片战争前夕，中国经济发展水平并不低，是世界上最大的大国，人口最多，疆域最大，国内生产总值（GDP）超过欧洲（尤其是英国），对外贸易大量顺差，白银进入西方，而西方货币外流，当时世界上中国最强势。这种观点也有一个大背景，即改革开放以后，中国经济增长很快，追溯上去，鸦片战争以前，认为中国经济上还是很先进的，此后为什么落后了需要找出原因。

有人认为清朝中国经济发展水平跟欧洲（包括英国）差不多，可说是在同一个起跑线上，但此后英国进行了殖民，开发了煤铁，出现了产业革命，资本主义大发展，这是带有若干偶然因素。从此中国和英国各自走上了不同的发展道路，英国大发展，中国滞后了②。

当然，还有学者承续了过去中国资本主义发展不起来的观点，认为明代以来，中国经济属于"内卷式"，只是复制过去，没有新的东西，只有量的变化，表现为滞后，美国加州学派黄宗智即主此说。

总之，中国近代经济比欧洲滞后是事实。何以如此，需要对明清经济作一个评估，而要从经济本身来探索，不能仅从某些外部因素如上层建筑、国家职能、意识形态等的过分评估来着眼。应当探寻经济的何种内部因素会引起中国经济发展的滞后，这就需要追溯上去，看看唐宋或更久远的古代中国经济是什么样子了。

因此，我们把 6—14 世纪这段近 800 年的历史作为我们专题的内容，年限也不很严格。6 世纪以前的秦汉魏晋南北朝，不免追溯到一点；14 世纪元朝以后的明清，也不免涉及一点。历史不好切断，姑且先来这么两

① [德] 弗兰克：《白银资本：重视经济全球化中的东方》，刘北成译，中央编译出版社 2000 年版。

② [美] 彭慕兰：《大分流：欧洲、中国及现代世界经济的发展》，史建云译，江苏人民出版社 2003 年版。

刀，先看隋唐宋元这一段。

隋唐和宋元这段时间很长，近 800 年。另外有变化，变化也很大，那么长时间段的大变化，我们把它分成几个方面来看。可以分成七个方面。这七个方面我们不可能讲得很多，也不可能讲得很深，我们只是提出些问题，只是概略地讲一讲，这些问题大家有兴趣的话可以进一步来深入探索。

一、中国的经济重心转移到了南方

这是隋唐宋元 800 年历史的主要方面，这段时期其他方面的变化都是由此而来，或者以此为基点。

南方，是相对应于北方或华北而言，其本身并没有一个确定的涵义。我们习惯从历史的角度，从气候、地形、物产等作区别，把秦岭淮河一线作为南北双方的分界线，"南船北马"、"南米北麦"，就是它明显的区别，这也是历史上的南北朝的分界线。通常说的江南，同我们这里讲的"南方"涵义是有所不同的。

从秦岭淮河一线向南，越过长江直达南海，包括了整个长江上、中、下游及其以南，都可以称作是"南方"，即今天的苏中、苏南、皖南、皖中、豫南、陕南、浙、闽、赣、湘、鄂、川、渝、粤、桂、黔、滇、琼等省、区、市的全部或部分地方。

如果视野再开阔一些，把历史上的农业区和畜牧业区当做南方北方的分界线，那燕山长城一线就成了大南方和大北方的分界线了。这种南北的划分更多带有历史色彩，同今天所说的东部、中部、西部的区别是不大一样的。

历史上各个区域的经济发展水平，最简捷的可用 GDP（国内生产总值）、GNI（国民总收入）或恩格尔系数（收入中维持生活费用的比重）来衡量。但历史上这些资料难以找到，也难以比较，目前我们只好从一般文献记载上对历史上的南方和北方的不同状况大致作一个估计。

中国历史悠久，进入文明期很早，过去习惯认为中国文明源于黄河流域，黄河是中国的母亲河，中华文明的摇篮，长江流域倒不大引人注目。但从 20 世纪起，学者们认为长江流域也成了中国文明的发源地之一。光辉灿烂的三星堆文化和金沙遗址文化，尽管昭示了长江流域也成了中国文明的一个发源地，但这些古文化由何而来，又是如何突然消失的，仍属未解之谜。比较起来，黄河流域的文明比较早，而且一直流传下来。春秋战国时期，长江流域也在发展，但相比之下，不免落后一些。但到了秦汉、三国、两晋、南北朝、隋唐，长江流域逐渐赶了上来，到了五代和北宋初年，全国的经济重心已经转移到南方的长江流域了。为什么会出现这样一个转移，对中国历史有什么影响，这些问题很值得讨论，讲的人也很多。我们可以从自然环境、土地（耕地）面积和人口、产业、人文环境这四个方面概括地说一下。

（一）自然环境的变化 [1]

重要的有气候、水文、植被、土壤四个方面。总的来说，6—14 世纪的自然环境比之前一个时期即三国两晋南北朝对社会的发展有利。

1. 气候。

气候对人类历史的影响是很大的，竺可桢是第一个对中国历史上的气候变化作出系统研究的学者 [2]。他的研究指出，在五千年前的新石器时期，当时中国气候要比现在温暖湿润，1 月份平均气温比现在高 3℃—5℃，适于原始农业的产生和发展，考古发现的动物如象、犀牛，植物如柑橘、梅花、竹等都说明了这一点。较之黄河流域，长江流域比现在要潮湿酷热，水体太多，榛莽丛生，不利于以水稻为主的农业耕作，不利于人们的大面积交往和开发。以后的几千年间，东亚大陆气候趋于干燥寒冷，又小有起伏，几个温暖期和寒冷期交替出现，年平均温差上升或下降 1℃—2℃。隋唐（7—10 世纪）是个小温暖期，宋元（10—14 世纪）又进入寒冷期，此时黄河流域干燥寒冷对农业生产不利，粮食减产，一些作

---

① 参见中国科学院《中国自然地理》编辑委员会编：《中国自然地理·历史自然地理篇》，科学出版社 1982 年版。

② 竺可桢：《中国近五千年来气候变迁的初步研究》，《考古学报》1972 年第 1 期，第 15—38 页。

物生长线南退。在这两个小周期中，气候对长江流域的农业的开发大为有利，气候不再酷热，水体减少，榛莽退萎，更利于农业的开发和人们的交往的扩大。竺可桢的开拓性研究引起人们进一步的探讨，虽然时有不同意见，但多属于对具体的年份和具体的地方、具体动植物的品种和分布等问题的讨论 ①。

---

① 有媒体报道，德国地球科学研究中心的科研小组，在雷州半岛的一处湖光岩中，取得的钻孔岩心，进行了高分辨率的古气候研究，证明了大约公元 700 年至 900 年间冬季季风很强，夏季季风很弱，导致了强大的唐朝由盛转衰，最后在农民起义的打击下于 907 年灭亡（见《环球时报》2007 年 1 月 5 日，《北京青年报》2007 年 1 月 6 日）。与此同时，同样的气候变化也曾在中美洲出现，促成了玛雅文明的消亡，比较详细的介绍，见《中国国家地理》2007 年 6 月号，《中国地学家在揭示全球气候变化之谜》专栏介绍了中国地学家们利用高分辨率气候—环境变化方法，在不同区域利用纹泥（湖泊沉积）、冰蕊、石笋、树轮等探寻过去数千年中国气候变化的历史，其中《刘嘉麒——用纹泥精确记录气候变化之旅》一文记载了中德科学家，在湛江湖光岩沉积纹泥的钻探探到的岩芯地岩芯拼接逆推到距今十余万年前的精致的气候编年史。但是并未像《环球时报》里那样提出一段时期内的气候状况。其他各篇中除一篇外也没有提到探寻的结果。文中介绍这些结论已在国外网站上公布，但未能找到。只有在《中国国家地理》2007 年 6 月号中《谭明——在深藏洞底的石笋中发现历史》一文中，有一个表，题为《石笋年层厚度序列重建北京 2650 年以来夏季气温（公元前 665—公元 1985 年）》。其中紫色粗线显示 101 年平均温度值，表示百年尺度的冷暖变化，其间夏季百年平均温度公元 600—1000 年约为 22.5℃—22℃—21.5℃，公元 1000—1400 年则为 22℃—23℃—22.5℃。其中公元 600—1000 年夏季较凉爽，而公元 1000—1400 年夏季则较炎热。学者谭明认为，现时北京气温与宋元朝代都是处于同样的温暖期里。中国的历史学者则具有不同的看法，认为单纯提自然因素并不能解释所有问题，公元 700—900 年冬季季风强而夏季季风弱与唐朝的盛衰没有直接的关系。公元 700 年，唐朝还很强盛，导致唐朝灭亡的直接原因则是旱灾和蝗灾。唐朝的衰亡应当是自然因素和社会因素交互作用的结果。照我看来，中德科学家的发现和竺可桢的研究也许并没有冲突，公元 600—1000 年中国气候转暖是事实，但导致的结果黄河流域和长江流域是不一样的。前者经济因为气候原因而趋于停滞和衰落，长江流域则有所发展。另一方面，也需要注意气候变化引起的农牧分界线的变化。气候转暖时北方草原由于农业的垦辟而向北退，气候变冷则草原南移。大约平均气温升降 1℃草原可移动数百里（参见董恺忱、范楚玉主编：《中国科学技术史·农学卷·序》，科学出版社 2000 年版，第 Ⅴ 页）。从隋唐五代北方草原民族的活动看，公元 700—1000 年间正是突厥、回纥、契丹、沙陀最活跃的时候。公元 1100—1300 年则是女真与蒙古人南下的最好时光。这种现象与公元 600—1000 年气候变暖和公元 1100—1300 年气候变冷似乎不无关系。

2. 水文、植被、土壤。

公元 6—14 世纪中国气候总的趋势是干燥寒冷，水体减少，湖泊萎缩，干旱年份增加，与此趋向相适应，北方由于干旱和战乱，河渠灌溉与井灌工程减少，而长江流域及其以南的陂塘堰圩田大量增加。

历史上植被的变化与人们对农业和牧业的开发有关。有史以前，中国原来的天然植被发育良好，进入文明期以后，由于人为活动的影响，植被类型不断发展与变化。其一是土地的垦殖，天然植被被破坏，代之而起的是栽培作物；其二是城市特别是都城的营建砍伐了周围乃至远处的木材；其三是冶铜冶铁和烧造陶瓷，也使木材遭到砍伐。到了 6—14 世纪，华北森林几乎砍伐殆尽，出现地力下降，水土流失，以及土地盐碱化的后果。南方（尤其是边远地区）此时尚保留有相当大片的原始森林和竹林，次生经济林木也有栽培，平原地带种植了水稻棉花桑麻竹果等作物，山前丘陵地带种植了大量经济作物，如茶、油料等。

土壤方面，黄河流域有开发过度的现象，地力下降，水土流失以及部分土地盐碱化。长江流域原来多属酸性的红壤黄壤，比较贫瘠，此时由于种植水稻注意了土地的平整和水流灌溉、施肥，形成了熟土即水稻土，丘陵及坡地则大量修筑梯田，这都有利于水稻的生长。丘陵坡地也利于种植茶树和一些经济作物。

人们对农业的开发改变了自然环境，而也不免对生态环境有所破坏，相比之下南方生态的破坏较之北方要小一些。

（二）土地和人口

北宋以后，南方土地和耕地面积以及人口数都超过了北方。①

---

① 这里的南北方界即以秦岭淮河一线为界。南方包括苏南、苏中、皖南、皖中、豫南、陕南、沪、浙、闽、赣、粤、桂、琼、渝、川（除去凉山、甘孜、阿坝三自治州）、黔、滇、湘等十八个省、市、区，北方包括京、津、冀、鲁、豫中、豫北、陕中、陕北、甘、宁、青（保留海北、海南、海东等州及西宁市）、苏北、皖北等十三个省、市、区（除去东北、内蒙古、新疆、西藏和台湾）。

目前情况是①：

表 12—1　南北方土地和人口对照表

土地（平方公里）	百分比	人口（万）	百分比
北方 1 427 762	34%	35 695	46.5%
南方 2 545 553	66%	76 559	53.5%

南北双方土地与人口之比大致为 6：4。

再往前推一点，北宋元丰元年（1078）的统计见表 12—2②：

表 12—2　北宋元丰元年南北方土地对照表

耕地	百分比
南方诸路 310 480 152 亩	68.98%
北方诸路 143 175 094 亩	31.02%
南北总计 453 655 245 亩 ③	100%

南北双方耕地面积之比大致为 7：3。

户口方面，历史上南北的比重见表 12—3④：

表 12—3　历代南北方户口比重对照表

	南方	北方
西汉元始二年（2）	19%	81%

---

① 数字估计依据中华人民共和国民政部编：《中华人民共和国行政区划简册》，中国地图出版社 2000 年版。

② 梁方仲编著：《中国历代户口、田地、田赋统计》，中华书局 2008 年版，第 399 页。

③ 《中国历代户口、田地、田赋统计》，第 399 页，数据为 461 655 557 亩。

④ 冻国栋：《中国人口史》第 2 卷《隋唐五代时期》，复旦大学出版社 2002 年版，第 184—185、198—199 页。吴松弟：《中国人口史》第 3 卷《辽宋金元时期》，复旦大学出版社 2002 年版，第 122—135、274—275 页。胡焕庸、张善余：《中国人口地理》上册，华东师范大学出版社 1984 年版，第 21—56 页。

续表

	南方	北方
西晋太康元年（280）	45.7%	54.3%
隋大业五年（609）	28.4%	71.6%
唐天宝元年（742）	45.2%	54.8%
北宋太平兴国五年（980）①	56.9%	43.1%
北宋崇宁元年（1102）	64.1%	35.9%
元至元二十八年（1291）	85.1%	14.9%
明清	70% 以上	近 30%

（三）农业

我国是个农业国，农业是主要产业。中华文明就是农业文明。中国农业的一大特点是区域广大，各地地势相对平缓，一般没有很大自然障碍，利于农业区域的扩展、人们的互相交往和技术的交流，以致在长远的历史发展中逐渐形成了一个世界上独一无二的最大农业区。这个大农业区之间也有差别，这就是地形、气候、水文、土壤、植被乃至各地人们多年农作所形成的差别。在 6—14 世纪，这个差别明显地表现为南北的差别。

第一，是农业区域的南扩与重心的转换。中国农业兴起于黄河流域，长江流域虽早已有了农业，但是不如黄河的兴盛，也仍然有待于开发。从战国开始，中国农业逐步向长江流域拓展，然后再向闽、粤、湘、桂、黔等处开辟。到了唐代，即 7—10 世纪，黄河流域一是开发呈现饱和状态，"开元天宝之中，耕者益力，四海之内，高山绝壑，耒耜亦满"②，而长江流域农业的兴盛，正当方兴未艾。另外一个重要因素，那就是黄河流域战乱频仍，农业屡见衰败，虽有恢复，但难复旧观。其中，尤以隋末农民战争、安史之乱、唐末农民战争、五代军阀混战为最。这其中，北方游牧民族的侵扰，对黄河流域农业的衰落也起了相当大的作用。五代时的契丹与南方王朝对立，唐宋之际，经常南侵抢掠，谓之"打草谷"。女真灭北宋，

---

① 南方人口在当时人口总数量中比例过半，第一次超过北方。

② 《新校元次山集》卷 9《问进士第三》，世界书局 1984 年版。

并且南侵，也是对农业的很大摧残。蒙古和金宋的长期战争，对农业破坏尤重，统治者一度曾企图把北方广大农田改为牧场，苛重的税负对农业生产不能起促进作用，而只能起损耗作用。屡逢战乱，北方人口大量南迁，南北宋之间约有 500 万[1]，到长江及其以南寻求开发，这从历史上土地（耕地）及人口数量南北换位可见一斑。

第二，是粮食结构的变化。唐朝以前，农业重心在黄河流域，主要作物是麦、粟（小米），长江流域种水稻（"饭稻羹鱼"[2]）。但那时南方尚未全部开发，人口不多（有气候、水文条件上不利因素），水稻产量也不算高。唐朝以后，南方农业发展了，粮食变成了麦粟稻三分天下的局面，从江南转运稻米，以供关中河北，供给庞大的军队、官僚和贵族的食用已是经常的现象。唐代漕运最高每年 300 万石，北宋最高达 700 万石，运河成了唐宋王朝的生命线。水稻是一种高产作物，单产比麦粟都高，宋代太湖区域水稻亩产达 2.5 石，合谷 475 斤。后来逐渐形成了这样的情况。现在水稻播种面积约占全国粮食播种面积 30%，但单产较高，水稻总产量要占到全国粮食总产量的 40% 左右。粮食结构的这一变化，养活的人就更多了，水稻产区的人们的生活质量也会有所改善。直到今天，我国稻谷产量仍是世界第一。

在粮食品种方面，粳稻南下到了太湖区域，籼稻则退到北纬 29°以南。在北宋时大肆宣传的占城稻，大约单产不高，此后未见大力推广，也就在历史上消失了。

第三，是水稻耕作技术和工具体系逐渐成熟了。这先是农具的改进，从晚唐的曲辕犁到宋代平整水田泥浆的镴——踏犁、铁搭再到元代的耘荡。在提水工具上值得提出的是脚踏水车——龙骨水车，还有插秧用的秧马，另外也运用了烤田和排灌技术。

在耕作制度方面，南宋已在长江流域出现水旱轮作，用稻麦两熟制，

---

[1]　参见吴松弟：《中国移民史》第 4 卷《辽宋金元时期》，福建人民出版社 1997 年版，第 412—415 页。

[2]　《史记》卷 129《货殖列传》。

种一季水稻，收获后再种一季麦子(大麦小麦)，或者种豆种菜①。这样一亩地一年内可收获两次，提高了复种指数②，这比春种秋收只种一季粮的效率高多了。在宋代，有的地方实现了水稻连作，或用再生稻或再栽双季稻③，但是否已经推广尚待研究。

另外，土地的利用也趋于多样化。宋代已有畬田和梯田，并辟有筑堤拦水的圩田围田和湖田，另有利用水面的葑田和架田，还有利用浅水或河滩的涂田、沙田。

第四，由于南方农业经济的发展，农田水利南方也比北方更多见诸记载。见表12—4④：

表12—4　唐宋水利项目比较表

	北方主要省份				南方主要省份			
	陕	豫	晋	直隶	苏	浙	赣	闽
唐	32	11	32	24	18	44	20	29
北宋	12	7	25	20	43	86	18	45
金及南宋	4	2	14	4	74	185	36	63

第五，黄河决口改道，水患频频，导致北方农业残破。

衣料方面6—14世纪也有很大变化。

首先是品种。中国古代人们衣料主要是丝、麻、皮毛，皮毛可以不计，丝、麻则为衣料的大宗。但这时出现了重要的新品种，即棉花。

棉花原产于印度、中亚，唐以前西南已有乔木型的木棉，而新疆一带则有一年生的草棉。这种草棉已经有了进入冬季低温的长江流域的条件。南宋棉花在华南沿海向长江流域发展，又进而面向黄河中下游发展，一年生

---

① 陈旉：《农书》卷上《六种之宜》，丛书集成初编本。

② 《管子·治国篇》（据马非百说是汉人著作）云："常山之东，河汝之间，蚤生而晚杀，五谷所蓄熟也，四种而五获。"汉代河北常山人多地少，有十亩共桑之迫，四年而五获。复种指数为125%，现在我国的复种指数在160%左右。

③ 参见韩鄂著，缪启愉校释：《四时纂要校释》，农业出版社1981年版。

④ 冀朝鼎：《中国历史上的基本经济区与水利事业的发展》，朱诗鳌译，中国社会科学出版社1981年版，第36页。

的海岛棉已代替乔木型的木棉。到了元代，一年生的陆地草棉已达陕西。此后，棉花大举进入中原，这首先是由于人口增加有了需要；二是此时气候变冷，棉花比较轻暖价廉；三是加工工具南宋已有踏车推弓，元代已具备赶弹卷纺的工具技术，于是棉花在明清以空前的速度在南北两方推广扩展开来。

过去历来用大麻纺线织布，此时蓖麻元初进入了北方，逐渐取代了大麻的地位。

蚕桑在中国早有种植，5000年前，已栽桑养蚕。吴兴钱山漾新石器晚期文化遗址有丝线、丝带平绢残片（前2750±100年），早于有争议的山西夏县西阴村遗址的半个蚕茧。古代桑树有所谓高干桑、中干桑与低干桑。后来栽培法从播种改为压条嫁接，培育出了中干桑尤其是低干桑即所谓的地桑，采叶大为方便，后称湖桑，蚕业也有了大发展。不过在唐代，丝织业主要是在北方，安史之乱以后，南方尤其是浙江的丝织业大大发展，技术水平也大大提高。1875年，中国的生丝已占世界产量的1/2。

在油料方面，作物多样化。过去主要用芝麻榨油，现在原作蔬菜芸薹（油菜）已上升为重要的油料了。

另外还有几个农作物新品种，即：

茶——原为野生，两汉魏晋当药用，唐代已经出现人工栽培的茶园。茶适于在亚热带的低矮丘陵地带生长，唐宋饮茶成为重要风俗，茶的产量大大增加。

糖——原产印度，唐代已利用传入的印度制糖法从甘蔗中制糖，代替了以前流行的饴（麦芽糖）的地位。

酒——蒸馏酒（白酒）大概在北宋已出现，与酿造酒（黄酒）成了分庭抗礼之势，这比过去流行白酒始于元代的说法要早了3个世纪。

牲畜：

唐代由于军事的需要，一度牧养战马达70万匹。但此后王朝主要活动在南方，原来不耐暖湿气候的马匹始终未能在南方生长孳育，而且品种有矮化的趋势。而其用途则除去作战均用以驮载拉车及充邮驿之用。在某些地方牛力亦缺，以致禁吃牛肉，以保护耕畜。使用了人工的踏犁，一度盛行的食犬之风也消减了，最为流行的是食猪，金人入侵，宋室南迁，大批军民也随之南迁。北人嗜食羊肉，羊肉价贵难求，与南方人饮食习惯也不甚相符，以致引起南方人的不满。这样，传统的六畜，马、牛、羊、鸡、犬、豕，已经只剩下三畜——羊、鸡、豕还在流行了。

（四）工矿业

中唐以后，手工业重心南北易位开始形成，其重要的一个方面，是丝织业和陶瓷业。越州窑、婺州、岳州都盖过了北方的定窑、邢窑。南方的造船业与航运业也大大超过了北方，经过运河的粮食转输也超过了北方的粮食供应，"今天下以江淮为国命"[①]。"当今国用，多出江南"[②]，"当今赋出于天下，江南居十九"[③]。

值得提起的传统手工业或新兴手工业有：

1. 煤矿。

北宋煤矿业在北方已有大规模的开采，其用途一是供民用作燃料，一是供冶炼金属（铜铁）。

冶铁用于铸造铁钱、兵器、农具。据外国专家估计，北宋中期铁年产达15万吨左右[④]，这一产量为1640年英国产量的2.5—5倍，并可与18世纪的欧洲诸国年产14万—18万吨相比[⑤]。

2. 冶炼技术。

第一，是灌钢"杂炼生铁"，即以熟铁曲盘之以生铁杂入冶炼，"锻令相入"，即以生铁加熟铁的熟锻打使碳渗入的办法。

第二，百炼钢。熟铁加高热锻打借火势渗入碳。

第三，是淋铜钢。以最好的生铁淋铜，以易溶的黄冈铁夹盘锻之，对器物防锈有良好作用。

---

① 《樊川文集》卷16《上宰相求杭州启》。

② 《白居易集》卷68《苏州刺史谢上表》，中华书局1979年版。

③ 《韩昌黎文集校注》卷4《送陆歙州诗序》。

④ 转引自漆侠：《宋代经济史》下册，上海人民出版社1988年版，第555页。

⑤ 漆侠：《宋代经济史》下册，上海人民出版社1988年版，第555页。

3. 造船和航海。

6—14世纪造船有了巨大的飞跃。隋炀帝耗费巨大人力，开凿大运河，目的之一是自己巡幸。其所乘龙舟高四十五尺，长二百尺，阔五十尺，上下分四层，装饰奢华，船队长列相接，长达200余里。隋亡之后，唐代经济大发展，南方各地大都通水路，发达的交通刺激了造船业的兴盛。"弘舸巨舰，千舳万艘，交贸往来，昧旦永日"①。开元天宝年间(713—756)，一次长江口大风潮，损船数千艘。天宝以后，鄂州一次大火，烧船3000艘。北宋时运河运粮的漕船通常保有2000—3000艘之间。从南宋起，海上航运日趋重要，元朝尤甚。载重量大的货船屡有出现。唐代长江俞大娘航船差不多可载重1万石②。宋代平底沙船(海船)载重4000—6000石(约500—600吨；一说2000—3000石，约250—400吨)。元代海运大发展，大船8000—9000石(1200吨以上)，比之西方16世纪地理大发现时期哥伦布航行美洲的三条船，最大的不过120吨，小的不过80吨。在欧洲及地中海航行的海船16世纪最大的1400吨(或1800吨)，较大的有800—1000吨。17世纪再也没有超过1000吨的了。到了明朝，郑和的船队远航海上，最大的宝船长44丈，宽18丈，型深估计12米，排水量据估算为17700吨(另一估算为7000吨)。这在世界上也是空前的了③。6—14世纪

① 《旧唐书》卷94《崔融传》。

② 参见李肇：《唐国史补》卷下，上海古籍出版社1979年版。

③ 材料来源：阴法鲁、许树安主编：《中国古代文化史》(一)，北京大学出版社1989年版，第386—392页；[法]费尔南·布罗代尔：《十五至十八世纪的物质文明、经济和资本主义》第1卷《日常生活的结构：可能和不可能》，顾良、施康强译，生活·读书·新知三联书店1992年版，第499—500页；胡维佳主编：《中国古代科学技术史纲：技术卷》，辽宁教育出版社1996年版，第587—588页；周世德：《中国古代造船工程技术成就》，见中国科学院自然科学史研究所主编：《中国古代科技成就》，中国青年出版社1978年版，第610—623页；[英]查理斯·辛格等主编：《技术史》第3卷《文艺复兴至工业革命：约1500至约1750年》，高亮华、戴吾三主译，上海科技教育出版社2004年版，第323—342页；席龙飞：《中国造船史》，湖北教育出版社2000年版，第262—273页；王冠倬：《中国古船图谱》，生活·读书·新知三联书店2000年版，第157、172页；漆侠：《宋代经济史》下册，上海人民出版社1988年版，第677—678页；田小川、刘亦翔、郑明：《中国古代造船科技的"六大发明"——郑明海军少将访谈录》，《舰船知识》2007年第7期，第12—14页。

造船技术也有了飞跃，列表如下：

表 12—5　6—14 世纪中国造船技术与欧洲对比表

技术	时代	与欧洲比较
舵桨	西汉	早于 4 世纪
船尾舵	东汉	
尾柱舵		
平衡舱	北宋	阿拉伯 16 世纪、欧洲 14 世纪
升降舵		
开孔舵		
竹橐	宋	
帆桅		
多桅多篷	东汉	
硬帆		
三角帆		
顶帆		
水密隔舱	唐宋	18 世纪末
压舱	宋	
防水舱板	唐	
浮板	唐宋	
梗水木	明清	
披水板	明	
舭龙骨	南宋	
船身搭接结构		
车船	晋宋	
橹	西汉	12—13 世纪
指南针	宋	
叮锚	三国	

　　在地理大发现前后，中国和欧洲造船及航海技术都有一个飞跃。这种飞跃的来源一说是各国独立发明，一说是互相影响，即较早的中国发明经过发达的海运传到了欧洲，而且主要归功同样是航海发达的阿拉伯的传入，此事"文献不足征"。可能阿拉伯人对中国人的发明的传入欧洲起了中介作用。

4.陶瓷。

中国制陶发明很早。带釉的陶器发明也不晚。胎质为"瓷石"和高岭土的正式带釉瓷器当出现在汉代。两汉魏晋南北朝，青瓷占主要地位。唐代以后又有了白瓷，其代表是邢州窑。唐代以后瓷器生产形成南青北白的局面。到了宋代，瓷器有一个很大的发展，那就是釉下彩的出现，即加钴料的釉下彩的青花瓷，实际上唐代已有巩县的青花瓷，但随巩县窑的衰落而中断。14世纪20—30年代，景德镇的青花瓷，至今仍是大宗。另一有名的釉下彩——釉里红，最早在长沙窑已出现，将铜彩高温烧制还原为红色，之后景德镇烧成了釉里红。从此，青花釉里红与浙江的青瓷、定窑、汝窑的白瓷、钧窑的钧瓷共同成为中国瓷器的五大名瓷。

（五）人文环境

这里涉及的面比较宽，主要看一下南北双方的人才状况、文化水平、文化素质、学风文风的转移及差异，以及当时人们对这些方面的认识。

就这些方面来看，唐代北方尚优于南方。到了北宋以后，优劣之势就慢慢转移了。

1.科举方面。唐初荆南从未有人中过进士，谓之"天荒"。到荆南人刘蜕中了进士，朝野轰动，谓之"破天荒"。宋代大批士人应举，北人官僚集团遂力主分区取士，以增加北方进士的名额，扩大北人参政的机会。哲宗朝（1086—1100），遂行南北分卷制，特许齐、鲁、河朔五路的北人别考，使南北取士比例均衡，以至成了东南州军百人取一，西北州军十人取一的局面①。到了北宋末年，南方士人科举为官已超过了北方人，北宋的灭亡更加速了这个文化中心的迁移。结果中国传统的文化重心与经济重心合并了。到了明朝，为了平衡各地士人中试名额，进士科分为南、北、中三卷，分区录取。南卷包括南直隶大部（十一府一州）及浙江、江西、湖广、广东四省；北卷包括北直隶及山东、山西、河南、陕西四省；中卷

---

① 参见《文献通考》卷32《选举考五》。

包括南直隶一部（三府一州）及四川、广西、云南、贵州四省。各区采取比例为南卷55%，北卷35%，中卷10%。明朝洪武至万历（1368—1620）年间，全国殿试前三名（状元、榜眼、探花），加会试首名会元共244名，长江两岸及其以南地区215名，占总数的88%；北方19名，占12%。清乾隆元年（1736）开"博学鸿词科"，江苏、浙江、安徽、江西四省试中的有201人，占总数75%。至于入仕为官，唐代宰相369人，北方人占了90%。北宋初年征服南方，北方集团压制南人，真宗"天圣以前，选用人才，多取北人……故南方士大夫沉抑者多……（仁宗）兼收博采，无南北之异。……及绍圣、崇宁间，取南人更多，而北方士大夫复有沉抑之叹"①。两宋宰相共134人，据不完全统计，其中河南21人，浙江24人，共45人，占总数的1/3。明代阁臣共189人，南方人占了2/3以上。

2. 教育方面。隋唐到北宋兴官学，南北似无轩轾。北宋末，中央官学三舍3800人，地方官学20万人左右，从南宋开始，私学代替了官学，宋境先后建立书院300所以上。北方的金朝以官学为主，学生近万人。

3. 学术方面。唐代学术重心在北方，宋代理学兴起，北宋初北方以山东为盛，流传到了河南，再流传到了闽浙，而四川则因三苏父子而形成了所谓"蜀学"。到了南宋，在福建讲学的朱熹，形成了"闽学"。因陆九渊的活动而形成了"陆学"，再加上钱塘江流域的"浙学"，眉山资江流域的"蜀学"，湘江流域的"湖南学"，成了南宋学风最盛的景象。金国的中都则成了北方学术的中心。蒙古灭金以后，南方的学术则成为独擘了。

4. 宗教方面。佛教在隋唐大盛，禅宗向南流传成为南宋的巨擘。

5. 文学艺术方面。南宋南戏兴起于温州，说话的话本者，成了后来白话小说的滥觞，一直到元明，长篇小说更多是南方人的作品，《三国演义》、《水浒传》、《西游记》等都是如此。

人们的饮食习惯也有变化。茶的栽培流行在南方亚热带丘陵地带。主食南方长久习惯吃米，南宋稻麦连作，南方也有了食麦的习惯。至于肉食，北方重羊肉，北宋尤甚，但南渡以后，南迁的大量人口从皇帝到平民

---

① 陆游：《渭南文集》卷3《谕选用西北士大夫札子》，四部丛刊本。

百姓，把食羊肉的习惯与爱好带到了南方，以至羊肉踊贵，引起南方人大为不满。

关于南北发展的差异，当时人已经看出来了。南宋的章如愚就说过："城邑而居，仓库而储，陶瓦以覆，服牛以耕，父子夫妇以为家，乡党庠序以为教，斯中原之民自古能之，而东南之民自二（三）代以前漫然未有闻知，则与禽兽何异哉？"然而经过开发，"施于隋唐宋朝风教滋美，端与中原无异，而名物丰夥又受过之。故知今之东南，非昔东南，昔之东南不能当宋一路，而今之东南乃过于昔之中原，又岂可一概论哉。……故今之中原非古之中原，今日之中原已与古偏方无异，而古之中原乃今之东南偏方之域矣。徇名而责实必轻重之。当议者不可不深考云。"①南北的差异当时人们更多的是从政治上民族上来考虑。从春秋起，南方即被视为蛮夷之地，到了晋室南迁，北方高门视南方士族为异类。南北朝时，南方人称北方人为"索虏"，北方人称南方人为"岛夷"。经过五代的纷扰，北宋次第消灭了南方诸国，北宋统治集团中的北方人更是极力诋毁南方人，其中以寇准为最，大力排斥出身南唐的王钦若，为相达数十年之久，又把原定的南方人状元改换成北方人。终北宋之世，轻视南人的习惯未改。到了南宋，南方人反视南方为文化正统，北方入侵者为"鞑虏"，加以轻视。而北方集团也因自己的征服而蔑视南人。金人，视南为"南人"。蒙古的等级，第一蒙古，第二色目，第三汉人（原金朝疆域），第四南人（南宋疆域）。南人地位最低，带有浓厚的民族歧视色彩。

二、历史的轴心由东西方向逐渐偏移到了南北方向

中国历史的运转有一个轴，轴的运转方向原来是东西方向的，可是慢慢地就偏移到南北方向了。这个变化也是在唐宋时期完成的。

在中国历史上，由于历史、经济和文化环境的不同，东西和南北方向

---

① 章如愚：《群书考索续集》卷 47《舆地门·诸路》，书目文献出版社 1992 年版。

上的差异一直是存在的。最早，在新石器时代，中国的文化遗址遍布全国各地。文明最早也起源于黄河流域和长江流域。但是，随着国家的建立，黄河流域相对于长江流域来说要比较发达先进，这样就有了南北方向上的差异，但当时更重要的是东西方向上的差异，这在进入历史时期以后更是如此。历史运动的方向多半是在东西方向，人们频繁地在这个方向上交往、活动，好像成了一根历史运动的轴。

在黄河流域的地理形势上，有一条南北走向的太行山脉，山脉之西是山西、陕西黄土高原和山地，太行山之东则是黄淮海平原，间以桐柏山、大别山，以及山东的泰山、沂蒙山和山东半岛的沿海东丘陵地带，所以现在中国的两个省还称为山东、山西。太行山南部与平原的接壤处，在古代有一个关口称为函谷关，是东西交通的要冲，也是军事上重要的防地。函谷关的东西两边也因此各称关东、关西。中国进入农业社会以后，山东、山西，关东、关西的差别就显出来了。关东多平原，农业发达，人口稠密；关西农业相对不那么发达，而且与农牧线交错，在关西的北部，是半农半牧区，这一点在中国进入历史时期以后凸显出来。至于长江流域，那时还不怎么开发，相形之下，是比较落后的。有史以来，黄河流域的古老民族，即可分为不同文化的三个部落集团，这点在 20 世纪 30 年代已有傅斯年的"夷夏东西说"，蒙文通的海岱、河洛、江汉三民族说和徐炳昶的炎黄、风偃、苗蛮三集团说。现在看来，南方的部落集团不算，黄河流域实际上是有同时存在的三个部落—文化—民族集团，即山东集团、河洛集团，还有关陇集团。他们同时存在，向外渗透，一朝兴起，就形成了先后相继的王朝。例如，夏兴起于河洛，商兴起于山东，周兴起于关陇，一旦兴起，势力超过其他集团，凌驾其他集团；一经衰落，又被其他集团取代。夏被商抑止，商又被周抑止，这样就有了所谓的"三代"。到了春秋争霸，山东地区的齐最早以擅海滨渔盐之利成为霸主。不久，即被位于河洛的晋取代。晋在长期与南方的楚对抗之中，成就了霸业。此时，三晋之地的农田水利大有发展，人口稠密，堪与山东的齐鲁抗衡。此时西方的秦局促一隅，还轮不到它来兴起。殆至战国，三晋先后改革，经济大为发展。不久，西边的秦任用商鞅进行改革，强大起来，以关中一地与关东六国相抗衡。这时，秦国境内少数游牧民族众多，畜牧业比较兴盛，军队强悍善战。商鞅改革以后，农业兴盛起来，关东人口稠密的地段移民到关中来也多了，再加上攻占四川成都平原天府之国的巴蜀，和郑国渠的兴建，关中地区经济实力几乎超过了关东的六国。按《史记·货殖列传》的说法："关中之地，于天下三分之一，而人众不过什三，然量其富，什居其六。"终于成就了秦始皇统一六国的大业。这种对关中经济的估计可能高了些，实际上关东地区的经济力量还是很强大的。齐、晋之地，经济力量是可能大于秦的关中，但是政治军事力量较差，有利于秦的各个击破。同样，关东的文化力量也强过关西的文化力量。因此，秦末群雄并起，关东豪杰尊楚国后人为怀王，怀王宣布先入关中者为王。以秦一国的力量对抗山东六国的势力，还是失败了。以至西汉建立之后仍以长安为国都，基地仍在关中。以后又剪除异姓诸王而封同姓王，终于以关中一地之力各个击破，平定吴楚七国之乱，关东控制关西的格局（关东出相，关西出将）终于确定下来。然而此时西汉的皇室、官僚、军队的力量集中在关西，迫切需要粮食物资的支援，粮食的向西漕运成了一个严重的大问题。关东粮食西运，从渤海到河南有济水、黄河等河道，船运很是方便。但是黄河三门峡这关不好过，粮食转运成了西汉供应关中及西北的一大问题。曾经打算转输山西的粮食，但陆运困难，后来计划开褒斜道的运河，转道运从四川北上的粮食。虽然通航，还是太险，只好放弃。随后又经营河西，移民屯垦，一度曾以少量粮食支持关中，但终究不行。这原因主要是水路运输载运量大，成本较低，比陆运车载畜驮要好得多。此后，西汉政府极力设法加强漕运的组织，每年从关东（山东、江淮）转运粮食 600 万小石，多少缓和了长安粮食物资紧张的状态。

到了东汉，放弃长安改都洛阳，这是太行山南麓的边沿地带，土地比关中平原狭小，但可绕开三门峡之险，而且修了一条从伊河到黄河的运河——阳渠，使关中粮食转运洛阳较转运关中更为方便。此前各朝从三国、西晋到北魏，国都都是在洛阳、许昌，以及邺一带打转，这些地方位于太行山南部边沿，山区与平原交界的地方，从军事政治形势来看，还是比较方便的。西晋末年一度改都长安，那是因为迫于韩赵的压力而临时的举措。到了南北朝后期，西魏、北周都长安，那是形势使然。隋唐则继承了西魏、北周的余绪，大力经营大兴和长安，但这时漕运仍是重大问题。对于漕运瓶颈三门峡，无论是修浚河道，开通人工运河，或改为陆路接力转运，总之仍是难于接济。高宗、武则天时几度巡幸洛阳，居留经年，被讥为"逐粮天子"。这个局面经历安史之乱，到德宗仍未缓解。直到刘晏漕运改革，才缓和过来。然而在地方藩镇割据混战的情况下，运河线的安全维系着唐朝的生命，徐州、开封驻军及节度使的作用也在于此。直到唐末，庞勋、黄巢起义，切断运河，系于生命线的漕路断绝，建都于长安的唐朝也就无力再维持下去了。

然而，也就在唐朝时，有差异的关东关西在军事、政治、文化、心理上的差异慢慢泯灭了，人文环境逐渐趋同了，关中屡经战乱已经破败，人口也稀落了，而此时南方悄然兴起，到宋朝完成了经济重心的南北转移，历史运转的轴心逐渐从东西方向转为南北方向。这里可以从运河线走向的变化看出来。

中国古代黄河中下游河道纵横，水运及人工运输大方向多半是东西方向，东西方向很重要的一条是沟通黄河与淮河流域的运河。例如鸿沟，这对山东江淮粮食的东输是最为有利的。到了隋朝，开通了大运河，把海河、黄河、淮河、长江、钱塘江几大流域连接起来，运河是以洛阳为核心，一路从洛阳向东南方向延展，是为通济渠、邗沟、江南运河；一路从洛阳向东北方向延伸到涿郡，是为永济渠；一路由洛阳向西经黄河、渭水延伸到长安，是为广通渠。经过唐朝一代，宋朝运河极为繁荣，核心是大梁（开封），永济渠改名汴河，从开封向东南方向延展，这时运河的繁荣到了极致。然而，经过宋金及金蒙战争，开封荒废，运河废弃。直到元朝，运河从东北—东南走向改为南北走向，一直延续到明清。这也说明历史运转的轴心从东西偏移到了南北，也说明中国东西南北的朝向格局的改变。由于南北两方的移置，中国的国都也向东移为偏北了。唐朝前期皇帝和百官时常驻跸洛阳，被称为东都的洛阳可称为唐的行都，配备的各级官员其官职较高而职掌清闲，多为退休养老之用。到了五代，后梁都开封，后唐都洛阳，此后晋、汉、周，迄于北宋，建都汴梁，国家都城的东移至此完成。但汴京周围无险可守，濒临黄河，河北则是大片平原，更是无险可守，辽国大军常常于秋冬之际庄稼收割后大举南下，掠夺粮食，谓之"打草谷"。北宋只好凭黄河天险及河北一片湖泊沼泽地带防守。1004 年真宗（景德元年，辽圣宗统和二十二年）时，辽国大军南下，逼近黄河，宋真宗勉力亲征，在寇准的坚持下，最终与辽议和，是为"澶渊之盟"。宋末，金军再次大举南下，两渡黄河包围汴京，北宋终于灭亡了。

北宋时，辽国以幽州作为南京，是其五京之一。金于贞元元年（1153）扩大原幽州城建立中都，以为国都。以后，蒙古兴起，攻下中都，金只好南迁。忽必烈建立元朝，把国都从上都开平府迁来燕京。从金元开始在北京定都，此后，明也是建都北京。可能是这座城市望北朝南，北有燕山大漠，是女真、蒙古起家之地，南面又是黄淮海大平原，利于对南方的控制。朱元璋在南京起家，先占长江以南，再行北伐，因此，明朝建都南京。朱元璋死后，皇太孙建文帝即位，与其叔燕王朱棣对抗。朱棣开府北京，发兵南下，经过三年战争，打下南京，建文失败。朱棣虽然入主南京，但仍设法迁都北京，以此可对付逃避到大漠的蒙元势力。清朝入关仍旧建都北京，以此背靠满洲龙兴之地，而南面控扼东南。从元朝开始，大运河也改取南北方向，成为南北交通的大动脉。从金 1153 年定都中都开始，金、元、明、清四朝迄于中华民国，再到中华人民共和国，除有朱元璋短期定都南京和南京国民政府之外，北京作为国家首都，一直延续至今，历时 855 年，在世界历史上作为国都恐怕是历时最久的了。

运河一线改为南北方向，其中徐州以北到山东一段地势较高，通航不易，利用湖荡河流蓄水修船闸用以提升漕船，这一段费工很大，实属不易，后来终因黄河改道而淤塞。迄今，大运河中段仍旧未能通航，不过运河仍有大段通航，北煤南运、南粮北运，都要借助运河。南水北调工程东段打通天津一带用水，也是凭借这条运河。

当历史轴心朝向为东西方向时，历史上一些大的战争都是在这个方向上发生，像秦与六国的战争，秦末农民起义，楚汉之争，黄巾起义，隋末农民起义，黄巢起义等等，都是这样。但经过历史轴心改向以后，很多的战争就是南北方向了，像宋统一十国的战争，朱元璋的北伐，明末农民起义，清兵的南下，国民革命军的北伐，都是如此。至于历史上重要的民族战争，大都在南北方向，那与历史上民族关系和格局有关，东西方向上后来缺乏大量的民族迁移与动乱，这我们到下边再谈。

三、民族关系的方向从北偏西改到了北偏东

中国古代时南北方向还有一个更大的格局，除了秦岭淮河一线划分南北以外，还有一个以燕山长城（明长城）为界线的"大南北"的格局。这条线以南是大农业区，以北是畜牧区。这条线以南往往是以汉族为主体的中原王朝，以北就是草原游牧民族活动的舞台了。这片"大北方"包括了今天的新疆巴尔喀什湖一带，一直延伸到蒙古高原内蒙古和我国的东北三省以及黑龙江以北和乌苏里江以东的地段。这一大片土地的地势从西向东倾斜，最西边的阿尔泰山及其以北的萨彦岭最高，海拔3000—3500米。阿尔泰山往东往南绵延1600公里，它的东边有两条比较平缓的相连的山脉——肯特山和杭爱山。在历史上前者称燕然山，后者称狼居胥山。这两条山脉以北的坡地，因为面向北冰洋，气候寒冷，水体也多一点。那一带有两条有名的河，色楞格河和克鲁伦河，向北分别注入古代被称为北海的贝加尔湖和呼伦贝尔湖，从呼伦贝尔湖往东那就是南北向的大兴安岭，黑龙江的上源额尔古纳河流入黑龙江，再汇入松花江和乌苏里江一起流入鄂霍次克海。黑龙江以北是平缓的外兴安岭（斯塔诺伏山脉），黑龙江以南是广阔的松花江嫩江平原和南边的辽河平原。

东阿尔泰山、杭爱山、肯特山的西坡也是草地覆被，再往南有一大片海拔在1000米以上的荒漠蒙古高原，那里是一大戈壁，历史上称为大漠、翰海，并非都是沙漠，而是有石材和石砾，有一些植被，也有一点水草，适宜于草原民族的大规模的流动和迁徙。从蒙古高原往南，那又是一片连绵的山脉，从西边的天山、祁连山往东经过贺兰山、狼山、大青山、乌拉尔山往北一直到大兴安岭。这就是水草丰美的内蒙古大草原，历史上以大戈壁为界称为漠南和漠北。这些山脉以南，发源于青海的黄河，向北形成

一个半环形的河套，那是农牧两宜的好地方。河套中间夹着一个鄂尔多斯高原。在古代，那边是游牧民族活动的好地方。近年生态遭到破坏，已经荒漠化、沙漠化了，这里再往南就是燕山长城一线，属于汉族的农业地区了。

这个大北方东边属于东亚季风区，往西则属于大陆性气候，夏季酷热，冬季严寒，昼夜温差大，从东往西，雨量逐渐减少，一直延伸到了甘肃西北、内蒙古西部和新疆交界的地段，那里是腾格里沙漠和巴丹吉林沙漠，年降雨量逐渐减少到20毫米，成了中国最干旱的地区。

历史上这一大片土地曾经出现过很多部落、民族，它们倏起倏灭，分合无定，往往在很短的时间聚集成一股强大的力量，迅速南下到了汉族所在的农业区，对中原王朝形成了极大的威胁。他们与南边农业民族聚集地交往、冲突，往往出现了残酷的屠戮和奴役。但他们也摆不脱历史规律，即经济上落后的民族征服了经济上先进的民族以后，慢慢接受了先进民族的生产方式和生活方式，自己也被融合了。这样的活剧反复上演，终于形成了多元一体的中华民族。

这些历史上形形色色的北方民族，阿尔泰山一带及其以东的人种属于突厥种（白种）和蒙古利亚种（黄种）。更可以以语言作一种划分，中国历史上的大北方属于阿尔泰语系，其中又可分为三个语族，从西到东是：

阿尔泰语系突厥语族，源于阿尔泰山一带，属于白种人，历史上有丁零（敕勒、高车）—铁勒—突厥—回纥—黠戛斯—维吾尔，还有月氏（祁连山地）、乌孙（伊犁河谷）；

阿尔泰语系蒙古语族，源于蒙古东部，属于黄种人蒙古利亚人，历史上有：东胡—乌桓—鲜卑—柔然—契丹—蒙古；

阿尔泰语系通古斯语族源于东北地区，也是黄种人，肃慎—靺鞨—女真—满族。

这许许多多的北方民族中，影响最大的是匈奴，却不在上述诸语族之列。由于历史记载的久远，也由于这个民族早就已经在历史上泯灭了，也没有自己的文字，所以迄今仍很难说明它是属于哪个人种，也难于说明它是哪个语族，虽然曾在汉族文献中找到它的语音的对音，但仍没有人断言它是属于何种语言，弄清楚它究竟源于何处。现在知道，匈奴很早就分布在大漠南北。商朝的甲骨文里有北方民族"鬼方"，有人说这个"鬼方"就是匈奴，但也没有多少根据。同处于商朝北面民族还有"羌方"等。西周的《诗经》里载有"犹"，是与匈奴名称谐音的翻译。但那时这个犹即匈奴活动的地区包括了燕山长城的两边即陕北、冀北和晋北。那时地广人稀，到处都是未开发的荒地、森林和草原，商周的方国是一个个网格式的居民点，点的附近有农田、城廓，以外是森林草原，出没着一些从事畜牧、狩猎和采集的部落，这些部落就被称之为夷、狄、戎。据说装束古怪，生活跟动物差不多，而匈奴就是这样活跃在北方的部落，以至古人说匈奴一族本来就是在燕山长城一线以南起源的，在黄河流域的草原林莽中形成，后来向北发展到了蒙古高原，一直到漠北。所以匈奴的兴起和强大是一个历史之谜，而以后它被汉朝打击西迁，是否就是后来的匈牙利人的祖先，也是一个谜，学界历来对此有争论。

匈奴以后，那些北方民族的起源和发展就清楚一点了。它们有三个发源地，一个是在西边的阿尔泰山，语言属于阿尔泰语系突厥语族；一个是在东边的呼伦贝尔和西拉木伦河（西辽河），即阿尔泰语系蒙古语族；第三个是在长白山区，属于阿尔泰语系通古斯语族。在这片广大的森林草原地带，生活着许多小部落，其第一个特点是忽聚忽散，忽兴忽灭。由于一种因缘际会，其中的一个强大起来，经过武力兼并，形成一个大的民族。因为是同一个语系，很容易互相融合，这个新的民族就以原来那个部落的名称来称呼。像突厥，本来是一个很小的部落，而且很穷，近处的部落谁也看不起它，原来住在今天新疆的吐鲁番以北的地区，后来强大了，把原来草原上的很多部落吞并了，成为一个很大的突厥族。蒙古也是一样，成吉思汗建立的蒙古汗国本来是草原上操蒙古语的众多部落中的一个。当时其他的一些部落比蒙古要强大很多，但是经过成吉思汗的征讨，纵横捭阖，把这些操蒙古语的部落吞并了，统一了蒙古高原，成了一个强大的蒙古汗国。这样，往往一些原来的小部落就成了一个大的民族。但是，这些众多小部落之间的关系非常复杂，它的统一的态势是很不稳定的，一场战争，一场天灾，一个统治者的逝世，都可以在较短时间内使它们迅速瓦解，又回复到部落杂居、分崩离析的局面。历史上这些北方民族往往骤然而起又突然消失，其中有一些对后来的历史影响非常大。像突厥在南北朝到隋时非常强大，但后来受到唐的打击，也受到原来操突厥语的铁勒诸部薛延陀、回纥的打击，他们转到西边去发展，进入了中亚，把沿途一些其他民族都征服了，其语言风俗也改过来了。最后一直到有一支塞尔柱突厥建立了强大的奥斯曼帝国（土耳其）。成吉思汗建立了强大的蒙古汗国，进行了西征，灭了西夏和金，又征服了南宋，建立了元朝，但后来又退回到了北方。虽然还是蒙古族，但已经变成了好多像瓦剌、鞑靼等等。这些新建立的强大的政权虽然瓦解了，但它们下边的民族仍然打着突厥、蒙古的旗号，像现在的新疆中亚与土耳其虽然在突厥语系上有点关系，但是其他方面已经没什么联系了。结果，北方草原上的民族兴衰出现了循环的现象，一个民族突然兴起了强大的国家又突然瓦解了，在它们背后的新的民族又起来了，把它的历史地位取而代之。这是北方草原民族包括突厥语族和蒙古语族民族的一个特征。

北方民族的第二个特征是很能打仗，频率也很高。这同他们的生产方式和生活方式有关。游牧生活需要骑马，也要狩猎，他们的生产方式和技术、工具同战争的形式是一样的，马和刀枪弓箭既是生产资料也是作战的武器装备。草原民族兴起的时候，正当原始社会向阶级社会过渡，尤其是在南边先进的汉族农耕民族的影响下，他们受到先进民族的比较丰富的物质生活方式的影响，向往那种生活。他们的武器和作战技术有了一个飞跃，但他们的物质生活又达不到那种水平，于是掠夺性空前高涨，战争成为谋求生存和发展的必要手段，而且是主要手段。这样战争和掠夺就很频繁了。蒙古的传说《蒙古秘史》说到蒙古诸部成吉思汗以前的情况，"星天旋转，诸国争战，连上床铺睡觉的功夫也没有，互相抢夺、掳掠"；"世界翻转，诸国攻伐，连进被窝睡觉的功夫也没有，互相争夺、杀伐。""没有思考余暇，只有尽力行事。没有逃避地方，只有冲锋打仗。没有平安幸福，只有互相杀伐"①。这种小打小闹的战争对草原诸部落是不利的，他们

---

① 《蒙古秘史》第254节，中华书局1956年版。

希望有一个强有力的统帅来统一各部，不再互相打杀，好进行生产，而且一起向外发展。强大的草原民族互相攻打之外，更看上了南边的农业民族，即中原花花世界。这种潜在的掠夺性在草原统一之后得到大大地激发，胡骑大举南下。到处是杀戮和掠夺，中原地区的生产遭到十分严重的破坏，甚至是毁灭性的破坏。人被杀光，地被抛荒，房舍被毁，灌溉系统也被毁坏，而且往往不能恢复了，中国西北和中亚沙漠中的废墟很多，其中的一个重要原因就是战争的破坏。而南边的汉族面对胡骑入侵只能是被动防守，其对付来去倏忽的骑兵就是修筑城池，尤其是把城墙烽火连接在一起的长城。当南方的中原王朝力量强大，就可以挡住北方民族的进攻，而且可以向北打过去，从燕山长城一线越过阴山，再越过大戈壁，一直打到贝加尔湖，从漠南打到漠北。这时，被压迫的北方民族的去向有两个，一是向北退回到原来生活的地方，即阿尔泰山和呼伦贝尔；一是沿着大戈壁的边缘向西，退到河西走廊、新疆。然而，阿尔泰山和呼伦贝尔即原来草原民族的地区又出现新的强大的民族，他们回不来了，就向西从新疆西进入到中亚，像历史上的匈奴、突厥、契丹都走过这种路线，唯一的例外是蒙古，那就是在它兴起的同时向西发展了。

从中国历史发展的格局来看，大致可分前后两段，宋以前是一段，这一段民族关系的走向是北偏西，即主要来自河北、山西北部及甘肃、新疆一线。当时的匈奴、柔然、高车、突厥、薛延陀、黠戛斯、回纥，都是在这个方向上，中原王朝防御重点也在冀北、晋北、陕北、河套、河西走廊这条线，当防御转入进攻时，中原王朝的力量也是向北向西发展，而且中原王朝的国都也面向这些北方民族即在西安，这里唯一的例外就是乌桓和鲜卑。乌桓力量比较小，而且强大的时间不长，可以略去不计。鲜卑却是五胡十六国的重要民族，它们最早源起于西辽河及呼伦贝尔，发展成了一个强势民族，慕容氏的燕、拓跋的代、魏都在中国历史上留下了深深的烙印。鲜卑也向西进到了河西和青海，但是从唐后期开始形势变了，历史的钟摆原来向西，现在向东了，不仅有发源于呼伦贝尔、西拉木伦河的契丹、蒙古，而且更东边的长白山区的靺鞨、女真和满族也参加了历史舞台的演出。我们也要注意这些北偏东北的民族不仅向南发展也更向西发展。

契丹灭亡后，耶律大石率部西行，建立西辽（黑契丹）地跨今天的新疆、中亚，立国达七十年之久。满族的清入关后，历经康熙、乾隆二朝，向西征战终于灭了准噶尔，把疆土一直西延到了巴尔喀什湖以东以南。正因为这样南边中原王朝的国都方向也向东北移了。从周秦汉唐以来的西安东迁到了开封，最后又北移到了北京。从金开始，北京正式成为金、元、明、清的都城，于今已历时800多年，这期间固然有南方王朝国防上的原因（明），但也有金、元、清三个王朝都是北方及东北民族建立的王朝，建都北京是背靠他们发源的地方，也有南向控制南方的意图在内。正因为这样，以洛阳为中心的东南东北走向的运河，从元朝开始转到从杭州到北京的正南正北走向。唐宋之际，民族关系的走向为什么出现了这样的一个向东偏移的变化，而且特别是朝东北方向的变化，可能有如下的因素，那就是今天的东北气候比蒙古高原更为适宜，又多平原，宜于开发，从事农业生产。很早以前，中原的汉族就进入了辽东。东汉末年战乱，汉族纷纷避向辽东。三国的公孙氏与五胡十六国鲜卑慕容氏的兴起不无关系。唐代靺鞨建立的渤海国受唐朝文化影响很深，契丹虽灭渤海，但农业文明和汉族文化烙印仍在。此后，女真、满族更是如此。清朝的勃兴，辽东汉人功不可没。而这时历代嬗替的王朝，他们的治术亦接受了中原王朝的经验而大有进步，应当说少数民族王朝的统治，以清为最有章法。

四、统一国家的最终形成

《三国演义》上有一段话："话说天下大势，分久必合，合久必分。"这是个现象，更可能有其规律存在。的确，中国历史上的王朝有分分合合的趋势。从历史记载上看，夏商周好像是统一的，但是其实有很多诸侯国。可是到了春秋，许多诸侯国强大了，互相攻伐，吞并了许多小国，扩张了领土。而且，齐、晋、楚等纷纷称霸，争夺霸权，即对小诸侯国的控制权，而周王只是成了虚有其名的"共主"。到了战国，诸侯国开始称王了，攻战更烈，最后形成了齐、楚、燕、赵、韩、魏、秦等七个强国，即所谓的战国七雄，残余的周朝也被消灭了。最后，秦国经过变法，强盛超过了六国。到公元前221年，秦王嬴政次第攻灭了六国，自号皇帝，第一次统一了中国。那时的天下或中国，是指现在燕山长城以南、宁夏以西、甘肃、四川直到南海的广东广西这片地方，面积在300万平方公里左右。

为什么会出现统一的情况这可以简单地说一说。以西周为例，它虽然被后来称为是一个大一统的王朝，但是这只是名义上的，实际稀松得很。当时广大的土地并没有充分地开发，到处是榛莽，居住着许多的大大小小的部落部族，而且很多不是一个族，所谓东夷、西戎、南蛮、北狄。有的经营农耕生活，有的畜牧，有的从事狩猎和采集。周王朝建立后，分封诸侯，实际上是一种军事殖民，把它同姓的子弟(如鲁、晋)和异姓亲戚(如齐国的姜)派到边远的一个地方，在那里建立城郭，开垦土地，树立疆界，扎下根来。有些部落表示要臣服周王，也在它们原来活动的地盘实行分封，给予诸侯的名义，定期朝贡就可以了。诸侯国内部，诸侯国与国之间，筑有道路，以利交通，道路之外，是大片的林莽，其中活动着很多小部落，也就是所谓的戎、狄、夷。说得通俗点，周王朝就像一个大的稀松的筛子，孔隙是很大的，或者是一片网络，空隙很大，网络之间交会处有不少节点，那就是各诸侯国了。

经过了几百年，各诸侯国中大片荒地丛林渐渐地被开发了，农田扩展了，人口增多了，经济也富庶起来，而周边的原始部落的威胁也严重起来，成了所谓南蛮与北狄交侵，中国不绝如缕的局面。有些诸侯国灭亡了，像卫国被北狄所灭，遗民只剩了七百多人。诸侯国的存在出现了问题。周王朝权威大大下降，出现了严重的危机。这时处在东方的齐国的齐桓公起来，把分散的诸侯国联合起来，进行会盟，建立了同盟关系，接受诸侯的贡献，抬高周王朝的权威，保护盟国的安全，所谓"尊王攘夷"，"九合诸侯，一匡天下"①，建立齐国的霸权。此后，在山西的晋国与长江流域的楚国兴起，长期争霸，打了几场大仗，晋国把楚国北上的势头扼住了。在这些争霸战中，许多小国灭亡了，许多小国成了霸主的盟国、附

---

① 《管子·小匡》。

庸，把周王朝也撇在了一边。争霸的结果，小国被吞并，反而减少了战争的痛苦。小国尊崇霸主，也要受到霸主的需索，但毕竟能保持一定的和平和安定。这样，慢慢地国家的观念也树立了，比起那个稀松疏略的周王朝来，开始有一些实质性的变化了。黄河流域的汉族（当时可称为华夏族）的形态也开始形成。由于人们交往的频繁，结果，共同的地域、共同的语言、共同的文字、共同的经济形态、共同的文化和心理状态开始形成了，后来的汉族渐渐开始形成了。

到了战国出现了纷扰的七雄，战争频率高了，战争规模大了，破坏强烈了，动员军力动辄十几万几十万。最惨烈的一战即秦赵长平之战，死亡赵士兵多达40万以上。各国恣意攻占，崇尚武力，新兵器、新技术、新战法层出不穷。其结果就是承春秋余绪，争霸进而夺取天下，进行统一。各国思想家改革家正是凭借这个形势纷纷发表自己的看法。就连儒家的"亚圣"孟子，也对梁襄王"天下恶乎定"的问题，回答说"定于一"（《孟子·梁惠王上》）。统一已经是经济发展、人口繁盛、战乱频仍的局面下的共识，是历史发展的大趋势。

后起的秦，经过商鞅的变法，经济力量、军事力量日益强大，秦统一不仅有了必要，而且具有了可能。最后，经过多年征战，到公元前221年一举灭了山东六国，建立了第一个统一的王朝——秦。

但是，秦统一全国的根基终究不大稳固，而且战争之后，继之以暴政，过度的搜刮，残酷的刑法，频繁的兴作，使得农民不堪忍受，终于在秦始皇死后不久揭竿而起，形成农民起义的燎原之火。而被征服的六国旧势力旧贵族也纷纷起事，秦朝仅仅传二世就灭亡了。

继之而起的汉仍然承袭了分封制的余绪，被迫承认各家枭雄的诸侯地位，经过几十年的争斗，终于把原来诸侯国分裂势力彻底清理干净。第一次真正建立了统一的大帝国，出现了中国历史上第一个鼎盛时期。此后，王朝代有兴替，统一的局面却能长久维持下去。但是，这种统一内部还有着分裂的因素，并不能称作真正的统一。

经过两汉400年，这种统一国家的局面就被打破。其原因是豪强—门阀地主的兴起。中国从三国起，进入了战国以后的又一个分裂割据时期。

从公元 189 年黄巾起义到 589 年隋的统一，共经历了 400 年分裂动乱。一方面使战国兴起的第一个商品经济高潮受到滞碍，加深了中国经济的自然经济色彩。另一方面，强大的民族因素也左右着中国历史的命运。到了西晋从 280 年起统一三国以后，只经过短暂的 16 年的统一，但内部矛盾起来了，一是统治阶级内部的矛盾，那就是八王之乱；二是阶级矛盾，那就是流人起义；不仅如此，第三个因素也掺杂进来，那就是民族矛盾，即迁入中原北方内地的原北方少数民族"五胡"——匈奴、鲜卑、羯、氐、羌（加上四川的賨人），由于他们受到汉族及其政权的奴役与歧视，因此，乘战乱之机应时而起，造成了一场又一场民族混战与屠杀。各少数民族之间、少数民族与汉族之间，征战不断，屠杀不已。黄河流域建立的政权像走马灯一样，转换不已。汉族的西晋灭亡了，西晋统治者逃到了南方，再建东晋。随后，北方的鲜卑拓跋氏建立了北魏，统一了北方，与长江流域继承了东晋的汉族政权宋、齐、梁、陈相对峙，形成了南北朝的局面。经过几百年的纷扰，原来互不沟通的民族逐渐融合、汉化；原来强大的割据性很强的门阀士族无论南北，都有了变化，衰落了；原来对立的自然经济色彩浓厚，南北经济有了发展，开始有了交流统一的要求。人民心目中统一的愿望也加强了。这样，到南北朝后期，统一的趋势再次成了历史的主流。北朝的北周逐渐统一了北方，代之而起的隋文帝则于开皇九年（589）征服了南朝最后一个小朝廷——陈，中国进入了第二次统一的时代。同时出现了中国历史上的第二个鼎盛时期——隋唐，也迎来了第二次商品经济的高潮。

经济的发展，使得南方的经济逐渐超越了北方，使得各地出现了不平衡，逐渐形成了各具特色的经济区，并且具有相对的独立性。由于经济政治民族的各具特点，从唐朝中期的具有民族矛盾性质的统治阶级的内部斗争——安史之乱起，黄河中下游出现了半独立的藩镇割据状态。长江及其以南虽然还保持着中央政权的控制，独立性也大大加强了。经过唐末黄巢起义的打击，藩镇割据的局面扩大到了全国，在黄河中下游出现了前后相继的五个短暂的中央政权，这就是后梁、后唐、后晋、后汉、后周五代；而在长江及其以南，则先后出现了九个割据的地方政权，加上五代后期建在太原的北汉，共称十国。这就出现了中国继春秋战国和三国两晋南北朝以后的又一个（第三个）分裂割据时期。北宋的建立及其统一南北，结束了五代十国的纷扰局面，黄河流域及其以南就在这时有了真正意义的全国性统一。

但是，分裂割据的局面并未因此而结束，民族的因素又一次掺和进来。这次是北方的契丹、党项、女真和蒙古，契丹建立的辽国实际上同北宋处于对峙的局面。党项建立的西夏也在西北方向与北宋对峙。此后的女真族建立的金灭亡了辽，又灭了北宋，历史又一次演出了北宋皇族赵构南迁建立南宋、与北方的金相对峙的局面。然而蒙古兴起了，灭夏，灭金，南宋疆土日蹙，国势日衰。在强大的蒙古军队重压下，艰难地维持着国祚，终于在 1279 年被蒙古所建的元朝灭亡。

从元朝开始，经历了明朝、清朝，中国继续维持着统一的局面，从此再也没有出现过分裂割据。统一的大国经历元、明、清最终形成了。从秦始皇统一六国到清末的 2100 多年，中国处于分裂的局面大约只占 1/3，即三国两晋南北朝的 400 年，五代十国两宋的 300 年，其他 2/3 的时期都处在统一的状态之中。即使处在分裂状态，统一的趋势、统一的心态、统一的要求始终存在着，这在世界历史上恐怕是独一无二的。

自然，在长久的封建社会中，分裂割据的因素始终存在着。每当王朝更替之际，群雄争斗，互为割据的局面总是为统一所取代。有的动乱短短几年就出现了统一的新王朝。有时，也要纷争几十年，像元末、明末就是如此。但很快又过去了，又恢复了统一。这种情况一直延续到清朝末年。这时西方资本主义国家开始进入到帝国主义阶段，它们在中国有强大的深切经济利益，也开始投资，开始划分自己的势力范围。帝国主义势力与把持当地的政权的官僚军队相勾结，划分了各自的地盘。19 世纪末，八国联军之后，长江中下游的地方官僚提倡东南互保，联合起来保持中立，不去跟外国人打仗，也不支持义和团，维持了一个和平的局面。到了辛亥革命，袁世凯想实现帝制，遭到各地的反对，袁世凯倒台了，出现了军阀割据的局面，这种军阀割据的局面大概维持了 20 年。国民党政府北伐成功，全国也算统一了，但地方军阀如川系、桂系、滇系、东北系等仍处在一种半割据的状态中。一直到中华人民共和国成立才算最后解决。统一的趋势越来越看得清楚了，人们的心理状态、愿望也越来越看得清楚了，经济的发展与交往也越来越看得清楚了。中国是一个绝对不能分裂的国家，这是铁的法则，任何人也不能违反的。

五、这段时期先后出现了两个世界帝国

6—14世纪先后出现了两个世界帝国，这就是唐和蒙古。这里的"世界"指的是旧世界，即亚欧非大陆，至于包括美洲、澳洲在内的世界，即全球性的世界，那是15世纪地理大发现以后的事了。

历史上能够称之为世界帝国的国家不多，罗马也许能算一个。在中国历史上，唐朝没有问题，蒙古也没有问题。之所以把它们称之为世界帝国，需要具备这样几层意思：

第一，疆域最大，人口最多。唐朝疆域在全盛时（高宗）达到约1200万平方公里，比今天的中国陆地面积960万平方公里要大许多。它的西界一直延伸到中亚咸海一带，北界到达了贝加尔湖。成吉思汗及其后代建立的蒙古汗国，地跨欧亚两洲，西到多瑙河、亚的里亚海，南到爪哇，比1200万平方公里还要大。忽必烈建立元朝，和成吉思汗及其后裔的四大汗国已经没有了直接的统属关系，但疆域当在2000万平方公里以上，人口也是当时世界最多的。唐朝的人口估计有七八千万，元朝人口八九千万到一个亿以上。

第二，国力强盛，内部统一，相对稳定。唐朝从公元618年到907年一共维系了290年。从蒙古汗国的建立到元朝被驱逐到大漠，一共维系了164年，国祚都不算短。

第三，经济文化最发达。旧世界中各个国家、各个地区、各个民族的交往是广泛存在的。世界性帝国对周边国家和民族有一种吸引力。唐朝周边各族的政治、经济、文化都受到唐朝深刻的影响。日本、朝鲜、渤海、西突厥、回纥、吐蕃、党项、南诏都是如此。他们的使者、学生、僧侣不

断地到中国内地访问、学习。他们的制度也常常是学习中国或者受中国深刻的影响。他们同中国有着频繁的贸易关系，陆上丝绸之路，海上交通贸易，影响了各国的发展。唐朝的长安是一个国际性的大都市，人口超过百万，各国的使节、商人、留学生、僧侣，非常多，有的长久逗留不去，最后成了中国人，有的读书应试做官，有的成了诗人，有的带兵为唐朝打仗，成了有名的将领，以致长安胡风极盛，被人认为少年都有了胡心。外国的物产像马匹，还有葡萄酒、歌舞、音乐、宗教(祆教、摩尼教、景教、伊斯兰教)都有流行。长安以外的大城市像扬州、广州、泉州等对外贸易港口，外国船舰充斥，有外国人及少数民族居住区，被称为"蕃坊"。又像元朝，少数民族、外国人也是很多的，都城大都规模宏大，《马可·波罗游记》里称它为"汗八里"，有极尽辉煌壮伟的描写。中外贸易也很发达，文化影响也很深切。中国有五大发明，传播出去，有世界性的影响。第一是丝绸，这在中国早就有，传播到西方也比较早，大概是汉朝吧，以致罗马称中国为"丝国"。第二是造纸术，发明在汉朝，唐朝时经过阿拉伯传到了埃及和欧洲。第三是印刷术，雕版印刷大概是隋朝发明的，很快也传到朝鲜、日本、中亚。活字印刷术的发明大概在唐末五代，最早在敦煌发现了，回鹘的西夏表音文字的木活字，北宋的毕昇又发明了一种汉字的活字印刷。造纸和活字印刷术的西传对欧洲的文艺复兴以及资本主义的兴起有着极其巨大的影响。第四是指南针，磁石吸铁和指南的功能在战国时就发现了，在铜盘上（称为栻盘）放置磁铁矿做的勺形"司南"，利用磁性的原理指示方向。到了北宋，出现了用于航海的指南针，以后传到欧洲，促成了地理大发现。至于火药，中国火药最早出现在唐末五代，到了北宋，用于战争。最重要的是管形火器，即后世枪炮的前身。蒙古大军正是挟其火器征服了半个世界，并且促成了封建城堡和披甲带盔的骑士的消亡，间接促成了封建制度在欧洲的崩溃和资本主义的胜利。

第四，这两个世界帝国的风格的政策也各具特色，不大一样。唐朝显得更为宏博开放，兼容并蓄，多姿多彩。它也有征服和战争，但更重要的是和平交往。国家的风格属于泱泱大国，对待各个民族和外国人相对地平等一些，较少具有限制性和压制性。蒙古和元朝则更多地具有民族征服和民族压迫的特色。元朝民族压迫民族歧视很重，但是商业很发达，陆海贸易很繁盛，交通邮传也很严密先进。一直到 14 世纪建立的明朝仍然继承元朝的余绪。郑和庞大船队的七下西洋，在世界历史上是空前绝后的壮举。但是，明成祖一死，这场伟大的航海壮举就消歇了。而欧洲的航海事业却方兴未艾。而照地缘政治学者的说法，唐和元都是大陆岛的控制者，它们的发展成就是很辉煌的，但是终究缺乏内部激励的动力，也没有得到国家政策的大力支持。明的造船和航海技术在当时世界上是最先进的，它经过阿拉伯辗转欧洲，促成了地理大发现、贸易和殖民。而中国却停滞了，这里停滞的原因不能仅归之于巨大的财力耗费和海禁，不能只归之于国家的政策，而要到中国社会内部去找它的原因。这里就涉及了我们所论的第六个问题。

六、社会生活不彻底的转型

这个情况应该是讲到 14 世纪以后的中国历史时所应突出的焦点。

在 6—14 世纪，社会生活的转型只能说始现端倪，开始萌动，但绝非不重要。

转型期确切的涵义应当是指社会性质——社会制度的变化。在这里，6—14 世纪的社会转型应当是指中国封建社会向资本主义社会的变化，或者说，是中国的近代化。但这种社会性质的转型并未最终实现。尽管如此，也不能说 6—14 世纪没有一点转型的征兆和因素在中国封建社会内部出现和滋生。问题在于它们终究没有发展和壮大起来，以致达到可以取代封建社会的地步。相反它不仅受到社会内部和外部各种强大的封建因素的制约，也受到它们原本从历史上带来的一些先天的弱点和拖累，以致社会的转型未能顺畅地实现，中国社会基本上还是在原来的条件和机制下继续运转下去。

19 世纪，外国殖民—资本—帝国主义势力进入中国，极大地震撼了一潭死水般的旧社会。与西方相较，中国落后了，开始了艰难曲折的近代化—现代化的历程，其间还不断出现了停滞、动乱和倒退。最后是1966—1976 年那场历时十年的浩劫，整个中国濒临崩溃。只是到了改革开放，中国才开始了真正的转型，努力汇入全球化的轨道。1980 年中国人均 GDP 400 美元，2006 年达到 2055 美元，算是达到了小康社会 ①。

6—14 世纪中国社会的变化，包括两类互相结合、互相补充、互相包容而又互相对立、互相冲突而又始终未能融汇的趋向，这就是：僵硬化和凝滞化，成熟化和商品化。

大体上 6—14 世纪中国社会成熟化和商品化的趋向是主要的，虽然成熟化和商品化内部已经开始孕育着凝滞化和僵化的因素，但社会和进步还是明显的，可感受的。到了 14 世纪以后，商品化和成熟化的进程虽然仍在继续着，但凝滞化和僵化的因素已经是明显地可感受的了，可以看出，凝滞化和僵化的趋向严重阻滞了成熟化和商品化的趋向。即使是人们传颂的"康雍乾盛世"也是如此。社会发展和进步的势头减弱了，即使有的话，那也是属于量的增长而非质的变化。中国封建社会好像处在一个封闭循环的怪圈中，或者像一艘失去动力的大船，只凭惯性在那里缓慢地漂流，再也无法利用和发挥自己的力量及其中微弱的进步因素来进行突破了。

这两种趋向不太好分，只好放在一起笼统地讲一讲。大体上从经济和社会上侧重商品化和凝滞化的趋向，从政治和制度上侧重成熟化和僵固化的趋向。

这两种趋向的表征，可以从以下几个方面来看：

（一）第二次商品经济浪潮

从战国秦到西汉，中国社会出现了第一个商品经济浪潮。东汉三国两晋南北朝，商品经济衰落，自然经济色彩加强了。商品经济衰落的原因，

① 参见中华人民共和国国家统计局编：《中国统计年鉴 2007》，中国统计出版社 2007 年版，第 40 页。关于统计年鉴中的统计数字，还有不同看法，有人认为到 21 世纪中叶（2050）前后，中国人均 GDP 将达到 5000 美元，进入中等发达国家行列，但由于 CPI（居民消费价格指数）和国际汇率变化，2013 年中国人均 GDP 达到 6767 美元。

一是豪强地主到门阀地主兴起，地主经济的封闭性加强了，自然经济色彩加浓了；二是黄河中下游的长期战乱，阶级斗争、统治阶级内部斗争和民族斗争空前激烈，经济遭到严重破坏，人口大量损耗。这期间，尤以民族斗争带来的民族仇杀、民族统治、民族压迫最为酷烈。相对之下，南方战乱较少，又接受了大量北方移民，仍在继续开发，商品经济也有所发展。到了北朝后期，黄河流域战乱少了，社会相对安定，经过长期斗争，民族之间的对立仇杀、仇恨和歧视也逐渐淡化乃至消弭了，各个民族由于先后转入农业社会，开始与汉族融合，社会经济包括商品经济也有了恢复和发展。这样，从隋唐统一帝国开始，中国社会出现了第二个商品经济浪潮。宋朝继续承袭了这个势头，南方尤盛。比起战国秦和西汉，这次浪潮出现了过去不曾有过的新因素、新局面、新气象，可以说，出现了中国封建社会转型期的某些征兆和因素。

1. 土地关系的变化

秦汉以来中国人一直向往先秦的井田制。王莽的王田制一度是一次可笑的失败的试验。西晋的课田制只是规定受田最高限额，再有就是北魏隋唐时的均田制。均田制实际上实行的是土地国有，定期还授。但还有土地私有制的因素（桑田、永业田及政府控制下土地买卖）。这种土地制度，在战乱之后，大片土地荒芜，大量人民死亡流徙的状况下，为了争取劳动力回到土地上，给国家提供租调和力役，倒不失为可行。然而年头一长，土地垦辟，户口繁衍，受田往往不足，还田也同具文。均田制逐渐败坏，不得不放宽买卖土地的规定，桑田和永业田可以允许买卖，也允许买卖露田和口分田。再加上对官吏贵族的大额受田，无须归还，这样土地的私有逐渐渗入，国有因素逐渐消失。到了安史之乱，均田制已是名存实亡。土地私有化的过程逐步完成。到了北宋，"田制不立，畎亩转易"①，完全承认了田主的完全的土地所有权，国家已不再去分配土地，也不再干预土地的买卖，但国家也还不乏直接掌握的若干土地，这就是屯田、营田、官田、官庄和皇庄，但其经营方式也就同私有土地差不多了，即由国家把自

---

① 《文献通考》卷 4《田赋考四·历代田赋之制》。

己掌握的土地分成小块，租给一家一户的农民去经营。

在土地私有制下，占有较多土地的地主把自己的土地分成小块租佃给农民耕种，这和农民以一家一户为一个生产和经营单位，从事农业耕作的全过程，以其每年的收获，以实物形式交纳地租。农民中又分为这样几个阶层：耕种自己土地的、基本上自给自足的自耕农；一部分自有土地，佃种一部分地主土地的半自耕农；没有土地完全佃种地主土地的佃农或者有了人身依附关系的依附农；还有最低下的、没有土地和生产资料、佣耕为生的雇农。这其中租佃制是最普遍的形式，半自耕农或佃农是农民的主体。至于地租，则仍以分成制的实物地租为主，地租率一般在 50% 左右。从北宋以后出现了定额租和货币代物租，到明清又出现了货币地租。至于劳役地租一般不占主要地位，只是为政府服劳役成为农民的正式负担。但从隋以后，正役也可以实物折纳，是为实物代役租。以后又演变为以货币折纳，即货币代役租，其交纳的实物和货币，即由政府雇人充役。

占有大量土地的地主，一般不参加劳动和生产的管理，只是坐食地租。但即使如此，采取分成制的实物地租的地主，也常常要部分干预生产的管理，如贷其种食，借其耕畜农具，赁其屋舍，下乡督促耕作、估产、收租等。这些对生产的干预一般是有限的、非经常的。

从唐以后，随着土地所有制关系的变化，在经济发达地区出现了少量经营地主。他们多半从事经济作物的生产和经营，如粮、茶、油、丝、棉、牧、渔等，历史又回到了《史记·货殖列传》所记载的汉代的情况。同时，在一般地主所获地租中，也有相当的份额出售，出现了地租商品化的倾向。另外，分成租转为定额租及货币代物租，可使地主家庭脱离了生产经营，成了纯粹的消费客体，有些地主干脆住在城里，但其与商品和市场的联系并未减弱，毋宁说是有了加强（可先预测行情，计划投入市场的商品量）。定额租使地主越来越少地干预个体小农民家庭的生产，使农民生产和经营的自由度加强了，客观上为个体小农民家庭生产的稳定和发展创造了某些条件。再者，地主所从事的某些乡村中有利于农业生产和生活的公益活动，如兴修水利（"业户出本，佃户出力"①），建立义仓、义学、义田、学田、修桥补路、平粜、赈济饥乏、襄助丧葬婚嫁、建屋立舍、救灾等等，乃至祭社、迎神赛会（刺激商品交换）。其中，原来有些是政府兴办，后来地方士绅也有组织起来举办的。地主收取的地租除了纯消费以外，也拿出一部分来作为社会公共积累和公益开支。

这些，都说明了农村经济已打上了深浅不等的商品经济的印痕，或者说商品经济已经渗入农村，最突出的是，土地私有和土地买卖。

2.手工业的商品经济化

农业的增长带动了手工业的增长，也带动了手工业的组织管理和技术的改进。这一方面表现为产品品种、质量与规模的变化，最明显的是作为商品的日用品在手工业产品中的比重增大。许多日用品的交易遍及乡村，走乡串村的货郎担和手推车就是明显的表征。

手工业中的官手工业作坊人数大为增多，唐玄宗时，中央政府少府（掌百工伎巧之政）、将作（掌土木工匠之政合）两监，共有工匠 34850 人，少府监下的绫锦坊即有工匠 365 人②，北宋成都官营锦院有工匠 318 人③。在私营手工业中，唐代的市大都是前店后坊的形式，产品货物按类排列成行。长安东市有行 220，洛阳略同④。在都城之外的偏远地方，也有规模很大的手工业作坊。唐高宗时定州何明远大富，主官中三驿，家以袭胡（供应胡人服装）为业，家有绫机五百张⑤。虽然可能并非集中生产，但累计用工匠应在千人以上。元代马可·波罗行经杭州，言该城"有十二种职业，各业有一万二千户，每户至少有十人……其人非尽主人，然亦有仆役不少，以供主人指使之用。诸人皆勤于作业"⑥。《马可波罗行纪》的另一编译本中，说得更确切一点："在此处（杭州）所经营的手工业中，有十二

---

① 徐光启著，石声汉校注：《农政全书校注》卷 15《东南水利下·附鱼鳞取土法》。

② 参见李林甫等：《唐六典》卷 22《少府监》，中华书局 1992 年版。

③ 参见费著：《蜀锦谱》，丛书集成初编本。

④ 参见宋敏求：《长安志》卷 8《唐京城二》，丛书集成初编本。

⑤ 参见张鷟：《朝野佥载》卷 3，中华书局 1979 年版。

⑥ 《马可波罗行纪》，冯承钧译，上海书店出版社 2001 年版，第 353 页。

种被公认高于其余各种，因为它们的用处更为普遍。每种手艺都有上千个工场，而每个工场都有十个、十五个或二十个工人。在少数工场中，甚至有四十个人工作。这些工人受工场老板的支配。这些工场中富裕的手工业主人，并不亲自劳动，而且他们还摆出一副绅士的风度"①。

这里许多日用品本来是与农业结合的家庭手工业产品，属于自给自足的自然经济性质，这时也转换或部分地转换成为商品，像衣料的生产，已经不必一家农户的麻织品经过从种麻——剥麻——沤麻——脱胶——纺线——织布——缝衣的生产全过程，丝织品也不必经过采桑——养蚕——缫丝——漂练——捣练——织帛——缝衣这样的生产全过程，而是可以离开一些生产必经的环节，到市场上去购买半成品加工使用或出售。例如，不必经过植麻植棉，也不必经过采桑养蚕缫丝的生产环节，而径直到市场上去购买棉线、蚕茧或生丝，再上机织成布或帛②，或者干脆到市场上去购置现成布帛，回家裁剪缝成衣。这种情况，到宋，已经出现了从事生产全过程的专业户，也出现了一些专事生产产品某个流程的专业户。

手工业发展的另一途径是行业内部的技术、组织和管理的进步，从唐到宋，个体劳动的手工业者发展到了有业主、帮工和学徒的手工业作坊，再由于分工协作的发展出现了手工工场，马克思《资本论》所说的手工工场产生的两种形式，即把不同工种的工匠集合起来在同一场地里进行合作，或者是同一个产品按生产过程的不同环节而分工。第一种形式，唐代少府监属下的织染署，即分四大部分、二十五个作坊，有织纴之作（织普通布帛）、组绶之作（帽缨绶带）、绸线之作（丝线网子）、练染之作（染色）。织纴之作下又分布、绢、絁、纱、绫、罗、锦、绮、䌷、褐等十个作坊。可见分工之细③。唐高宗定州何明远家有绫机（提花织机）五百张，织绫

---

① 《马可·波罗游记》，科姆洛夫编印英文本，梁生智译，中国文史出版社1998年版，第204页。

② 《新刻石室先生丹渊集》卷3《织妇怨》，台湾学生书局1973年版。织妇送官之帛不合规格，乃买丝而织。欧阳修诗《送祝熙载之东阳主簿》"千室夜鸣机"之句，则原料生丝与机织分离的迹象更为明显。

③ 参见李林甫等：《唐六典》卷22《少府监》。

需一个以上的工匠共同在生产过程中合作。家有绫机五百张如果属实，恐怕也不大可能集中在一个绝大的工场里，只能分散生产，那工人也当在千人以上了。上都(唐长安)通化门车店所为车工所居，募人集车，轮、辕、辐、毂，皆有定价，即车的各部由不同的工匠如木匠、铁匠等独立完成，然后再加装配成为整车①。

第二种形式是在同一场地按生产过程的不同环节而分工协作。北宋蕲春铁钱监，每日雇工三百，十日可铸一万缗，一年工作九个月，得钱二十七万缗。四川制糖专业户"糖霜户"，需有一定的技术和相当多的工具。较大的作坊需二十多人，也有粗略的分工，即：削、挫、碾（椿）、蒸、煎，反复数次中格②。制墨业则有用五人，分为和煤、丸捍，五人轮流相次经过光剂、硬剂、热剂等阶段，然后入匠手丸捍③。

到了南宋，私营手工业变化最大，内部分工的大作坊或工场更多地出现了。如印刷业内部一般都有分工，最简单的亦分为雕工、印工、裱镳三个部分，各部都有作头领导着，另外还专门的校对。曾任台州知府的康仲友在家乡婺州开设采帛铺，不仅经营商业而且有手工业作坊，场内分工包括染色、印花、机织三部分，一次可卖出高价的暗花罗及瓜子春罗三百匹及染料红花数百斤。

类似的材料还有一些，包括煮盐、采矿、缫丝、造纸、造船等，则唐宋的手工业的发达无论公私，可见一斑。

3. 商业和市场的发育

第一，市场体系内涵的深化。

商品类型有所变化，原本属自然经济的产品逐步进入市场，粮食、布帛、陶瓷等成为交易的大家。小日用品也开始充斥市场，而且"无远弗届"。服务行业、茶楼、酒肆、旅店、妓院等也在城市及交通线上兴起。修建、生活服务乃至车船、脚夫、婢仆也成了重要的行业。从单纯的商品

---

① 参见《太平广记》卷84《奚乐山》，引《集异记》，中华书局1961年版。
② 参见王灼：《糖霜谱》，丛书集成初编本。
③ 苏易简：《文房四谱》卷5《墨谱》，丛书集成初编本。

市场、生活资料的交换（奢侈品的比重逐渐加大），扩展到生产资料的交换——唐中叶以后劳动力市场的出现——再到资金市场（融资、高利贷、典当、汇兑、存取款等）——外贸市场（宋以后海路贸易大发展，虽受海禁闭关的打击与限制，但仍有发展，而且走私贸易也很流行）。

第二，长途贩运贸易。

在地区经济的局限及地区消费的不确定与有限以及交通运输成本问题影响下，过去大批物资尤其是生活资料的长途贩运，除去政府组织进行的不计成本的粮食漕运、军需、建筑材料的供应之外，一般是不可想象的。《史记·货殖列传》云："百里不贩樵，千里不贩籴。"长途贩运成了价高、量小、质轻货物的专利。价低、量重、体大的日用品除了盐铁铜之外更是不能考虑。但唐宋时日用品的长途贩运开始兴起，其最重要的商品一是粮食，二是绢布，三是陶瓷。这一方面是各地物产有富余，有增多余地，另一方面也是由于交通条件的改善，特别是水路运输。当时南方各河道大都通航，使载重较大、运输成本较低的船只可以通航和转运。大运河的开凿更使水运能够沟通南北，大大便利了通商和物流。除了河运，海运也发展了。据研究，唐天宝时的陆路长途贩运成本允许的半径为六百里[1]，水路长途贩运距离当在这以上。沿海航运海路更是"无远弗届"，杜甫《后出塞》诗云："云帆转辽海，粳稻来东吴"[2]，加上敦煌文书《水部式》的记录，沧、瀛等十州共差水手 5400 人，其中 3400 人承担海运任务[3]，则粮食的长途贩运不排斥有走海路的可能。《房山石经题记》记唐代幽州、涿州有大米行、白米行等数十处。这种粮食的贩运亦不排斥通过通济渠河运的可能，从其有米商能够结社刻经作为功德来看，可知这些米行结社财力之丰厚。北宋汴河船只输送粮食，沿线有粮仓贮存转运，路途当在千里以上。南宋杭州米粮由江西、浙江、广州供应，路程也是如此。元末农民起义，

① 参见孙彩红：《唐代粮食陆路长途贩运距离的量化研究》，《中国经济史研究》2007 年第 4 期，第 141 页。

② 《杜诗详注》卷 4，中华书局 1979 年版。

③ 参见郑显文：《敦煌吐鲁番文书中所见的唐代交通管理的法律规定》，《西南师范大学学报》2005 年第 6 期，第 140 页。

朱元璋与张士诚大战，遮断江南航运，割据浙江的方国珍即从海路转输米粮至大都以供元朝军需民食。汉唐国际贸易商路多从所谓的丝绸之路西入西域。所运多为价贵、质高、量轻的商品，如缣帛之类。安史之乱以后，丝绸之路为吐蕃、回纥、西夏相继遮断，商旅难于通行，只好绕道蒙古高原和西伯利亚森林南路西行。而海路则因造船与航海技术的发达，于宋元时大见兴盛。郑和七次下西洋，更是空前绝后的壮举。只到明成祖死后才见衰歇。海运货物的大宗是笨重易碎，而此时技术又已臻成熟，精好的瓷器和丝绸、茶叶，大都属于价低、量轻、体大的一类。说明了随社会进步的外贸货物类型的变化。

第三，商业资本和高利贷资本流入生产领域。

商业资本渗入生产领域的情况，宋代已经见到。茶叶是一种重要商品，而且采制有季节性。四川种茶的园户"自来隔年，留下客放定钱，或指当茶苗、举取债负，准备粮米，雇召夫工。自上春以后，接续采取"。[①]即茶商先须预付给园主一笔定钱或放债，以备园主能准备口食，召雇人工，以备来年采摘加工。又如荆湖两路"产茶州县在城铺户居民，多在城外置买些地植茶株，自造茶货"[②]，而且套购国家统制下的私茶，转运到城市与城里内外商户串通买卖。

成为商业资本与土地结合牟取茶利的一种模式。福建的荔枝，初开花时，商人"计林断之以立券"[③]，收获后，水陆转运到汴京、辽国、西夏，乃至新罗、日本、琉球、大食，以谋重利。商人包买种植荔枝农户产品，独享利润。

高利贷很早就有，战国秦汉时的"子钱家"即其滥觞。魏晋隋唐的解库或质库亦即当铺。唐代除需要抵押品的"质"外，还有举，即信用贷款，还有"质举"（即担保品不由放款人保管，而仍由借款人经营），利率为月息六分（6%），最高不得过 100%。用官廨本钱放债（放款人称"捉钱令

---

① 吕陶：《净德集》卷 1《奏具置场买茶旋行远方不便事状》，丛书集成初编本。

② 《宋会要辑稿·食货》32 之 12。

③ 蔡襄：《荔枝谱》，丛书集成初编本。

史"），一般月利 4—5 分，私人放债有超过几倍的。敦煌一带农户粮食举债，半年为 50%，即月息 8 分。宋代官府、官吏、寺院、商人普遍放高利贷，"库户""钱民"即以放高利贷为其专门职业。借钱人户的抵押品最多最好的是田地宅舍，利率一般年息在 100% 以上。王安石变法行的青苗法，青苗钱年利为 40%，在此影响下，利率有降低的趋势。南宋规定，年利率不能超过 50%，当然那只不过是具文。

商业资本和高利贷资本的运动可以向官僚资本、地主转化，从而强烈地冲击了封建土地所有制，所谓"贫富无定势、田宅无定主，有钱则买，无钱则卖"①。一如马克思所说高利贷对于封建财富或封建所有制"发生破坏和解体的作用"②。土地和财富的转移迅速了，但在中国封建社会官僚、地主、商人高利贷三位一体的情况下，流转出去的土地又回到了官僚商人手里，形成了一个循环，从根本上还是起了稳定封建制度的作用，呈现了凝滞性。

第四，市场体系外延的扩大。

商品产地的转移。随着农业和手工业经济的发展、中国经济重心的南移，许多传统的商品产地都有南移的趋势。如浙江、江西、福建的粮食，江南的丝绸，浙江的瓷器，湖南的茶叶，浙江、江西的矿冶，沿海的盐，南方的竹木棉布，四川、浙江的印本书籍等，都凸现起来。总体上看，是南胜于北。

由于商品生产的转移，已经出现了市场地区化的趋势，尤其是太湖流域、湖南、四川，而且出现了若干专业化的市场，如陕西、四川的马市，成都的锦市、蚕市、药市、花市、茶市，扬州、泉州、广州的番市，苏州、扬州、杭州、洪州、鄂州的米市，扬州、鄂州、泉州的造船，等等。

边境贸易由于北方民族的兴起也呈繁荣之势。宋辽边境、宋夏边境、宋金边境、宋蕃边境贸易颇为兴盛。其中，除了盐铁等生产资料和茶马的互市外，其他日用品和奢侈品的交易也很频繁。尽管这种边境贸易多在政

---

① 袁采：《袁氏世范》卷 3《富家置产当存仁心》，丛书集成初编本。

② 马克思：《资本论》第 3 卷，人民出版社 2004 年版，第 674 页。

府严格的控制下，但仍达到相当的繁荣的程度。

另外，由于造船及航海技术的发展，海外贸易也大为发达。其北路由登州、扬州出发，达到朝鲜、琉球和日本；南路则经扬州、宁波、泉州、广州抵达东南亚至印度、锡兰（今斯里兰卡）、阿拉伯、东非，中国出口的商品主要是丝绸、瓷器、茶叶，进口的则以香药、珍宝为主。每年来往船舶曾达千艘以上。沿海城市多有外国人居住，唐朝称之为番坊。唐末黄巢起义军攻入广州，据阿拉伯记载，死者包括回教、犹太人、基督教徒、火祆教徒在内达十二万人 [①]。

这数字虽然不免有夸大之处，但外国居民众多当是事实。从唐以迄宋元，重要海港，政府都设有市舶使或市舶司，管制海外贸易，南宋进口货物抽税 10%—20%，成了南宋政府的一大收入。

第五，商业网络的形成。

由于不定期的农村集市和受政府严格管制的市场逐渐发展，原来单纯的商品市场从生活资料的交换进到生产资料的交换——逐渐进到劳动力市场的出现——再进到资本市场（金融、融资、高利贷、典贴、汇兑、存取款，等等）。原来古老的政治性城市或军事性城市，因为国内经济形势的变化而衰落或转轨，加强了其经济职能。而像经济性的城市更是四处崛起，人口茂盛，商业繁荣，那些在水陆交通线枢纽或交叉点的城市更盛。新的大中城市周边新的市场及城郊集镇开始兴起，它们大多彼此有着密切的经济关系，形成了互补的交换关系和广袤的农村腹地。原来的城乡差别逐渐扩大，城乡对立也开始出现了。市场的发育，从小的地区性的市场——大的地区性市场——走向全国性市场。有的地区性市场，彼此关系密切，形成了稀疏的网络，尤以长江下游及太湖流域为最。但是，全国性市场尚未形成，市场网络是稀疏、脆弱的，而且由于动乱而不断遭受破坏，就好像劳蛛缀网一样。

中国封建经济结构诸要素的运转从农村和农业生产开始，农产品大部

---

① 见张星烺编注，朱杰勤校订：《中西交通史料汇编》第 2 册，中华书局 1977 年版，第 207—208 页。

分自行消费，然后进行再生产。这是一个小循环，主要是在农村及农户内部进行。其剩余产品和一部分必要产品则循两条路线运行，一条是经过封建国家赋役而注入其他地区和部门，这是非商品性的活动或基本上是非商品化的活动；另一条是以物料的形式经过市场进入城市的手工业领域，经过工匠的加工然后再回到市场，而又再进入到农村，最终完成消费。这是一个大循环。小循环依中国的温带气候及农作物生长周期则以一年为率。小循环的损耗是小的，效率是高的，经济效益却不算高。至于那个大循环运转周期则难以一年为率，循环过程很缓慢，损耗也不小（自然损耗和人为浪费），经济效益也不算高，这就是中国尽管也出现了第二个商品经济浪潮，但发展速度缓慢，效率不高，效益不彰，阻碍甚多，开始出现了凝滞化的现象的原因所在。

4. 金融和货币。

中国古代一般使用铜货币，最早是称量钱，如秦半两、汉五铢。唐朝建立不再用称量计值，改称钱，一个单位称为钱（十分之一两）或"文"，逐渐引用了符号货币。五代时为适应第二个商品经济浪潮的兴发，货币形态也发生了变化，而且出现了最早的金融活动。

魏晋南北朝时期商品经济萎缩，除去以谷物为主的实物货币占了交易的大宗外，减重的小钱、私铸的成分掺杂的劣钱普遍流行。隋朝统一，改铸"开皇五铢"新钱，停止前代不合式的小钱、劣钱的流通。但钱币重量偏轻，与其名称"五铢"，名实不符。唐初铸"开元通宝"（一称"开通元宝"）钱，以后中国铜钱不再以重量名称为名，消除了旧的金属称重货币的残留痕迹，而且影响到了中国的计量制度。唐朝规定，十枚开元通宝钱重一两，而且"钱"作为重量单位，由此中国的重量单位两以下不再用铢（一两为24铢），改为用十进制的"钱"，比过去方便多了。

唐后期由于铜的开采不足以及铜币用作贮存手段或由铸币改铸器物，出现钱荒，"钱重物轻"。谷帛作为实物货币，大见流行。在繁荣的商品经济推动下，货币出现了以下情况：

第一，铜的开采量不足，从唐后期到宋，白银从原来的河西、岭南等局部地区逐渐登上货币舞台，以其自然形态，成为与铜币并起的新的货币。①

第二，也由于铜的采量不足，五代及宋先后在四川、江南，以及福建、陕西、河南乃至淮南出现了铁钱。

第三，五代末宋初，四川出现了交子，这是最早的纸币。先由商家发行，后为政府发行，名称有钱引、会子、关子，等等，这种地区性的发行常由储备金不足或缺少储备而无力兑现，成为滥发，大为贬值，以至随起随歇。

第四，唐代仓储业和物流业也已萌动。一是商旅交易所携货币，或准备交易的货币由于量多体重，大都储存在市场的邸店里，由主人代为保管。唐安史之乱前后，出现了代人保管钱物的柜坊。柜坊的主人对寄存的钱物收取一定的租金或保管费。由于钱物由柜坊代管，物主交易时可免去转移钱物的麻烦。柜坊以外，代人保管钱物的也不乏其例，往往远道持帖或某种信物即可索取。这已是支票的滥觞②。到了唐末更出现了"飞钱"或"便换"，这已经类似汇兑了。

在计算方法与计算工具方面，大约在北宋已经出现了代替筹算以珠算的算盘③。

至于簿记，唐至晚唐五代宋初记账中已经出现了四柱册[旧管(回残)、新收（附入）、开除（破用）、见在]的记账方法，在敦煌文书的寺院入破历中即有相当多的记载④。

---

① 参见汪圣铎：《两宋货币史》下册，社会科学文献出版社 2003 年版，第 938—946 页。

② 《太平广记》卷 23《张李二公》引《广异记》即以席帽为信物，《太平广记》卷 17《卢李二生》引《逸史》以拄杖为信物。

③ ［英］李约瑟：《中国科学技术史》第 3 卷《数学》，《中国科学技术史》翻译小组译，科学出版社 1978 年版，第 172 页；曲安京主编：《中国古代科学技术史纲·数学卷》，辽宁教育出版社 2000 年版，第 155 页。

④ 例见谢深甫：《庆元条法事类》卷 37，中国书店 1990 年版；又敦煌文书伯 2049 背《后唐长兴二年（931）正月沙州净土寺直岁愿达手下诸色入破历算会牒》等。

（二）城市化

城市的兴起是进入文明的标志。最初出于居民聚落和防御与管理的需要，大约新石器时代末期已有雏形的城市。浙江良渚文化、北方仰韶文化、郑州商城二里头商城可以作为代表。这种城市的形成需要具备三个条件或其中之一：一是较大的居民部落，地势便利，水源充足；二是政治中心或军事据点；三是在交通线上或附近周围有丰富的物产或物产利于商品转移或交换。城市形成以后出现了各种类型，即其职能各有明显之处：

内聚型——都邑，或其重要的政治军事中心；

外张型——经济或政治军事的扩张；

守御型——抵御外敌的需要；

转移型——商业贸易的中转。

中国城市的出现最早是政治和军事的需要，属于内聚型和守御型，多半处在统治网络的节点上。其后经济的职能逐渐明显，经济性的城市乃至以经济性为主的城市逐渐增加。其演变大致如下：首先是城市数量的增加与城市户口的增长。春秋战国是中国历史上的第一个转型期。春秋据记载有 100 多座城邑，其中不少不是城市而是更像一普通的村庄。到了战国，出现了第一个商品经济浪潮，孕育了城市的增长，城市在 600 座以上。主要的有邯郸、临淄、咸阳、成都、新郑、蓟、阳翟、洛阳、大梁、郢、寿春、陶、姑苏等，这些城市大都属于内聚型。即为诸侯国的都邑或政治中心。其中楚国有一个宛以冶铁著称，而陶则因水陆交通便利号"天下之中"①，是属于经济型或转移型的城市。

秦行郡县制，较大城邑有 250 余座，其中有些发展成了中型城市。

汉继承战国时兴起的第一个商品经济浪潮的余绪，有 670 余座城市，有些战国时的大城市仍旧保留下来成为当时的超大型城市（长安、洛阳、临淄、成都、宛、邯郸）。这些城市中的五分之三散布在黄淮海大平原上，人口也大大增加了。何兹全先生认为汉代城市人口占全国总人口

---

① 《史记》卷 129《货殖列传》。

的 40% 左右①，这个估计未免过高，溢出了常识的范围。两汉人口大约是五六千万。如果城市人口占总人口的 40%，当在 2000 万—2400 万左右，当时农业产量有限，劳动生产率不算高，全国人口中十个人有六个供四个人吃饭，现在可以，当时恐怕是做不到的。当时大中小城市人口数量相差悬殊，何先生着眼点可能是放在长安、成都这些超大型城市上了。现在看来汉代城市人口占总人口的 10%—15% 左右可能不大离谱。

三国两晋南北朝战乱频仍，黄河中下游经济遭到严重破坏，人口大量损耗，城市衰落。两汉时多达几十万人口的长安几经破坏，"户不盈百，墙宇颓毁，蒿棘成林"②。但南方城市都有发展，南朝各朝新置城市 300 余座，数量上今川、鄂、粤三省城市占在全国前三位。三国两晋南朝几度定都建康，逐渐兴盛，于北朝时期即 6 世纪前期有户 28 万，人口近 100 万。北魏经营洛阳，隋筑大兴城，长安大兴、洛阳各有人口 40 万—50 万。到了唐朝城市人口进一步增长。长安、洛阳作为国都的超大型城市人口已超过百万。成都、扬州、杭州人口也达到 30 万—40 万，由于大运河的开通，运河沿线的城市也兴起了，杭州、扬州之外，海陵（寿州）、淮安、苏州、泗州（京口）、钟离、涿州等大都是运河沿线上的新兴城市，城市人口在全国总人口中的比例大约不低于 10%。

在第二个商品经济浪潮的推动下，城市数量又有所增加。唐代新置县城约 140 座，唐末至宋，又有大量的新置的镇。镇原是军事据点，后来演化为小城镇，宋代新增 80 座，北宋开封府至道元年（995）共 97750 户约有 50 万人，经过一百年，到北宋末年也达到百万。金人入侵，宋室南渡，杭州也成了超大型城市，人口当也过了百万。据研究，宋代城市人口占总人口的比重北宋为 20.1%，南宋为 10%③。

---

① 参见何兹全：《中国古代社会》，北京师范大学出版社 2001 年版，第 199 页。

② 《晋书》卷 5《孝怀帝纪》。

③ 参见陈代光：《中国历史地理》，广东高等教育出版社 1997 年版，第 380 页。编者补注：该书本页未见这个数字，或为先生误记。编者补注：我们在该书中没有找到这两个数字，容或为先生误记。这两个数字与吴松弟《中国人口史》第 3 卷《辽宋金元时期》（复旦大学出版社 2000 年版）第 619 页出现的数字接近。在该页中，吴松弟对话的学者之一赵冈对北宋城市人口比重的估值为 20.1%；而吴松弟估计南宋全域城市人口占总人口比重为 12%。

宋元时期城镇依其人口数可分为三级①：

第一级在 5 万户以上，北宋有东京开封（北宋），北京（金中都、元大都），南宋则有杭州、绍兴、苏州、江宁（南京）、洪州（南昌）、福州、泉州、鄂州（武昌）、潭州（长沙）、成都等 12 座。

第二级人口 2 万—5 万户。两宋金元有辽的南京，北宋的大名、汀州（长汀）、漳州等 5 座。

第三级 5000 户—2 万户。有镇江、广州等 12 座。

城市数量的增加还表现在另一个方面，那就是由于商品经济的发达，在许多地方特别是农村或城市的交结处或交通枢纽出现了定期的市集如草市、墟市、集市，唐末五代，在城市边缘和军事要冲地区及重要商品集散地，新出现一级行政区划那就是镇，并正式列入行政建制之内。北宋规定 100 户是置镇的最低要求。但镇的兴废无定，说明还没有稳定下来。神宗元丰初年全国建制镇约 1900 个，四川最多，永兴路、西部、南部次之，河北东路、京东东路、江南东路，北部、淮南西路，东部又次之。这些兴于唐末五代因军事重要而建设者甚多，这类镇往往又被称为"关镇"。也有一些在交通沿线与江河要道的镇保留下来并繁荣起来。如朱仙镇、华容镇等。随着社会的稳定，经济的发展，大城市周边又兴起了一批城镇，如众星拱月一般。《马可波罗行纪》说元大都汗八里四周即有 200 处市镇②。南宋杭州一府八县界内，也有不少小城镇③。

从唐到宋这段时期，城市的发展不仅是数量的增加，城市户口的增加，而且随着商品经济浪潮的兴发，还有城市内涵的深化，这表现在：

第一是城区面积的扩展。

由于城市的人口飞增和商业的繁荣，地区面积也有扩大，唐宋的城市一般都建有城墙（土筑非包砖），也有一些则没有城墙。后期地区面积扩展，则比较普遍。一般只要将街巷延伸，增建房舍，再设置新的基层行政

---

① 参见吴松弟：《中国人口史》第 3 卷《辽宋金元时期》，复旦大学出版社 2000 年版，第 600 页。

② 参见《马可波罗行纪》，冯承钧译，上海书店出版社 2001 年版，第 238 页。

③ 参见《马可波罗行纪》，冯承钧译，上海书店出版社 2001 年版，第 354 页。

区划单位即可，如从农村的乡里改为城市的坊区。至于前者，因有城墙，地区扩展一般就在城门外设城关，设置城郭，城门之外也形成了一些街市或居民区。金的中都往往就因势利便在原来城郭之外增修外郭城或废弃原来城郭另行改筑外城，如扬州、成都、开封（开封，五代末扩大城围，建罗城周长50里，《清明上河图》的开封外廓城的繁华景象可清晰地见到）、杭州（临安城区周围达70里，人口繁密，巷陌壅塞，街道狭小，不堪其行，还要大大朝外扩展）。后者如元大都，在金中都废墟上重建即是其例。城墙外城门旁这种新建的街区管理比较松弛，更利于人们活动，甚至作奸犯科。

第二是城市格局与管理体制的变化。

中国早期城市主要是具有政治军事职能，城内主要建筑是宫室、衙署、兵营、坛庙，再加上手工业作坊，居民区、商业区仅占一小部分。秦汉的长安便是这样。从南北朝开始，城内的居民区扩大了，商业区也扩大了，而且基层行政区划也从农村的里逐渐改为城市居民区的坊，而形成了较为严整的坊市制度。这时的城市建设一般为方形城郭，内有纵横交错的街道，街道之内的居民区称为坊。隋唐的长安、洛阳的坊在各大街之间，四方四正，每面大约长500—1200米，有坊墙封闭，坊有门，内有巷及小巷（曰曲），各坊居民一般1000—2000户，多者在5000户以上。坊门每日定时开放，供居人出入。到晚击鼓封闭，断绝行人，实施戒严。

城市的另一个重要部分是商业区——"市"。秦汉到隋唐，往往在城市中划出一定的区域为市，把工商业集中到那里。市也是封闭性的，筑有围墙，设市令或市长管理。市有楼有门，定时启闭，日中开市，日落闭市。市内商肆罗列，多采用前肆后坊的形式。市令对市坊进行管理监督，管制物价，有统一的度量衡器，排解纠纷，市内依商品种类分类集中排列，即称为"行"。唐代长安有东西二市各占两坊之地，市内有120行，洛阳亦然，这也就成了后世称各业为"行业"的由来，初唐规定市外不许设店，商业活动一律集中在市内进行。市也从隋唐时的一百二十行，发展到南宋末临安的四百十四行。以后一直到明朝的通称三百六十行①。

① 无名氏：《白兔记·投军》，中华书局1959年版。

安史之乱以后，商业繁荣，坊市的制度逐渐废弛。晚唐居民多侵占大街，在坊墙两侧建房。五代后周扩展开封时曾规定街道宽度，拆掉街边部分"违章建筑"，允许居民临街建筑楼阁邸店，致使经营者在一些街道上随意开设店肆，各种行业虽也有所集中，也称为某某市，但已不到专设的市内开设了。不少城市已有夜市，热闹非凡，所谓"夜市千灯照碧云"①，天上星云与地上灯火辉映成趣。坊内原有民居"侵巷"②之禁，以及夜晚戒严清除行人的街鼓之制，也由于北宋正式不禁夜市而逐渐废弛了。在一些城市郊外，城乡结合处，或交通要冲已经出现了定期的市集，称为草市、墟市、集市，而且逐渐发展成为建制上的小市镇。

另外，城里居民区已经打乱了整齐的坊的格局，不再筑坊墙，一些较大的城市为了管理方便，还在数坊之上增设了"厢"，作为基层行政一级，负责户籍、赋役及治安，街巷也不仅在坊内，而是各坊连通成了城市的新的景色了③。

第三是城市生活的转型——"市人"的出现。

6—14 世纪的城市生活也出现了好些新的景象，这是第二个商品经济浪潮浸润的结果。这里所介绍的多是一些大城市如长安、洛阳、扬州、开封、杭州等。中小城市自然没有这么多新景象，也因为材料缺乏无法多说。

新景象首先是城市居民结构。这里可以简单地分为几类。

第一类是基本居民：

①官吏及其家属，包括衙役、皂隶，人数不多但占着统治者的地位。

②驻军，唐宋主要是府兵和禁军，府兵番上宿卫，但包括负责对贵族官僚的警卫，被讽为"侍官"而且久不更代。其中有一些是负责城市治安的，像唐代十二卫中的金吾卫。宋代除禁军外，还有厢军，厢军不出战，

---

① 王宗堂校注：《王建诗集校注》卷 9《夜看扬州市》，中州古籍出版社 2006 年版。

② 《唐律疏议笺解》卷 26《杂律上·侵巷街阡陌》。

③ 参看包伟民：《宋代的城市管理制度》，《文史》2007 年第 2 辑，第 204—217 页。

不加训练，也不检阅，专供服役。

③士人，小部分留居城市，一部分在各城市之间流动。唐代士人多有游学之风，宋代学风颇盛，士人大都入太学、国子学或者书院。元代行民族歧视政策，汉人、南人地位低下，士人尤其如此。所谓"九儒十丐"，成了社会上最低贱的等级，剥夺了做官的权利，其中一些只好在戏曲上施展自己的才华，造成了元杂剧的辉煌局面。

④大小商人和作坊主，从家赀巨万的大工商业者到提篮挑担的小商小贩。其中的投机性较强的商人和技艺高超的作坊工匠的记载给人深刻的印象。

⑤雇佣劳动者，唐宋时已经有了相当人身自由的雇佣劳动者，并且在宋代城市已经形成了劳动力市场的萌芽。这里有从事生产性劳动的，也有不少是从事非生产性的劳动。

第二类是服务性居民：

⑥奴婢仆隶，这类人往往有很强的人身依附关系。

⑦运输搬运工人，车夫、船夫、马夫、挑夫。

⑧寺院道观兰若佛堂，有相当数量的僧尼道士，进行宗教活动。

⑨酒楼茶肆从业人员。

由于众多居民交际与娱乐的需要，在一些比较繁华的城市中，酒楼茶肆纷纷兴建。唐代晚期，长安酒楼茶肆已不限设于规定的"市"内。已有设在居民区的里坊之中的。到了北宋东京，酒楼茶坊更多，在街市繁华区往往连街成片，彩楼相对，绣旆相招。大酒楼称为"正店"，计有七十二户，最有名的是樊楼和潘楼，其余皆谓之"脚店"，不能遍数。南宋临安酒肆繁华不减东京①。以此业为生的当不在少数。

⑩伎艺人。

隋唐长安洛阳市人娱乐活动称为"百戏"。隋炀帝大业二年（606）为

---

① 孟元老：《东京梦华录》卷2《酒楼》；耐得翁：《都城纪胜·酒肆》；西湖老人：《西湖老人繁胜录》，"起店"、"食店"条；吴自牧：《梦粱录》卷16《茶肆》《酒肆》《分茶酒店》《荤素伙食店》；周密：《武林旧事》卷6《酒楼》，俱见《东京梦华录（外四种）》，古典文学出版社1956年版。

了招待突厥使臣，以洛阳大街作为戏场，盛陈音乐舞蹈，官民夹道而观者几达三万人。到了唐朝，也习惯在大街广场上或宫观前空地上表演乃至比赛。长安东西二市各有杂戏，空地也就是戏场。宋代城市中一些商贩随时集市的空地，称为"瓦舍""瓦子""瓦肆"，除摊贩外，还有艺人表演各种伎艺和戏曲。其中演出的场地称为"勾栏"，围以栏杆、绳索、帷幕或搭棚建台，以供固定长久演出。北宋末年东京共有瓦子九处，其中大小勾栏五十多座。中瓦子的莲花牡丹棚、里瓦子的夜叉棚、象棚最大，据说可以容数千人①。南宋临安瓦子城内有五处，北瓦内勾栏十三座最盛，城外则有瓦子二十处②。在瓦子中献伎和献艺的伎艺人名目繁多，不可胜数，有记载的就至少在百种以上。大体可分为以下几类：

一类是杂伎，即所谓的百戏。如爬杆、走索、踢弄、斗鸡、弄虫蚁鸟雀、口伎、手影、幻术，等等。

一类是武艺和运动，如使刀、使剑、使棒、打拳、射弩、举重、相扑、蹴鞠、马术，等等。

一类是音乐，如清乐、散乐，等等。

一类是说唱，如说话、说浑话、说经、讲史、合生、唱赚、嘌唱、吟唱，等等。

一类是戏剧，如杂剧、诸宫调、皮影戏、傀儡戏，等等。

照宋元之际人的记载，南宋末年临安的瓦子中的伎艺人，有门类有名姓人数的，即有 55 种 482 人，他们或在瓦子勾栏中演出，也有在巷头表演，而又出入勾栏③或者拨入勾栏作固定正式演出的④。这些演出往往带有竞赛性质，谓之关扑。

⑪ 中介业者。中人、牙人，包括所谓的三姑六婆、假赁、放贷、质典、广告业和印刷业者。

⑫ 迷信者。风水、命相、星卜、巫医等。

---

① 参见《东京梦华录》卷 2《东楼角街巷》。

② 参见《武林旧事》卷 6《瓦子勾栏》。

③ 参见《东京梦华录》卷 5《民俗·京瓦伎艺·外人》，即艺人在巷头演出而亦入勾栏。

④ 参见《武林旧事》卷 6《诸色伎艺人》。

⑬ 邮传。唐宋迄元有官办的驿站、站赤、急递铺。明朝开始有了民信局。

第三类是城市游离人口或寄生人口：

⑭ 妓女。由于城市人口繁茂，妓女数量增加，有著籍祇应的官妓、王公贵族的家妓，还有大量的私妓。北宋初东京鬻色户达万数①。苏东坡在杭州春日休假出游，即可集合客人仆从妓女千余②。妓女多在街市繁华地段待客③。汴梁歌楼酒肆入夜灯火辉煌，浓妆妓女数百，以待酒客呼唤④。南宋临安妓院亦有称庵酒店的⑤。

⑮ 城市游民。

城市游民作为一个群体是从宋代开始的。形成的原因，一是门阀士族社会地位经唐到宋彻底没落；二是土地所有制转换迅速，大批失掉土地的农民浮浪到城市谋生；三是两税法实行以后，主客户制度到宋代已经定型，大批客户转移到城市中来。

一类是厢军中的士兵。他们虽有军籍，但通过各种途径不再执役，或只从事很少的劳役，加入到城市中所谓"闲汉"的行列。

一类是乞丐。破产农民流落到城市行乞，宋代开封乞丐尤多，《清明上河图》中即有他们的形象。神宗变法，从唐代开始的收容乞丐的福田院规模扩大⑥。东京入冬以后收容乞丐，日给米豆，立春以后放出行乞⑦。徽宗更建居养院以存鳏寡孤独者，置安济坊以养贫民之病者，设漏泽院以葬贫无葬地者。并将福田院自东京推广到各州县⑧。到北宋末年，开封府一

---

① 参见陶穀：《清异录》卷上《人事·蜂窠巷陌》，见《全宋笔记》（第 1 编），大象出版社 2003 年版。

② 参见王明清：《挥麈录·后录》卷 6《东坡杭州湖上会客》，上海书店出版社 2001 年版。

③ 参见《东京梦华录》卷 2《宣德楼前省府宫宇》《朱雀门外街巷》。

④ 参见《东京梦华录》卷 2《酒楼》。

⑤ 参见《都城纪胜·酒肆》。

⑥ 参见《宋会要辑稿·食货》68 之 128。

⑦ 参见《续资治通鉴长编》卷 280，"宋神宗熙宁十年二月丁酉"条。

⑧ 参见陆游：《老学庵笔记》卷 2，中华书局 1979 年版。

次赈济的贫民乞丐即达二万二千人①。

再一类是盗贼亡命。宋代东京沟渠深广，亡命匿其中，自名为无忧洞②。又群盗聚居之处谓之"大房"，可容数十百人③。

这些形形色色的城市居民群体中，有些是新形成的，有些则是原来的城市居民中加多加重的。这些加多或加强了的或新形成的城市居民群体，自然也会出现各种各样的组织，其中最值得注意的有三：

一是城市治安与消防。

唐代县城治安由县尉主管。都城长安则设有左右巡使和左右街使，与京兆尹共同执掌城内警卫和治安。左右巡使属御史台，主掌坊内居民的治安，左右街使属禁军十二卫中的金吾卫，负责坊外街上的警卫与治安。城门及坊角设有武候铺（即街铺），派兵马驻守。原由府兵番上，后为召募的彍骑担任。北宋的县的治安主管也是县尉，属行政系统。另州县设巡检，属军事系统，管训练士兵、巡逻和追捕盗贼。开封设总巡检外，还设厢巡检，所属禁军，主管巡逻、救火、捕盗。南宋临安大体因之。

唐宋城市建筑多为木构，很易发生火灾。南宋临安城区狭窄，人口密集，又多南迁北人，居室店铺多为草房，火灾频仍，灾情严重。两宋城市管理尤重防水救火。北宋开封高处设有望火楼，派人守候了望火情，每坊巷三百步左右设军巡铺屋一所，备有消防设施器械④。南宋临安全城连接钱塘、仁和二赤县，共有消防人员6522人。元代新建大都街巷多被称为"火巷"，仍继南宋余绪。

二是行会。

"行"的名称最早见于隋代⑤。市上各种同类店铺组织起来称"行"或

① 参见《宋会要辑稿·食货》68之54。

② 参见陆游：《老学庵笔记》卷6。

③ 参见《宋史》卷342《王岩叟传》。

④ 参见《东京梦华录》卷3《防火》。

⑤ 参见韦述撰，辛德勇辑校：《两京新记辑校》，三秦出版社2006年版；杜宝撰、辛德勇辑校：《大业杂记辑校》，三秦出版社2006年版。

"会"、"火"、"团"，从业者称"行人"。推举首领，称"行头"、"行首"、"行老"、"团头"等，负责处理本行内部事务和对外关系，商定货物质量、规格、价格，设置标准度量衡，大宗货物交易的立券、公验、交易规范等，负责与官府交涉。遇有喜庆节日，还组织娱乐庆祝乃至竞赛活动。宋代商业繁荣，行会组织日趋严密，参加的商铺称为"投行"，可以享受各种较好的待遇。不参加的商铺不受行会保护，甚至抵制，也由此而受到政府的限制与打击。由于竞争激烈，有些小商户往往不入行会私下交易，成为游商。

三是社邑。

社邑是一种基层社会组织，是先秦农村公社的遗留①。秦汉以后，变为祭祀交谊和生活互助的群众性组织。三国两晋南北朝以后，佛教盛行，黄河流域流行以营窟、造像、立幢为主的邑义。隋唐社邑活动则以诵经、念佛、进香、刻经为重要内容兼及交谊、宴集和生活的互助。宋代城乡及军队中，社邑大见流行。北方和辽代有规模庞大的奉佛的"千人邑"，并有结集抵抗外侮的巡社，其中城市流行职业和宗教色彩浓厚，兼及世俗集体娱乐活动内容的结社②。其中一类是讲究诗文武艺和技艺③；一类是各种行业各种身份的市人的结社④；一类是爱好相同的结社⑤；还有一类结社是

---

① 杨宽：《试论中国古代井田制度和村社组织》，见《古史新探》，中华书局1965年版，第133—134页；李亚农：《中国的封建领主制和地主制》，上海人民出版社1961年版，第37—38页。

② 关于宋代各类社邑及其活动的记载，可见《都城纪胜·社会》、《西湖老人繁胜录》、《梦粱录》卷19《社会》、《武林旧事》卷3《社会》等。

③ 文士有作诗的"西湖诗社"、耍词的"同文社"，猜谜的社则名"某某斋"、习词讼的名"诌学业觜社"（见周密：《癸辛杂识·续集》上《诌学业觜社》，中华书局1988年版）；音乐有"清音社"、"清乐社"、"十闲社"、"像生叫声社"、"斗鼓社"等；武艺和伎艺有"射弩踏弓社"、"射水弩社"、"锦标社"（射弩）、"英略社"（悍棒）、"角抵社"（相扑）等；"绯绿社"（杂剧）、"云机社"（嘌弄）、"律华社"（吟叫）、"遏云社"（唱赚）、"齐云社"（或园社、蹴鞠）、"神鬼社"、"雄辩社"（小说）、"绘革社"（影戏）、"傀儡社"等。

④ 各行业的社有"马社"、"台阁社"、"时果社"、"花果社"、"奇巧饮食社"、"异松怪桧奇花社"、"翠锦社"（行院）、"净发社"（梳剃）、"七宝社"（珍饰）等。

⑤ 爱好相同的人结社为"锦体社"（刺青）等。

在各种节日和庆典活动中定期举行集会游行表演①。这最后一类结社遇有喜庆节日出动更是规模盛大，几十上百成千上万人游行表演，争奇斗胜，热闹非凡。

6—14 世纪城市生活和城市居民的这些变化有点近似欧洲中世纪的城市及其市民的状况，但与欧洲不同。第一，欧洲封建主的基地在农村，农村统治城市，城市相对于农村而独立，城市中有好些人是逃亡农奴，整个城市与农村封建力量处于对立的地位。中国的城市是封建政权网络的节点，封建政府通过城市统治农村。城市居民，尤其是扩大了的城市的居民确也很多是来自农村，他们的家小与土地往往留在农村，他们与农村并非处在对立的地位，而且可以随时回到农村去。第二，欧洲中世纪城市由于有过去的传统，自治机构相当发达，有议会咨议机构，行会、同业公会组织较好，力量也很强大。他们总是在为争取与保护自己的权利而斗争，与封建贵族领主相对抗，多少保持了城市自治的职能。中国封建城市这方面的权力和传统相对缺乏，城市居民也不善于组织起来为争取自己的权力而抗争，他们有结社也有行会，但以封建统治者的下属和助手的面目出现，他们的活动不仅不与封建政治权力对抗而且往往是以合作与服从的姿态出现。第三，欧洲城市工商业的发达，出现了资本主义因素也因此形成了市民阶层第三等级与封建贵族相对抗，而中世纪末期王权开始强大，并以超然的姿态凌驾于各种势力包括贵族教会和市民之上。这对于市民力量的扩大和他们对封建主和教会的斗争是有利的，这一三角斗争终于以欧洲资产阶级革命的胜利而告终。至于中国，在 6—14 世纪这段时期也出现了资本主义因素，然而力量薄弱旋起旋灭，不成气候，始终没有形成一股政治力量和政治组织，也没有为资本主义的利益而与封建势力进行斗争，而是不断地受到封建政府的各种限制和打击。

---

① 节日迎神赛会即有"钱旛社"、"重囚枷锁社"、"上天竺光明会"、"庚申会"、"斗宝会"、"茶汤会"、"朝塔会"（六和塔寺）、"西归会"、"受生寄库大斋会"（保俶塔寺）、"供天会"（清明）、"盂兰盆会"、"涅槃会"、"放生会"（西湖放生池）、"净业会"（太平兴国传法寺）、"药师会"、"福建鲍老社"、"川鲍老社"、"白莲社"、"行法会"、"三坛会"，等等。各有所分，不一而足。

因此，中国 6—14 世纪的城市居民不好像欧洲城市一样称之为市民，也没有形成一种市民社会。这里我们姑且称之为"市人"，显示 6—14 世纪城市的变化，以其反映城市受到封建力量以及城市居民自身的限制，发展受到滞碍的实际情况。

七、专制主义中央集权制度的强化与趋于僵化

这里就要讲最后一段了。也就会碰到那个长期争论不休而又很困扰人的问题——中国近代何以比西方落后，没能进到资本主义。或者说中国虽然有了资本主义萌芽，但没有发展起来，而没有发展起来的原因又是什么？

早在 20 世纪 30 年代，中国进行社会史论战的时候，这个问题就提了出来，到了 20 世纪 30 年代末，毛泽东的《中国革命和中国共产党》对之做了明确的论断：

"中国封建社会内的商品经济的发展，已经孕育着资本主义的萌芽，如果没有外国资本主义的影响，中国也将缓慢地发展到资本主义社会。"[①]

到了 1949 年以后，学术界在马克思主义指导下，又将这个问题提了出来，展开了热烈的讨论，成为五六十年代史学争论的一个热点——"五朵金花"之一。"文化大革命"以后，讨论又兴起了，还出过一本论文选集和几本专著，但不久又过去了，但问题还是存在着。

讨论中，有些陷入了名词概念的争论，像何谓"萌芽"，它有哪些特点，与典型的资本主义又有何不同，我们这里把这类问题撇开，干脆不再称"萌芽"，就把它叫做资本主义因素好了。

什么是资本主义呢，资本主义经济同小商品经济或简单商品经济不同的是，后者为买而卖，即商品—货币—商品，是为了谋生，实现使用价值；而前者则是为卖而买，货币—商品—更多的货币（或不变资本＋可变

---

① 《毛泽东选集》第 2 卷，人民出版社 1991 年版，第 626 页。

资本 + 剩余价值），是为了赚钱，实现剩余价值。

资本主义的出现需要有一个前提，一个大背景，即生产力的发展，也包括了商品生产和商品流通的发展，即商品经济的发展。这是资本主义生产出现的背景和前提。

生产力的发展，很简单的办法，就是看一个国家的国内生产总值 GDP 和人均生产总值，这里由于资料的缺乏很难量化，只能作一些估算。我们这里用了安格斯·麦迪森的《中国经济的长期表现》的数字。即在 1820 年（清嘉庆二十五年）鸦片战争前夕的中国，GDP 相当于世界 GDP 总量的 33%，人均 GDP 与世界人均 GDP 之比为 1∶1.1(中国人口四亿)①。这个比重尤其在 GDP 总量上是不小的。此后，中国的 GDP 在 GDP 总量的比重中越来越小了，人均 GDP 更是如此。此后，世界特别是西方 GDP 却日渐增长，大大超过了中国。也就是说在进入 19 世纪的 1820 年时，中国生产力从总体上说不但不少于西方，而且大大超过了西方。而 19 世纪正值欧洲产业革命，生产力大发展，资本主义也大发展的时候。

那么在这以前，中国的资本主义又是怎样的一种状况呢。这里有两个判断是否是资本主义的特点：

第一，有一些人掌握了生产资料，用它来自由地、不受限制地剥削雇佣劳动者，榨取剩余价值。

第二，有一些雇佣劳动者，丧失了自己的生产资料，只好自由地不受限制地出卖自己的劳动力，受雇于资本家从事生产，产生剩余价值。

这里需要强调"自由地""不受限制地"这两个短语，也就是说，资本家有获得生产资料的自由和剥削劳动者的自由，不受封建的束缚。而劳动者则有丧失生产资料的自由，也有出卖劳动力的自由、受雇的自由。

这是一种完全不同于封建的生产关系的新的生产关系。它是从原来的封建经济中孕育孳生出来的。自然，社会上没有非常之纯的事物，资本主义因素刚从封建经济中孳生出来，自然不可避免地有不少从母胎中带来的

---

① ［英］安格斯·麦迪森：《中国经济的长期表现：公元 960—2030 年》，伍晓鹰、马德斌译，上海人民出版社 2008 年版，第 36 页。据该页表 2.1 数字计算得出。

痕迹。这也就是争论所在，我们说只要基本上具备上述两个特点，就是资本主义因素，但也还是颇难界定的。

争论不在于中国近代没有进入到资本主义社会，这已经是共识了。而是中国古代有没有出现过资本主义因素。

第一，中国历史上有没有出现过资本主义因素，有些人认为没有，但更多人认为有过。

第二，如果出现过资本主义因素，那它是在何时出现的。已故的经济史学家傅筑夫认为最早是在战国时期，以后又不断出现过，根据是商品经济大发展和雇佣劳动的大量出现。但一般人都不认为有这么早。有的认为是唐朝出现的，有人认为明清出现。明清的占了多数。也有认为是宋朝出现的。我认为，唐朝虽有一两条有关材料，但还不足以证明其资本主义性质。至于宋朝，有两种意见，认为资本主义已经在出现，现在看来，这种说法说服力似乎要强一点，当然也还有不同的看法。

宋代商品经济已经有很大发展，无论是农业还是手工业，无论是在农村或者城市，无论是在南方或者北方（南方经济上更强一点），已经出现了资本主义因素。

宋代经济，已经有了与农业脱离的专门的手工业户，如"机户"（棉麻丝纺织）、"园户"（种茶）、"亭户"（煮盐）、"坑冶户"（采矿冶金）、"糖霜户"（制糖）等等。这种专业户往往规模颇大，自己具有很多的生产资料，雇佣大量劳动者，产品商品化程度也很高，分工很细。一如马克思讲的手工工场，但是在这些行业中，政府控制很严，产品多为专卖。劳动者具有工役制的性质，并非业主自由占有生产资料，劳动者也非自由受雇于业主，或者说它们在很多方面很难摆脱封建性质。不好说就是资本主义因素，但是其中也有些确有资本主义色彩。

第一是纺织业。

宋代南方一些城市专织丝麻（也包括新兴的棉花）的纺织业者"机户"数量不少。据记载，一个后起的新兴丝织业城市"机织户数千"[①]。在北宋，

---

① 《宋会要辑稿·食货》64 之 23。

全国机户当在十万家上下。这些生产者中有些是自己纺织，其中有的规模不小，"育蚕有至数百箔，兼工机织"①；而有些却是贫穷而己无织机，为乡邻纺绩，收受雇值。有些是临时的，有些是长期的，用以养家或还债，成为所谓的"客作儿"。

第二是矿冶业。

煤炭：北宋在北方已经相当普遍地开采煤矿，以从事冶炼金属、铸钱和充作家庭燃料。采煤，政府不加统制和干涉，这其中也有一部分是固定的和不固定的雇佣工人。

采铁冶铁：北宋中期，英宗治平年间，全国产铁处计有二十四州二军，共七十七冶。最有名的徐州利国监，神宗时从原来的八冶发展到三十六冶。采铁也兼采煤，用工达万人以上。三十六冶"冶户皆大家，藏镪巨万"②。这种冶户在北宋初带有力役性质，王安石变法，改为征税，产品纳税后余额悉数卖给政府，有时又允自卖，利润是很大的。

采铜铸钱以及金银铅水银等的采冶，均属专卖，官监民营，政府统制。

煮盐：盐也是专卖，亭户归政府管制。在海盐之外还有四川的井盐。这里情况比较特殊。井盐开采需要比较复杂的机械，生产成本高，技术要求也高，规模也比较大，"豪者一家至有一二十井，其次亦不减七八"，"每一家须没（役）工匠四五十人至三二十人，……皆是他州别县浮浪无根著之徒，……尽来就此佣身赁力，平居无事，则俯伏低折与主人营作。一不如意，则递相扇诱，群党哗噪，算索工值，偈骞求去。……已复又投一处，习以为业。切缘井户各须藉人驱使，虽知其如此横滑，实亦无术可制，但务姑息，滋其狡暴"③。

这段话说明了：

①井盐开采用机械，生产资料价值颇高。

---

① 谈钥：嘉泰《吴兴志》卷20《物产》，宋元方志丛刊本，中华书局1990年版。

② 苏轼：《经进东坡文集事略》卷33《奏议·徐州上皇帝书》，文学古籍刊行社1957年版。

③ 文同：《新刻石室先生丹渊集》卷34《奏为乞差京朝官知井研县事》。

② 工人是失去生产资料的"浮滑无根之人"，且无任何人身依附关系与财产束缚，与井户（主人）只有经济上的隶属关系。井户为了利润，必须购买劳动力，而劳动者也终于就要出卖劳动力，一方是"务为姑息"，一方"习以为业"。

③ 劳动者与雇主之间有斗争，雇主被迫让步，是因为这种井盐的开采技术要求较高，解放出来的劳动力少。

由此可见，这种雇佣关系已不同于前述的带封建色彩的雇佣关系，雇佣劳动这里已是作为实现个人的使用价值（货币交换），而且创造剩余价值。井户和劳动者之间没有人身依附关系，只有经济隶属关系。劳动者可以自由来去，雇佣的劳动者已经是无产者了。这段材料可以确凿地说明已经是资本主义的生产关系了。

宋代有不少其他的私营手工业产业中，已是作坊，雇工人数多者达数十人。如制瓷、造纸、印刷、建筑、造船、粮食加工、榨油、制笔、制墨、制砚、文具等，其间也有分工的记载，类似手工工场。甚至有些饮食行业也是如此，像北宋都城开封的饼店，胡饼店"每案用三五人捍剂卓花入炉，自五更卓案之声远近相闻。唯武成王庙前海州张家，皇建院前郑家最盛。每家有五十余炉"①。这些作坊当有雇工，是普遍现象，但生产关系不很明朗。有些行业规模颇大，但多属专卖，如酒、醋、矾、香料等，还未能摆脱封建关系的束缚。这里从略。至于榨糖是由蔗户（种甘蔗也兼制砂糖）、糖霜户（种甘蔗和制冰糖）和糖坊共同承担。蔗户除种蔗以外，削蔗皮榨糖需要一定工序，特别是生产季节性强，糖霜户上户一家有霜数十瓮，削到至一二十人，还要收购一部分甘蔗和糖水（不能成霜的蔗户），当然需要雇工②。糖坊不种蔗，专门榨糖制糖，城市中有，农村也有，其生产要雇佣工人，当也不在话下。

值得提出来的是制茶。

宋代茶叶已成生活之必需，产地遍及淮河以南各地。一类是官茶园，

---

① 《东京梦华录》卷4《饼店》。

② 参见王灼：《糖霜谱》。

一类是私茶园，官僚士大夫和寺院占有不少。另一类则是茶园主或茶农占有，称为"园户"。茶园的营作，茶叶的采摘，都要"雇召工人"来完成。均州宁江县棚口镇有茶园户三百余，加上雇工，达五千余人，一个茶园户平均可雇工十六七人，茶园户雇工每日工钱除口食外为六十文左右，不算高①。在神宗熙宁十年（1077）四月闹事。这里园主与雇工是货币关系，与封建租佃关系不同。

从唐德宗建中元年（780）开始，每年税茶，唐文宗时又禁民私卖。于是征收茶税，逐步地成为封建国家垄断的一项专卖制度。宋代榷茶始于太祖乾德二年（964）"令商旅入金帛京师，执引诣沿江给茶"②，除川峡广南诸路外，"令民茶折税外悉官买"③。政府将产地的茶分片集中（茶税官买），由商人先到京师纳金帛，到指定的榷货务取得茶叶，转向各地销售。又设十三山场，园户输茶折租税，余茶卖官，由商人到指定商场"受茶"。封建国家垄断茶利，从价格上受取高利，国家、商人和园户三者之间，矛盾不断，茶法也屡有改易。到了徽宗政和二年（1112），官府不再在各地置场收买，可以由茶园户在政府投状充茶户，与客商买卖。商人则向政府买茶引去指定地点贩茶及卖茶。此法一直延续到南宋。

由于茶叶产量大，贩茶利润丰厚，因此出现了一些值得注意的情况：

茶园户"自来隔年，留下客放定钱，或指当茶苗，举取债负，准备粮米，雇召夫工，自上春以后，接续采取"④。园户"逐年举取人上债利粮食，雇召人工，两季薅划"⑤。

说明茶商为先一年预贷茶园户一些钱，供其雇召人工，从事生产采摘。说明商业资本与高利贷资本渗透到茶叶生产中去，这已经是资本主义产生的一种形式，即包买商了。这算是一种情况。

另一种情况，是荆湖两路"产茶州县，在城铺户居民多在城外置买些

---

① 《文献通考》卷18《征榷考五·榷茶》。

② 陈均：《皇朝编年纲目备要》卷1，"太祖乾德二年八月"条，中华书局2006年版。

③ 《续资治通鉴长编》卷5"宋太祖乾德二年八月辛酉"条。

④ 吕陶：《净德集》卷1《奏其置场买茶出卖远方不便事状》。

⑤ 吕陶：《净德集》卷1《奏为官场买茶亏损园户致有词诉喧闹事状》。

土地种植茶株，自造茶货，更无引目。收私茶相兼，转般入城，与里外铺户私相交易，或自开张铺席，影带出卖"①。即城中商人城外买地种茶，套购国家控制下的私茶，转运到城市，与城内外商铺串通买卖。这是商业资本通过参与园户共同瓜分茶农茶工的一种经营方式，其关系相当复杂。

由以上记述可以知道，两宋商品经济很发达，雇佣劳动者数量很多，经营方式也很多样，商人、高利贷者、农民、农场主、手工业者和手工业主、工资劳动者，关系复杂。而且，封建国家参杂其中，控制相当严密（有时松动），变化也很大很频繁，其中很可能已经出现了资本主义生产关系。至少其中一两条材料已经确定了是资本主义因素。只是我们还不好认定其分量有多重，延续时间有多长，是否一直发展下去。但已经可以肯定地看到，这种新的生产关系——资本主义因素是存在的，而且在封建经济和国家的强大作用下，其发展则是受到窒碍的。

总括起来，从宋以后，中国经济上不乏量的增长，但缺乏新的动力，稀见质的变化，所谓转型期基本上没有转过来，就像一艘机器渐停的大船，还靠着惯性慢慢行进。从宋元到明清七百多年，终于落到了欧洲后面。

这就遇到了第三个问题：为什么中国的资本主义因素发展不起来，受到何种窒碍？对这个问题，人们进行了不同的探讨，提出了各种不同的答复。

一种意见，是用毛泽东在《中国革命和中国共产党》里的话："地主阶级这样残酷的剥削和压迫所造成的农民的极端穷苦和落后，就是中国社会几千年在经济上和社会生活上停滞不前的基本原因。"②

这个说法比较笼统，也有点勉强。

那么是什么因素引起中国社会停滞不前呢？

第一，民族因素或者是外部力量的作用，也是大规模的战乱。远的不说，从 12 世纪的金开始，继之以元朝和清朝的入主中国，进入的少数民

---

① 《宋会要辑稿·食货》32 之 12。

② 《毛泽东选集》第 2 卷，人民出版社 1991 年版，第 624 页。

族，进行了惨绝人寰的大屠杀，使人口大量损耗，经济大受摧残，再加上民族歧视和民族压迫及强制推行少数民族落后的制度，在在阻拒了经济的发展、资本主义因素的增长，拖累了中国近代化的进程。同样，这段时期内爆发的大规模的长时期的农民战争，其带来的破坏，也不下于外来民族的入侵。像元末、明末和太平天国起义，就是如此。

第二，政治制度。尤其是专制主义中央集权制的僵化、保守，倒行逆施，封闭了新的生产关系和新的阶级、新的政治力量的出现和成长。经济史家傅筑夫认为，早在战国就出现了资本主义萌芽，但此后的封建专制主义政治制度一再限制了它的发展①。

第三，政策的作用。明初及清朝海禁阻碍了对外贸易，也显示了中国人的眼里缺乏一种世界性的眼光。此外，还有行科举制倡八股文和兴文字狱，也禁锢了人们的思想和创造精神。

第四，意识形态的作用。像儒家宣扬理学，重农轻商、抑商乃至贱商。

这些论据，多半只执其一端，尤其重视的是专制主义制度，但也还有些单薄之感，缺少完整的全面的综合的分析，尤其缺少经济方面的分析。

这里还有另一类看法，那就是排除了单一的线性式的思维方式，进行综合多因素的互动的解析。这里最有名的一个是运用系统论，把中国古代塑造成一种模式——"超稳定系统"。以中国政治、经济、文化三个子系统的互动，一种子系统的变化和冲击引起了另两个子系统的互动，而最后终于趋于平衡，中国又回到了原来的状态，形成了历史的循环。

另一种看法，认为同欧洲封建社会的刚性制度不同，中国的制度是弹性制度，在欧洲，刚性制度使得制度的外部的因素——资本主义和市民社会得以形成和成长，与原来的制度发生对抗而取代原来的制度。至于中国，原有制度具有弹性，可以不断调节自身，适应化解融合新生的因素，使得新的因素不致同原来的制度尖锐对抗，而被包容分解融汇，所以封建

---

① 参见傅筑夫：《有关资本主义萌芽的几个问题》，见《中国经济史论丛》，生活·读书·新知三联书店1980年版，第669—708页。

社会也就长期延续下来。

这两种说法都有相当的道理，但前者似乎只是强调均衡、可循环而没有见到发展，不免有点机械论的色彩；而后者重视了政治和政策因素的弹性作用，而没有强调它的根源何在，只是知其然而不探其所以然，未免有缺憾。

第一，谈到战乱和屠杀对经济发展的阻滞作用，论者往往忽视了中国经济包括农业经济的再生能力是很强的。中国几千年来频仍的大规模的战乱一旦平息，随着社会的稳定，大约经过一世（30 年）或再长一点时间，人口及经济往往即可回复旧观。最近一例是近百年以来，从 1911 年到 1953 年中国战乱几乎没有止息，尤其是八年对日抗战，人民死者约达 800 万人，死伤共约 3500 万人，这在世界历史上也是空前的，还要加上三年半的解放战争。然而，人口却从 1937 年的 48000 万增长到 1950 年的 5 亿。到 1953 年经济也恢复到抗战前的状况，可以开始第一个五年计划的建设了。

第二，有些政策性措施，只是局部的，一时性的，像明清海禁。应当看到宋元海上贸易发达，海外交往也很频繁，明朝初年郑和船队七下西洋，从规模上看超过欧洲地理大发现。此后虽有海禁，但贸易仍然很发达，而且有被走私贸易取代之势。至于意识形态方面的禁锢，那是"古已有之"，像尊崇儒家，提倡理学，重农轻商，并没有完全束缚人的思想的脚步，困塞人的思想孔窍。明朝由于商品经济的发展，人们思想更活跃、开放一些，那也是不可低估的。直到清朝才有所收敛。

第三，专制主义中央集权制度，它的弊病是人们所共知的，但是，秦始皇统一六国行专制主义中央集权制度已经两千多年了，应当承认，当初它是历史大势所趋，是战国以来形成的历史客观条件的产物，有它的必然性。如果不是抽象地非历史地看待它，应当承认结束分裂割据，进行统一的中央集权专制主义制度的历史合理性和正当性。经过两千多年，专制主义中央集权制度虽有不少改进，但其实质特点和弊病也基本未变，然而却一直延续到明清，它终于成了落后的、反动的、僵化的、腐朽的制度了。这也是人们的共识。何以会有这个变化？何以从两千年前适应历史趋势、对历史起过推进作用的制度，在其根本性质、面貌未改的状况下，一变而为历史的阻力了呢？这是因为客观形势变了：一是中国内部的因素，中国终究出现了细小的短期的脆弱的新的生产力因素和生产关系因素——资本主义因素，并且有人开始对这个制度进行批判（如黄宗羲）；一是西方新兴资本主义世界的冲击，引起中国人的思维变化。条件变了，专制主义中央集权制度开始变得不合理了，僵化了。中国社会的前途，在许多先进的人们那里昭示着，要走近代化的道路，要走民主的道路。

今天，对中央集权专制主义制度的否定和批判谴责是应该的，也是适当的合理的，但是不要把秦始皇以来的两千多年的中央集权专制主义制度抽象地非历史地完全否定掉了。真所谓彼一时也，此一时也。这样否定掉了，就是会以义愤代替了科学，就是否定了历史，否定了历史必然性，否定了历史的合理性。

中国是一个大国，是一个历史悠久的大国，资源丰富，文化积淀深厚，从这样的特殊国情出发来探寻中国封建社会原先发展后来停滞的原因，固然应该考虑到各种因素的交互作用，尤其应该注意内部因素的作用，特别是具有决定性意义的经济因素的作用，长时性而非一时性（如政策）因素的作用。

从中国内部，从一个长时段，从最具决定性因素的高度来看，可以试着对经济原先发展而近代停滞的原因作一些简略的说明。

人们常说，古代中国是个农业社会，其基础和根本的特征从生产力方面来看是个体小生产农业。中国古代又是个阶级社会，占统治地位的不是什么小农经济，而是地主阶级的地主经济。不仅如此，封建国家的作用，也是独特的，它是专制主义中央集权制的国家。其经济职能特别强大，几乎到了干预一切经济生活的地步。我们粗略的说明就从这三个方面入手。

个体小生产农业是自然经济，但又离不开商品经济，而它向商品经济的发展又是有限制的，因为自然经济有抵制商品经济的一面。

第一，个体小生产农业本身是分散的，细小的，又是脆弱的，它所提供的积累量是很少的，有限的，而且很不稳定，扩大再生产的能力极其有限。

第二，农业的积累、农业资金的转移，最终还是要回到农业，即所谓"以末致富，以本守之"。农民发家致富的目标是添置田产，属于量的扩大而非质的变化，其积累不管怎样运转，经商也罢，放高利贷也罢，还是在农业这个庞大的生产部门里运转，所谓地主、商人、高利贷者三位一体，而添置田产，总是以个别的个体小农民的破产为代价的。

第三，农业积累的资金，还是照自然经济的轨道运转。如果能做到自给自足或是基本上自给自足，个体小生产农业并非真正需要商品和市场，所谓"闭门成市"。多种经营也是属于自然经济范畴。除了从事最基本的种植业和与农业结合的家庭手工业之外，可能发展到养殖业（那也一般只是小规模的家畜、家禽圈养），再多加上采集业（林木、竹果、水产、狩猎、采矿），商品经济终归是次要的，大规模的商品经济尤其如此。农业始终是基础，占了 GDP 的大部分。工商业是在农业基础上产生，又是为农业服务的，或者说是依附于农业的。

第四，商业利润丰厚，所谓"农不如工，工不如商，刺绣文不如倚市门"①。但经商不受重视，商列为四民之末，长期以来是重农轻商乃至贱商，政府的政策是"重农抑商"、"重本抑末"。人们还有一个重要出路——读书做官，"耕读传家"，"万般皆下品、唯有读书高"。做官即使不贪，致仕还乡，还是购置土地，出租土地当地主之类。所以，四民之首的"士"，其实跟农民是一体的。

比照地主，也还是这个路子，不过是放大了的"农"而已。

封建国家财政收入，大都靠暴力强制，也必然具有自然经济色彩。基于上述的原因，封建国家对商品和市场也力图加以控制，并有诸多限制。

第五，中国古代商人和城市居民（市人）天生是软弱和脆弱的，很难形成一种有力的政治势力和集团。更多的是为官府所控制和限制，并且依靠官府的力量。政治力量对比常会发生变化，一味依靠官府是不可恃的。工商业者有的规模虽大，但没有多少独立性，形成独立自主的力量无此可能。即使有一些独立的力量，甚或政治主张，那也是薄弱的、脆弱的，少

①《史记》卷 129《货殖列传》。

群众性的。资本主义因素即使出现，那也终归是发展不起来，会处处受到限制和控制，随时会受到打击和禁止的。

正如马克思所说，这种以农业为主体的自然经济"是一种普照的光，它掩盖了一切其他色彩，改变着它们的特点"[1]。渗透晕染到了一切事物上去，以致一切事物，社会现象、制度、意识形态无不染上农业和自然经济的色彩，构成一个完整牢固的体系。虽然，也有商品经济，但农民、地主和封建国家固有的自发的本性，很自然地会维持维护这个自然经济体系，要排斥、抵制、限制、摧残属于"另类"的商品和市场。这个状况在很长时间内是不可改变的，很难抵御的。

至于中国经济史上有三个商品经济浪潮，后两个浪潮与春秋战国的第一个商品经济浪潮不同，作用也不一样。第一个浪潮带有为个体小生产农业与地主经济开路的性质。隋唐以后直到明清的第二、第三个商品经济浪潮，带有瓦解自然经济基础上的个体农业及地主经济的趋向。又由于城市工商业的发展和繁荣，开始促其向资本主义生产关系转化。这是一个社会转型期，其过程是曲折的，变化也比较明显。这时资本主义因素虽然在北宋已经出现，但不明显，也不经常，发展也不快，还遭到各种限制与摧残，随时可以夭折，就像一个在腹中不能生长的胚胎一样。

资本主义发展不起来，还有两个因素在起作用。

第一，缺乏资本的原始积累，中国还远没有达到这一步。西方开通商路的迫切需求，刺激了远航，而冒险家和殖民主义者借机掠夺了大量的财富，促进了本国的资本的原始积累。中国周边的民族和国家是相对落后，人口较少而贫困的，海路面向辽阔的太平洋，陆地不多，东南亚及印度并不能刺激中国人海外通商和殖民以及掠夺财富人口的贪欲。15世纪郑和下西洋，声势空前浩大，但是为了宣扬国威，吸引朝贡，做的都是赔本生意，没有通商的迫切要求，而且是短期行为，不久即告停止。与西方的地理大发现及殖民完全不一样。不久，倭寇肆虐，一直到清初中国开始了长

---

[1] 马克思：《〈政治经济学批判〉导言》，《马克思恩格斯选集》第2卷，人民出版社2012年版，第707页。

期的海禁，沿海经济、商业遭到很大摧残，对外贸易成了海盗与走私的渊薮。对国内资本主义的原始积累和工商业的发展几乎没有起到什么作用。

第二，人口的压力。中国人口从北宋起超过 1 亿，开始形成了人口的压力，促使中国不断向沿边地区特别是沿海地区移民。到了明清，内地各省人口几近饱和，缺少可以开垦的农田，多余人口就要去海外移民了。虽然也向四方发展，然而东北是清朝龙兴之地，属于禁区，到 19 世纪后半期才大力开发。西北西南移民，自然条件艰苦，耕地数量有限，只有东南闽广便利向海外发展。

总的说来，中国原本发展比较先进，而后来又相对落后，主要是在两千多年来积累的内部机制、内在因素在起作用。而这种机制和因素，主要又应当从封建社会的经济方面去探求。这就是我们对中国明清以后为何较之西方相对落后的所谓"李约瑟难题"的简略回答。如果能有人提出质疑和讨论，那是非常欢迎的。

主要参考文献

一、古代文献

1. 白居易：《白居易集》，中华书局 1979 年版。

2. 班固撰，陈立疏证：《白虎通疏证》，中华书局 1994 年版。

3. 常璩撰，任乃强校注：《华阳国志校补图注》，上海古籍出版社 1987 年版。

4. 陈长方：《唯室集》，文渊阁四库全书本。

5. 陈均：《皇朝编年纲目备要》，中华书局 2006 年版。

6. 陈起：《江湖小集》，文渊阁四库全书本。

7. 道宣：《广弘明集》，四部丛刊本。

8. 杜宝撰，辛德勇辑校：《大业杂记辑校》，三秦出版社 2006 年版。

9. 杜甫：《杜诗详注》，中华书局 1979 年版。

10. 杜甫：《樊川文集》，上海古籍出版社 1978 年版。

11. 杜佑：《通典》，中华书局 1988 年版。

12. 方回：《续古今考》，文渊阁四库全书本。

13. 封演撰，赵贞信校注：《封氏闻见记校注》，中华书局 2005 年版。

14. 甘肃省文物考古研究所编：《敦煌汉简》，中华书局 1991 年版。

15. 高承：《事物纪原》，中华书局 1989 年版。

16. 葛洪撰，杨明照校笺：《抱朴子外篇校笺》，中华书局 1991 年版。

17. 韩鄂著，缪启愉校释：《四时纂要校释》，农业出版社 1981 年版。

18. 韩愈撰，马其昶校注：《韩昌黎文集校注》，上海古籍出版社 1986 年版。

19. 何清谷校释：《三辅黄图校释》，中华书局 2005 年版。

20. 何光远：《鉴诫录》，知不足斋丛书本。

21. 桓宽著，王利器校注：《盐铁论校注》，中华书局 1992 年版。

22. 黄溥：《闲中今古录摘抄》，丛书集成初编本。

23. 贾思勰著，缪启愉校释：《齐民要术校释》，中国农业出版社 1998 年版。

24. 李昉等编：《太平广记》，中华书局 1961 年版。

25. 李昉等编：《太平御览》，中华书局 1960 年版。

26. 陆耀通撰：《金石续编》，续修四库全书本。

27. 陆游：《老学庵笔记》，中华书局 1979 年版。

28. 陆游：《渭南文集》，四部丛刊本。

29. 吕陶：《净德集》，丛书集成初编本。

30. 罗振玉，王国维编著：《流沙坠简》，中华书局 1993 年版。

31. 马端临：《文献通考》，中华书局 1986 年版。

32. 马融：《忠经》，丛书集成初编本。

33. 孟元老等：《东京梦华录（外四种）》，古典文学出版社 1956 年版。

34. 匿名：《蒙古秘史》，策达木丁苏隆编译，谢再善译，中华书局 1956 年版。

35. 欧阳询：《艺文类聚》，上海古籍出版社 1982 年版。

36. 僧祐：《弘明集》，四部丛刊本。

37. 睡虎地秦墓竹简整理小组编：《睡虎地秦墓竹简》，文物出版社 2001 年版。

38. 司马光：《涑水记闻》，中华书局 1989 年版。

39. 司马光：《温国文正司马公文集》，四部丛刊本。

40. 苏轼：《经进东坡文集事略》，文学古籍刊行社 1957 年版。

41. 苏易：《文房四谱》，丛书集成初编本。

42. 孙光宪：《北梦琐言》，中华书局 2002 年版。

43. 谈钥：嘉泰《吴兴志》，宋元方志丛刊本，中华书局 1990 年版。

44. 王充著，黄晖校释：《论衡校释》，中华书局 1990 年版。

45. 王建撰，王宗堂校注：《王建诗集校注》，中州古籍出版社 2006 年版。

46. 王明清：《挥麈录》，上海书店出版社 2001 年版。

47. 王灼：《糖霜谱》，丛书集成初编本。

48. 韦述撰，辛德勇辑校：《两京新记辑校》，三秦出版社 2006 年版。

49. 韦庄著，韩安福笺注：《韦庄集笺注》，上海古籍出版社 2002 年版。

50. 魏征等编，《群书治要》学习小组译注：《群书治要译注》，中国书店 2012 年版。

51. 文同：《新刻石室先生丹渊集》，台湾学生书局 1973 年版。

52. 无名氏：《白兔记》，中华书局 1959 年版。

53. 吴兢：《贞观政要》，上海古籍出版社 1978 年版。

54. 谢桂华、李均明、朱国炤编：《居延汉简释文合校》，文物出版社 1987 年版。

55. 谢深甫：《庆元条法事类》，中国书店 1990 年版。

56. 辛弃疾撰，邓广铭笺注：《稼轩词编年笺注》，上海古籍出版社 1993 年版。

57. 徐光启著，石声汉校注：《农政全书校注》，上海古籍出版社 1979 年版。

58. 徐松辑：《宋会要辑稿》，中华书局 1957 年版。

59. 叶适：《叶适集》，中华书局 1961 年版。

60. 应劭撰，孙星衍校集：《汉官仪》，中华书局 1990 年版。

61. 元好问撰，施国祁注：《元遗山诗集笺注》，人民文学出版社 1985 年版。

62. 元结：《新校元次山集》，世界书局 1984 年版。

63. 袁采：《袁氏世范》，丛书集成初编本。

64. 张苍编定，刘徽注，李淳风等注释，郭书春汇校：《汇校九章算术》，辽宁教育出版社、台湾九章出版社 2004 年版。

65. 章如愚：《群书考索》，书目文献出版社 1992 年版。

66. 长孙无忌等撰，刘俊文笺解：《唐律疏议笺解》，中华书局 1996 年版。

67. 中国第一历史档案馆编：《乾隆朝上谕档》第 17 册，中国档案出版社 1998 年版。

68. 周密：《癸辛杂识》，中华书局 1988 年版。

69. 朱长文：《吴郡图经续记》，江苏古籍出版社 1999 年版。

70. 朱熹：《晦庵先生朱文公文集》，四部丛刊本。

71. [意] 马可·波罗：《马可波罗行纪》，冯承钧译，上海书店出版社 2001 年版。

72. [意] 马可·波罗：《马可·波罗游记》，梁生智译，中国文史出版社 1998 年版。

二、近代论著

（一）专著

1. 安作璋：《汉史初探》，学习与生活出版社 1955 年版。

2. 柏杨：《中国人史纲》，山西人民出版社 2009 年版。

3. 陈代光：《中国历史地理》，广东高等教育出版社 1997 年版。

4. 陈高佣等编：《中国历代天灾人祸表》，上海书店 1986 年版。

5. 陈平：《关陇文化与嬴秦文明》，凤凰出版社 2005 年版。

6. 陈文华主编：《中国农业通史·夏商西周春秋卷》，中国农业出版社 2007 年版。

7. 陈椽：《茶业通史》，中国农业出版社 2008 年版。

8. 董恺忱、范楚玉主编：《中国科学技术史·农学卷》，科学出版社 2000 年版。

9. 冻国栋：《中国人口史》第 2 卷《隋唐五代时期》，复旦大学出版社 2002 年版。

10. 高凯军：《通古斯族系的兴起》，中华书局 2006 年版。

11. 国家统计局国民经济综合统计司编：《新中国五十年统计资料汇编》，中国统计出版社 1999 年版。

12. 韩国磐：《北朝隋唐的均田制度》，上海人民出版社 1984 年版。

13. 韩汝芬、柯俊主编：《中国科学技术史·矿冶卷》，科学出版社 2007 年版。

14. 贺昌群：《汉唐间封建土地所有制形式的研究》，人民出版社 1964 年版。

15. 贺巍：《诗词格律浅说》，北京人民出版社 1978 年版。

16. 何兹全：《中国古代社会》，北京师范大学出版社 2001 年版。

17. 洪诚：《训诂学》，江苏古籍出版社 1984 年版。

18. 胡焕庸、张善余：《中国人口地理》上册，华东师范大学出版社 1984 年版。

19. 胡寄窗：《中国经济思想史》中册，人民出版社 1963 年版。

20. 胡绳：《二千年间》，中华书局 2005 年版。

21. 胡维佳主编：《中国古代科学技术史纲·技术卷》，辽宁教育出版社 1996 年版。

22. 黄能馥、陈娟娟：《中国服装史》，中国旅游出版社 1995 年版。

23. 冀朝鼎：《中国历史上的基本经济区与水利事业的发展》，朱诗鳌译，中国社会科学出版社 1981 年版。

24. 蓝永蔚：《春秋时期的步兵》，中华书局 1979 年版。

25. 雷海宗：《中国的兵》，中华书局 2005 年版。

26. 李华瑞：《宋代酒的生产与征榷》，河北大学出版社 1995 年版。

27. 李米佳：《李米佳谈古代帝王车辂》，吉林科技出版社 1998 年版。

28. 李泉、王云：《山东运河文化研究》，齐鲁书社 2006 年版。

29. 李慎之：《李慎之文集》，李慎之生前友好资源捐助印制 2004 年版。

30. 李亚农：《中国的封建领主制和地主制》，上海人民出版社 1961 年版。

31. 李孝聪：《历史城市地理》，山东教育出版社 2007 年版。

32. 李孝聪：《中国区域历史地理》，北京大学出版社 2004 年版。

33. 李学勤、范毓周主编：《早期中国文明》，江苏教育出版社 2005 年版。

34. 李振宏：《居延汉简与汉代社会》，中华书局 2003 年版。

35. 厉声主编：《中国新疆历史与现状》，新疆人民出版社 2003 年版。

36. 梁方仲编著：《中国历代户口、田地、田赋统计》，中华书局 2008 年版。

37. 梁启超：《中国近三百年学术史》，东方出版社 2004 年版。

38. 廖育群主编：《中国古代科学技术史·医学卷》，辽宁教育出版社 1996 年版。

39. 刘秋霖等编：《中国古代兵器图说》，天津古籍出版社 2003 年版。

40. 刘普勒主编：《茶文化学》，中国农业出版社 2000 年版。

41. 吕思勉：《中国通史》，中国商业出版社 2010 年版。

42. 鲁迅：《二心集》，上海文艺出版社 1991 年版。

43. 鲁迅：《南腔北调集》，人民文学出版社 1980 年版。

44. 路甬祥主编：《走进殿堂的中国古代科技史(下)》，上海交通大学出版社 2009 年版。

45. 罗桂环、汪子春主编：《中国科学技术史·生物学卷》，科学出版社 2005 年版。

46. 马未都：《马未都说收藏》，中华书局 2008 年版。

47. 倪世光：《中世纪骑士制度探究》，商务印书馆 2007 年版。

48. 启功：《诗文声律论稿》，中华书局 1977 年版。

49. 齐思和：《中国史探研》，中华书局 1981 年版。

50. 漆侠：《宋代经济史》上册，上海人民出版社 1987 年版。

51. 漆侠：《宋代经济史》下册，上海人民出版社 1988 年版。

52. 曲安京主编：《中国古代科学技术史纲·数学卷》，辽宁教育出版社 2000 年版。

53. 沈从文：《中国古代服饰研究》，上海书店 2002 年版。

54. 石铭鼎、栾临滨：《长江》，上海教育出版社 1989 年版。

55. 史念海：《河山集三集》，人民出版社 1988 年版。

56. 唐兰：《中国文字学》，上海古籍出版社 1979 年版。

57. 陶希圣、鞠清远：《唐代经济史》，商务印书馆 1936 年版。

58. 万国鼎：《中国田制史》，商务印书馆 2011 年版。

59. 王冠倬：《中国古船图谱》，生活·读书·新知三联书店 2000 年版。

60. 汪精卫：《双照楼诗词稿》，汉京文化事业有限公司 2004 年版。

61. 王力：《诗词格律十讲》，北京出版社 1978 年版。

62. 王力：《中国语言学史》，山西人民出版社 1981 年版。

63. 王利华主编：《中国农业通史·魏晋南北朝卷》，中国农业出版社 2009 年版。

64. 王明珂：《游牧者的抉择：面对汉帝国的北亚游牧部族》，广西师范大学出版社 2008 年版。

65. 汪圣铎：《两宋货币史》，社会科学文献出版社 2003 年版。

66. 王育民：《中国历史地理概论（上）》，人民教育出版社 1987 年版。

67. 王兆春：《中国科学技术史·军事技术卷》，科学出版社 1998 年版。

68. 王仲荦：《魏晋南北朝隋初唐史（上册）》，上海人民出版社 1961 年版。

69. 吴承洛：《中国度量衡史》，上海书店出版社 1984 年版。

70. 吴松弟：《中国人口史》第 3 卷《辽宋金元时期》，复旦大学出版社 2002 年版。

71. 吴松弟：《中国移民史》第 4 卷《辽宋金元时期》，福建人民出版社 1997 年版。

72. 席龙飞：《中国造船史》，湖北教育出版社 2000 年版。

73. 新疆社会科学院民族研究所编著：《新疆简史》第 1 册，新疆人民出版社 1980 年版。

74. 许涤新，吴承明主编：《中国资本主义发展史》第 3 卷《新民主主义革命时期的中国资本主义》，人民出版社 2003 年版。

75. 徐海荣主编：《中国饮食史》，华夏出版社 1999 年版。

76. 杨共乐：《早期丝绸之路探微》，北京师范大学出版社 2011 年版。

77. 杨宽：《古史新探》，中华书局 1965 年版。

78. 杨青山等主编：《世界地理》，高等教育出版社 2004 年版。

79. 叶蜚声、徐通锵：《语言学纲要》，北京大学出版社 2010 年版。

80. 阴法鲁、许树安主编：《中国古代文化史（一）》，北京大学出版社 1989 年版。

81. 游修龄主编：《中国农业通史·原始社会卷》，中国农业出版社 2008 年版。

82. 袁庭栋：《解秘中国古代战争》，山东画报出版社 2008 年版。

83. 袁庭栋：《解秘中国古代军队》，山东画报出版社 2007 年版。

84. 张秦洞：《铁甲征衣：军服文化漫谈》，解放军出版社 1999 年版。

85. 章士钊：《柳文指要》，中华书局 1971 年版。

86. 张星烺编注，朱杰勤校订：《中西交通史料汇编》第 2 册，中华书局 1977 年版。

87. 张宗祜：《九曲黄河万里沙：黄河与黄土高原》，清华大学出版社、暨南大学出版社 2000 年版。

88. 赵承泽主编：《中国科学技术史·纺织卷》，科学出版社 2002 年版。

89. 赵国华：《中国兵学史》，福建人民出版社 2004 年版。

90. 赵济、陈传康主编：《中国地理》，高等教育出版社 1999 年版。

91. 赵匡华、周嘉华：《中国科学技术史·化工卷》，科学出版社 1998 年版。

92. 中国大百科全书总编辑委员会：《中国大百科全书·民族》，中国大百科全书出版社 2004 年版。

93. 中国军事史编写组：《中国军事史》第 1 卷《兵器》，解放军出版社 1983 年版。

94. 中国军事史编写组：《中国军事史》第 3 卷《兵制》，解放军出版社 1987 年版。

95. 中国科学院《中国自然地理》编辑委员会编：《中国自然地理·历史自然地理》，科学出版社 1982 年版。

96. 中国科学院自然科学史研究所主编：《中国古代科技成就》，中国青年出版社 1978 年版。

97. 中国农业科学院南京农学院中国农业遗产研究室编：《中国农学史初稿》上册，科学出版社 1959 年版。

98. 中国农业百科全书总编辑委员会农业历史卷编辑委员会、中国农业百科全书编辑部编：《中国农业百科全书·农业历史卷》，农业出版社 1995 年版。

99. 中华人民共和国国家统计局编：《中国统计年鉴 1996》，中国统计出版社 1996 年版。

100. 中华人民共和国国家统计局编：《中国统计年鉴 1997》，中国统计出版社 1997 年版。

101. 中华人民共和国国家统计局编：《中国统计年鉴 2001》，中国统计出版社 2001 年版。

102. 中华人民共和国国家统计局编：《中国统计年鉴 2007》，中国统计出版社 2007 年版。

103. 中华人民共和国国家统计局编：《中国统计年鉴 2011》，中国统计出版社 2011 年版。

104. 中华人民共和国国家统计局编：《中国统计年鉴 2012》，中国统计出版社 2012 年版。

105. 中华人民共和国民政部编：《中华人民共和国行政区简册 2001 版》，中国地图出版社 2001 年版。

106. 周魁一：《中国科学技术史·水利卷》，科学出版社 2002 年版。

107. 周立三主编：《中国农业地理》，科学出版社 2000 年版。

108. 朱士光主编：《中国八大古都》，人民出版社 2007 年版。

109. 朱自振：《茶史初探》，中国农业出版社 1996 年版。

110. 邹逸麟主编：《中国历史人文地理》，科学出版社 2001 年版。

111. 邹逸麟：《中国历史地理概述》，上海教育出版社 2005 年版。

112. [德] 弗兰克：《白银资本：重视经济全球化中的东方》，刘北成译，中央编译出版社 2000 年版。

113. [德] 李博：《汉语中的马克思主义术语的起源与作用：从词汇—概念角度看日本和中国对马克思主义的接受》，赵倩等译，中国社会科学出版社 2003 年版。

114. [德] 马克思：《资本论》第 1 卷，中共中央马克思恩格斯列宁斯大林著作编译局译，人民出版社 2004 年版。

115. [德] 马克思：《资本论》第 3 卷，中共中央马克思恩格斯列宁斯大林著作编译局译，人民出版社 2004 年版。

116. [法] A. 梅耶：《历史语言学中的比较方法》，岑麒祥译，科学出版社 1957 年版。

117. [法] 费尔南·布罗代尔：《十五到十八世纪的物质文明、经济和资本主义》第 1 卷《日常生活的结构：可能和不可能》，顾良、施康强译，生活·读书·新知三联书店 2002 年版。

118. [法] 勒内·格鲁赛：《草原帝国》，蓝琪译，商务印书馆 1998 年版。

119. [法] 马克·布洛赫：《封建社会》上册，张绪山等译，商务印书馆 2009 年版。

120. [美] 狄宇宙：《古代中国与其强邻：东亚历史上游牧力量的兴起》，贺严、高书文译，中国社会科学出版社 2010 年版。

121. [美] 劳费尔：《中国伊朗编》，林筠因译，商务印书馆 1964 年版。

122. [美] 罗兹·墨菲：《亚洲史》，黄磷译，海南出版社 2004 年版。

123. [美] 彭慕兰：《大分流：欧洲、中国及现代世界经济的发展》，史建云译，江苏人民出版社 2003 年版。

124. [美] 威廉·麦克尼尔：《西方的兴起（上、下）》，郭方等译，五南图书出版公司 1988 年版。

125. [日] 三浦权利：《图说西洋甲胄武器事典》，谢志宇译，上海书店出版社 2005 年版。

126. [英] 安格斯·麦迪森：《世界经济千年史》，伍晓鹰、许宪春、叶燕斐、施发启译，北京大学出版社 2003 年版。

127. [英] 安格斯·麦迪森：《中国经济的长期表现：公元 960—2030 年》，伍晓鹰、马德斌译，上海人民出版社 2008 年版。

128. [英] 安格斯·麦迪森：《世界经济千年统计》，伍晓鹰、施发启译，北京大学出版社 2009 年版。

129. [英] 查理斯·辛格等主编：《技术史》第 3 卷《文艺复兴至工业革命：约 1500 至约 1750 年》，高亮华、戴吾三主译，上海科技教育出版社 2004 年版。

130. [英] 李约瑟：《中国科学技术史》第 3 卷《数学》，《中国科学技术史》翻译小组译，科学出版社 1978 年版。

（二）期刊论文及析出文献

1. 包伟民：《宋代的城市管理制度》，《文史》2007 年第 2 辑。

2. 陈寅恪：《四声三问》，《金明馆丛稿初编》，上海古籍出版社 1980 年版。

3. 邓小南：《创新与因循："祖宗之法"与宋代的政治变革》，《河北学刊》2008 年第 5 期。

4. 冯天瑜：《中国"封建社会"再认识》，《史学月刊》2008 年第 3 期。

5. 傅筑夫：《有关资本主义萌芽的几个问题》，《中国经济史论丛》，生活·读书·新知三联书店 1980 年版。

6. 葛金芳主持：《两宋历史地位的重新审视（笔谈）》，《求是学刊》2009 年第 5 期。

7. 耿慧玲：《由居延汉简看大男大女使男使女未使男未使女小男小女的问题》，收于简牍学会编辑部编《简牍学报》第 7 期，1980 年。

8. 黄炎培：《延安归来》，《八十年来》，文史资料出版社 1982 年版。

9. 李伯重：《从 1820 年代华亭—娄县地区 GDP 看中国的早期近代经济》，《清华大学学报》2009 年第 3 期。

10. 梁启超：《中国史上人口之统计》，《饮冰室文集》第 4 册，大道书局 1936 年版。

11. 刘光临：《宋明间国民收入长期变动之蠡测》，《清华大学学报》2009 年第 3 期。

12. 刘荣华：《湖州云巢龙湾出土的战国原始瓷》，《文物》2003 年第 12 期。

13. 刘睿：《谭明在深藏洞底的石笋中发现历史》，《中国国家地理》2007 年 6 月号。

14. 刘睿：《中国地学家在揭示全球气候变化之谜——刘嘉麒用纹泥精确记录气候变化之旅》，《中国国家地理》2007 年 6 月号。

15. 卢汉超：《中国何时开始落后于西方——论西方汉学中的"唱盛中国"学派》，《清华大学学报》2010 年第 1 期。

16. 毛泽东：《中国革命和中国共产党》，《毛泽东选集》第 2 卷，人民出版社 1991 年版。

17. 宁可：《汉代农业生产漫谈》，《光明日报》1979 年 4 月 10 日。

18. 彭泽益：《清代前期江南织造的研究》，《历史研究》1963 年第 4 期。

19. 史念海：《两千三百年来鄂尔多斯高原和河套平原农林牧地区的分布及其变迁》，《北京师范大学学报》1980 年第 6 期。

20. 孙彩红：《唐代粮食陆路长途贩运距离的量化研究》，《中国经济史研究》2007 年第 4 期。

21. 田小川、刘亦翔、郑明：《中国古代造船科技的"六大发明"——郑明海军少将访谈录》，《舰船知识》2007 年第 7 期。

22. 汪篯：《隋代户数的增长》，《光明日报》1962 年 6 月 6 日。

23. 魏金玉：《高峰、发展与落后：清代前期封建经济发展的特点与水平》，《中国经济史研究》2003 年第 2 期。

24. 萧国亮：《对中国历史上 GDP 研究的一点看法》，《清华大学学报》2009 年第 3 期。

25. 张泽咸：《略论汉魏北朝时期海河平原农牧业生产》，《中国社科院研究生院学报》2003 年第 2 期。

26. 郑显文：《敦煌吐鲁番文书中所见的唐代交通管理的法律规定》，《西南师范大学学报》2005 年第 6 期。

27. 竺可桢：《中国近五千年来气候变迁的初步研究》，《考古学报》1972 年第 1 期。

28. [德] 恩格斯：《致康拉德·施米特（1890 年 10 月 27 日)》，收于中共中央马克思恩格斯列宁斯大林著作编译局编译：《马克思恩格斯选集》第 4 卷，人民出版社 2012 年版。

29. [德] 恩格斯：《致瓦尔特·博尔吉乌思（1894 年 1 月 25 日)》，收于中共中央马克思恩格斯列宁斯大林著作编译局编译：《马克思恩格斯选集》第 4 卷，人民出版社 2012 年版。

30. [德] 恩格斯：《路德维希·费尔巴哈和德国古典哲学的终结》，收于中共中央马克思恩格斯列宁斯大林著作编译局编译：《马克思恩格斯选集》第 4 卷，人民出版社 2012 年版。

31. [德] 恩格斯：《论原始基督教的历史》，收于中共中央马克思恩格斯列宁斯大林著作编译局编译：《马克思恩格斯选集》第 4 卷，人民出版社 2012 年版。

32. [德] 马克思、恩格斯：《费尔巴哈》，收于中共中央马克思恩格斯列宁斯大林著作编译局编译：《马克思恩格斯选集》第 1 卷，人民出版社 2012 年版。

33. [德] 马克思：《〈政治经济学批判〉导言》，收于中共中央马克思恩格斯列宁斯大林著作编译局编译：《马克思恩格斯选集》第 2 卷，人民出版社 2012 年版。

34. [德] 马克思：《〈政治经济学批判〉序言》，收于中共中央马克思恩格斯列宁斯大林著作编译局编译：《马克思恩格斯选集》第 2 卷，人民出版社 2012 年版。

35. [俄] 普列汉诺夫：《论一元论历史观之发展》，《普列汉诺夫哲学著作选集》第 1 卷，生活·读书·新知三联书店 1959 年版。

36. [俄] 普列汉诺夫：《唯物主义史论丛》，《普列汉诺夫哲学著作选集》第 2 卷，生活·读书·新知三联书店 1961 年版。

37. [俄] 斯大林：《和德国作家艾米尔·路德维希的谈话（1931 年 12 月 13 日)》，收于中共中央马克思恩格斯列宁斯大林著作编译局编译：《斯大林全集》第 13 卷，人民出版社 1956 年版。

38. [俄] 斯大林：《论辩证唯物主义和历史唯物主义》，收于中共中央马克思恩格斯列宁斯大林著作编译局编译：《斯大林选集》，人民出版社 1979 年版。

索　引

后　记

正如父亲在序中所言，这部书稿是他"五十年来教学与研究工作的结集"。他在 1953 年登上高校讲台，那年正是我出生的年头。

父亲的讲课习惯是将每一句话都要付诸文字，父亲写文章的习惯是成稿后反复修改，这让我在 21 世纪开始为他打印整理稿件时因字越来越难认而不堪重负。尤其是这部书稿因 2013 年入选国家社科基金成果文库而结集，但他仍然不断修改。一部分稿件如第三章农业部分的"中国古代度、量、衡、亩、里制的演变"和"有关中国封建社会农业生产力发展状况的几个数字"完全是按照手稿录入的。手稿成于 20 世纪 90 年代，古今单位变化繁多，计算公式复杂，校对时（2013 年 10 月以后），父亲已经重病在身，勉力支持也只能进行简单的核对，不得不放弃了他亲笔修改的惯例，这也使我们在后期的校对中面对很多问题而难以澄清和有效解决，只能留下不少遗憾。

大部分专题都是父亲在讲稿的基础上不断修改完善而成。保留最早的讲义是 1953 年，一路讲授和修改过程中，很多引用的文献和论著都没有如今天出版学术著作这样严格记载出处，很多引用的马恩列斯经典著作和古典文献也不是今天的最新版本，很多词汇和专有名词也非今天所通用。

马克思经典著作的引用，由于有了中央编译局的最新版本，我们在校对过程中张天虹进行了认真的核对，全部改成新版本。

对古典文献的引用，我们在校对和整理过程中，尽量按照今天通行的标点本进行核对；引用、参考今人的论著，如果没有页下注明，也尽可能列在参考论著中，可能还会有很多没有找到具体出处（尤其是一些具体数字），只好付之阙如，祈请作者谅解。

书稿中的各章题目和内容，具有强烈的时代感，是父亲在长达六十多年的教学与科研中不断思考和探讨的问题。很多问题是当时史学界乃至全社会关注的热点问题，今天读来，可能很多已经"过时"，很多提法和用法也不合时宜了，如"封建社会""专制主义中央集权""农民战争"等。也有"与时俱进"的题目和内容，如"地理环境""王朝兴衰周期律""社会生活"等。不论是时过境迁，还是与时俱进，这些专题全面地勾勒出父亲的探索和研究轨迹。

书稿中很多词汇和专有名词的用法与今天通行的有别，如"印巴次大陆"和"印度次大陆"，父亲用的前者，但似乎目前通行的是后者，如果两者都无误，我感觉"整旧如旧"，保持原貌，更符合历史的真实。书稿大部分源自讲义，有很多口语化的部分，我们和编辑都尽量进行了文字修饰，淡化口语化色彩，大概也没有达到不留痕迹的高标准，仍请读者见谅。

书稿是父亲几十年教学和科研的总结及心得，也凝聚着很多人的辛勤付出。如"中国历史发展的地理环境"一章，是在讲课的过程中，由当时担任助教工作的邓京力老师组织学生进行录音和整理打印。在初稿的基础上，父亲又几易其稿，增补修改而成的。

有幸得到国家社科基金的资助，时父亲已身荷重病，仍然坚持他的著述风格，反复修改，我和爱人杨仁毅在成稿的最后几个月，则反复进行认字（字迹越来越难认）、校对工作。成稿后，请魏明孔和张天虹负责核对全书史料、校订错漏。参与校对工作的还有胡平、马建红、欧燕、张跃飞、李永、裴璇、王溪、吕冠军、姚梦泽等，他们都付出了辛勤的劳动。河北师范大学的陈丽老师，主动承担了部分比较难认的书稿打印工作，减轻了我们的很多负担。刘松弢作为本书的策划和编辑，为本书的成稿和出版做出重要贡献。这里一并致以最诚挚的感谢。

宁欣

2014 年 3 月

责任编辑：刘松弢　彭代琪格

图书在版编目（CIP）数据

宁可文集 . 第四卷 / 宁可 著；郝春文，宁欣 主编 . — 北京：
　人民出版社，2024.1
ISBN 978 - 7 - 01 - 025845 - 4

I. ①宁… 　II. ①宁…②郝…③宁… 　III. ①中国历史 - 文集 　IV. ① K207-53

中国国家版本馆 CIP 数据核字（2023）第 141099 号

宁 可 文 集

NINGKE WENJI

（第四卷）

宁 可 著

郝春文　宁 欣　主编

人民出版社 出版发行

（100706　北京市东城区隆福寺街 99 号）

北京新华印刷有限公司印刷　新华书店经销

2024 年 1 月第 1 版　2024 年 1 月北京第 1 次印刷
开本：710 毫米 × 1000 毫米 1/16　印张：24.75
字数：366 千字

ISBN 978 - 7 - 01 - 025845 - 4　定价：100.00 元

邮购地址 100706　北京市东城区隆福寺街 99 号
人民东方图书销售中心　电话（010）65250042　65289539